ESV

Die Versorgung der Beamten und Angestellten im öffentlichen Dienst

Pension – Rente – Zusatzleistungen

Von
Horst Marburger
Oberverwaltungsrat

ERICH SCHMIDT VERLAG

Bibliografische Information der Deutschen Bibliothek

Die Deutsche Bibliothek verzeichnet diese Publikation in der
Deutschen Nationalbibliografie; detaillierte bibliografische Daten
sind im Internet über http://dnb.ddb.de abrufbar.

Für meine Ehefrau Karin, ohne deren Verständnis
dieses Buch nicht entstanden wäre

ISBN 3 503 07471 6

Alle Rechte vorbehalten
© Erich Schmidt Verlag GmbH & Co., Berlin 2003
www.ESV.info

Dieses Papier erfüllt die Frankfurter Forderungen
der Deutschen Bibliothek und der Gesellschaft für das Buch
bezüglich der Alterungsbeständigkeit und entspricht sowohl den
strengen Bestimmungen der US Norm Ansi/Niso Z 39.48-1992
als auch der ISO Norm 9706.

Satz: multitext, Berlin
Druck: Ott-Druck, Berlin

Vorwort

Die Versorgung der Beamten und Angestellten zeichnet sich durch ihre Vielfalt aus. Insbesondere für Angestellte gibt es verschiedene Möglichkeiten, Versorgungsleistungen zu erhalten.

Die Versorgung der Beamten wird durch das Beamtenversorgungsgesetz geregelt. Die zur Zeit geltende Fassung des Gesetzes vom 16. 3. 1999 ist zwischenzeitlich mehrfach geändert worden. Zu nennen ist hier insbesondere das Versorgungsänderungsgesetz 2001.

Wird von Beamtenversorgung oder der Versorgung der Angestellten des öffentlichen Dienstes gesprochen, darf nicht nur die Versorgung im Alter behandelt werden. Bei Beamten gibt es die Versorgung bei Dienstunfähigkeit, die ebenfalls im Beamtenversorgungsgesetz geregelt wird. Dort finden sich auch die Vorschriften über eine Hinterbliebenenversorgung sowie über die Unfallfürsorge. Wie für Angestellte so ist auch für Beamte eine Altersteilzeit vorgesehen. Für Beamte ist sie im Bundesbeamtengesetz geregelt.

Während das erste Kapitel dieses Buches sich mit der Versorgung der Beamten einschließlich der Altersteilzeit beschäftigt, geht es im zweiten Kapitel um die Altersteilzeit für Angestellte im öffentlichen Dienst.

Im dritten Kapitel geht es um die gesetzliche Rentenversicherung, die für Angestellte im öffentlichen Dienst der Hauptstützpfeiler für die Zeit nach dem aktiven Dienst ist. Teilweise haben auch Beamte rentenrechtliche Ansprüche (meist aus früheren Zeiten vor der Verbeamtung).

Neben den Altersrenten gibt es hier Erwerbsminderungs- und Hinterbliebenenrenten. Rechtsgrundlage ist das Sechste Buch Sozialgesetzbuch (SGB VI).

Die Zusatzversorgung für Angestellte im öffentlichen Dienst ist in den letzten Jahren mehrfach Gegenstand heftiger Diskussionen gewesen. Die Gesamtversorgung wurde schließlich abgeschafft und machte einem Betriebsrentenmodell Platz. Der Anspruch auf eine Betriebsrente hat seinen Ursprung im Bundesangestellten-Tarifvertrag. Einzelheiten werden im Tarifvertrag Altersversorgung (ATV) geregelt.

In Zusammenhang mit dem Anspruch auf Betriebsrenten sind die Vorschriften über die so genannte Riester-Rente zu nennen, die im Kapitel IV nach den Regelungen im ATV behandelt werden. Danach folgen Einzelheiten über die Zusatzversorgungseinrichtungen, die für die Gewährung der Betriebsrenten im öffentlichen Dienst zuständig sind.

Ein wesentliches Anliegen dieses Buches ist es, alle Versorgungsformen für Beamte und Angestellten im öffentlichen Dienst zu behandeln. Hierbei darf – für die Angestellten – die gesetzliche Unfallversicherung nicht vergessen werden. Sie wird deshalb im fünften Kapitel behandelt.

Vorwort

Die fünf Kapitel dieses Buches versuchen, die Vielfalt der Versorgung im öffentlichen Dienst im gebotenem Umfang und mit der notwendigen Gründlichkeit darzustellen. Dabei werden auch die Verknüpfungen zwischen den einzelnen Bereichen angesprochen. Die Abhandlung beruht auf dem Rechtsstand von Anfang Juni 2003.

Geislingen, im Juni 2003						Der Verfasser

Inhaltsverzeichnis

		Seite	Randziffer
Vorwort		5	
Abkürzungsverzeichnis		11	

KAPITEL I
Versorgung der Beamten

		Seite	Randziffer
		13	1–122
1.	**Grundsätze**	13	1– 15
2.	**Ruhegehalt, Unterhaltsbeitrag**	18	16–100
2.1	Allgemeines	18	16– 21
2.2	Entstehung des Anspruchs auf Ruhegehalt	22	22– 24
2.3	Ruhegehaltsfähige Dienstzeit	23	25– 40
2.4	Ruhegehaltfähige Dienstbezüge	28	41
2.5	Höhe des Ruhegehalts	29	42– 48
2.6	Unterhaltsbeitrag	34	49– 51
2.7	Hinterbliebenenversorgung	35	52– 66
2.7.1	Umfang der Hinterbliebenenversorgung	35	52
2.7.2	Bezüge für den Sterbemonat und Sterbegeld	36	53– 55
2.7.3	Witwengeld und Unterhaltsbeitrag	36	56– 63
2.7.4	Waisengeld	39	64
2.7.5	Zusammentreffen mehrerer Ansprüche	40	65
2.7.6	Ansprüche bei Verschollenheit	41	66
2.8	Unfallfürsorge	42	67– 87
2.8.1	Grundsätze	42	67
2.8.2	Dienstunfall	43	68– 72
2.8.3	Zustehende Ansprüche	45	73– 87
2.9	Sonstige Ansprüche	50	88– 94
2.10	Kürzung der Versorgungsbezüge nach der Ehescheidung	52	95– 98
2.11	Erlöschen der Versorgungsbezüge	53	99–100
3.	**Altersteilzeit für Beamte**	54	101–122
3.1	Grundsätze	54	101–102
3.2	Voraussetzungen	55	102–106
3.3	Rechtsfolgen der Altersteilzeit	56	107–122

KAPITEL II
Altersteilzeit für Angestellte im öffentlichen Dienst

		Seite	Randziffer
		61	123–250
1.	**Regelungen im ATG**	61	123–166
1.1	Grundsätze	61	123–124

Inhaltsverzeichnis

		Seite	Randziffer
1.2	Voraussetzungen in der Person des Arbeitnehmers ...	62	125–131
1.3	Anspruchsvoraussetzungen in der Person des Arbeitgebers	66	132–142
1.4	Wiederbesetzung des frei gewordenen Arbeitsplatzes (ATG)	70	143–147
1.5	Die Zahl „50"	71	148–151
1.6	Wiederbesetzung bei den einzelnen Arbeitszeitmodellen – Kontinuerliche (auch degressive) Arbeitszeitverteilung	72	152
1.7	Arbeitszeit-Blockmodell	72	153
1.8	Begründung, Erlöschen und Ruhen des Arbeitgeber-Anspruches	73	154–159
1.8.1	Begründung des Anspruchs	73	154
1.8.2	Erlöschen und Ruhen des Anspruchs auf Leistungen..	74	155–159
1.9	Pflichten des Arbeitnehmers	76	160
1.10	Zuständigkeit und Verfahren	76	161–163
1.11	Mitwirkungspflichten des Arbeitgebers	77	164–166
2.	**Tarifverträge im öffentlichen Dienst**	78	167–212
2.1	Überblick	78	167–168
2.2	Der Vertrag vom 5.5.1998	79	169–212
2.2.1	Grundsätze	79	169–173
2.2.2	Reduzierung der Arbeitszeit	80	174–175
2.2.3	Höhe der Bezüge	80	176–179
2.2.4	Aufstockungsleistungen	81	180–198
2.2.5	Nebentätigkeit	87	199
2.2.6	Urlaubsansprüche	87	200
2.2.7	Ende des Arbeitsverhältnisses	88	201–204
2.2.8	Mitwirkungspflichten	89	205
2.2.9	Beihilfe/Zuschuss zum Krankenversicherungsbeitrag nach § 257 SGB V	90	206–208
2.2.10	Weitere sozialversicherungsrechtliche Angelegenheiten	91	209–211
2.2.11	Muster für Arbeitsverträge über die Vereinbarung eines Altersteilzeitarbeitsverhältnisses	91	212
3.	**Freistellung von der Arbeit und Sozialversicherung**	93	213–250
3.1	Grundsätze	93	213–214
3.2	Versicherungspflicht	93	215–217
3.3	Vereinbarung über die Freistellung von der Arbeitsleistung	95	218–221
3.4	Beitragspflicht	97	222–250

KAPITEL III
Gesetzliche Rentenversicherung

		107	251–420
1.	**Grundsätze des Systems**	107	251–253
2.	**Versicherter Personenkreis**	108	254–306

Inhaltsverzeichnis

		Seite	Randziffer
2.1	Beschäftigung gegen Arbeitsentgelt oder zur Berufsbildung	108	254–261
2.2	Versicherungsfreiheit und Befreiung von der Versicherungspflicht	111	262–284
2.3	Nachversicherung	118	285–302
2.4	Freiwillige Versicherung	123	303–306
3.	**Versorgungsleistungen der gesetzlichen Rentenversicherung**	124	307–420
3.1	Leistungsarten	124	307–324
3.2	Renten wegen verminderter Erwerbsfähigkeit	131	325–352
3.2.1	Anspruchsvoraussetzungen	131	325–338
3.2.2	Besonderheiten im BAT	136	339–352
3.3	Renten wegen Alters	141	353–380
3.3.1	Grundsätze	141	353–354
3.3.2	Regelaltersrente	143	355
3.3.3	Altersgrenze für langjährig Versicherte	143	356–359
3.3.4	Altersrente für Schwerbehinderte	145	360–363
3.3.5	Altersrente für Frauen	147	364–368
3.3.6	Altersrente wegen Arbeitslosigkeit oder nach Altersteilzeit	150	369–373
3.3.7	Hinzuverdienstgrenze für Altersrentner	154	374–380
3.4	Renten wegen Todes	157	381–388
3.4.1	Witwen- und Witwerrente	157	381–382
3.4.2	Erziehungsrente	158	383–384
3.4.3	Waisenrente	159	385–386
3.4.4	Verschollenheit	159	387
3.4.5	Anrechnung eigener Einkünfte	159	388
3.5	Auswirkungen des Arbeitsentgelts auf die Rentenberechnung	160	389–417
3.5.1	Grundsätze	160	389–390
3.5.2	Meldung des Entgelts	161	391
3.5.3	Rentenauskünfte	161	392–398
3.5.4	Rentenhöhe und Rentenanpassung	164	399–405
3.5.5	Die persönlichen Entgeltpunkte	167	406–417
3.5.5.1	Grundsätze	167	406
3.5.5.2	Entgeltpunkte für Betragszeiten	167	407–412
3.5.5.3	Bewertung der Entgeltpunkte	169	413–417
3.6	Zuständiger Versicherungsträger	172	418–420
	KAPITEL IV		
	Zusatzversorgung für Angestellte	175	412–549
1.	**Regelung im BAT**	175	421–425
2.	**Die Versicherung bei der Zusatzversorgungseinrichtung**	177	426–431

Inhaltsverzeichnis

		Seite	Randziffer
3.	**Voraussetzungen und Höhe der Betriebsrente**	179	432–483
3.1	Voraussetzungen	179	432–437
3.2	Höhe der Betriebsrente	180	438–461
3.3	Betriebsrente für Hinterbliebene	189	462–467
3.4	Gemeinsame Vorschriften für alle Betriebsrenten.....	191	468–474
3.5	Finanzierung der Zusatzversorgung	194	475–483
4.	**Die so genannte Riester Rente**	196	484–517
4.1	Grundsätze	196	484–487
4.2	Kreis der begünstigten Personen	197	488
4.3	Begünstigte Anlageformen: Zertifizierung vorgeschrieben	197	489–491
4.4	Steuerrechtliche Regelungen	198	492–495
4.5	Alters-Vorsorge-Zulage	199	496–517
4.6	Betriebliche Förderung	200	500–517
4.6.1	Begriffsbestimmungen	200	500–502
4.6.2	Steuerrechtliche Auswirkungen der Entgeltumwandlung	202	503–506
4.6.3	Sozialversicherungsrechtliche Auswirkungen	203	507–517
5.	**Zusatzversorgungseinrichtungen**	211	518–549
5.1	Grundsätze	211	518–519
5.2	Die Satzung der VBL..........................	212	520–534
5.3	Satzungen der Kommunalen Versorgungseinrichtungen.................................	217	535–549

KAPITEL V
Versorgung durch die gesetzliche Unfallversicherung

		223	550–600
1.	**Grundsätze**.................................	223	550–552
2.	**Versicherter Personenkreis**	224	553–560
3.	**Versicherungsfreiheit**	226	561
4.	**Arbeitsunfall und Berufskrankheit**...............	227	562–572
5.	**Leistungen des Unfallversicherungsträgers**........	230	573–600
5.1	Grundsätze	230	573–574
5.2	Leistungen nach Arbeitsunfall oder Berufskrankheit ..	231	575–582
5.3	Leistungen an Hinterbliebene....................	234	583–591
5.4	Berechnung des Jahresarbeitsverdienstes...........	236	592–597
5.5	Abfindungen	238	598
5.6	Ausschluss oder Minderung von Leistungen.........	238	599
5.7	Zusammentreffen von Renten der Unfallversicherung mit denen der Rentenversicherung	238	600

Literaturverzeichnis 241
Stichwortverzeichnis 243

Abkürzungsverzeichnis

a.a.O.	am angegebenen Ort	BGBl.	Bundesgesetzblatt
Abs.	Absatz	BKV	Berufskrankheiten-Verordnung
Abschn.	Abschnitt		
Anm.	Anmerkung	BMI	Bundesminister(ium) des Innern
AO	Abgabenordnung		
AOK	Allgemeine Ortskrankenkasse	BSG	Bundessozialgericht
		Buchst.	Buchstabe
AP	Arbeitsrechtliche Praxis (Sammlung)	BÜVO	Beitragsüberwachungsverordnung
ArEV	Arbeitsentgeltverordnung	BVerwG	Bundesverwaltungsgericht
AT	Ausser Tarif		
ATG	Altersteilzeitgesetz		
ATV	Altersteilzeit-Vertrag	BVerwGE	Bundesverwaltungsgerichtliche Entscheidungssammlung
ATZV	Altersteilzeitzuschlagsverordnung		
		BVG	Bundesversorgungsgesetz
AVmEG	Altersvorsorgevermögensergänzungsgesetz		
		bzw.	beziehungsweise
AVmG	Altersvorsorgevermögensgesetz		
		DAG	Deutsche Angestelltengewerkschaft
Az.	Aktenzeichen		
		DDR	(frühere) Deutsche Demokratische Republik
BA	Bundesanstalt für Arbeit		
BAG	Bundesarbeitsgericht	d.h.	das heißt
BAT	Bundesangestelltentarifvertrag	DO	Dienstordnung
		DOK	Die Ortskrankenkasse (Fachzeitschrift)
BB	Der Betriebs-Berater (Fachzeitschrift)		
		EFZG	Entgeltfortzahlungsgesetz
BBesG	Bundesbesoldungsgesetz		
BBG	Bundesbeamtengesetz	EntsR	Entsenderichtlinien
BeamtVG	Beamtenversorgungsgesetz	EStG	Einkommensteuergesetz
BerzGG	Bundeserziehungsgeldgesetz	ff.	fortfolgende
BetrAVG	Gesetz zur Verbesserung der betrieblichen Altersversorgung	gem.	gemäß
		GG	Grundgesetz
BfA	Bundesversicherungsanstalt für Angestellte	ggf.	gegebenenfalls
		GmbH	Gesellschaft mit beschränkter Haftung
BG	Berufsgenossenschaft		
BGB	Bürgerliches Gesetzbuch		

Abkürzungsverzeichnis

GMBl.	Gemeinsames Ministerialblatt	SGG	Sozialgerichtsgesetz
		SPD	Sozialdemokratische Partei Deutschlands
i.S.	im Sinne	SUrlV	Sonderurlaubsverordnung
i.V.	in Verbindung	SVG	Soldatenversorgungsgesetz
Kap.	Kapitel		
		TÜV	Technischer Überwachungsverein
LStR	Lohnsteuerrichtlinien		
		TV	Tarifvertrag
MR	Mindestruhegehalt	TVATZ	Tarifvertrag über Altersteilzeit (im öffentlichen Dienst)
MuSchG	Mutterschutzgesetz		
Nr.	Nummer		
		u.a.	unter anderem
o.ä.	oder ähnliches	USK	Urteilssammlung für die soziale Krankenversicherung
ÖTV	Öffentliche Dienste, Transport und Verkehr (Gewerkschaft – in die Vereinigte Dienstleistungsgewerkschaft – Verdi – aufgegangen)		
		u.U.	unter Umständen
		VBL	Versorgungsanstalt des Bundes und der Länder
		VDR	Verband Deutscher Rentenversicherungsträger
Rz.	Randziffer		
		Verdi	Vereinigte Dienstleistungsgewerkschaft
S.	Seite		
SGB	Sozialgesetzbuch	vgl.	vergleiche
SGB I	Sozialgesetzbuch Erstes Buch (Allgemeiner Teil)	VK	Verein der kommunalen Arbeitgeberverbände
SGB IV	Sozialgesetzbuch Viertes Buch (Sozialversicherung)	VP	Versicherungspraxis (Fachzeitschrift) auch: Versorgungspunkte
SGB VI	Sozialgesetzbuch Sechstes Buch (Gesetzliche Rentenversicherung)	VVG	Versicherungsvertragsgesetz
SGB VII	Sozialgesetzbuch Siebtes Buch (Gesetzliche Unfallversicherung)		
		z.B.	zum Beispiel
SGB IX	Sozialgesetzbuch Neuntes Buch (Rehabilitation und Teilhabe behinderter Menschen)	ZDF	Zweites Deutsches Fernsehen
		ZPO	Zivilprozessordnung
		ZVE	Zusatzversorgungspflichtiges Arbeitsentgelt
SGB XI	Sozialgesetzbuch Elftes Buch (Soziale Pflegeversicherung)	ZVK	Zentrale Versorgungskasse

KAPITEL I
Versorgung der Beamten

1. Grundsätze

Wenn an Beschäftigte des öffentlichen Dienstes gedacht wird, werden heute wie auch früher an erster Stelle die Beamten erwähnt. Diese stellen sowohl bezüglich ihrer Besoldung während ihres aktiven Dienstes als auch im Hinblick auf ihre Versorgung eine Sonderrolle im Vergleich zu sonstigen Beschäftigten dar. Sonstige Beschäftigte im öffentlichen Dienst unterliegen im allgemeinen der Rentenversicherungspflicht, haben ergänzend dazu auch Anspruch aus einer Zusatzversorgung, d.h. sie haben heute Betriebsrentenansprüche.

In Zusammenhang mit der Versorgung der Beamten wird oft das Alimentationsprinzip angesprochen. Der Beamte verpflichtet sich – so heißt es – seine ganze Kraft für seinen Dienst einzusetzen und als Ausgleich dazu wird er von seinem Dienstherrn versorgt. Viele Menschen sehen dieses Prinzip heute als antiquiert an. Im Laufe der Zeit ist viel an den Versorgungsansprüchen der Beamten geändert worden. Die Grundprinzipien wurden aber nicht angetastet.

Rechtsgrundlage für die Beamtenversorgung ist das Gesetz über die Versorgung der Beamten und Richter in Bund und Ländern, das sich in der Fassung der Bekanntmachung vom 15.3.1999 (BGBl. I S. 323) befindet. Diese Fassung ist allerdings mehrfach geändert worden. Zu nennen ist hier insbesondere das Versorgungsänderungsgesetz 2001 vom 20.12.2001 (BGBl. I S. 3926. Durch dieses Gesetz wurden beispielsweise der Kindererziehungszuschlag und weitere Zuschläge eingeführt.

Das Gesetz über die Versorgung der Beamten und Richter wird abgekürzt Beamtenversorgungsgesetz (BeamtVG) genannt .Es regelt nicht allein die Ansprüche bei einem Ruhestand wegen Alters oder wegen Dienstunfähigkeit. Es regelt vielmehr auch die Unfallfürsorge für Beamte. Beamte unterliegen bekanntlich nicht der gesetzlichen Unfallversicherung (vgl. dazu ab Rz. 550). Als Ausgleich hierfür wird – dem Alimentationsprinzip folgend – eine besondere Unfallfürsorge als Versorgungsanspruch geregelt.

Das BeamtVG untergliedert sich in die Abschnitte I bis XV, wobei zwei Abschnitte inzwischen weggefallen sind. Im einzelnen handelt es sich um folgende Abschnitte:

I: Allgemeine Vorschriften
II: Ruhegehalt, Unterhaltsbeitrag
III: Hinterbliebenenversorgung
IV: Bezüge bei Verschollenheit
V: Unfallfürsorge
VI: Übergangsgeld, Ausgleich
VII: Gemeinsame Vorschriften
VIII: Sondervorschriften

IX: Versorgung besonderer Beamtengruppen
X: Vorhandene Versorgungsempfänger und Versorgungsfälle ab 1.1.2002
XI: Anpassung der Versorgungsbezüge
XII: (weggefallen)
XIII: Übergangsvorschriften neuen Rechts
XIV: (weggefallen)
XV: Schlussvorschriften

3 Den Geltungsbereich des BeamtVG regelt sein § 1. Danach regelt das BeamtVG die Versorgung der Bundesbeamten, der Beamten der Länder, der Gemeinden, der Gemeindeverbände sowie der sonstigen der Aufsicht eines Landes unterstehenden Körperschaften, Anstalten und Stiftungen des öffentlichen Rechts. Darüber hinaus ist das BeamtVG für weitere Personengruppen maßgebend, deren für sie geltenden Vorschriften auf das BeamtVG bzw. auf das Beamtenrecht verweisen. Zu denken ist hier beispielsweise an die dienstordnungsmäßigen Angestellten (DO-Angestellten) der Sozialversicherungsträger. Das BeamtVG gilt nach Maßgabe des Deutschen Richtergesetzes entsprechend für die Versorgung der Richter von Bund und Ländern. Es gilt aber nach ausdrücklicher Vorschrift in § 1 Abs. 3 nicht für die öffentlich-rechtlichen Religionsgesellschaften und ihre Verbände. Diese Organisationen haben eigene Versorgungsregelungen geschaffen.

4 Dem bereits mehrfach erwähnten Alimentationsprinzip entspricht es, dass das Versorgungsrecht der Beamten gesetzlich geregelt wird, die Versorgung also nicht willkürlich durchgeführt wird. Deshalb enthält § 3 BeamtVG einen strengen Gesetzesvorbehalt.

In Abs. 1 dieser Vorschrift heißt es, dass die Versorgung der Beamten und ihrer Hinterbliebenen durch Gesetz geregelt wird. Zusicherungen, Vereinbarungen und Vergleiche, die dem Beamten eine höhere als die ihm gesetzlich zustehende Versorgung verschaffen sollen, sind nach ausdrücklicher Vorschrift des § 3 Abs. 2 BeamtVG unwirksam. Das gleiche gilt für Versicherungsverträge, die zu diesem Zweck abgeschlossen werden. Dies bedeutet, dass Betriebsrentenvereinbarungen nicht abgeschlossen werden können. Deshalb gibt es für Beamte keine Vorschriften, die der für Angestellte des öffentlichen Dienstes geltenden Zusatzversorgung entsprechen würden (vgl. zum ATV die Ausführungen im Kapitel IV).

Allerdings gilt § 10a EStG, der sich mit der zusätzlichen Altersvorsorge beschäftigt, auch für Empfänger von Besoldung nach dem Bundesbesoldungsgesetz. Dies war im Rahmen der so genannten Riester-Rente ursprünglich nicht vorgesehen, ist aber durch Art. 11 des Versorgungsänderungsgesetz 2001 in das EStG eingefügt worden. Dies hat zur Folge, dass auch Personen, die durch das BeamtVG angesprochen werden, Altersvorsorgebeiträge als Sonderausgaben steuerlich abziehen können. Befinden sich die betreffenden Personen allerdings in Elternzeit, so besteht ein Anspruch auf Berücksichtigung als Sonderausgaben nur während des Zeitraums nach § 50a BeamtVG. Hier geht es um den Bezug von Kindererziehungszuschlägen (vgl. dazu Rz. 92).

5 Von § 10a EStG werden auch Empfänger von Amtsbezügen aus einem Amtsverhältnis erfasst, deren Versorgungsrecht die entsprechende Anwendung des § 69e Abs. 3 und 4 BeamtVG vorsieht. Es handelt sich hier um die Verminderung der der Berechnung der Versorgungsbezüge zugrundeliegenden ruhegehaltsfähigen Dienstbe-

Grundsätze

züge durch einen Anpassungsfaktor. Dabei wird die Anpassung der Bezüge vermindert.

Durch die Regelung in § 10 Abs. 1 EStG sollen die Personen, denen wie bei Beamten die Versorgung nur in vermindertem Umfange angepaßt wird, die Möglichkeit erhalten, bei Zahlung von zusätzlichen Altersvorsorgebeiträgen, Sonderausgaben abzuziehen. Dadurch wird ein Anreiz zum Abschluss von Altersvorsorgeverträgen gegeben.

§ 10a Abs. 1 Satz 1 Nr. 3 EStG sieht außerdem vor, dass die nach § 5 Abs. 1 Satz 1 Nr. 2 und 3 SGB VI versicherungsfreien Beschäftigten und die nach § 6 Abs. 1 Satz 1 Nr. 2 SGB VI von der Versicherungspflicht befreiten Beschäftigten, von § 10a EStG erfasst werden. Voraussetzung ist, dass ihr Versorgungsrecht die entsprechende Anwendung des § 69e Abs. 3 und 4 des BeamtVG vorsieht.

§ 5 Abs. 1 Satz 1 Nr. 2 SGB VI bestimmt die Versicherungsfreiheit der Beschäftigten von Körperschaften, Anstalten oder Stiftungen des öffentlichen Rechts, deren Verbänden einschließlich der Spitzenverbände oder ihrer Arbeitsgemeinschaften. Voraussetzung ist, dass ihnen nach beamtenähnlichen Vorschriften oder Grundsätzen oder entsprechenden kirchenrechtlichen Regelungen Anwartschaft auf Versorgung bei verminderter Erwerbsfähigkeit und im Alter sowie auf Hinterbliebenenversorgung gewährleistet und die Erfüllung der Gewährleistung gesichert ist. In § 6 Abs. 1 Satz 1 Nr. 2 SGB VI geht es um Lehrer oder Erzieher, die an nichtöffentlichen Schulen oder Anstalten beschäftigt sind und sich – bei Vorliegen bestimmter Voraussetzungen – von der Versicherungspflicht zur gesetzlichen Rentenversicherung befreien liessen. Vgl. zu diesen Vorschriften des SGB VI die Ausführungen in Kapitel II ab Rz. 262. 6

In diesem Zusammenhang ist zu erwähnen, dass § 10a EStG durch das Gesetz zur Einbeziehung beurlaubter Beamter in die kapitalgedeckte Altersversorgung vom 15.1.2003 (BGBl. I S. 58) ergänzt worden ist. Es geht dabei um Beamte, Richter, Berufssoldaten und Soldaten auf Zeit, die ohne Besoldung beurlaubt sind. Auch sie haben unter bestimmten Voraussetzungen das Recht, Altersvorsorgebeiträge als Sonderausgaben steuerrechtlich geltend zu machen. Der Anspruch besteht für die Zeit einer Beschäftigung, wenn während der Beurlaubung die Gewährleistung einer Versorgungsanwartschaft unter den Voraussetzungen des § 5 Abs. 1 Satz 1 SGB VI auf diese Beschäftigung erstreckt wird. Vgl. zu § 5 Abs. 1 Satz 1 SGB VI die Ausführungen in Rz. 262 ff.

Bezüglich der Altersvorsorgebeiträge verweist § 10a Abs. 1 EStG auf § 82 EStG. Danach sind Altersvorsorgebeiträge solche Beiträge, die der Zulageberechtigte zu Gunsten eines auf seinen Namen lautenden Vertrags leistet. Es muss sich dabei um einen nach § 5 des Altersvorsorgeverträge-Zertifizierungsgesetz zertifizierten Vertrag handeln. Die Zulageberechtigung richtet sich nach § 79 EStG. Dieser Anspruch erhöht die Möglichkeit, Sonderausgaben abzuziehen. Nach § 10a Abs. 1 EStG können nämlich Altersvorsorgebeiträge zuzüglich der dafür zustehenden Zulage als Sonderausgaben abgezogen werden. 7

Versorgung der Beamten

Zusätzliche Altersversorgung

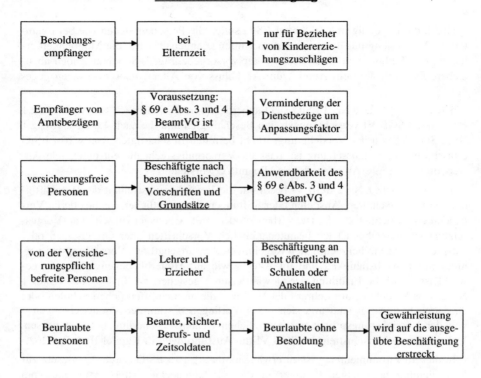

8 Der Sonderausgabenabzug ist bis zu bestimmten Höchstbeträgen möglich und zwar

– in den Veranlagungszeiträumen 2002 und 2003 bis zu   525 Euro
– in den Veranlagungszeiträumen 2004 und 2005 bis zu   1.050 Euro
– in den Veranlagungszeiträumen 2006 und 2007 bis zu   1.575 Euro
– ab dem Veranlagungszeiträumen 2008 jährlich bis zu   1.100 Euro.

9 Sofern eine Zulagennummer durch die zentrale Stelle (BfA; vgl. § 81 EStG) oder eine Versicherungsnummer der Rentenversicherung noch nicht vergeben ist, hat der Besoldungsempfänger über die für seine Besoldung oder seine Amtsbezüge zuständige Stelle eine Zulagennummer bei der zentralen Stelle zu beantragen. Im Falle der Gewährung von Elternzeit hat dies über den die Versorgung gewährleistenden Arbeitgeber der rentenversicherungsfreien Beschäftigung zu geschehen.

Der Steuerpflichtige hat gegenüber der für seine Besoldung oder Amtsbezüge zuständigen Stelle oder gegenüber dem seine Versorgung gewährleistenden Arbeitgeber der rentenversicherungsfreien Beschäftigung eine Erklärung abzugeben. Es handelt sich hier um eine Einverständniserklärung. Der Betreffende muss nämlich einverstanden sein, dass

Grundsätze

- die erwähnte Stelle jährlich die für die Ermittlung des Mindesteigenbeitrags (vgl. Rz. 12 ff.) und die für die Gewährung der Kinderzulage (vgl. Rz. 10 ff.) erforderlichen Daten der zentralen Stelle mitteilt,
- die zentrale Stelle diese Daten für das Zulageverfahren verarbeiten und nutzen kann und
- im Falle des Bestehens von Elternzeit von dem seine Versorgung gewährleistenden Arbeitgeber der zentralen Stelle bestätigt wird, dass das Versorgungsrecht des Steuerpflichtigen eine entsprechende Anwendung des § 69 e Abs. 3 und 4 BeamtVG vorsieht (vgl. dazu Rz. 5)

Die Einverständniserklärung ist bis zum Widerruf wirksam. Der Widerruf ist vor Beginn des Veranlagungszeitraums, für den das Einverständnis erstmals nicht mehr gelten soll, gegenüber der für die Besoldung oder Amtsbezüge bzw. dem die Versorgung gewährleistenden Arbeitgeber zu erklären.

Die Altersvorsorgezulage setzt sich gem. § 83 EStG aus einer Grundzulage und einer Kinderzulage zusammen. Die Grundzulage beträgt gem. § 84 EStG *10*

– in den Jahren 2002 und 2003	38 Euro,
– in den Jahren 2004 und 2005	76 Euro,
– in den Jahren 2006 und 2007	114 Euro,
– ab dem Jahr 2008 jährlich	154 Euro.

Gem. § 85 EStG beträgt die Kinderzulage für jedes Kind, für das dem Zulageberechtigten Kindergeld ausgezahlt wird,

– in den Jahren 2002 und 2003	46 Euro,
– in den Jahren 2004 und 2005	92 Euro,
– in den Jahren 2006 und 2007	138 Euro,
– ab dem Jahr 2008 jährlich	185 Euro.

Der Anspruch auf Kinderzulage entfällt für den Veranlagungszeitraum, für den das *11* Kindergeld insgesamt zurückgefordert wird. Erhalten mehrere Zulageberechtigte für dasselbe Kind Kindergeld, steht die Kinderzulage demjenigen zu, dem für den ersten Anspruchszeitraum im Kalenderjahr Kindergeld ausgezahlt worden ist. Bei unbeschränkt steuerpflichtigen Eltern, die nicht dauernd getrennt leben, wird die Kinderzulage der Mutter zugeordnet, auf Antrag beider Eltern dem Vater. Der Antrag kann jeweils nur für ein Beitragsjahr gestellt und nicht zurückgenommen werden.

Auch § 86 EStG ist für Beamte von besonderer Bedeutung. Hier wird die Zahlung *12* eines Mindesteigenbeitrags gefordert. Die Grundzulage und die Kinderzulage wird nämlich gekürzt, wenn der Zulageberechtigte nicht den Mindesteigenbeitrag leistet. Dieser beträgt

– in den Jahren 2002 und 2003	1 %,
– in den Jahren 2004 und 2005	2 %,
– in den Jahren 2006 und 2007	3 %,
– ab dem Jahr 2008 jährlich	4 %

der Summe der in dem dem Kalenderjahr vorangegangenen Kalenderjahr
- bezogenen Besoldung und Amtsbezüge und

– bei versicherungsfreien bzw. von der Versicherungspflicht befreiten Beamten der Einnahmen, die beitragspflichtig wären, wenn die Versicherungsfreiheit in der gesetzlichen Rentenversicherung nicht bestehen würde.

13 Der Mindesteigenbeitrag ist allerdings auf die Höhe der Beträge begrenzt, die gem. § 10a Abs. 1 EStG als Sonderausgaben abziehbar sind. Dabei ist dieser Betrag allerdings um die Grund- und um die Kinderzulage zu vermindern. In jedem der Jahre von 2002 bis 2004 sind als Sockelbetrag zu leisten

– 45 Euro von Zulageberechtigten, denen keine Kinderzulage zusteht,
– 38 Euro von Zulageberechtigten, denen eine Kinderzulage zusteht,
– 30 Euro von Zulageberechtigten, denen zwei oder mehr Kinderzulagen zustehen

und ab dem Jahr 2005 jährlich

– 90 Euro von Zulageberechtigten, denen keine Kinderzulage zusteht,
– 75 Euro von Zulageberechtigten, denen eine Kinderzulage zusteht und
– 60 Euro von Zulageberechtigten, denen zwei oder mehr Kinderzulagen zustehen.

Ist der Sockelbetrag höher als der Mindesteigenbeitrag (vgl. dazu Rz. 12), so ist der Sockelbetrag als Mindesteigenbeitrag zu leisten. Die Kürzung der Zulage ermittelt sich nach dem Verhältnis der Altersvorsorgebeiträge zum Mindesteigenbeitrag.

Wird nach Ablauf des Beitragsjahres festgestellt, dass die Voraussetzungen für die Gewährung einer Kinderzulage nicht vorgelegen haben, ändert sich dadurch die Berechnung des Mindesteigenbeitrags für dieses Beitragsjahr nicht (§ 86 Abs. 4 EStG).

14 § 2 BeamtVG beschäftigt sich mit den Arten der Versorgung. Hier wird zunächst das Ruhegehalt und der Unterhaltsbeitrag aufgeführt. Einzelheiten hierüber regelt der zweite Abschnitt des BeamtVG (vgl. dazu ab Rz. 49). Danach wird die Hinterbliebenenversorgung erwähnt, die in Abschnitt III des BeamtVG geregelt wird (vgl. dazu ab Rz. 52). In Abschnitt III wird auch über den Anspruch bei Verschollenheit bestimmt, der ebenfalls in § 2 BeamtVG aufgeführt wird (vgl. Rz. 66).

15 Eine weitere Versorgungsart ist die ab Rz. 67 behandelte Unfallfürsorge, die Gegenstand des fünften Abschnittes des BeamtVG ist. Die Versorgungsart „Übergangsgeld" wird in Abschnitt VI behandelt (vgl. ab Rz. 88). Außerdem werden in § 2 BeamtVG aufgeführt: verschiedene Erhöhungs- und Ausgleichsbeträge, der Anpassungszuschlag nach § 69b Abs. 2 Satz 5 BeamtVG sowie die Leistungen nach den §§ 50a bis 50e BeamtVG. Zur Versorgung gehört ferner die jährliche Sonderzuwendung (§ 2 Abs. 2 BeamtVG).

2. Ruhegehalt, Unterhaltsbeitrag
2.1 Allgemeines

16 Wie im nachfolgend abgedruckten Schaubild erwähnt wird die Dienstzeit vom Zeitpunkt der ersten Berufung in das Beamtenverhältnis ab gerechnet und nur berücksichtigt, soweit sie ruhegehaltfähig ist. Einzurechnen sind sowohl Zeiten, die kraft gesetzlicher Vorschrift als ruhegehaltfähig gelten als auch die nach § 10 BeamtVG als ruhegehaltfähig bezeichneten Zeiten. Dies gilt nicht für Zeiten, die der Beamte vor dem 3.10.1990 im Gebiet der früheren DDR zurückgelegt hat.

Ruhegehalt, Unterhaltsbeitrag

Voraussetzungen für den Ruhegehaltanspruch

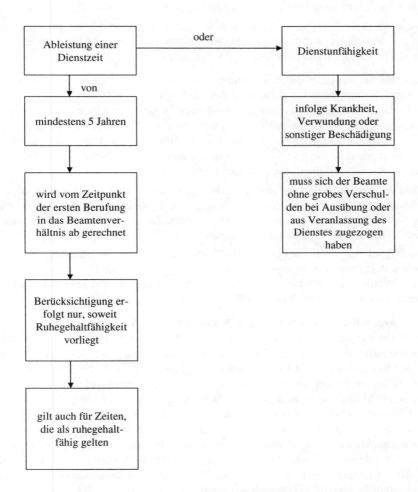

Die ruhegehaltfähige Dienstzeit ist eine wesentliche Komponente, wenn es um die Berechnung des Ruhegehaltes geht.

Ein weiterer wesentlicher Faktor sind die ruhegehaltsfähigen Dienstbezüge.

Nach § 3 Abs. 3 BeamtVG kann auf die gesetzlich zustehende Versorgung weder ganz noch teilweise verzichtet werden.

Einzelheiten über die Zahlung der Versorgungsbezüge bestimmt § 49 BeamtVG. In Absatz 1 dieser Vorschrift werden zunächst die Aufgaben der obersten Dienstbehörde beschrieben. Diese

– setzt die Versorgungsbezüge fest,
– bestimmt die Person des Zahlungsempfängers,

Versorgung der Beamten

– entscheidet über die Berücksichtigung von Zeiten als ruhegehaltfähige Dienstzeit sowie
– über die Bewilligung von Versorgungsbezügen auf Grund von Kannvorschriften.

Sie kann diese Befugnisse, für Beamte des Bundes und der Länder im Einvernehmen mit dem für das Versorgungsrecht zuständigen Minister, auf andere Stellen übertragen. Die Länder können andere Zuständigkeiten bestimmen.

18 Entscheidungen über die Bewilligung von Versorgungsbezügen auf Grund von Kannvorschriften dürfen erst beim Eintritt des Versorgungsfalles getroffen werden (§ 49 Abs. 2 BeamtVG). Vorherige Zusicherungen sind unwirksam. Ob Zeiten auf Grund der §§ 10 bis 12 BeamtVG als ruhegehaltfähige Dienstzeit zu berücksichtigen sind (vgl. Rz. 25 ff.) soll in der Regel bei der Berufung in das Beamtenverhältnis entschieden werden. Diese Entscheidungen stehen unter dem Vorbehalt eines Gleichbleibens der Rechtslage, die ihnen zugrunde liegt.

Sind Entscheidungen in versorgungsrechtlichen Angelegenheiten zu treffen, die eine grundsätzliche, über den Einzelfall hinausgehende Bedeutung haben, hat dies durch den für das Versorgungsrecht zuständigen Minister zu geschehen (§ 49 Abs. 3 BeamtVG). Er kann Delegationen vornehmen.

Nach § 49 Abs. 4 BeamtVG sind die Versorgungsbezüge im allgemeinen für die gleichen Zeiträume und im gleichen Zeitpunkt zu zahlen wie die Dienstbezüge der Beamten. Werden sie nach dem Tag der Fälligkeit bezahlt, besteht kein Anspruch auf Verzugszinsen (§ 39 Abs. 5 BeamtVG).

19 § 49 Abs. 6 BeamtVG beschäftigt sich damit, dass ein Versorgungsberechtigter seinen Wohnsitz oder dauernden Aufenthalt im Ausland hat. Hier kann die oberste Dienstbehörde oder die von ihr bestimmte Stelle die Zahlung der Versorgungsbezüge von der Bestellung eines Empfangsbevollmächtigten im Inland abhängig machen. In diesem Zusammenhang ist das Rundschreiben des Bundesministeriums der Finanzen über den Transfer von beamtenrechtlichen Versorgungsbezügen vom 4. 9. 2001 (Az.: ZB 3-P 1600 – 44/01) zu beachten. Danach ist der Transfer von Versorgungsbezügen ins Ausland nach Maßgabe des Außenwirtschaftsgesetzes in Verbindung mit der Außenwirtschaftsverordnung grundsätzlich unbeschränkt zulässig. Soweit Beschränkungen aufgrund internationaler Handelsembargos bestehen, bedürfen Zahlungen in die betroffenen Länder jedoch der Genehmigung durch die zuständige Landeszentralbank. Diese erteilt in Zweifelsfällen auch Auskunft.

20 Anstelle eines Transfers von Versorgungsbezügen ins Ausland können die Zahlungen auf Wunsch des Versorgungsberechtigten auch
– durch Überweisung auf ein Gebietsfremden-Konto bei einem inländischen Geldinstitut
oder
– durch Überweisung zugunsten des Versorgungsberechtigten an einen Gebietsansässigen (z.B. inländischen Inkassobevollmächtigten)
geleistet werden.

Bei Zahlungen über ein Geldinstitut ist der Vordruck „Zahlungsauftrag im Außenwirtschaftsverkehr" (Anlage zur Außenwirtschaftsverordnung) zu verwenden. Für

Ruhegehalt, Unterhaltsbeitrag

Überweisungsbeträge bis zu 12.500 Euro kann dem Geldinstitut ein formloser Zahlungsauftrag in einfacher Ausfertigung erteilt werden. Dies gilt auch dann, wenn mehrere derartige Beträge in einer Sammelliste zur Anweisung gelangen. In den übrigen Fällen sind Zahlungen über 12.500 Euro mit dem Vordruck „Zahlungen im Außenwirtschaftsverkehr" (Anlage zur Außenwirtschaftsverordnung) der zuständigen Landeszentralbank bis zum 7. Tag des auf die Zahlung folgenden Monats zu melden. Sammelmeldungen sind zulässig. Zu beachten ist in diesem Zusammenhang, dass sich der vorgenannte Betrag im Sinne der Außenwirtschaftsverordnung auf das zugrundeliegende Geschäft bezieht. Bei Sammelanmeldungen ist die Meldefreigrenze von 12.500 Euro nicht auf den Einzelbetrag, sondern auf den pro Monat, Land und Kennzahl erreichten Gesamtbetrag anzuwenden. Das Bundesfinanzministerium weist in seinem Rundschreiben daraufhin, dass Vordrucke bei den Geldinstituten erhältlich sind. Versorgungsbezüge fallen unter die interne Kennzahl 527. Diese Kennzahl ist auf den Vordrucken an der dort bezeichneten Stelle einzusetzen.

Im übrigen hat der Versorgungsempfänger gem. § 49 Abs. 7 BeamtVG für die Zahlung der Versorgungsbezüge auf Verlangen der zuständigen Behörde ein Konto anzugeben oder einzurichten, auf das die Überweisung erfolgen kann. Die Übermittlungskosten trägt die die Versorgungsbezüge zahlende Stelle. Hiervon sind allerdings die Kosten für die Gutschrift auf dem Konto des Empfängers ausgeschlossen. Bei einer Überweisung der Versorgungsbezüge auf ein im Ausland geführtes Konto trägt der Versorgungsempfänger die Kosten und die Gefahr der Übermittlung der Versorgungsbezüge. Er trägt auch die Kosten einer Meldung nach § 59 der Außenwirtschaftsverordnung in der jeweils geltenden Fassung. Die Kontoeinrichtung-, Kontoführungs- oder Buchungsgebühren trägt der Empfänger. Eine Auszahlung auf andere Weise kann nach ausdrücklicher Vorschrift in § 49 Abs. 7 BeamtVG nur zugestanden werden, wenn dem Empfänger die Einrichtung oder Benutzung eines Kontos aus wichtigem Grund nicht zugemutet werden kann.

Beträge von weniger als fünf Euro werden lediglich auf Verlangen dem Empfangsberechtigten ausgezahlt (§ 49 Abs. 9 BeamtVG). Im übrigen sind bei der Berechnung der Versorgungsbezüge die sich ergebenden Bruchteile eines Cents unter 0,5 abzurunden und ab 0,5 aufzurunden. Zwischenrechnungen werden jeweils auf zwei Dezimalstellen durchgeführt. Jeder Versorgungsbestandteil ist einzeln zu runden. Abweichend hiervon sind bei der Berechnung der Leistungen nach den §§ 50 bis 50 d BeamtVG die Regelungen des SGB VI anzuwenden. Es handelt sich hier um den Kindererziehungszuschlag, den Kindererziehungsergänzungszuschlag, den Kinderzuschlag zum Witwengeld und den Pflege- und Kinderpflegeergänzungszuschlag (vgl. dazu Rz. 92). Der Verweis auf die Vorschriften des SGB VI bedeutet die Anwendung des § 123 SGB VI. Danach werden Berechnungen von Geldbeträgen auf zwei Dezimalstellen durchgeführt.

Bei der Ermittlung von Geldbeträgen, für die ausdrücklich ein voller Betrag vorgegeben oder bestimmt ist, wird der Betrag nur dann um 1 erhöht, wenn sich in der ersten Dezimalstelle eine der Zahlen 5 bis 9 ergeben würde.

Versorgung der Beamten

2.2 Entstehung des Anspruchs auf Ruhegehalt

22 Nach § 4 Abs. 1 BeamtVG wird ein Ruhegehalt nur gewährt, wenn der Beamte eine Dienstzeit von mindestens fünf Jahren abgeleistet hat. Dies ist dann nicht erforderlich, wenn der Beamte infolge Krankheit, Verwundung oder sonstiger Beschädigung, die er sich ohne grobes Verschulden bei Ausübung oder aus Veranlassung des Dienstes zugezogen hat, dienstunfähig geworden ist.

Der Anspruch auf Ruhegehalt entsteht gem. § 4 Abs. 2 BeamtVG mit dem Beginn des Ruhestandes. In den Fällen des § 4 des Bundesbesoldungsgesetzes (BBesG) beginnt der Anspruch nach Ablauf der Zeit, für die Dienstbezüge gewährt werden.

In § 4 BBesG wird die Weitergewährung der Besoldung bei Versetzung in den einstweiligen Ruhestand oder bei Abwahl von Wahlbeamten auf Zeit geregelt. Nach Absatz 1 der genannten Vorschrift erhält der in den einstweiligen Ruhestand versetzte Beamte, Richter oder Soldat für den Monat, in dem ihm die Versetzung in den einstweiligen Ruhestand mitgeteilt worden ist, sowie für die folgenden drei Monate noch die Bezüge nach dem ihm verliehenen Amt. Aufwandsentschädigungen werden allerdings lediglich bis zum Beginn des einstweiligen Ruhestandes gezahlt.

23 Absatz 2 des § 4 BBesG beschäftigt sich mit dem Bezug von Einkünften des in den einstweiligen Ruhestand versetzten Beamten, Richter oder Soldaten. Dabei handelt es sich um Einkünfte aus einer Verwendung im Dienst eines öffentlich-rechtlichen Dienstherrns oder eines Verbandes, dessen Mitglieder öffentlich-rechtliche Dienstherren sind. In einem solchen Falle werden die Bezüge um den Betrag dieser Einkünfte verringert. Dem Dienst bei einem öffentlich-rechtlichen Dienstherrn steht die Tätigkeit im Dienst einer zwischenstaatlichen oder überstaatlichen Einrichtung gleich. Dabei muss es sich um eine Einrichtung handeln, an der ein öffentlich-rechtlicher Dienstherr oder ein Verband, dessen Mitglieder öffentlich-rechtliche Dienstherrn sind, durch Zahlung von Beiträgen oder Zuschüssen oder in anderer Weise beteiligt ist. Die Entscheidung darüber, ob die Voraussetzungen erfüllt sind, trifft der für das Besoldungsrecht zuständige Minister oder die von ihm bestimmte Stelle.

Die vorstehenden Grundsätze gelten dann, wenn ein Wahlbeamter auf Zeit abgewählt wird, entsprechend. Dabei tritt an die Stelle der Mitteilung über die Versetzung in den einstweiligen Ruhestand die Mitteilung über die Abwahl oder den sonst bestimmten Beendigungszeitpunkt für das Beamtenverhältnis auf Zeit. Das gilt entsprechend für die Fälle des Eintritts in den einstweiligen Ruhestand kraft Gesetzes.

24 Nach § 4 Abs. 3 BeamtVG wird das Ruhegehalt auf der Grundlage der ruhegehaltfähigen Dienstbezüge und der ruhegehaltfähigen Dienstzeit berechnet.

2.3 Ruhegehaltsfähige Dienstzeit

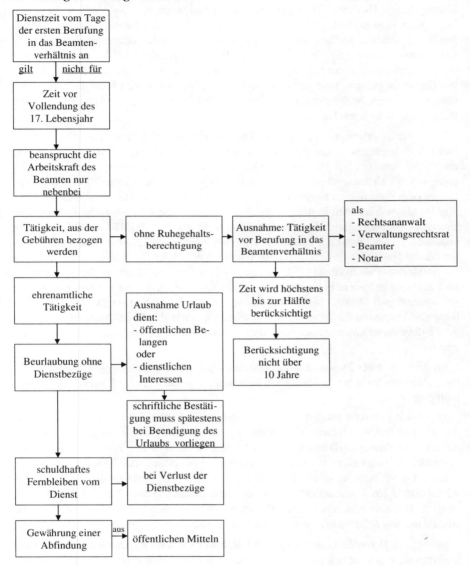

§ 6 BeamtVG beschäftigt sich mit der regelmäßigen ruhegehaltfähigen Dienstzeit. 25
Danach (Abs. 1) ist die Dienstzeit ruhegehaltfähig, die der Beamte vom Tage seiner ersten Berufung in das Beamtenverhältnis an im Dienst eines öffentlich-rechtlichen Dienstherrn im Beamtenverhältnis zurückgelegt hat. Dieser Grundsatz gilt in den Fällen nicht, die im vorstehenden Schaubild näher aufgeführt sind. Dabei wird auch darauf hingewiesen, dass eine ruhegehaltfähige Dienstzeit bei der Tätigkeit eines Beamten nicht vorliegt, der ohne Ruhegehaltsberechtigung nur Gebühren bezieht. Davon

gibt es aber eine Ausnahme. § 6 Abs. 1 Nr. 3 BeamtVG bestimmt hier, dass eine ruhegehaltfähige Dienstzeit einer Zeit, in der nur Gebühren bezogen werden, dann vorliegt, wenn eine Berücksichtigung nach § 11 Nr. 1 Buchst. a BeamtVG erfolgt. Dabei handelt es sich um die Zeit, während der ein Beamter nach Vollendung des siebzehnten Lebensjahres vor der Berufung in das Beamtenverhältnis als Rechtsanwalt oder Verwaltungsrechtsrat oder als Beamter oder Notar, der ohne Ruhegehaltsberechtigung nur Gebühren bezieht, tätig gewesen ist. Eine entsprechende Zeit kann als ruhegehaltfähige Dienstzeit berücksichtigt werden, jedoch höchstens bis zur Hälfte und in der Regel nicht über zehn Jahre hinaus.

26 Näher einzugehen ist in diesem Zusammenhang auch auf § 6 Abs. 1 Nr. 5 BeamtVG. Hier geht es um die Beurlaubung ohne Dienstbezüge. Dabei kann die Zeit einer Beurlaubung ohne Dienstbezüge berücksichtigt werden, wenn spätestens bei Beendigung des Urlaubs schriftlich zugestanden worden ist, dass dieser öffentlichen Belangen oder dienstlichen Interessen dient. Hier sind die Richtlinien für die Entsendung von Bundesbediensteten in öffentliche zwischenstaatliche oder überstaatliche Organisationen (Entsendungsrichtlinien – EntsR) vom 25. 10. 2000 (GMBl. 2000 S. 1094) zu beachten. In Abschn. II Nr. 2 dieser Richtlinien wird vorgeschrieben, dass dem Beamten für die Dauer der Entsendung Urlaub ohne Wegfall der Besoldung nach § 9 Abs. 1 der Sonderurlaubsverordnung (SUrlV) zu gewähren ist. Die Beurlaubung ist auf bis zu fünf Jahre zu befristen. In begründeten Fällen kann sie verlängert werden. Der Antrag soll spätestens 6 Monate vor Ablauf des Sonderurlaubs gestellt werden. Die Beurlaubung soll insgesamt 10 Jahre nicht überschreiten, sofern nicht im Ausnahmefall dringende dienstliche Gründe oder besonders schutzwürdige Belange des Beamten entgegenstehen.

27 Im Anhang II der Entsendungsrichtlinien wird u. a. zur Versorgung Stellung genommen. Zunächst wird hier ausdrücklich bestimmt, dass die Zeit der Entsendung ruhegehaltfähig ist.

Dabei wird sowohl auf § 6 Abs. 1 als auch auf § 6 Abs. 3 Nr. 4 BeamtVG hingewiesen. In § 6 Abs. 3 BeamtVG werden Tatbestände geregelt, die der im Beamtenverhältnis zurückgelegten Dienstzeit gleich stehen. In Nr. 4 dieser Vorschrift werden im öffentlichen Dienst einer zwischenstaatlichen oder überstaatlichen Einrichtung zurückgelegte Dienstzeiten erwähnt. Hier wird auch bestimmt, dass in diesen Fällen § 6 Abs. 1 Satz 2 Nr. 7 BeamtVG keine Anwendung findet. § 6 Satz 2 Nr. 7 BeamtVG bestimmt, dass eine ruhegehaltfähige Dienstzeit nicht in einer Zeit vorliegt, für die eine Abfindung aus öffentlichen Mitteln gewährt wurde.

28 Im Anhang II zu den Entsendungsrichtlinien werden noch weitere Ausführungen zur Versorgung von Beamten gemacht, die nach den Richtlinien entsendet werden. Dabei wird auch auf die Frage der Nachversicherung in der gesetzlichen Rentenversicherung eingegangen (vgl. zur Nachversicherung ab Rz. 285). Soweit nämlich der beurlaubende Dienstherr eine besondere Gewährleistungsentscheidung für die Beurlaubungszeit getroffen hat, ist die Beurlaubung rentenversicherungsrechtlich nur als vorübergehende Unterbrechung einer versicherungsfreien Beschäftigung mit weiterbestehender Anwartschaft auf Versorgung anzusehen. Ein Nachversicherungstatbestand nach § 8 Abs. 2 SGB VI ist deshalb nicht gegeben. Daher ist auch eine Aufschubbescheinigung nach § 184 Abs. 4 SGB VI nicht zu erteilen. Wenn die Zeit des Urlaubs in eine etwa-

ige spätere Nachversicherung einbezogen werden soll, soll der Beamte darüber vor Urlaubsbeginn unterrichtet werden.

Erhält ein Beamter aus der Verwendung im öffentlichen Dienst einer Internationalen Organisation eine Versorgung, werden seine Dienstbezüge bei Wiederverwendung im deutschen öffentlichen Dienst gekürzt. Bezieht ein nach deutschem Recht Versorgungsberechtigter aus einer Verwendung bei einer Internationalen Organisation ein Einkommen, gilt für das Ruhen der deutschen Versorgungsbezüge § 53 BeamtVG. In § 53 BeamtVG geht es um das Zusammentreffen von Versorgungsbezügen mit Erwerbs- und Erwerbsersatzeinkommen (vgl. dazu ab Rz. 58). Für das Zusammentreffen von deutschen Versorgungsbezügen und von Versorgungsbezügen aus einer Verwendung bei einer solchen Organisation oder Kapitalbeträgen, die als Abfindung oder als Zahlung aus einem Versorgungsfonds gehört werden, gilt § 56 BeamtVG, ggf. in Verbindung mit § 90 BeamtVG. In § 56 BeamtVG geht es um das Zusammentreffen von Versorgungsbezügen mit Versorgung aus zwischenstaatlicher und überstaatlicher Verwendung. Erhält danach ein Ruhestandsbeamter aus der Verwendung im öffentlichen Dienst einer zwischenstaatlichen oder überstaatlichen Einrichtung eine Versorgung, ruht sein deutsches Ruhegehalt in Höhe des Betrages, um den die Summe aus der genannten Versorgung und dem deutschen Ruhegehalt einen bestimmten Höchstbetrag übersteigt. *29*

Verzichtet der Beamte oder Ruhestandsbeamte bei seinem Ausscheiden aus dem öffentlichen Dienst einer zwischenstaatlichen oder überstaatlichen Einrichtung auf eine Versorgung oder wird an deren Stelle eine Abfindung, Beitragserstattung oder ein sonstiger Kapitalbetrag gezahlt, so gilt Vorstehendes mit der Maßgabe, dass an die Stelle der Versorgung der Betrag tritt, der vom Versorgungsträger ansonsten zu zahlen wäre. Erfolgt die Zahlung eines Kapitalbetrages, weil kein Anspruch auf laufende Versorgung besteht, so ist der sich bei einer Verrentung des Kapitalbetrags ergebende Betrag zugrunde zu legen. Vorstehendes gilt nicht, wenn der Beamte oder Ruhestandsbeamte innerhalb eines Jahres nach Beendigung der Verwendung oder der Berufung in das Beamtenverhältnis den Kapitalbetrag zuzüglich der hierauf gewährten Zinsen an seinen Dienstherrn abführt. § 90 BeamtVG enthält in diesem Zusammenhang Übergangsregelungen. *30*

Nach § 6 Abs. 3 BeamtVG stehen der im Beamtenverhältnis zurückgelegten Dienstzeit auch die im Richterverhältnis zurückgelegte Dienstzeit gleich. Das gilt auch für die nach dem 8.5.1945 zurückgelegte Zeit als Mitglied der Bundesregierung oder einer Landesregierung. Das gleiche gilt für die Zeit der Bekleidung des Amtes eines parlamentarischen Staatssekretärs bei einem Mitglied der Bundesregierung nach dem 14.12.1972 oder bei einem Mitglied einer Landesregierung, soweit entsprechende Voraussetzungen vorliegen. *31*

Nach § 6 Abs. 1 Satz 3 BeamtVG sind Zeiten einer Teilzeitbeschäftigung zu dem Teil ruhegehaltfähig, der dem Verhältnis der ermäßigten zur regelmäßigen Arbeitszeit entspricht. Zeiten einer Altersteilzeit nach § 72b des Bundesbeamtengesetzes oder entsprechendem Landesrecht sowie nach entsprechenden Bestimmungen für Richter sind zu neun Zehntel der Arbeitszeit ruhegehaltfähig. Es handelt sich dabei um neun Zehntel der Arbeitszeit, die der Bemessung der ermäßigten Arbeitszeit während der Altersteilzeit zu Grunde gelegt worden ist. War der Beamte insgesamt länger als *32*

12 Monate freigestellt, werden Ausbildungszeiten im Beamtenverhältnis auf Widerruf nur in dem Umfang berücksichtigt, der dem Verhältnis der tatsächlichen ruhegehaltfähigen Dienstzeit zu der ruhegehaltfähigen Dienstzeit entspricht, die ohne die Freistellung erreicht worden wäre. Das gilt nicht für Freistellungen wegen Kindererziehung bis zu einer Dauer von drei Jahren für jedes Kind. Zeiten der eingeschränkten Verwendung eines Beamten wegen begrenzter Dienstfähigkeit sind nur zu dem Teil ruhegehaltfähig, der dem Verhältnis der ermäßigten zur regelmäßigen Arbeitszeit entspricht. Das geschieht mindestens im Umfang des § 13 Abs. 1 Satz 1 BeamtVG. In § 13 BeamtVG wird u.a. die Zurechnungszeit geregelt. Ist der Beamte danach vor Vollendung des sechzigsten Lebensjahres wegen Dienstunfähigkeit in den Ruhestand getreten, wird die Zeit vom Eintritt in den Ruhestand bis zum Ablauf des Monats der Vollendung des sechzigsten Lebensjahres, soweit dies nicht nach anderen Vorschriften als ruhegehaltfähig berücksichtigt wird, für die Berechnung des Ruhegehaltes der ruhegehaltfähigen Dienstzeit zu zwei Dritteln hinzugerechnet.

Bei einer erneuten Berufung in das Beamtenverhältnis wird eine der Berechnung des früheren Ruhegehaltes zugrunde gelegene Zurechnungszeit insoweit berücksichtigt, als die Zahl der dem neuen Ruhegehalt zugrunde liegenden Dienstjahre hinter der Zahl der dem früheren Ruhegehalt zugrunde gelegenen Dienstjahre zurückbleibt.

33 Eine Besonderheit regelt § 13 Abs. 2 BeamtVG. Es geht hier um die Zeit der Verwendung eines Beamten in Ländern, in denen er gesundheitsschädigenden klimatischen Einflüssen ausgesetzt ist. Diese Zeit kann, soweit sie nach Vollendung des siebzehnten Lebensjahres liegt, bis zum Doppelten als ruhegehaltfähige Dienstzeit berücksichtigt werden. Voraussetzung ist aber, dass sie ununterbrochen mindestens ein Jahr gedauert hat. Entsprechendes gilt übrigens für einen beurlaubten Beamten, dessen Tätigkeit in den genannten Gebieten öffentlichen Belangen oder dienstlichen Interessen diente, wenn die spätestens bei Beendigung des Urlaubs anerkannt worden ist. Sind sowohl die Voraussetzungen des § 13 Abs. 1 als auch die Voraussetzungen des § 13 Abs. 2 BeamtVG erfüllt, findet nur die für den Beamten günstigere Vorschrift Anwendung.

34 § 6 Abs. 2 BeamtVG zählt die nicht ruhegehaltfähigen Dienstzeiten auf. Hier handelt es sich insbesondere darum, dass das Beamtenverhältnis durch Disziplinarurteil endet oder durch Entlassung auf Antrag des Beamten beendet worden ist. So sind u.a. Dienstzeiten in einem Beamtenverhältnis auf Probe oder auf Widerruf nicht ruhegehaltfähig, wenn der Beamte entlassen wurde, weil er eine Handlung begangen hat, die bei einem Beamten auf Lebenszeit mindestens eine Kürzung der Dienstbezüge zur Folge hätte.

Bei der bereits erwähnten Entlassung auf Antrag des Beamten, geht es um die Fälle, in denen dem Beamten ein Verfahren mit der Folge des Verlustes der Beamtenrechte oder der Entfernung aus dem Dienste drohte. Das gleiche gilt, wenn der Beamte den Antrag gestellt hat, um einer drohenden Entlassung zuvorzukommen.

Die oberste Dienstbehörde kann Ausnahmen von den Tatbeständen des § 6 Abs. 2 BeamtVG zulassen. Die Länder können andere Zuständigkeiten bestimmen.

35 In § 7 BeamtVG geht es um die Erhöhung der ruhegehaltfähigen Dienstzeit. Sie erhöht sich nämlich um die Zeit, in der der Ruhestandsbeamte in einer seine Arbeitskraft

voll beanspruchenden entgeltlichen Beschäftigung als Beamter, Richter, Berufssoldat oder in einem Amtsverhältnis als Mitglied der Bundesregierung oder im Amt eines parlamentarischen Staatssekretärs zurückgelegt hat, ohne einen neuen Versorgungsanspruch zu erlangen. Das gleiche gilt für Zeiten bei einer zwischenstaatlichen oder überstaatlichen Einrichtung.

Zeiten des berufsmäßigen Wehrdienstes, aber auch des nichtberufsmäßigen Wehrdienstes oder Polizeivollzugsdienstzeiten sind nach näherer Vorschrift der §§ 8, 9 BeamtVG ruhegehaltfähig. Das gilt auch für Zeiten, die im privatrechtlichen Arbeitsverhältnis, aber im öffentlichen Dienst zurückgelegt wurden (vgl. dazu im einzelnen § 10 BeamtVG).

§ 11 BeamtVG beschäftigt sich mit „sonstigen Zeiten". Beispielsweise werden hiervon nach Vollendung des siebzehnten Lebensjahres, jedoch vor der Berufung in das Beamtenverhältnis als Rechtsanwalt oder Verwaltungsrechtsnotar oder als Beamter oder Notar, der ohne Ruhegehaltsberechtigung nur Gebühren bezieht, zurückgelegte Zeiten angesprochen. Das gilt auch für die hauptberuflich im Dienst öffentlich rechtlicher Religionsgesellschaften oder ihrer Verbände oder im öffentlichen bzw. nichtöffentlichen Schuldienst zurückgelegten Zeiten. Ruhegehaltfähig sind auch hauptberuflich im Dienst der Fraktionen des Bundestages oder der Landtage oder kommunaler Vertretungskörperschaften zurückgelegte Zeiten. Anrechnungsfähig sind ferner hauptberuflich im Dienst von kommunalen Spitzenverbänden oder ihren Landesverbänden sowie von Spitzenverbänden der Sozialversicherung oder ihren Landesverbänden zurückgelegte Zeiten. Zu berücksichtigen sind außerdem Zeiten, in denen der Beamte hauptberuflich im ausländischen Dienst gestanden hat. *36*

Die Zeit als Rechtsanwalt oder Verwaltungsrechtsrat bzw. als Beamter oder Notar, der Gebühren bezieht, werden höchstens bis zur Hälfte und in der Regel nicht über zehn Jahre hinaus berücksichtigt. Das gilt auch für den Fall, dass sich der Beamte auf wissenschaftlichem, künstlerischem, technischem oder wirtschaftlichem Gebiet besondere Fachkenntnisse erworben hat, die die notwendige Voraussetzung für die Wahrnehmung seines Amtes bilden (§ 11 Nr. 3 Buchst. a BeamtVG). *37*

Mit der Berücksichtigung von Ausbildungszeiten als anrechnungsfähige Zeiten beschäftigt sich § 12 BeamtVG. In Frage kommen dabei nur solche Zeiten, die nach Vollendung des siebzehnten Lebensjahres zurückgelegt wurden. Hier sind zunächst Zeiten der außer der allgemeinen Schulbildung vorgeschriebenen Ausbildung zu berücksichtigen. Das Gesetz zählt Fachschul-, Hochschulzeiten und praktische Ausbildung, Vorbereitungsdienst, übliche Prüfungszeit auf. Außerdem werden Zeiten einer praktischen hauptberuflichen Tätigkeit angesprochen, die für die Übernahme in das Beamtenverhältnis vorgeschrieben sind. Dabei kommt für die Zeit einer Fachschul- oder Hochschulausbildung einschließlich der Prüfungszeit lediglich eine Anrechnung bis zu drei Jahren in Frage. Wird die allgemeine Schulbildung durch eine andere Art der Ausbildung ersetzt, so steht diese der Schulbildung gleich. *38*

Sonderregelungen gelten für Beamte des Vollzugsdienstes und des Einsatzdienstes der Feuerwehr (§ 12 Abs. 2 BeamtVG).

Hat der Beamte sein Studium nach der Festsetzung von Regelstudienzeiten in dem jeweiligen Studiengang begonnen, kann die tatsächliche Studiendauer nur insoweit berücksichtigt werden, als die Regelstudienzeit einschließlich der Prüfungszeit nicht überschritten ist (§ 12 Abs. 3 BeamtVG). Mit anderen als Laufbahnbewerbern beschäftigt sich § 12 Abs. 4 BeamtVG.

39 Nach ausdrücklicher Vorschrift in § 12 a BeamtVG sind Zeiten, die nach § 30 BBesG nicht berücksichtigt werden, nicht ruhegehaltfähig. In den genannten Vorschriften werden Zeiten einer Tätigkeit für das Ministerium für Staatssicherheit oder das Amt für Nationale Sicherheit der früheren DDR angesprochen. Dies gilt auch für Zeiten, die vor einer solchen Tätigkeit zurückgelegt worden sind. Vorstehendes gilt ferner für Zeiten einer Tätigkeit als Angehöriger der Grenztruppen der ehemaligen DDR. Außerdem gilt es für Zeiten einer Tätigkeit, die auf Grund einer besonderen persönlichen Nähe zum System der ehemaligen DDR übertragen waren. In bestimmten Fällen wird das Vorliegen dieser Voraussetzungen vermutet. Das gilt beispielsweise dann, wenn der Betreffende Absolvent der Akademie für Staat und Recht oder einer vergleichbaren Bildungseinrichtung war.

40 Mit in der ehemaligen DDR zurückgelegten Zeiten beschäftigt sich auch § 12 b BeamtVG. Danach erfolgt für dort zurückgelegte Zeiten keine Anrechnung als ruhegehaltfähige Dienstzeit, sofern a) die allgemeine Wartezeit für die gesetzliche Rentenversicherung erfüllt ist (vgl. Rz. 309 ff.) und b) diese Zeiten, als rentenrechtliche Zeiten berücksichtigungsfähig sind. Das gilt auch für Ausbildungszeiten. In § 12 b BeamtVG geht es insbesondere um Wehrdienstzeiten, Zeiten in einem privatrechtlichen Beschäftigungsverhältnis im öffentlichen Dienst und um die sonstigen Zeiten des § 11 BeamtVG (vgl. zu den sonstigen Zeiten Rz. 36). Sofern die allgemeine Wartezeit für die gesetzliche Rentenversicherung nicht erfüllt ist, können die vorstehend genannten Zeiten insgesamt höchstens bis zu fünf Jahren als ruhegehaltfähig berücksichtigt werden.

2.4 Ruhegehaltfähige Dienstbezüge

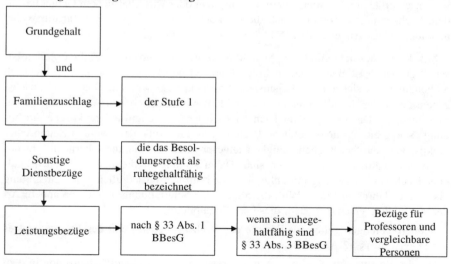

Rechtsgrundlage: § 5 BeamtVG

Bei Teilzeitbeschäftigung und Beurlaubung ohne Dienstbezüge (Freistellung) gelten *41*
als ruhegehaltfähige Dienstbezüge die dem letzten Amt entsprechenden vollen ruhegehaltfähigen Dienstbezüge. Dies gilt entsprechend bei eingeschränkter Verwendung eines Beamten wegen begrenzter Dienstfähigkeit nach § 42 a BBG oder entsprechendem Landesrecht. Ist der Beamte wegen Dienstunfähigkeit aufgrund eines Dienstunfalls in den Ruhestand getreten (vgl. dazu ab Rz. 67), so ist das Grundgehalt der maßgebenden Besoldungsgruppe nach der Dienstaltersstufe zugrunde zu legen, die er bis zum Eintritt in den Ruhestand wegen Erreichens der Altersgrenze hätte erreichen können. Sonderregelungen gelten für den Fall, dass ein Beamter aus einem Amt in den Ruhestand getreten ist, das nicht der Eingangsbesoldungsgruppe seiner Laufbahn oder das keiner Laufbahn angehört (§ 5 Abs. 3, 4 BeamtVG). § 5 Abs. 6 BeamtVG beschäftigt sich mit dem Ruhegehalt eines Beamten, der früher ein mit höheren Dienstbezügen verbundenes Amt bekleidet und diese Bezüge mindestens drei Jahre erhalten hat. Für die Ruhegehaltberechnung werden die höheren ruhegehaltfähigen Dienstbezüge des früheren Amtes einschl. der ruhegehaltfähigen Dienstzeit berechnet. Voraussetzung ist, dass der Beamte in ein mit geringeren Dienstbezügen verbundenes Amt lediglich auf seinen im eigenen Interesse gestellten Antrag übergetreten ist. Allerdings darf das Ruhegehalt die ruhegehaltfähigen Dienstbezüge des letzten Amtes nicht übersteigen.

2.5 Höhe des Ruhegehalts

Wie in Rz. 16 bereits erwähnt, wird die Höhe des Ruhegehaltes durch die ruhegehaltfähige Dienstzeit (vgl. ab Rz. 25) und durch die ruhegehaltfähigen Dienstbezüge *42*
(vgl. Rz. 41) bestimmt. § 14 Abs. 1 BeamtVG bestimmt in diesem Zusammenhang, dass das Ruhegehalt für jedes Jahr ruhegehaltfähiger Dienstzeit 1,79375 % der ruhegehaltfähigen Dienstbezüge beträgt. Insgesamt beträgt es allerdings höchstens 71,75 %. Hier sind im übrigen insbesondere die Übergangsvorschriften des § 85 BeamtVG zu beachten.

In § 14 Abs. 1 BeamtVG wird weiter bestimmt, dass der Ruhegehaltssatz auf zwei Dezimalstellen auszurechnen ist. Dabei ist die zweite Dezimalstelle um eins zu erhöhen, wenn in der dritten Stelle eine der Ziffern 5 bis 9 verbleiben würde. Zu Ermittlung der gesamten ruhegehaltfähigen Dienstjahre sind etwa anfallende Tage unter Benutzung des Nenners 365 umzurechnen. Bezüglich der Rundungen gelten die vorstehenden Ausführungen entsprechend.

§ 14 Abs. 3 BeamtVG sieht für bestimmte Fälle Verminderungen des Ruhegehaltes vor (siehe Grafik auf Seite 30).

Das Ruhegehalt beträgt mindestens 35 % der ruhegehaltfähigen Dienstbezüge (§ 14 *43*
Abs. 4 BeamtVG). An die Stelle dieses Mindestbetrages treten, sofern dies günstiger ist, 65 % der jeweils ruhegehaltfähigen Dienstbezüge aus der Endstufe der Besoldungsgruppe A 4. Bleibt ein Beamter allein wegen langer Freistellungszeiten mit seinem erdientem Ruhegehalt hinter der Mindestversorgung zurück, wird nur das erdiente Ruhegehalt gezahlt. Dies gilt allerdings nicht, wenn ein Beamter wegen Dienstunfähigkeit in den Ruhestand getreten ist. Bei einem in den einstweiligen Ruhestand versetzten Beamten beträgt das Ruhegehalt für die Dauer der Zeit, die der Beamte das Amt, aus dem er in den einstweiligen Ruhestand versetzt worden ist, 71,75 % der ruhegehaltfähigen Dienstbezüge. Die Dienstbezüge errechnen sich aus der End-

Versorgung der Beamten

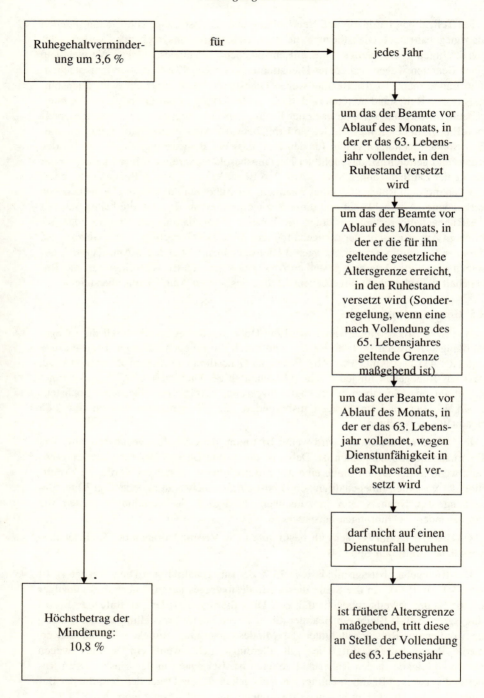

stufe der Besoldungsgruppe, in der sich der Beamte zur Zeit seiner Versetzung in den einstweiligen Ruhestand befunden hat. Die Dauer dieses Ruhegehaltes beläuft sich mindestens auf 6 Monate, längstens beträgt sie drei Jahre. Das erhöhte Ruhegehalt darf die Dienstbezüge, die dem Beamten in diesem Zeitpunkt zustanden, nicht übersteigen. Das nach sonstigen Vorschriften ermittelte Ruhegehalt darf nicht überschritten werden.

Absatz 5 des § 14 BeamtVG enthält weitere Sonderregelungen zur Mindestversorgung, auf die verwiesen werden kann. Zu erwähnen ist noch, dass sich das Mindestruhegehalt des § 14 Abs. 4 BeamtVG für den Ruhestandsbeamten und die Witwe um 30,68 Euro erhöht. Bei einer Kürzung im Rahmen der Hinterbliebenenversorgung (§ 25 BeamtVG, vgl. dazu Rz. 65) bleibt der Erhöhungsbetrag außer Betracht. *44*

Der BeamtVG-Kartei des Finanzministeriums Baden-Württemberg wird, die nachfolgende Übersicht über die Mindestversorgungsbezüge und die Mindestkürzungsgrenzen entnommen: *45*

Versorgung der Beamten

Mindestversorgungsbezüge; Mindestkürzungsgrenzen ab 1. Januar 2002 in Euro

Personenkreis	ohne Familienzuschlag	§ 40 Abs. 1 BBesG Art. 1 § 2 Abs. 2, 3 HStruktG voller Familienzuschlag	§ 40 Abs. 4 BBesG halber Familienzuschlag
Stufe des Familienzuschlags		1	½
Grundgehalt (Endstufe A 4)	1.760,20	1.760,20	1.760,20
Familienzuschlag		95,96	47,98
Ruhegehaltfähige Dienstbezüge (RD)	1.760,20	1.856,16	1.808,18
Ruhegehalt (65 % von RD)	1.144,13	1.206,50	1.175,32
Mindestruhegehalt (§ 14 Abs. 4 Satz 2)	1.144,13	1.206,50	1.175,32
Erhöhung (§ 14 Abs. 4 Satz 3)	30,68	30,68	30,68
Mindestversorgung des Ruhestandsbeamten (§ 14 Abs. 4 Satz 2, 3)	1.174,81	1.237,18	1.206,00
Mindestwitwengeld (60 % von MR)	./.	723,90	./.
Erhöhung (§ 14 Abs. 4 Satz 3)	./.	30,68	./.
Mindestversorgung der Witwe (§ 20 Abs. 1 i.V.m. § 14 Abs. 4 Satz 2, 3)	./.	754,58	./.
Mindesthalbwaisengeld (12 % von MR) (§ 24 Abs. 1 i.V.m. § 14 Abs. 4 Satz 2)	./.	144,78	./.
Mindestvollwaisengeld (20 % von MR) (§ 24 Abs. 1 i.V.m. § 14 Abs. 4 Satz 2)	228,83	241,30	./.
Ruhegehalt (75 % von RD)	1.320,15	1.392,12	1.356,14
Mindestunfallruhegehalt (§ 36 Abs. 3 Satz 3 Halbsatz 1)	1.320,15	1.392,12	1.356,14
Erhöhung (§ 14 Abs. 4 Satz 3)	30,68		30,68
Mindestunfallversorgung des Ruhestandsbeamten (§ 36 Abs. 3 Satz 3)	1.350,83	1.422,80	1.386,82
Mindestunfallwitwengeld (60 % von MUR)	./.	835,27	./.
Erhöhung (§ 14 Abs. 4 Satz 3)	./.	30,68	./.
Mindestunfallversorgung der Witwe (§ 39 Abs. 1 Nr. 1 i.V.m. § 36 Abs. 3 Satz 3)	./.	865 95	./.
Mindestunfallwaisengeld (30 % von MUR) (§ 39 Abs. 1 Nr. 2 i.V.m. § 36 Abs. 3 Satz 3)	396,05	417,64	./.
Mindesthalbwaisengeld (12 % von MUR) (§ 39 Abs. 2)	./.	167,05	./.
Mindestvollwaisengeld (20 % von MUR) (§ 39 Abs. 2)	264,03	278,42	./.
Unterhaltsbeitrag (40 % von MUR + E) (§ 40)	540,33	569,12	./.

Ruhegehalt, Unterhaltsbeitrag

Mindestversorgungsbezüge; Mindestkürzungsgrenzen ab 1. Januar 2002 in Euro

Personenkreis	ohne Familienzuschlag	§ 40 Abs. 1 BBesG Art. 1 § 2 Abs. 2, 3 HStruktG voller Familienzuschlag	§ 40 Abs. 4 BBesG halber Familienzuschlag
Mindesthöchstgrenze – BeamtVG F ab 1. Jan. 1999 (§ 53 Abs. 2 Nr. 1, § 53a Abs. 2)			
Ruhestandsbeamter (150 % von RD)	2.640,30,	2.784,24	2.712,27
Witwe (150 % von RD)	./.	2.784,24	./.
Waise (40% vom Betrag des Ruhestandsbeamten)	1.056,12	1.113,70	./.
Ruhestandsbeamter (§ 53 Abs. 2 Nr. 3)	2.305,23	2.413,18	2.359,20
Mindesthöchstgrenze – BeamtVG F bis 31. Dez. 1998 (§ 53 Abs. 2 Nr. 1, 2 a.F., § 53a Abs. 2) Ruhestandsbeamter (125% von RD)	2.200,25	2.320,20	2.260,23
Witwe (125% von RD)	./.	2.320,20	./.
Waise (40 % vom Betrage des Ruhestandsbeamten)	880,10	928,08	./.

Erläuterung:
MR= Mindestruhegehalt
MUR= Mindestunfallruhegehalt
RD= Ruhegehaltfähige Dienstbezüge
E= Erhöhung (§ 14 Abs. 4 Satz 3 BeamtVG)

Anmerkung:
Zu den Mindestversorgungsbezügen treten ggf. noch Unterschieds- und Ausgleichsbeträge nach § 50 Abs. 1, 3 BeamtVG, zu den Mindesthöchstbeträgen der Ruhestandsbeamten und Witwen ggf. noch Unterschiedsbeträge nach § 50 Abs. 1 BeamtVG; bei den Mindesthöchstbeträgen für Waisen ist ein ihnen ggf. zustehender Unterschiedsbetrag in die Anteilsberechnung (40 %) einzubeziehen. Von dem danach sich ergebenden Gesamtbetrag ist für den Vergleich auszugehen, ob die Mindestversorgung und die Mindesthöchstgrenzen maßgebend sind.

Nach § 14a BeamtVG kann es zu einer vorübergehenden Erhöhung des nach den sonstigen Vorschriften berechneten Ruhegehaltssatzes kommen. Die Erhöhung erfolgt nur auf Antrag (§ 14 Abs. 4 BeamtVG). Dabei gelten Anträge, die innerhalb von drei Monaten nach Eintritt in den Ruhestand gestellt werden, als zum Zeitpunkt des Ruhestandseintritts gestellt. Wird der Antrag zu einem späteren Zeitpunkt gestellt, so tritt die Erhöhung vom Beginn des Antragsmonats an ein. *46*

Voraussetzung für eine vorübergehende Erhöhung des Ruhegehaltssatzes ist zunächst, dass der Beamte vor der Vollendung des 65. Lebensjahres in den Ruhestand getreten ist. Es müssen außerdem verschiedene Voraussetzungen erfüllt sein. Der Beamte muss nämlich *47*

1. bis zum Beginn des Ruhestandes die Wartezeit von 60 Kalendermonaten für eine Rente der gesetzlichen Rentenversicherung erfüllt haben (vgl. dazu Rz. 309 ff.),
2. a) wegen Dienstunfähigkeit in den Ruhestand versetzt worden sein oder
   b) wegen Erreichens einer besonderen Altersgrenze in den Ruhestand getreten sein und das 60. Lebensjahr vollendet haben,
3. einen Ruhegehaltssatz von 66,97 % noch nicht erreicht haben
4. keine Einkünfte im Sinne des § 53 Abs. 7 BeamtVG (Bezug von Erwerbseinkommen oder Erwerbsersatzeinkommen) beziehen. Die Einkünfte bleiben allerdings außer Betracht, wenn sie durchschnittlich im Monat 325 Euro nicht überschreiten.

48 Die Erhöhung des Ruhegehaltssatzes beläuft sich auf 0,95667 % der ruhegehaltfähigen Dienstbezüge für je 12 Kalendermonate der für die Erfüllung der Wartezeit anrechnungsfähigen Pflichtbeitragszeiten. Das gilt aber nur, soweit nicht § 50 e Abs. 1 BeamtVG (vorübergehende Gewährung von Zulagen) anwendbar ist. Die Pflichtbeitragszeiten dürfen nicht als ruhegehaltfähig berücksichtigt worden sein. Der hiernach berechnete Ruhegehaltssatz darf 66,97 % nicht überschreiten. Bei einer Ruhegehaltverminderung nach § 14 Abs. 3 BeamtVG (vgl. dazu Rz. 42 ff.) ist das sich nach § 14 a BeamtVG ergebende Ruhegehalt entsprechend zu mindern. Die Erhöhung fällt spätestens mit Ablauf des Monats weg, in dem der Ruhestandsbeamte das 65. Lebensjahr vollendet (§ 14 a Abs. 3 BeamtVG). Unter bestimmten Voraussetzungen endet sie allerdings vorher.

Das gilt insbesondere dann, wenn der Beamte eine Versichertenrente der gesetzlichen Rentenversicherung bezieht. Das Ende der Erhöhung tritt dann mit Ablauf des Tages vor dem Rentenbeginn ein. Ist der Beamte nicht mehr dienstunfähig, fällt die Erhöhung mit Ablauf des Monats weg, in dem ihm der Wegfall der Erhöhung mitgeteilt wird. Bezieht der Beamte ein Erwerbseinkommen, fällt die Erhöhung mit Ablauf des Tages vor Beginn der Erwerbstätigkeit weg.

2.6 Unterhaltsbeitrag

49 Mit dem Unterhaltsbeitrag für entlassene Beamte auf Lebenszeit und auf Probe beschäftigt sich § 15 BeamtVG. Danach (Abs. 1) kann einem Beamten auf Lebenszeit, der vor Ableistung einer Dienstzeit von fünf Jahren wegen Dienstunfähigkeit oder Erreichens der Altersgrenze entlassen worden ist, ein Unterhaltsbeitrag bis zur Höhe des Ruhegehaltes bewilligt werden. Das gleiche gilt für einen Beamten auf Probe, der wegen Dienstunfähigkeit oder wegen Erreichens der Altersgrenze entlassen ist. Im übrigen findet § 15 BeamtVG auf Beamtenverhältnisse auf Probe und auf Zeit keine Anwendung (§ 15 a Abs. 1 BeamtVG). Für diese Beamtenverhältnisse ergibt sich kein selbständiger Versorgungsanspruch. Die Unfallfürsorge (vgl. dazu ab Rz. 67) bleibt davon unberührt (§ 15 a Abs. 2 BeamtVersG).

50 Zu § 15 BeamtVG ist das Rundschreiben des Bundesinnenministers über die Berücksichtigung von Leistungen aus der Pflegeversicherung bei der Bemessung von Unterhaltsbeiträgen vom 6. 12. 1996 (Az.: D II 6-223 000/63) zu beachten. Es geht hier um die Gewährung von Pflegegeld nach den Vorschriften des SGB IX an den Pflegebedürftigen, das dieser dann an die ihn pflegende Person weitergibt. In dem Rundschreiben vom 6. 12. 1996 wird darauf hingewiesen, dass das vom Pflegebedürftigen an eine Pflegeperson weitergegebene Pflegegeld nicht als Arbeitsentgelt zu be-

Ruhegehalt, Unterhaltsbeitrag

rücksichtigen ist . Das gilt aber nur, wenn es sich bei der Pflegeperson um einen Angehörigen des Pflegebedürftigen oder um eine Person handelt, die gegenüber dem Pflegebedürftigen eine sittliche Verpflichtung erfüllt. Das Rundschreiben ist im übrigen auch auf Unterhaltsbeiträge im Rahmen der Hinterbliebenenversorgung (§ 23 Abs. 2 BeamtVG; vgl. dazu Rz. 52) anzuwenden.

Mit den Ruhegehaltsansprüchen eines Beamten auf Zeit, der nach Ablauf der ersten Amtszeit wieder in sein voriges Amt im Beamtenverhältnis auf Lebenszeit oder im Richterverhältnis auf Lebenszeit eintritt, beschäftigt sich § 15 a Abs. 3 BeamtVG. In einem solchen Fall berechnen sich die ruhegehaltfähigen Dienstbezüge aus dem Beamtenverhältnis auf Lebenszeit oder dem Richterverhältnis auf Lebenszeit zuzüglich eines Unterschiedsbetrages zwischen diesen und den Dienstbezügen, die im Beamtenverhältnis auf Zeit ruhegehaltfähig wären. Der Unterschiedsbetrag wird in Höhe eines Viertels gewährt, wenn dem Beamten das Amt mindestens fünf Jahre, in Höhe der Hälfte, wenn es mindestens fünf Jahre und zwei Amtszeiten übertragen war. Tritt der Beamte auf Zeit wegen Erreichens der gesetzlichen Altersgrenze in den Ruhestand, berechnen sich die ruhegehaltfähigen Dienstbezüge aus dem Beamtenverhältnis auf Zeit, wenn dem Beamten das Amt mindestens fünf Jahre übertragen war (§ 15 a Abs. 4 BeamtVG). § 15 a Abs. 4 BeamtVG gilt dann entsprechend, wenn der Beamte auf Zeit während seiner Amtszeit wegen Dienstunfähigkeit in den Ruhestand versetzt wird. *51*

2.7 Hinterbliebenenversorgung
2.7.1 Umfang der Hinterbliebenenversorgung

52

Rechtsgrundlage: §§ 16 ff. BeamtVG

Versorgung der Beamten

2.7.2 Bezüge für den Sterbemonat und Sterbegeld

53   Nach § 17 BeamtVG verbleiben den Erben eines verstorbenen Beamten, Ruhestandsbeamten oder entlassenen Beamten für den Sterbemonat die Bezüge des Verstorbenen. Das gilt auch für eine für den Sterbemonat gewährte Aufwandsentschädigung. Die an den Verstorbenen noch nicht gezahlten Teile der Bezüge für den Sterbemonat können statt an die Erben auch an die in § 18 Abs. 1 BeamtVG aufgeführten Hinterbliebenen gezahlt werden.

In § 18 BeamtVG geht es um das Sterbegeld. Es ist beim Tode eines Beamten mit Dienstbezügen oder eines Beamten auf Widerruf im Vorbereitungsdienst an den überlebenden Ehegatten und an die Abkömmlinge Sterbegeld zu zahlen.

Das Sterbegeld ist in Höhe des Zweifachen der Dienstbezüge oder der Anwärterbezüge des Verstorbenen einschließlich der Auslandskinderzuschläge und der Vergütungen in einer Summe zu gewähren. Bei Teilzeitbeschäftigung und Beurlaubung ohne Dienstbezüge (Freistellung) gelten als ruhegehaltfähige Dienstbezüge die dem letzten Amt entsprechenden vollen ruhegehaltfähigen Dienstbezüge. Das gilt entsprechend bei eingeschränkter Verwendung eines Beamten wegen begrenzter Dienstfähigkeit.

54   Die Ausführungen über den Anspruch auf Sterbegeld sind auch beim Tode eines Ruhestandsbeamten oder eines entlassenen Beamten, der im Sterbemonat einen Unterhaltsbeitrag erhalten hat, anzuwenden. An die Stelle der Dienstbezüge tritt das Ruhegehalt oder der Unterhaltsbeitrag zuzüglich des Unterschiedsbetrages nach § 50 Ab. 1 BeamtVG. In der zuletzt genannten Vorschrift geht es um Familienzuschläge.

Sind Anspruchsberechtigte im vorstehenden Sinne nicht vorhanden so ist Sterbegeld auf Antrag bestimmten Verwandten oder sonstigen Personen zu gewähren (§ 18 Abs. 2 BeamtVG). Bei den Verwandten handelt es sich um Verwandte der aufsteigenden Linie, Geschwister, Geschwisterkinder, sowie Stiefkinder. Voraussetzung ist, dass sie zur Zeit des Todes des Beamten mit diesem in häuslicher Gemeinschaft gelebt haben oder wenn der Verstorbene ganz oder überwiegend ihr Ernährer gewesen ist. Das Sterbegeld kann – wie erwähnt – auch an sonstige Personen ausgezahlt werden. Dabei muss es sich um Personen handeln, die die Kosten der letzten Krankheit oder der Bestattung getragen haben. Das Sterbegeld wird zur Höhe ihrer Aufwendungen bezahlt.

55   Stirbt eine Witwe oder eine frühere Ehefrau eines Beamten, der im Zeitpunkt des Todes Witwengeld oder ein Unterhaltsbeitrag zustand, so erhalten die Kinder Sterbegeld. Voraussetzung ist, dass sie berechtigt sind, Waisengeld oder einen Unterhaltsbeitrag zu beziehen. Außerdem müssen sie zur Zeit des Todes zur häuslichen Gemeinschaft der Verstorbenen gehört haben. Für die Höhe des Sterbegeldes gelten die Ausführungen in Rz. 54. Allerdings tritt an die Stelle der Dienstbezüge das Witwengeld bzw. der Unterhaltsbeitrag. Sind mehrere gleichberechtigte Personen vorhanden, so ist für die Bestimmung des Zahlungsempfängers die Aufzählung maßgebend, wie sie in § 18 Abs. 1 und 2 BeamtVG und wie sie auch in den vorstehenden Ausführungen vorgenommen wurde.

2.7.3 Witwengeld und Unterhaltsbeitrag

56   Nach § 19 Abs. 1 BeamtVG erhält die Witwe eines Beamten auf Lebenszeit oder eines Ruhestandsbeamten Witwengeld. Der verstorbene Beamte auf Lebenszeit muss eine

Wartezeit von mindestens fünf Dienstjahren zurückgelegt haben oder er muss dienstunfähig sein. Ein Anspruch auf Witwengeld besteht nicht, wenn die Ehe mit dem Verstorbenen nicht mindestens ein Jahr gedauert hat. Das gilt lediglich dann nicht, wenn nach den besonderen Umständen des Falles die Annahme nicht gerechtfertigt ist, dass es der alleinige oder überwiegende Zweck der Heirat war, der Witwe eine Versorgung zu verschaffen (Versorgungsheirat). Ein Anspruch auf Witwengeld besteht auch dann nicht, wenn die Ehe erst nach dem Eintritt des Beamten in den Ruhestand geschlossen worden ist und der Ruhestandsbeamte zur Zeit der Eheschließung das 65. Lebensjahr bereits vollendet hat.

Vorstehendes gilt auch für die Witwe eines Beamten auf Probe, der an den Folgen einer Dienstbeschädigung verstorben ist (vgl. bezüglich näherer Einzelheiten § 19 Abs. 2 BeamtVG).

Mit der Höhe des Witwengeldes beschäftigt sich § 20 BeamtVG. Danach beträgt das Witwengeld 55 % des Ruhegehaltes, das der Verstorbene erhalten hat oder hätte erhalten können, wenn er am Todestage in den Ruhestand getreten wäre. Die Regelungen über das Mindestruhegehalt sind zu beachten. War die Witwe mehr als 20 Jahre jünger als der Verstorbene und ist aus der Ehe kein Kind hervorgegangen, so wird das Witwengeld für jedes angefangene Jahr des Altersunterschiedes über 20 Jahre um 5 % gekürzt. Höchstens beträgt die Kürzung 50 %. Nach fünfjähriger Ehedauer werden für jedes angefangene Jahr ihrer weiteren Dauer dem gekürzten Betrag 5 % des Witwengeldes hinzugesetzt. Dies geschieht so lange, bis der volle Betrag wieder erreicht wird. Das Witwengeld für die mehr als 20 Jahre jüngere Witwe darf nicht hinter dem Mindestwitwengeld zurückbleiben. Von dem hiernach gekürzten Witwengeld ist auch beim Zusammentreffen mit mehreren Leistungen für Hinterbliebene auszugehen. *57*

§ 21 BeamtVG sieht die Witwenabfindung für den Fall vor, dass sich eine Witwe wiederverheiratet. Die Witwenabfindung beläuft sich auf das 24fache des Witwengeldes oder des Unterhaltsbeitrages. Die Abfindung berechnet sich aus dem Monat, in dem die Witwe wieder heiratet. Eine Kürzung nach § 25 BeamtVG (Zusammentreffen mehrerer Hinterbliebenenansprüche) kommt nicht in Frage. Auch sind die Vorschriften der §§ 53 und 54 Abs. 1 Nr. 3 BeamtVG nicht anzuwenden. Hier geht es um den Bezug von Erwerbs- oder Erwerbsersatzeinkommen sowie um das Zusammentreffen mehrerer Versorgungsbezüge. Die Abfindung ist in einer Summe zu zahlen. *58*

Lebt der Anspruch auf Witwengeld oder auf Unterhaltsbeitrag (vgl. dazu die Ausführungen in Rz. 62 ff.) wieder auf, so ist die Witwenabfindung, soweit sie für eine Zeit berechnet ist, die nach dem Wiederaufleben des Anspruchs auf Witwengeld oder Unterhaltsbeitrag liegt, in angemessenen monatlichen Teilbeträgen einzubehalten.

§ 22 BeamtVG sieht Unterhaltsbeiträge für nicht witwengeldberechtigte Witwen und frühere Ehefrauen vor. Absatz 1 des § 22 BeamtVG spricht Fälle des § 19 Abs. 1 Satz 2 Nr. 2 BeamtVG an.

Hier geht es darum, dass die Ehe erst nach dem Eintritt des Beamten in den Ruhestand und nach dessen vollendetem 65. Lebensjahr geschlossen wurde. Wie unter Rz. 56 ausgeführt, besteht in einem solchen Falle kein Anspruch auf Witwengeld.

Sofern die besonderen Umstände des Falles keine volle oder teilweise Versagung rechtfertigen, ist ein Unterhaltsbeitrag in Höhe des Witwengeldes zu gewähren. Erwerbseinkommen und Erwerbsersatzeinkommen sind in angemessenem Umfang anzurechnen. Wird ein Erwerbsersatzeinkommen (z.B. eine Rente) nicht beantragt oder wird auf ein Erwerbs- bzw. Erwerbsersatzeinkommen verzichtet, ist der Betrag zu berücksichtigen, der ansonsten zu zahlen wäre. Das gilt auch dann, wenn an Stelle des Erwerbs- oder Erwerbsersatzeinkommens eine Kapitalleistung, Abfindung oder Beitragserstattung gezahlt wird.

59 In Zusammenhang mit der Vorschrift über die Anrechnung des Erwerbs- bzw. Erwerbsersatzeinkommens ist auch das Rundschreiben des Bundesinnenministeriums zur Durchführung des § 22 Abs. 1 Satz 2 BeamtVG vom 25. 7. 1995 (Az: D II 6 – 223 150 – 1/46) zu beachten. Hier wird bestimmt, dass Erwerbseinkommen und Erwerbsersatzeinkommen die in § 18 a Abs. 2 und 3 SGB IV aufgezählten Einkommensarten sowie Leistungen aus eigenem Recht aus einer betrieblichen Altersversorgung (vgl. ab Rz. 484) einschließlich der Zusatzversorgung des öffentlichen Dienstes (vgl. Rz. 421 ff.), aus Zusatz- und Sonderversorgungssystemen des Beitrittsgebietes sind. Die Aufzählung ist – so heißt es in dem Rundschreiben – abschließend. Andere Einkommensarten (andere Einkünfte) bleiben unberücksichtigt. Abgeleitete Renten (Hinterbliebenenrenten) gehören nicht zum Erwerbsersatzeinkommen und sind ausschließlich nach § 55 BeamtVG (vgl. dazu Rz. 61) anzurechnen.

60 Eine Versichertenrente der Witwe (Erwerbsersatzeinkommen), ist insoweit unberücksichtigt zu lassen, als sie auf der Begründung von Rentenanwartschaften anlässlich des Versorgungsausgleiches beruht und diese Anwartschaftsbegründung zu einer Kürzung des Unterhaltsbeitrages nach § 57 BeamtVG führt (Wiederheirat geschiedener Eheleute). Es ist hiernach höchstens ein Rentenbetrag in Höhe des jeweils entsprechenden Kürzungsbetrages nach § 57 Abs. 3 BeamtVG anrechnungsfrei zu lassen. Ist der auf den Versorgungsausgleich beruhende Rententeil niedriger als der Kürzungsbetrag, ist lediglich der (niedrigere) Rententeil anrechnungsfrei zu lassen.

61 Das Bundesministerium des Innern hat in seinem Rundschreiben vom 22. 1. 2001 (Az: D II 3 – 223 150 – 1/46) darauf hingewiesen, dass eine wiederaufgelebte Witwenrente auf der Grundlage von § 46 Abs. 3 SGB VI nicht als Erwerbseinkommen oder Erwerbsersatzeinkommen gilt und daher auch nicht der Anrechnungsregelung des § 22 Abs. 1 Satz 2 BeamtVG unterliegt (vgl. dazu das Urteil des BVerwG vom 21. 10. 1999 – BVerwG 2 C 41/98). Nach § 46 Abs. 3 SGB VI haben überlebende Ehegatten, die wieder geheiratet haben, unter bestimmten Voraussetzungen Anspruch auf kleine oder große Witwenrente, wenn die erneute Ehe aufgelöst oder für nichtig erklärt ist (Witwenrente nach dem vorletzten Ehegatten). Das Bundesinnenministerium verweist in diesem Zusammenhang auch auf die Vorschrift des § 90 Abs. 1 SGB VI. Danach werden auf eine Witwenrente oder Witwerrente nach dem vorletzten Ehegatten für denselben Zeitraum bestehende Ansprüche auf Witwenrente, auf Versorgung, auf Unterhalt oder auf sonstige Renten nach dem letzten Ehegatten angerechnet. Die Vorschriften über die Einkommensanrechnung auf Renten wegen Todes werden dabei nicht berücksichtigt.

Das Bundesinnenministerium weist in seinem Rundschreiben vom 22. 1. 2001 in diesem Zusammenhang auf die Anrechnungskonkurrenz mit § 90 Abs. 1 SGB VI hin. Daher sind nur Hinterbliebenenrenten (Witwenrenten nach dem letzten Ehegatten) im Rahmen der Ruhensregelung des § 55 BeamtVG zu berücksichtigen. In § 55

BeamtVG geht es um das Zusammentreffen von Versorgungsbezügen mit Renten. Neben Renten werden Versorgungsbezüge nur bis zu einer bestimmten Höchstgrenze gezahlt. Aus dem erwähnten Rundschreiben des Bundesinnenministeriums ergibt sich, dass eine wiederaufgelebte Witwenrente nach dem vorletzten Ehegatten beim Zusammentreffen mit einer Versorgungsleistung nach dem letzten Ehegatten folglich nicht zu einer Ruhensregelung nach § 55 BeamtVG führt. Dem Versicherungsträger ist von Amts wegen der tatsächlich gezahlte Unterhaltsbeitrag zu melden. Nach dieser Regelung ist – so das Bundesinnenministerium – ein ständiges Hin und Her bei der Festsetzung des Unterhaltsbeitrages ausgeschlossen. Damit wird nach Ansicht des Bundesinnenministeriums dem gesetzgeberischen Willen Rechnung getragen, die Subsidiarität von Witwen- und Witwerrenten aus der Versicherung des vorletzten Ehegatten gegenüber Rentenansprüchen, sonstigen Versorgungsansprüchen und Unterhaltsansprüchen nach dem letzten Ehegatten aufrecht zu erhalten.

Nach § 22 Abs. 2 BeamtVG ist der geschiedenen Ehefrau eines verstorbenen Beamten oder Ruhestandsbeamten, die im Falle des Fortbestehens der Ehe Witwengeld erhalten hätte, auf Antrag ein Unterhaltsbeitrag insoweit zu gewähren, als sie im Zeitpunkt des Todes des Beamten oder Ruhestandsbeamten gegen diesen einen Anspruch auf schuldrechtlichen Versorgungsausgleich wegen einer Anwartschaft oder eines Anspruchs nach § 1587a Abs. 2 Nr. 1 BGB hätte. Der Unterhaltsbeitrag wird jedoch nur gewährt, solange die geschiedene Ehefrau erwerbsgemindert im Sinne des SGB VI ist (vgl. Rz. 325 ff.) oder mindestens ein waisengeldberechtigtes Kind erzieht oder wenn sie das sechzigste Lebensjahr vollendet hat. 62

Der Erziehung eines waisengeldberechtigten Kindes steht die Sorge für ein waisengeldberechtigtes Kind mit körperlichen oder geistigen Gebrechen gleich.

Die Höhe des Unterhaltsbeitrags ist in einem Prozentsatz des Witwengeldes festzusetzen. Er darf fünf Sechstel des gekürzten Witwengeldes nicht übersteigen. § 21 BeamtVG (Witwenabfindung, vgl. Rz. 58) gilt entsprechend.

Anspruch auf einen Unterhaltsbeitrag hat auch die frühere Ehefrau eines verstorbenen Beamten oder Ruhestandsbeamten, deren Ehe mit diesem aufgehoben oder für nichtig erklärt wurde. Die Regelungen für Witwen oder für die geschiedene Ehefrau gelten auch für Witwer und den geschiedenen Ehemann einer Beamtin oder Ruhestandsbeamtin (§ 28 BeamtVG). 63

2.7.4 Waisengeld

§ 23 BeamtVG bestimmt über den Anspruch auf Waisengeld. Einen solchen Anspruch haben die Kinder eines verstorbenen Beamten auf Lebenszeit, eines verstorbenen Ruhestandsbeamten oder eines verstorbenen Beamten auf Probe, der an den Folgen einer Dienstbeschädigung verstorben ist. Voraussetzung für den Anspruch auf Waisengeld ist, dass der Beamte die Bedingungen des § 4 Abs. 1 BeamtVG erfüllt hat. Dies bedeutet, dass der verstorbene Beamte mindestens eine Dienstzeit von fünf Jahren abgeleistet oder infolge Krankheit, Verwundung oder sonstiger Beschädigung, die er sich ohne grobes Verschulden bei Ausübung oder aus Veranlassung des Dienstes zugezogen hat, dienstunfähig geworden ist. Vgl. dazu auch Rz. 16. 64

Versorgung der Beamten

Ein Anspruch auf Waisengeld besteht für ein Kind nicht, wenn das Kindschaftsverhältnis durch Annahme als Kind begründet wurde. Voraussetzung ist weiter, dass der Ruhestandsbeamte in diesem Zeitpunkt bereits im Ruhestand war und das 65. Lebensjahr vollendet hatte. Allerdings kann ihm ein Unterhaltsbeitrag bis zur Höhe des Waisengeldes bewilligt werden.

Mit der Höhe des Waisengeldes beschäftigt sich § 24 BeamtVG. Dabei wird zwischen Halb- und Vollwaisen unterschieden. Für die Halbwaise beträgt des Waisengeld 12 % und für die Vollwaise 20 % des Ruhegehaltes. Es handelt sich dabei um das Ruhegehalt, das der Verstorbene erhalten hat oder hätte erhalten können, wenn er am Todestag in den Ruhestand getreten wäre.

Wenn die Mutter des Kindes des Verstorbenen nicht zum Bezug von Witwengeld berechtigt ist und auch keinen Unterhaltsbeitrag in Höhe des Witwengeldes erhält, wird das Waisengeld nach dem Satz für Vollwaisen gezahlt. Zuzüglich des Unterhaltsbeitrages darf es den Betrag des Witwengeldes und des Waisengeldes für Halbwaise nicht übersteigen.

Ergeben sich für eine Waise Waisengeldansprüche aus Beamtenverhältnissen mehrerer Personen, wird nur das höchste Waisengeld gezahlt.

2.7.5 Zusammentreffen mehrerer Ansprüche

65 Witwen- und Waisengeld dürfen weder einzeln noch zusammen den Betrag des ihrer Berechnung zugrunde zu legenden Ruhegehaltes übersteigt (§ 25 BeamtVG). Ergibt sich an Witwen- und Waisengeld zusammen ein höherer Betrag, so werden die einzelnen Bezüge im gleich Verhältnis gekürzt.

Nach dem Ausscheiden eines Witwen- oder Waisengeldberechtigten erhöht sich das Witwen- oder Waisengeld der verbleibenden Berechtigten vom Beginn des folgenden Monats an insoweit, als sie noch nicht den vollen Betrag des Witwengeldes oder des Waisengeldes erhalten. Unterhaltsbeiträge für nicht witwengeldberechtigte Witwen und frühere Ehegatten gelten in diesem Zusammenhang als Witwengeld. Unterhaltsbeiträge für Waisen dürfen nur insoweit bewilligt werden, als sie allein oder zusammen mit gesetzlichen Hinterbliebenenbezügen die erwähnte Höchstgrenze nicht übersteigen.

2.7.6 Ansprüche bei Verschollenheit

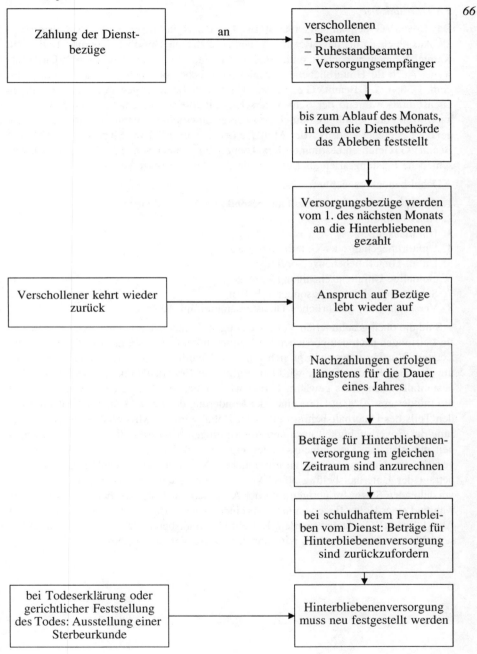

2.8 Unfallfürsorge

2.8.1 Grundsätze

67 Das BeamtVG sieht in seinen §§ 30 bis 46 a die Unfallfürsorge vor. Gewissermaßen als Ausgleich dafür, dass Beamte in der gesetzlichen Unfallversicherung (vgl. dazu Kapitel V) nicht versichert sind, erhält der Beamte bei einem Dienstunfall Unfallfürsorge. Auch für Hinterbliebene sind hier Ansprüche vorgesehen. Unfallfürsorge wird gem. § 30 Abs. 1 BeamtVG auch dem Kind einer Beamtin gewährt, das durch deren Dienstunfall während der Schwangerschaft unmittelbar geschädigt wurde. Dies gilt auch, wenn die Schädigung durch besondere Einwirkungen verursacht worden ist, die generell geeignet sind, bei der Mutter einen Dienstunfall im Sinne des § 31 Abs. 3 BeamtVG (Gefahren bestimmter Krankheiten) zu verursachen. § 30 Abs. 2 sieht 8 verschiedene Leistungsarten als Bestandteile der Unfallfürsorge vor.

Dabei handelt es sich um

1. Erstattung von Sachschäden und besonderen Aufwendungen
2. Heilverfahren
3. Unfallausgleich
4. Unfallruhegehalt oder Unterhaltsbeitrag
5. Unfall-Hinterbliebenenversorgung
6. einmalige Unfallentschädigung
7. Schadensausgleich in besonderen Fällen
8. Versorgung bei gefährlichen Dienstgeschäften im Ausland.

Sind die oben geschilderten Voraussetzungen vorhanden, erhält das Kind der Beamtin Leistungen nach den vorstehenden Nummern 2 und 3 sowie nach § 38 a BeamtVG. Letztere Vorschrift beschäftigt sich mit dem Unterhaltsbeitrag bei Schädigung eines ungeborenen Kindes. Dieser wird bei Verlust der Erwerbsfähigkeit in Höhe des Mindestunfallwaisengeldes gewährt. Ferner wird er bei Minderung der Erwerbsfähigkeit um mindestens 20 % in Höhe eines der Minderung der Erwerbsfähigkeit entsprechenden Teils des Unterhaltsbeitrags erbracht. Dabei wird bei Minderjährigen die Minderung der Erwerbsfähigkeit nach den Auswirkungen bemessen, die sich bei Erwachsenen mit gleichem Gesundheitsschaden ergeben würden. Die Sorgeberechtigten sind verpflichtet, Untersuchungen zu ermöglichen. Vor Vollendung des 14. Lebensjahrs beträgt der Unterhaltsbeitrag 30 %, vor Vollendung des 18. Lebensjahrs 50 % der vorstehenden Sätze. Im übrigen ruht der Anspruch auf Unterhaltsbeitrag insoweit, als während einer Heimpflege von mehr als einem Kalendermonat Pflegekosten nach § 34 Abs. 1 BeamtVG erstattet werden. Hat ein Unterhaltsberechtigter Anspruch auf Waisengeld nach dem BeamtVG, wird nur der höhere Versorgungsbezug gezahlt.

2.8.2 Dienstunfall

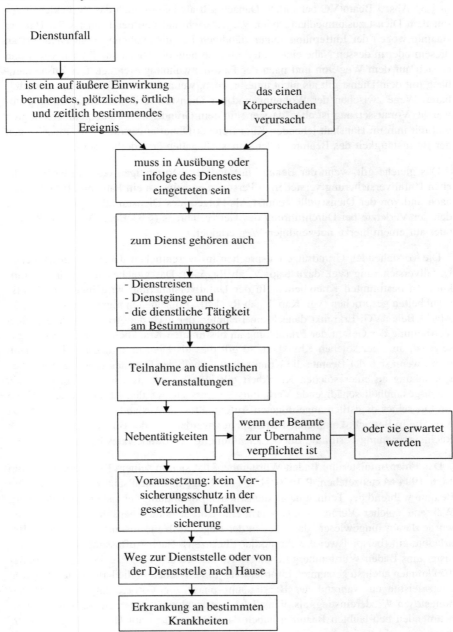

68 Die Unfälle auf dem Weg von der Dienststelle nach Hause oder umgekehrt werden in § 31 Abs. 3 BeamtVG behandelt. Danach gilt als Dienst auch das Zurücklegen des mit dem Dienst zusammenhängenden Weges nach und von der Dienststelle. Hat der Beamte wegen der Entfernung seiner ständigen Familienwohnung vom Dienstort an diesem oder in dessen Nähe eine Unterkunft, so liegt ein Dienstunfall auch vor, wenn er sich auf dem Weg von und nach der Familienwohnung ereignet. Der Zusammenhang mit dem Dienst gilt als nicht unterbrochen, wenn der Beamte von dem unmittelbaren Wege zwischen der Wohnung und der Dienststelle in vertretem Umfang abweicht. Voraussetzung ist aber, dass er sein dem Grunde nach kindergeldberechtigten und mit ihm im Haushalt lebenden Kind fremder Obhut anvertraut. Dies muss wegen der Berufstätigkeit des Beamten oder seines Ehegatten erforderlich sein.

Das gleiche gilt, wenn der Beamte mit anderen berufstätigen oder in der gesetzlichen Unfallversicherung versicherten Personen gemeinsam ein Fahrzeug für den Weg nach und von der Dienststelle benutzt Als Folge eines Dienstunfalles gilt ein Unfall, den der Verletzte bei Durchführung des Heilverfahrens (§ 33 BeamtVG, vgl. Rz. 67) oder auf einem hierzu notwendigen Weg erleidet.

69 Die vorstehenden Grundsätze entsprechen im wesentlichen denen der gesetzlichen Unfallversicherung (vgl. dazu Kap. V, ab Rz. 550). Das gleiche gilt für die Erkrankung an bestimmten Krankheiten. In der Unfallversicherung wird hier von Berufskrankheiten gesprochen (vgl. Kap. V, ab Rz. 570). Einzelheiten regelt für Beamte § 31 Abs. 3 BeamtVG. Erkrankt danach ein Beamter, der nach der Art seiner dienstlichen Verrichtung der Gefahr der Erkrankung an bestimmten Krankheiten besonders ausgesetzt ist, an einer solchen Krankheit, so gilt dies als Dienstunfall. Das gilt nur dann nicht, wenn sich der Beamte die Krankheit außerhalb des Dienstes zugezogen hat. Die Erkrankung an einer solchen Krankheit gilt jedoch stets als Dienstunfall, wenn sie durch gesundheitsschädigende Verhältnisse verursacht worden ist, denen der Beamte am Ort seines dienstlich angeordneten Aufenthaltes im Ausland besonders ausgesetzt war. Die in Betracht kommenden Krankheiten werden von der Bundesregierung durch Rechtsverordnung bestimmt, die der Zustimmung des Bundesrates bedarf.

70 Das Finanzministerium Baden-Württemberg hat sich in seinem Rundschreiben vom 14. 6. 1994 (Aktenzeichen: P 1620-21/83) zur Frage des Unfallschutzes für beurlaubte Beamte während der Teilnahme an dienstlichen Fortbildungsveranstaltungen geäußert. Während solcher Veranstaltungen erlittene Unfälle sind Dienstunfälle. Ergänzend wurde darauf hingewiesen, dass dies in der Regel auch für aus anderen Gründen Beurlaubte gilt (beispielsweise während der Elternzeit). Nach Auffassung des Finanzministeriums Baden-Württemberg in seinem Rundschreiben vom 6. 2. 1998 (Az. 1-0331-4/2) können auch so genannte „Informations- bzw. Wiedereingliederungsdienste", d.h. Dienstleistungen während der Beurlaubungsphase zur Vorbereitung für einen reibungslosen Wiedereinstieg, als dienstliche Veranstaltung angesehen werden. Die teilnehmenden beurlaubten Beamten haben danach Anspruch auf Unfallfürsorge. Allerdings muss ein enger dienstlicher Bezug (materielle und formelle Dienstbezogenheit) gewährleistet sein. Weiterhin muss die Dienstleistung zeitnah zur geplanten Rückkehr in den aktiven Dienst stattfinden. Unabhängig hiervon ist nach Auffassung des Finanzministeriums Baden-Württemberg vor der Einführung derartiger Veranstaltungen von dort zu prüfen, ob bzw. dass dem keine beamtenrechtlichen oder sonstigen rechtlichen Gründe entgegenstehen.

Nach § 31 Abs. 4 BeamtVG ist dem durch Dienstunfall verursachte Körperschaden ein Körperschaden gleichzusetzen, den ein Beamter außerhalb seines Dienstes erleidet. Voraussetzung ist, dass er im Hinblick auf sein pflichtgemäßes dienstliches Verhalten oder wegen seiner Eigenschaft als Beamter angegriffen wird. Gleichzuachten ist außerdem ein Körperschaden, den ein Beamter im Ausland erleidet, wenn er bei Kriegshandlungen, Aufruhr oder Unruhen, denen er am Ort seines dienstlich angeordneten Aufenthaltes im Ausland besonders ausgesetzt war, angegriffen wird. 71

Unfallfürsorge kann gem. § 31 Abs. 5 BeamtVG auch einem Beamten gewährt werden, der zur Wahrnehmung einer Tätigkeit, die öffentlichen Belangen oder dienstlichen Interessen dient, beurlaubt worden ist und in Ausübung oder infolge dieser Tätigkeit einen Körperschaden erleidet.

Mit einer weiteren Möglichkeit, Unfallfürsorge zu gewähren, beschäftigt sich § 31 Abs. 6 BeamtVG. Danach wird Unfallfürsorge auch gewährt, wenn eine gesundheitliche Schädigung bei dienstlicher Verwendung oder bei Dienstgeschäften im Ausland auf einen Unfall oder eine Erkrankung im Zusammenhang mit einer Verschleppung oder einer Gefangenschaft zurückzuführen ist. Das gilt auch, wenn die Schädigung darauf beruht, dass der Beamte aus sonstigen mit dem Dienst zusammenhängenden Gründen, die er nicht zu vertreten hat, dem Einflussbereich des Dienstherrn entzogen ist.

Mit Erkrankungen und Unfällen im Ausland beschäftigt sich auch § 31 a BeamtVG. Danach wird dem Beamten Unfallfürsorge wie bei einem Dienstunfall auch dann gewährt, wenn eine Erkrankung oder deren Folgen auf gesundheitsschädigende oder sonst vom Inland wesentlich abweichende Verhältnisse zurückzuführen sind. Diesen Verhältnissen muss der Beamte während einer besonderen Verwendung im Sinne des § 58 a Abs. 1 und 2 des BBesG besonders ausgesetzt gewesen ist. Die genannten Vorschriften regelt die Voraussetzungen für den Anspruch auf den Auslandsverwendungszuschlag. Auf den Text dieser Bestimmungen wird verwiesen. 72

Als Dienstunfall gilt auch ein Unfall infolge derartiger Verhältnisse. Die Unfallfürsorge ist allerdings ausgeschlossen, wenn sich der Beamte grob fahrlässig der Gefährdung ausgesetzt hat. Das gilt nur dann nicht, wenn der Ausschluss für den Beamten eine unbillige Härte wäre.

2.8.3 Zustehende Ansprüche

Um die Erstattung von Sachschäden und besonderen Aufwendungen geht es in § 32 BeamtVG. Sind hiernach bei einem Dienstunfall Kleidungsstücke oder sonstige Gegenstände, die der Beamte mit sich geführt hat, beschädigt oder zerstört worden oder abhanden gekommen, so kann dafür Ersatz geleistet werden. Entsprechende Anträge sind innerhalb von drei Monaten zu stellen. Sind durch die erste Hilfeleistung nach dem Unfall besondere Kosten entstanden, so muss dem Beamten der nachweisbar notwendige Aufwand ersetzt werden. 73

Um Ansprüche auf Heilverfahren geht es in §§ 33, 34 BeamtVG. Nach § 33 Abs. 1 BeamtVG umfasst das Heilverfahren die notwendige ärztliche Behandlung, die not-

Versorgung der Beamten

wendige Versorgung mit Arznei- und Heilmitteln, Ausstattung mit Körperersatzstücken, orthopädischen und anderen Hilfsmitteln, die den Erfolg der Heilbehandlung sichern oder die Unfallfolgen erleichtern sollen. Außerdem gehört die notwendige Pflege zum Heilverfahren.

74   An Stelle der ärztlichen Behandlung sowie der Versorgung mit Arznei- und anderen Heilmitteln kann Krankenhausbehandlung oder Heilanstaltspflege gewährt werden. Der Verletzte ist verpflichtet, sich einer Krankenhausbehandlung oder Heilanstaltspflege zu unterziehen, wenn sie nach einer Stellungnahme eines durch die Dienstbehörde bestimmten Arztes zur Sicherung des Heilerfolges notwendig ist.

Durch § 33 Abs. 3 BeamtVG wird der Verletzte verpflichtet, sich einer ärztlichen Behandlung zu unterziehen. Das gilt nur dann nicht, wenn sie mit einer erheblichen Gefahr für Leben oder Gesundheit des Verletzten verbunden ist. Das gleiche gilt für eine Operation dann, wenn sie keinen erheblichen Eingriff in die körperliche Unversehrtheit bedeutet. Verursachen die Folgen des Dienstunfalles außergewöhnliche Kosten für Kleider- und Wäscheverschleiß, so sind diese gem. § 33 Abs. 4 BeamtVG in angemessenem Umfang zu ersetzen. Ist der Verletzte an den Folgen des Dienstunfalles verstorben, so können auch die Kosten für die Überführung und die Bestattung in angemessener Höhe erstattet werden.

75   Ist der Verletzte infolge des Dienstunfalles so hilflos, dass er nicht ohne fremde Wartung und Pflege auskommen kann, so sind ihm gem. § 34 Abs. 1 BeamtVG die Kosten einer notwendigen Pflege in angemessenem Umfang zu erstatten. Allerdings kann die Dienstbehörde selbst für die Pflege Sorge tragen. Nach dem Beginn des Ruhestandes ist dem Verletzten auf Antrag für die Dauer der Hilflosigkeit ein Zuschlag zu dem Unfallruhegehalt bis zum Erreichen der ruhegehaltfähigen Dienstbezüge zu gewähren (§ 34 Abs. 2 BeamtVG). Die Kostenerstattung nach § 34 Abs. 1 BeamtVG entfällt in einem solchen Falle.

76   § 35 BeamtVG beschäftigt sich mit dem Unfallausgleich. Ist der Verletzte infolge des Dienstunfalles in seiner Erwerbsfähigkeit länger als sechs Monate wesentlich beschränkt, so erhält er, solange dieser Zustand andauert, neben den Dienstbezügen, den Anwärterbezügen oder dem Ruhegehalt einen Unfallausgleich. Dieser wird in Höhe der Grundrente nach § 31 Abs. 1 bis 4 BVG gewährt. Durch § 35 Abs. 2 BeamtVG wird bestimmt, dass die Minderung der Erwerbsfähigkeit nach der körperlichen Beeinträchtigung im allgemeinen Erwerbsleben zu beurteilen ist. Hat bei Eintritt des Dienstunfalles eine abschätzbare Minderung der Erwerbsfähigkeit bereits bestanden, so ist für die Berechnung des Unfallausgleichs von der individuellen Erwerbsfähigkeit des Verletzten, die unmittelbar vor dem Eintritt des Dienstunfalles bestand, auszugehen. Es ist zu ermitteln, welcher Teil dieser individuellen Erwerbsfähigkeit durch den Dienstunfall gemindert wurde. Beruht die frühere Erwerbsminderung auf einem Dienstunfall, so kann ein einheitlicher Unfallausgleich festgesetzt werden. Für äußere Körperschäden können Mindestprozentsätze festgesetzt werden.

77   Zu § 35 Abs. 2 BeamtVG ist das Rundschreiben des Bundesinnenministers vom 25. 3. 1991 (Az.: D III 4-223213/34) zu beachten. U.a. wird hier ausgeführt, dass die vor dem Dienstunfall bestehende individuelle Erwerbsfähigkeit mit 100 % anzusetzen ist. Nach dem Rundschreiben vom 25. 3. 1991 kann eine einheitliche Minderung der Erwerbsfähigkeit – und damit ein einheitlicher Unfallausgleich – dann festgesetzt wer-

den, wenn die Vorschädigung auf einem Dienstunfall beruht. Das gilt insbesondere dann, wenn der Beamte den vorhergehenden Dienstunfall bei dem selben Dienstherren erlitt. Ein einheitlicher Unfallausgleich ist nur dann festzusetzen, wenn dies für den Betroffenen zu einem günstigeren Ergebnis führt. Ansonsten bleibt es bei der getrennten Betrachtungsweise. Dies wird regelmäßig der Fall sein, wenn eine hohe dienstunfallbedingte Vorschädigung vorliegt. Liegt eine frühere Erwerbsminderung vor und beruht diese nicht auf einem Dienstunfall, so ist zunächst der Betrag des Unfallausgleiches festzustellen, der sich aufgrund der Gesamtminderung der Erwerbsfähigkeit nach dem Dienstunfall ergibt. Davon ist der Betrag abzusetzen, der sich aufgrund der früheren Erwerbsminderung ergeben würde. Die Höhe des zu gewährenden Unfallausgleiches ergibt sich aus der Differenz dieser Beträge. Zahlbetrag des Unfallausgleiches ist der sich nach den vorstehenden Berechnungen ergebende für den Beamten günstigere Betrag.

Gem. § 35 Abs. 3 BeamtVG wird der Unfallausgleich neu festgestellt, wenn in den Verhältnissen, die für die Feststellung maßgebend gewesen sind, eine wesentliche Änderung eingetreten ist. Zu diesem Zweck ist der Beamte verpflichtet, sich auf Anordnung der obersten Dienstbehörde durch einen von ihr bestimmten Arzt untersuchen zu lassen. Die oberste Dienstbehörde kann diese Befugnis auf andere Stellen übertragen. *78*

Der Unfallausgleich wird auch während einer Beurlaubung ohne Dienstbezüge gewährt (§ 35 Abs. 4 BeamtVG).

Um das Unfallruhegehalt geht es in § 36 BeamtVG, während § 37 BeamtVG das erhöhte Unfallruhegehalt regelt. Nach § 36 Abs. 1 BeamtVG erhält der Beamte Unfallruhegehalt, wenn er infolge des Dienstunfalles dienstunfähig geworden ist. Für die Berechnung des Unfallruhegehalts eines vor Vollendung des 60. Lebensjahres in den Ruhestand getretenen Beamten wird der ruhegehaltfähigen Dienstzeit nur die Hälfte der Zurechnungszeit nach § 13 Abs. 1 BeamtVG hinzugerechnet (vgl. zur Zurechnungszeit Rz. 324). Der in § 14 Abs. 1 BeamtVG vorgesehene Ruhegehaltssatz (vgl. dazu Rz. 42) erhöht sich um 20 %. Das Unfallruhegehalt beträgt mindestens 66 2/3 % der ruhegehaltfähigen Dienstbezüge. Er darf 75 % der ruhegehaltfähigen Dienstbezüge nicht übersteigen. Außerdem darf er nicht hinter 75 % der jeweils ruhegehaltfähigen Dienstbezüge aus der Endstufe der Besoldungsgruppe A 4 zurückbleiben. *79*

Wie bereits in Rz. 79 erwähnt, behandelt § 37 BeamtVG das erhöhte Unfallruhegehalt. Setzt sich nach Abs. 1 dieser Vorschrift ein Beamter bei Ausübung einer Diensthandlung einer damit verbunden besonderen Lebensgefahr aus und erleidet er infolge dieser Gefährdung einen Dienstunfall, so sind bei der Bemessung des Unfallruhegehaltes 80 % der ruhegehaltfähigen Dienstbezüge aus der Endstufe der übernächsten Besoldungsgruppe zugrunde zu legen. Voraussetzung ist, dass er infolge dieses Dienstunfalles dienstunfähig geworden und in den Ruhestand getreten und im Zeitpunkt des Eintritts in den Ruhestand infolge des Dienstunfalles in seiner Erwerbsfähigkeit um mindestens 80 % beschränkt ist. Für Beamte der Laufbahngruppe des einfachen Dienstes berechnen sich die ruhegehaltfähigen Dienstbezüge mindestens nach der Besoldungsgruppe A 6. Für Beamte der Laufbahngruppe des mittleren Dienstes gilt mindestens die Besoldungsgruppe A 9, für Beamte der Laufbahngruppe des gehobenen Dienstes gilt mindestens die Besoldungsgruppe A 12 und für Beamte der Laufbahngruppe des höheren Dienstes mindestens die Besoldungsgruppe A 16. Die Eintei- *80*

Versorgung der Beamten

lung in Laufbahngruppen gilt für die Polizeivollzugsbeamten, die sonstigen Beamten des Vollzugsdienstes und die Beamten des Einsatzdienstes der Berufsfeuerwehr im Bereich der Länder entsprechend. Gem. § 37 Abs. 2 BeamtVG wird Unfallruhegehalt auch gewährt, wenn der Beamte in Ausübung des Dienstes durch einen rechtswidrigen Angriff einen Dienstunfall erleidet. Das gleiche gilt für einen außerhalb des Dienstes erlittenen Angriff im Sinne des § 31 Abs. 4 BeamtVG (z.B. bei dienstlichem Auslandsaufenthalt – vgl. dazu im einzelnen Rz. 72).

81   Ein durch einen Dienstunfall verletzter früherer Beamter, dessen Beamtenverhältnis nicht durch Eintritt in den Ruhestand geendet hat, erhält neben dem Heilverfahren (vgl. dazu Rz. 67) für die Dauer einer durch den Dienstunfall verursachten Erwerbsbeschränkung einen Unterhaltsbeitrag (§ 38 Abs. 1 BeamtVG). Der Unterhaltsbeitrag beträgt bei völliger Erwerbsunfähigkeit 66 2/3 % der ruhegehaltfähigen Dienstbezüge. Bei Minderung der Erwerbsfähigkeit um wenigstens 20 % wird gem. § 38 Abs. 2 BeamtVG der der Minderung entsprechende Teil des Unterhaltsbeitrages gezahlt. Im letzteren Falle kann der Unterhaltsbeitrag, solange der Verletzte aus Anlass des Unfalles unverschuldet arbeitslos ist, bis auf 66 2/3 % der ruhegehaltfähigen Dienstbezüge erhöht werden. Bei Hilflosigkeit gilt § 34 BeamtVG entsprechend (vgl. dazu Rz. 75). Die ruhegehaltfähigen Dienstbezüge bestimmen sich nach § 5 Abs. 1 BeamtVG (vgl. dazu die Ausführungen ab Rz. 41). Besonderheiten gelten beispielsweise bei einem früheren Beamten auf Widerruf im Vorbereitungsdienst (§ 38 Abs. 4 BeamtVG). Weitere Sonderregelungen schreibt § 28 Abs. 5 BeamtVG für den Fall vor, dass der Beamte wegen Dienstunfähigkeit infolge des Dienstunfalles entlassen worden ist.

82   Gem. § 38 Abs. 6 BeamtVG ist die Minderung der Erwerbsfähigkeit nach der körperlichen Beeinträchtigung im allgemeinen Erwerbsleben zu beurteilen. Zum Zwecke der Nachprüfung des Grades der Minderung der Erwerbsfähigkeit ist der frühere Beamte verpflichtet, sich auf Anordnung der obersten Dienstbehörde durch einen von ihr bestimmten Arzt untersuchen zu lassen. Die oberste Dienstbehörde kann diese Befugnis auf andere Stellen übertragen. Die Vorschriften über den Unterhaltsbeitrag gelten gem. § 38 Abs. 7 BeamtVG entsprechend für einen durch Dienstunfall verletzten früheren Ruhestandsbeamten, der seine Rechte als Ruhestandsbeamter verloren hat oder dem das Ruhegehalt aberkannt worden ist.

§ 38a BeamtVG beschäftigt sich mit dem Unterhaltsbeitrag bei Schädigung eines ungeborenen Kindes.

83   Ist ein Beamter, der Unfallruhegehalt erhalten hätte, oder ein Ruhestandsbeamter, der Unfallruhegehalt bezog, an den Folgen des Dienstunfalles verstorben, so erhalten seine Hinterbliebenen Unfall-Hinterbliebenenversorgung (§ 39 BeamtVG). Das Witwengeld beträgt 60 % des Unfallruhegehaltes. Das Waisengeld beläuft sich für jedes waisengeldberechtigte Kind auf 30 % des Unfallruhegehalts. Es wird auch elternlosen Enkeln gewährt, deren Unterhalt zur Zeit des Dienstunfalles ganz oder überwiegend durch den Verstorbenen bestritten wurde. Ist ein Ruhestandsbeamter, der Unfallruhegehalt bezog, nicht an den Folgen des Dienstunfalles verstorben, so steht den Hinterbliebenen lediglich „normale" Hinterbliebenenversorgung (vgl. dazu ab Rz. 52) zu. Diese Bezüge sind aber unter Zugrundelegung des Unfallruhegehaltes zu berechnen.

84   Ein besonderer Unterhaltsbeitrag für Verwandte der aufsteigenden Linie wird durch § 40 BeamtVG vorgeschrieben. Voraussetzung ist, dass der Unterhalt dieser Personen

ganz oder überwiegend durch den Verstorbenen bestritten wurde. Nähere Einzelheiten ergeben sich aus § 40 BeamtVG. § 41 BeamtVG beschäftigt sich dagegen mit einem Unterhaltsbeitrag für Hinterbliebene, während § 42 BeamtVG Höchstgrenzen der Hinterbliebenenversorgung vorsieht. Um einmalige Unfallentschädigungen geht es in § 43 BeamtVG. Dagegen bestimmt § 43 a BeamtVG über einen Schadensausgleich in besonderen Fällen.

Nach § 44 BeamtVG wird Unfallfürsorge nicht gewährt, wenn der Verletzte den Dienstunfall vorsätzlich herbeigeführt hat. Dabei ist Vorsatz das Wissen um den schädigenden Erfolg eines Handelns oder Unterlassens. Hat der Verletzte eine die Heilbehandlung betreffende Anordnung ohne gesetzlichen oder sonstigen wichtigen Grund nicht befolgt und wird dadurch seine Dienst- oder Erwerbsfähigkeit ungünstig beeinflusst, so kann ihm die oberste Dienstbehörde oder die von ihr bestimmte Stelle die Unfallfürsorge insoweit versagen. Der Verletzte ist auf diese Folgen schriftlich hinzuweisen. 85

Unfälle, aus denen Unfallfürsorgeansprüche nach dem BeamtVG entstehen können, sind innerhalb einer Ausschlussfrist von zwei Jahren nach dem Eintritt des Unfalles bei dem Dienstvorgesetzten des Verletzten zu melden (§ 45 Abs. 1 BeamtVG). Diese Frist gilt auch dann als gewahrt, wenn der Unfall bei der für den Wohnort des Berechtigten zuständigen unteren Verwaltungsbehörde gemeldet worden ist. Nach Ablauf der Ausschlussfrist wird gem. § 45 Abs. 2 BeamtVG Unfallfürsorge nur gewährt, wenn seit dem Unfall noch nicht 10 Jahre vergangen sind und gleichzeitig glaubhaft gemacht wird, dass mit der Möglichkeit einer Unfallfolge, die den Anspruch auf Unfallfürsorge begründen könnte, nicht habe gerechnet werden können. Es genügt auch die Glaubhaftmachung, dass der Berechtigte durch außerhalb seines Willens liegende Umstände gehindert wurde, den Unfall zu melden. 86

Ab dem Zeitpunkt, ab dem mit der Möglichkeit einer den Anspruch auf Unfallfürsorge begründeten Folge des Unfalls gerechnet werden konnte oder das Hindernis für die Meldung weggefallen ist, muss die Meldung innerhalb von drei Monaten erfolgen. In einem solchen Falle wird die Unfallfürsorge vom Tage der Meldung an gewährt. Zur Vermeidung von Härten kann sie auch ab einem früheren Zeitpunkt an gewährt werden.

§ 45 Abs. 3 BeamtVG verpflichtet den Dienstvorgesetzten, jeden Unfall, der ihm von Amts wegen oder durch Meldung der Beteiligten bekannt wird, sofort zu untersuchen. Die oberste Dienstbehörde oder die von ihr bestimmte Stelle entscheidet, ob ein Dienstunfall vorliegt und ob der Verletzte den Unfall vorsätzlich herbeigeführt hat. Die Entscheidung ist dem Verletzten oder seinen Hinterbliebenen bekannt zu geben. 87

Hinsichtlich weiterer Einzelheiten wird auf § 45 Abs. 4 BeamtVG verwiesen.

Ist der Beamte nach dem Dienstunfall in den Dienstbereich eines anderen öffentlich-rechtlichen Dienstherrn versetzt worden, so richten sich die Ansprüche gegen diesen. Das gleiche gilt in den Fällen des gesetzlichen Übertritts oder der Übernahme bei der Umbildung von Körperschaften.

Versorgung der Beamten

2.9 Sonstige Ansprüche

88 Um Übergangsgeldansprüche geht es in den §§ 47, 47 a BeamtVG. Nach § 47 Abs. 1 BeamtVG erhält ein Beamter mit Dienstbezügen, der nicht auf seinen Antrag entlassen wird, ein Übergangsgeld. Dieses beläuft sich nach vollendeter einjähriger Beschäftigungszeit auf das Einfache und bei längerer Beschäftigungszeit für jedes weitere volle Jahr ihrer Dauer auf die Hälfte, insgesamt höchstens das Sechsfache der Dienstbezüge des letzten Monats. Das Übergangsgeld wird auch dann gewährt, wenn der Beamte im Zeitpunkt der Entlassung ohne Dienstbezüge beurlaubt war. Maßgebend sind die Dienstbezüge, die der Beamte im Zeitpunkt der Entlassung erhalten hätte.

89 Als Beschäftigungszeit im vorstehenden Sinne gilt die Zeit ununterbrochener hauptberuflicher entgeltlicher Tätigkeit im Dienste desselben Dienstherrn oder der Verwaltung, deren Aufgaben der Dienstherr übernommen hat. Im Falle der Versetzung ist die entsprechende Zeit im Dienste des früheren Dienstherrn maßgebend. Die vor einer Beurlaubung ohne Dienstbezüge liegende Beschäftigungszeit wird mit berücksichtigt. Zeiten mit einer Ermäßigung der regelmäßigen Arbeitszeit sind nur zu dem Teil anzurechnen, der dem Verhältnis der ermäßigten zur regelmäßigen Arbeitszeit entspricht. Wird die Beschäftigungszeit als ruhegehaltmäßige Dienstzeit angerechnet, besteht kein Anspruch auf Übergangsgeld. Dies ergibt sich aus § 47 Abs. 3 BeamtVG, der noch andere Ausnahmen vom Leistungsanspruch enthält. So besteht z.B. auch dann kein Anspruch, wenn der Beamte mit der Berufung in ein Richterverhältnis oder mit der Ernennung zum Beamten auf Zeit entlassen wird.

90 Das Übergangsgeld wird in Monatsbeträgen für die der Entlassung folgende Zeit wie die Dienstbezüge gezahlt. Es ist längstens bis zum Ende des Monats zu zahlen, in dem der Beamte die für sein Beamtenverhältnis bestimmte gesetzliche Altersgrenze erreicht hat. Beim Tode des Empfängers ist der noch nicht ausgezahlte Betrag den Hinterbliebenen in einer Summe zu zahlen.

§ 47 a BeamtVG beschäftigt sich mit Übergangsgeld für entlassene politische Beamte.

91 § 48 BeamtVG sieht einen Ausgleich bei besonderen Altersgrenzen vor. Angesprochen werden hier Beamte des Vollzugsdienstes, Beamte des Einsatzdienstes der Feuerwehr und Beamte im Flugverkehrkontrolldienst, die vor Vollendung den 65. Lebensjahres wegen Erreichens der für sie geltenden gesetzlichen Altersgrenzen in den Ruhestand treten. Diese Personen erhalten neben dem Ruhegehalt einen Ausgleich in Höhe des Fünffachen der Dienstbezüge des letzten Monats, jedoch nicht über 4.091 Euro. Dieser Betrag verringert sich um jeweils ein Fünftel für jedes Jahr, das über das vollendete sechzigste Lebensjahr hinaus abgeleistet wurde. Der Ausgleich ist bei Eintritt in den Ruhestand in einer Summe zu zahlen. Er wird nicht neben einer Unfallentschädigung (vgl. ab Rz. 76) gewährt.

92 Die §§ 50 bis 50 d BeamtVG sehen die Gewährung verschiedener Zuschläge für Versorgungsempfänger vor:

Ruhegehalt, Unterhaltsbeitrag

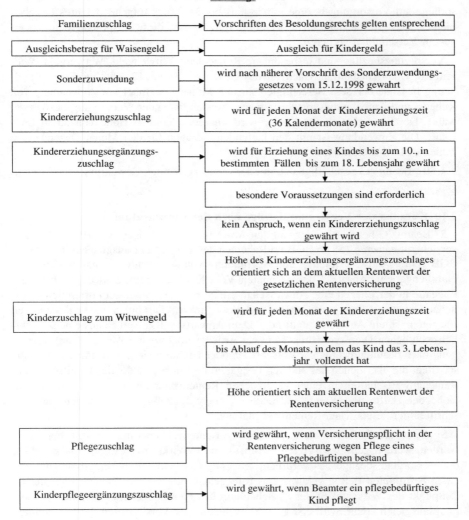

Die im Schaubild in Rz. 92 erwähnte Sonderzuwendung wird durch das Gesetz über die Gewährung einer jährlichen Sonderzuwendung geregelt, das sich in der Fassung der Bekanntmachung vom 15. 12. 1998 (BGBl. I S. 3642) befindet. Diese Sonderzuwendung steht sowohl aktiven Beamten als auch Versorgungsempfängern zu. Die Zuwendung besteht nach § 2 des Gesetzes aus einem Grundbetrag für jeden Berechtigten und einem Sonderbetrag für Kinder. Die Anspruchsvoraussetzungen für Versorgungsempfänger regelt § 4 des Gesetzes. Danach ist Bedingung für den Anspruch auf die Zuwendung für Versorgungsempfänger, denen laufende Versorgungsbezüge zustehen, dass sie für den ganzen Monat Dezember laufende Versorgungsbezüge beanspruchen können. Diese Voraussetzung ist auch erfüllt, wenn die Betreffenden zur Ableistung

93

des Wehrdienstes oder des Zivildienstes einberufen sind. Außerdem müssen die Ansprüche auf Versorgungsbezüge mindestens bis 31.3. des folgenden Jahres bestehen bleiben. Das gilt nur dann nicht, wenn die Berechtigten diese Ansprüche nicht aus eigenem Verschulden verlieren.

94 Versorgungsbezüge sind insbesondere Ruhegehalt, Witwengeld, Witwergeld, Waisengeld, Unterhaltsbeitrag. Nach § 7 des Gesetzes vom 15.12.1998 wird der Grundbetrag in Höhe der dem Berechtigten für den Monat Dezember vor Anwendung von Ruhens- und Anrechnungsvorschriften zustehenden laufenden Versorgungsbezüge gewährt. Der Sonderbetrag für Kinder wird für jedes Kind in Höhe von 25,56 Euro währt. Die Zuwendung ist mit den laufenden Bezügen für den Monat Dezember zu zahlen (§ 11 des Gesetzes).

§ 50e BeamtVG beschäftigt sich mit der vorübergehenden Gewährung von Zuschlägen.

2.10 Kürzung der Versorgungsbezüge nach der Ehescheidung

95 § 57 BeamtVG beschäftigt sich mit den Anwartschaften in einer gesetzlichen Rentenversicherung nach § 1587b BGB im Rahemen des Versorgungsausgleichs. In § 1587b BGB geht es um Übertragung und Begründung von Rentenanwartschaften durch das Familiengericht. Absatz 2 der genannten Vorschrift bestimmt, dass dann, wenn ein Ehegatte in der Ehezeit eine Anwartschaft auf Versorgung aus einem öffentlich-rechtlichen Dienstverhältnis erworben hat und diese Anwartschaft höher als die des anderen Ehegatten ist, ein Ausgleich stattfindet. Dem Anwartschaftsanspruch aus einem öffentlich-rechtlichen Dienstverhältnis steht ein Arbeitsverhältnis mit Anspruch auf Versorgung nach beamtenrechtlichen Vorschriften oder Grundsätzen gleich. Für die Anwartschaften, die über denen des anderen Ehegatten liegen, begründet das Familiengericht Rentenanwartschaften in einer gesetzlichen Rentenversicherung. Dies geschieht in Höhe der Hälfte des Wertunterschiedes. Weitere Einzelheiten bestimmen die Vorschriften der gesetzlichen Rentenversicherung.

96 Sind Anwartschaften in einer gesetzlichen Rentenversicherung hiernach begründet worden, werden gem. § 57 Abs. 1 BeamtVG nach Wirksamkeit dieser Entscheidung die Versorgungsbezüge des verpflichteten Ehegatten und seiner Hinterbliebenen um einen bestimmten Betrag gekürzt. Das Ruhegehalt, das der verpflichtete Ehegatte im Zeitpunkt der Wirksamkeit der Entscheidung des Familiengerichts über den Versorgungsausgleich erhält, wird erst gekürzt, wenn aus der Versicherung des berechtigten Ehegatten (das ist der Ehegatte mit der vergleichsweise geringeren Anwartschaft) eine Rente zu gewähren ist. Das einer Vollwaise zu gewährende Waisengeld wird nicht gekürzt, wenn nach dem Recht der gesetzlichen Rentenversicherungen die Voraussetzungen für die Gewährung einer Waisenrente aus der Versicherung des berechtigten Ehegatten nicht erfüllt sind.

97 Der Kürzungsbetrag für das Ruhegehalt berechnet sich gem. § 57 Abs. 2 BeamtVG aus dem Monatsbetrag der durch die Entscheidung des Familiengerichts begründeten Anwartschaften. Dieser Monatsbetrag erhöht oder vermindert sich bei einem Beamten um die Prozentsätze der nach dem Ehezeitende bis zum Zeitpunkt des Eintritts in den Ruhestand eingetretenen Erhöhungen oder Verminderungen der beamtenrechtlichen Versorgungsbezüge, die in festen Beträgen festgesetzt sind. Vom Zeitpunkt des Ein-

Ruhegehalt, Unterhaltsbeitrag

tritts in den Ruhestand an, bei einem Ruhestandsbeamten vom Tag nach dem Ende der Ehezeit an, erhöht oder vermindert sich der Kürzungsbetrag in dem Verhältnis, in dem sich das Ruhegehalt vor Anwendung von Ruhens-, Kürzungs- und Anrechnungsvorschriften durch Anpassung der Versorgungsbezüge erhöht oder vermindert.

Die Kürzung der Versorgungsbezüge nach § 57 BeamtVG kann von dem Beamten oder Ruhestandsbeamten ganz oder teilweise durch Zahlung eines Kapitalbetrages an den Dienstherrn abgewendet werden (§ 58 Abs. 1 BeamtVG). Als voller Kapitalbetrag wird der Betrag angesetzt, der auf Grund der Entscheidung des Familiengerichts zur Begründung der Anwartschaft auf die bestimmte Rente zu leisten gewesen wäre (§ 58 Abs. 2 BeamtVG). Bei teilweiser Zahlung vermindert sich die Kürzung der Versorgungsbezüge in dem entsprechenden Verhältnis (§ 58 Abs. 3 BeamtVG). Der Betrag der teilweisen Zahlung soll den Monatsbetrag der Dienstbezüge des Beamten oder des Ruhegehaltes des Ruhestandsbeamten nicht unterschreiten. *98*

2.11 Erlöschen der Versorgungsbezüge

Mit dem Erlöschen von Versorgungsbezügen beschäftigen sich die §§ 59 bis 61 BeamtVG. In § 59 BeamtVG geht es um das Erlöschen wegen Verurteilung des Ruhestandsbeamten in einem Strafverfahren. § 60 BeamtVG behandelt das Erlöschen der Versorgungsbezüge bei Ablehnung einer erneuten Berufung in das Beamtenverhältnis. Es geht dabei um Beamte im einstweiligen Ruhestand (vgl. § 39 BBG) und um Beamte, die wegen Dienstunfähigkeit in den Ruhestand versetzt worden waren (§ 45 Abs. 1 BBG). Kommt ein solcher Beamter einer erneuten Berufung in das Beamtenverhältnis schuldhaft nicht nach, obwohl er auf die Folgen eines solchen Verhaltens schriftlich hingewiesen worden ist, so verliert er für diese Zeit seine Versorgungsbezüge. Die oberste Dienstbehörde stellt den Verlust der Versorgungsbezüge fest. Dadurch wird im übrigen eine disziplinarische Verfolgung nicht ausgeschlossen. *99*

Nach § 61 BeamtVG erlischt der Anspruch der Witwen und Waisen auf Versorgungsbezüge unter bestimmten Voraussetzungen: *100*

Versorgung der Beamten

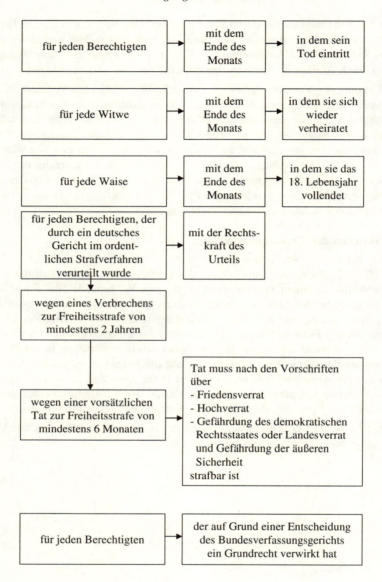

3. Altersteilzeit für Beamte
3.1 Grundsätze

101 Altersteilzeit für Beamte wird in § 72 b BBG sowie in den landesrechtlichen Vorschriften vorgesehen. Die Vorschrift ist durch das Bundesbesoldungs- und -versorgungsanpassungsgesetz 1998 geschaffen worden. In der Begründung zu diesem Gesetz (vgl. Bundesrat-Drucksache 367/98) heißt es, die Gründe, die den Gesetzgeber bewogen haben, durch Erlass des ATG den gleitenden Übergang in den Ruhestand zu för-

dern und die auch der ATV zugrunde liegen, auch für den Beamtenbereich gelten. Bezüglich der Altersteilzeit für Angestellte kann auf die Ausführungen in Kapitel I verwiesen werden.

Zu der Altersteilzeitbeschäftigung für Beamte ist insbesondere das Rundschreiben des Bundesinnenministeriums vom 19.10.1998 (Az.: D I 1 – 210 172/20, veröffentlicht in GMBl 1998 S. 870) zu beachten. Dort heißt es, dass maßgebend für die inhaltliche Ausgestaltung die tarifliche Regelung für die Arbeitnehmer des öffentlichen Dienstes war. Weiter wird hier ausgeführt, dass es das Ziel der Altersteilzeit ist, ein besonderes Personalsteuerungselement zu. schaffen, das auch einen arbeitsmarktpolitischen Beitrag des öffentlichen Diensts ermöglicht. *102*

3.2 Voraussetzungen

Die Bewilligung von Altersteilzeit kann nur auf Antrag des Beamten erfolgen. Nach den Ausführungen in der Begründung zum Gesetzentwurf durch die Bundesregierung kann Altersteilzeit nur mit der Maßgabe beantragt werden, dass sich der Ruhestand unmittelbar an sie anschließt. § 72 b Abs. 1 BBG bestimmt deshalb auch, dass sich der Antrag auf die Zeit bis zum Beginn des Ruhestandes erstrecken muss. Deshalb muss sich der Beamte bereits bei Beantragung der Altersteilzeit definitiv entscheiden, ob er erst mit Erreichen der gesetzlichen Altersgrenze in den Ruhestand treten oder ob er von der Antragsaltersgrenze Gebrauch machen will. *103*

Nach dem Rundschreiben des BMI vom 19.10.1998 ist jedoch eine nachträgliche Verkürzung der Dauer der Altersteilzeit möglich. Es handelt sich dabei darum, dass ein Beamter die Altersteilzeit nicht wie ursprünglich vereinbart bis zum Erreichen der gesetzlichen Altersgrenze wahrnimmt, sondern bereits mit Erreichen der Antragsaltersgrenze in den Ruhestand versetzt wird. Voraussetzung ist allerdings, dass dadurch – bezogen auf die verkürzte Gesamtdauer der Altersteilzeit – der gesetzlich festgelegte Umfang der Teilzeitbeschäftigung (= die Hälfte der regelmäßigen Arbeitszeit) nicht verändert wird. Dem umgekehrten Fall einer nachträglichen Verlängerung der Dauer der Altersteilzeit dahingehend, dass ein Beamter die Altersteilzeit nicht wie ursprünglich vereinbart nur bis zum Erreichen der Antragsaltersgrenze wahrnimmt, sondern diese nunmehr bis zur gesetzlichen Altersgrenze wahrnehmen will, stehen in der Regel dienstliche Belange entgegen.

Über die Bewilligung der Altersteilzeit ist nach pflichtgemäßem Ermessen zu entscheiden. Hier geht es insbesonders darum, ob dringende dienstliche Belange dem Antrag des Beamten entgegenstehen. Der entsprechende Ermessensspielraum ist allerdings erst eröffnet, wenn alle in § 72 b Satz 1 Nr. 1 bis 4 BBG bezeichneten Voraussetzungen vorliegen. *104*

§ 72 b Abs. 1 Satz 1 Nr. 1 bis 4 BBG sieht als Voraussetzungen vor, dass die betreffenden Beamten

– das 55. Lebensjahr vollendet haben
– in den letzten fünf Jahren vor Beginn der Altersteilzeit drei Jahre mindestens teilzeitbeschäftigt waren
– die Altersteilzeit vor dem 1.1.2010 beginnt und
– dringende dienstliche Belange nicht entgegenstehen.

Versorgung der Beamten

105 Die Altersteilzeit muss als Teilzeitbeschäftigung mit der Hälfte der bisherigen Arbeitszeit, höchstens der Hälfte der in den letzten zwei Jahren vor Beginn der Altersteilzeit durchschnittlich zu leistenden Arbeitszeit ausgeübt werden. Altersteilzeit mit weniger als der Hälfte der regelmäßigen Arbeitszeit kann – so der Text des § 72 b BBG – nur bewilligt werden, wenn die Zeiten der Freistellung der Arbeitszeit in der Weise zusammengefasst werden, dass der Beamte zuvor mit mindestens der Hälfte der regelmäßigen Arbeitszeit Dienst leistet. Im Fall des § 72 a Abs. 5 BBG oder des § 1 Abs. 3 Satz 1 der Elternzeitverordnung muss der Beamte zuvor mindestens im Umfang der bisherigen Teilzeitbeschäftigung Dienst leisten. In allen Fällen bleiben dabei geringfügige Unterschreitungen des notwendigen Umfangs der Arbeitszeit außer Betracht.

106 Nach § 72 b Abs. 2 BBG ist Beamten, die das sechzigste Lebensjahr vollendet haben, Altersteilzeit nach Maßgabe des § 72 b Abs. 1 BBG zu bewilligen. In der Begründung zum Gesetzentwurf soll die Altersteilzeit Beamten auch in Form von Blockmodellen ermöglicht werden.

Gem. § 72 b Abs. 3 BBG gilt § 72 a Abs. 2 BBG entsprechend.

§ 72 a BBG behandelt die Möglichkeit, dass Beamten auf Antrag Teilzeitbeschäftigung bis zur Hälfte der regelmäßigen Arbeitszeit bewilligt werden kann. Es geht hier um Teilzeitarbeit außerhalb der Altersteilzeit. Gem. § 72 a Abs. 2 BBG darf dem entsprechenden Antrag nur entsprochen werden, wenn der Beamte sich verpflichtet, während des Bewilligungszeitraumes außerhalb des Beamtenverhältnisses berufliche Verpflichtungen nur in dem Umfang einzugehen, in dem nach den §§ 64 bis 66 BBG den vollzeitbeschäftigten Beamten die Ausübung von Nebentätigkeiten gestattet ist. Ausnahmen hiervon sind nur zulässig, soweit dies mit dem Beamtenverhältnis vereinbar ist.

3.3 Rechtsfolgen der Altersteilzeit

107 Zu den Rechtsfolgen der Altersteilzeit hat sich der BMI in seinem Rundschreiben vom 19. 10. 1998 geäußert. Zunächst wird darauf hingewiesen, dass der Beamte eine Teilzeitbeschäftigung mit der Hälfte der regelmäßigen Arbeitszeit ausübt. Abweichungen von diesem Umfang sind nicht zulässig. Der Beamte kann weder den Umfang der Teilzeitbeschäftigung über 50 % der regelmäßigen Arbeitszeit erhöhen, noch zur Vollzeitbeschäftigung zurückkehren. § 72 a Abs. 3 Satz 2 BBG findet keine Anwendung. Nach dieser Vorschrift soll die zuständige Dienstbehörde eine Änderung des Umfangs der Teilzeitbeschäftigung oder den Übergang zur Vollzeitbeschäftigung zulassen. Voraussetzung ist, dass dem Beamten die Teilzeitbeschäftigung im bisherigen Umfang, nicht mehr zugemutet werden kann und dienstliche Belange nicht entgegenstehen. Auf die Möglichkeit, Altersteilzeit mit weniger als der Hälfte der regelmäßigen Arbeitszeit zu bewilligen, ist bereits in Rz. 105 eingegangen worden.

108 Die Altersteilzeit kann – so führt der BMI in seinem Rundschreiben vom 19. 10. 1998 weiter aus – von dem Beamten entweder in Form der durchgehenden Wahrnehmung mit 50 % der regelmäßigen Arbeitszeit oder in Form der Blockbildung (mit Arbeits- und Freistellungsphase) wahrgenommen werden. Bei Blockbildung muss die Freistellungsphase immer am Ende der Altersteilzeit, d.h. unmittelbar vor Beginn des Ruhestandes, liegen. Während der Arbeitsphase ist keine Beschäftigung mit weniger als 50 % der regelmäßigen Arbeitszeit zulässig (vgl. zu einer Ausnahme Rz. 105).

Möglich ist z.B. eine Blockbildung in der Weise, dass der Beamte während der ersten Hälfte der Altersteilzeitbeschäftigung im vollen Umfang in der regelmäßigen Arbeitszeit tätig und in der zweiten Hälfte vollständig vom Dienst freigestellt ist. Denkbar sind aber auch sonstige Blockbildungen, bei denen in einer ersten Arbeitsphase mehr als 50 % der regelmäßigen Arbeitszeit geleistet werden und anschließend eine Freistellungsphase erfolgt (z.B. vier Jahre Beschäftigung mit 75 % der regelmäßigen Arbeitszeit, anschließend Freistellungsphase von zwei Jahren). Zulässig ist auch eine Kombination verschiedener Umfänge der Teilzeitbeschäftigung (z.B. vier Jahre Beschäftigung zu 100 % der regelmäßigen Arbeitszeit, zwei Jahre Beschäftigung mit 50 % der regelmäßigen Arbeitszeit, vier Jahre Freistellung vom Dienst).

109 Der BMI hat sich auch einem weiteren Rundschreiben, das vom 11.10.1999 datiert (Az.: D II 1 – 221 060/8, veröffentlicht in GMBl 1999 S. 72), mit der Teilzeitbeschäftigung von Beamten im Blockmodell beschäftigt. In diesem Rundschreiben geht es um den Ausgleich von Störungsfällen. Bei Teilzeitbeschäftigung mit einer solchen Einteilung der Arbeitszeit, dass Zeiten einer Freistellung von der Arbeit zusammengefasst und an das Ende der bewilligten Teilzeitbeschäftigung gelegt werden, ist zum Ausgleich längerfristiger, aber nicht dauernder Störungen (z.B. längere Erkrankung des Beamten) in der Arbeitsphase die dadurch nicht geleistete Arbeitszeit nachzuleisten. Dies soll regelmäßig am Ende der Arbeitsphase erfolgen. Dadurch wird erreicht, dass sich – bei unveränderter Gesamtdauer der Teilzeitbeschäftigung – die Arbeitsphase entsprechend verlängert und die Freistellungsphase verkürzt. Ist dies nicht möglich, so muss der Dienstherr die Möglichkeit haben, die Gewährung der Blockbildung zu widerrufen.

110 Zu diesem Zweck ist – so der BMI – bei der Gewährung der Teilzeitbeschäftigung die Festlegung der Verteilung der Arbeitszeit mit einem Widerrufsvorbehalt folgenden Inhalts zu versehen: „Die ungleichmäßige Verteilung der Arbeitszeit kann widerrufen werden, wenn der Teilzeitbeschäftigte innerhalb eines Jahres mehr als sechs Monate keinen Dienst geleistet hat und dies nicht durch nachträgliche Dienstleistung ausgeglichen werden kann."

111 Bei Teilzeitbeschäftigung mit ungleichmäßiger Verteilung der Arbeitszeit (insbesondere bei Altersteilzeitbeschäftigung mit Blockbildung) ist der längere Zeitraum völliger Freistellung vom Dienst dadurch gerechtfertigt, dass ihm eine Phase voller, also über die gewährte Reduzierung der Arbeitszeit hinausgehender Dienstleistung entspricht. Bei längerfristigem Ausfall der Dienstleistung des Beamten in dieser Arbeitsphase wird aber das Gleichgewicht für die Aufteilung in Arbeitszeitphasen gestört. Der Dienstherr muss bei solchen Störungen, die zu seinen Lasten gehen, für einen Ausgleich Sorge tragen können.

Ein Widerruf erfolgt stets für die Zukunft. Das bedeutet, dass der Beamte ab diesem Zeitpunkt durchgehend zu dem Prozentsatz der regelmäßigen Arbeitszeit Dienst zu leisten hat, der bei Gewährung der Teilzeitbeschäftigung festgesetzt wurde. Zeiten, in denen der Beamte bereits zu einem höheren als dem durchschnittlichen Prozentsatz der festgesetzten regelmäßigen Arbeitszeit tätig war, werden am Ende der Teilzeitbeschäftigung ausgeglichen.

112 Der BMI weist auch daraufhin, dass dann, wenn Altersteilzeit im Blockmodell durchgeführt wird, der Besoldungsempfänger während der Arbeitsphase mit seiner Ar-

Versorgung der Beamten

beit in Vorleistung tritt. Der Ausgleich erfolgt in der Freistellungsphase. Kann der Ausgleich wegen vorzeitiger, d.h. vor dem Ende der Freistellungsphase eintretender Beendigung des Beamtenverhältnisses nicht oder nicht im vollen Umfang erfolgen, sind die Dienstbezüge insoweit nachzuzahlen. Dabei bleiben Zeiten ohne Dienstleistung in der Arbeitsphase, soweit sie insgesamt sechs Monate überschreiten und nicht durch nachträgliche Dienstleistung (Verlängerung der Arbeitsphase) ausgeglichen worden sind, unberücksichtigt.

113 Für die Nachzahlung sind die insgesamt gezahlten Altersteilzeitbezüge den Dienstbezügen gegenüberzustellen, die nach dem Ausmaß der tatsächlichen Beschäftigung ohne Altersteilzeit zugestanden hätten. Bei dieser Regelung, die die Grundsätze des Vorteilsausgleichs und des Erstattungsanspruchs berücksichtigt, wird mit dem Zeitpunkt der Beendigung des Dienstverhältnisses der Besoldungsanspruch für bereits vorausgeleistete Arbeitszeit fällig, der bei störungsfreiem Verlauf der Teilzeitbeschäftigung im Laufe der Freistellungsphase fällig geworden wäre.

114 Die Regelung gilt für alle Fälle der vorzeitigen Beendigung des Dienstverhältnisses (z.B. durch Tod, Dienstunfähigkeit, Entlassung) auch wenn das Dienstverhältnis aufgrund einer disziplinarrechtlichen oder strafgerichtlichen Entscheidung endet. Sie gilt sowohl bei vorzeitiger Beendigung des Dienstverhältnisses während der Dienstleistungsphase als auch während der Freistellungsphase. Bei Tod des Besoldungsempfängers steht der Anspruch auf Nachzahlung der Dienstbezüge den Erben zu.

Der BMI geht auch auf den versorgungsrechtlichen Ausgleich bei Störungsfällen ein. Bei einem teilzeitbeschäftigten Beamten, der im Rahmen der Blockbildung in „Vorleistung" getreten ist, sind bei vorzeitiger Beendigung des Dienstverhältnisses (vorbehaltlich einer günstigeren Berechnung bei Altersteilzeit nach § 6 Abs. 1 Satz 2 BeamtVG) die Zeiten der Vorleistung zu einem Teil ruhegehaltfähig. Er ist zu dem Teil ruhegehaltfähig, der dem Verhältnis der tatsächlich geleisteten zur regelmäßigen Arbeitszeit entspricht. Arbeitet ein Beamter also während der Arbeitsphase Vollzeit, ist die tatsächliche Arbeitszeit auch zu 100 % als ruhegehaltfähige Dienstzeit anzuerkennen. Umgekehrt wird die Phase einer vollständigen Freistellung vom Dienst nicht als ruhegehaltfähige Dienstzeit berücksichtigt. Zeiten ohne Dienstleistung in der Arbeitsphase, soweit sie insgesamt sechs Monate überschreiten und nicht durch nachträgliche Dienstleistung ausgeglichen werden, werden mit dem durchschnittlichen für die Gesamtdauer der Teilzeitbeschäftigung maßgeblichen %-Satz berücksichtigt. Die Ausbildungs- und Zurechnungszeiten (vgl. zu den Zurechnungszeiten die Ausführungen in Rz. 324) sind ebenfalls entsprechend dem Umfang der tatsächlichen Arbeitsleistung zu quoteln.

115 Bei Altersteilzeit mit Blockbildung ist diese Berechnung nur dann zugrunde zu legen, wenn sich daraus für den Beamten unter Berücksichtigung von Ausbildungs- und Zurechnungszeit gegenüber der durchgängigen Bewertung mit 9/10 eine günstigere Versorgung ergibt. Endet das Dienstverhältnis vorzeitig, weil der Beamte aus dem Dienstverhältnis entlassen wird, kommt es nicht zu einem versorgungsrechtlichen Ausgleich, da der Beamte in der Rentenversicherung nachversichert wird.

116 Um die Auswirkungen auf die Besoldung geht es auch im Rundschreiben des BMI vom 19.10.1998. Insbesondere wird auf die Verordnung über die Gewährung eines Zuschlags bei Altersteilzeit (Altersteilzeitzuschlagsverordnung – ATZV) vom 21.10.

Altersteilzeit für Beamte

1998 (BGBl. I S. 3191) eingegangen. Danach wird den in § 6 Abs. 1 BBesG genannten Beamten und Richtern ein nichtruhegehaltfähiger Altersteilzeitzuschlag gewährt. § 6 Abs. 2 BBesG sieht eine Ermächtigung der Bundesregierung vor, durch Rechtsverordnung mit Zustimmung des Bundesrates bei Altersteilzeit nach § 72 b BBG oder entsprechendem Landesrecht sowie nach entsprechenden Bestimmungen für Richter, die Gewährung eines nichtruhegehaltfähigen Zuschlags zu den Dienstbezügen zu regeln. Zuschlag und Dienstbezüge dürfen zusammen 83 % der bei Vollzeitbeschäftigung zustehenden Nettodienstbezüge nicht überschreiten.

Nach § 2 Abs. 1 der ATZV wird der Zuschlag in Höhe des Unterschiedsbetrages zwischen den Nettodienstbezügen, die sich aus § 6 Abs. 1 BBesG ergeben, und 83 % der Nettodienstbezüge, die bei Vollzeitbeschäftigung zustehen würden, gewährt. Zur Ermittlung dieser letztgenannten Nettodienstbezüge sind die Bruttodienstbezüge um die Lohnsteuer entsprechend der individuellen Steuerklasse, den Solidaritätszuschlag und um einen Abzug in Höhe von 8 % der Lohnsteuer zu vermindern. 117

Freibeträge (vgl. § 39 a EStG) oder sonstige individuelle Merkmale bleiben unberücksichtigt. Bruttodienstbezüge im vorstehenden Sinne sind das Grundgehalt, der Familienzuschlag, Amtszulagen, Stellenzulagen, Zuschüsse zum Grundgehalt der Professoren an Hochschulen und die bei der Deutschen Bundesbank gewährte Bankzulage (§ 2 Abs. 2 ATZV). Ferner zählen Überleitungszulagen und Ausgleichszulagen dazu, die wegen des Wegfalls oder der Verminderung solcher Bezüge zustehen. Nach § 2 Abs. 3 ATZV werden steuerfreie Bezüge, Erschwerniszulagen und Vergütungen entsprechend dem Umfang der tatsächlich geleisteten Tätigkeit gewährt.

Der BMI weist in seinem Rundschreiben vom 9. 10. 1998 darauf hin, dass die Bruttodienstbezüge um die gesetzlichen Abzüge vermindert werden. Gesetzliche Abzüge sind die gesetzliche Lohnsteuer aus der Lohnsteuertabelle entsprechend den auf der vorgelegten Lohnsteuerkarte eingetragenen Besteuerungsmerkmalen, der Solidaritätszuschlag, dessen gesetzliche Höhe sich aus § 4 Satz 1 Solidaritätszuschlagsgesetz ergibt, und ein Kirchensteuerhebesatz. Letzterer wird pauschal für alle Bezügeempfänger – entsprechend den Regelungen für Arbeitnehmer – in Abzug gebracht. Freibeträge und sonstige Merkmale werden bei der Berechnung der Nettodienstbezüge nicht berücksichtigt. 118

Die Nettodienstbezüge (§ 6 Abs. 1 BBesG) für die Hälfte der regelmäßigen Arbeitszeit sind das tatsächliche Teilzeitbrutto, vermindert um die individuellen gesetzlichen Abzüge. Steuerliche Freibeträge werden also berücksichtigt, nicht jedoch vom Bezügeempfänger veranlasste Einbehalte (z. B.: Bausparbeiträge, Pfändungen, Mitgliedsbeiträge). Die jährliche Sonderzuwendung und das jährliche Urlaubsgeld werden in Höhe von 83 % der einem Vollzeitbeschäftigten zustehenden Nettobeträge gewährt. Vermögenswirksame Leistungen werden ohne Zuschlag, also zur Hälfte gewährt. Der Zuschlag gehört materiellrechtlich zur Besoldung im Sinne des Art. 74 a GG. Er besteht aus Dienstbezügen im Sinne des § 1 BBesG. Der Zuschlag ist damit ein Dienstbezug und als solcher in Zusammenhang mit anderen Regelungen zu sehen. 119

Der BMI beschäftigte sich in seinem Rundschreiben vom 19. 10. 1998 auch mit der Versorgung. Zunächst wird darauf hingewiesen, dass die Altersteilzeit eine Form der Teilzeitbeschäftigung ist. Zeiten einer Altersteilzeit sind jedoch gem. § 6 Abs. 1 Satz 3 BeamtVG nicht nur arbeitszeitanteilig, sondern zu 9/10 der regelmäßigen Arbeitszeit 120

Versorgung der Beamten

ruhegehaltfähig. Das bedeutet, dass der sich in Altersteilzeit befindliche Beamte hinsichtlich der ruhegehaltfähigen Dienstzeit so gestellt wird, als würde er im Umfang von 90 % der regelmäßigen Arbeitszeit Dienst leisten, obwohl er im Durchschnitt lediglich 50 % der regelmäßigen Arbeitszeit arbeitet. Auch für die so genannte Quotelung von Ausbildungs- und Zurechnungszeiten (vgl. dazu Rz. 324) ist die Altersteilzeit mit dem günstigeren Verhältniswert anzusetzen.

Die Altersteilzeit ist Freistellung im Sinne des § 5 Abs. 1 Satz 2 BeamtVG. Ruhegehaltfähige Dienstbezüge sind daher – bei Erfüllung der Wartezeit des § 5 Abs. 3 BeamtVG (vgl. dazu Rz. 24) – die dem letzten Amt entsprechenden vollen ruhegehaltfähigen Dienstbezüge.

121 Während der Altersteilzeitbeschäftigung behalten die Beamten ihren Beihilfeanspruch. Hier gibt es also keine Abweichung gegenüber einer Vollzeitbeschäftigung.

Beamte, die an fünf Tagen in der Woche teilzeitbeschäftigt sind, erhalten genau so viele Urlaubstage wie Vollzeitbeamte. Teilzeitbeschäftigte die ihre Arbeitszeit auf weniger oder mehr als fünf Tage in der Woche verteilt haben, erhalten demgegenüber weniger oder mehr Urlaubstage.

122 Das BMI weist in seinem Rundschreiben vom 19.10.1998 darauf hin, dass es für Beamte in Altersteilzeit keine besonderen Regelungen hinsichtlich des Ausgleichs für Mehrarbeit gibt. Das bedeutet, dass die über die individuell festgelegte (verminderte) regelmäßige Arbeitszeit des Teilzeitbeschäftigten hinaus geleistete Mehrarbeit nach Maßgabe des § 72 Abs. 2 BBG durch Dienstbefreiung oder Mehrarbeitsvergütung auszugleichen ist. Dies gilt auch für aus Anlass von Dienstreisen oder dienstlichen Fortbildungen geleistete (angeordnete oder genehmigte) Mehrarbeit. Der Ausgleich für Mehrarbeit kann auch durch abweichende, die dienstlichen Notwendigkeiten berücksichtigende Verteilung der Arbeitszeit erfolgen.

Die Zeit der Altersteilzeitbeschäftigung wird im übrigen – da mindestens 50 % der regelmäßigen Arbeitszeit zu leisten sind – für Beförderung und Aufstieg voll berücksichtigt. Einem Beamten in Altersteilzeitbeschäftigung entstehen laufbahnrechtlich also keine Nachteile gegenüber einem vollzeitbeschäftigten Beamten.

KAPITEL II
Altersteilzeit für Angestellte im öffentlichen Dienst

1. Regelungen im ATG
1.1 Grundsätze

Das ATG bezweckt, durch Altersteilzeitarbeit älteren Arbeitnehmern einen gleitenden Übergang vom Erwerbsleben in die Altersrente zu möglichen. *123*

Zum einen enthält das ATG Grundsätze für eine solche Altersteilzeitarbeit, zum anderen aber auch Vorschriften, die als Anreiz für Arbeitgeber gelten sollen, Altersteilzeitarbeit in ihrem Betrieb einzuführen. § 1 Abs. 2 ATG bestimmt deshalb, dass die BA durch Leistungen die Teilzeitarbeit älterer Arbeitnehmer fördert. Dabei werden solche Arbeitnehmer angesprochen, die ihre Arbeitszeit ab Vollendung des 55. Lebensjahres, spätestens ab 31. 12. 2009 vermindern und damit die Einstellung eines sonst arbeitslosen Arbeitnehmers ermöglichen. Das ATG gilt auch im Bereich des öffentlichen Dienstes. Auf die hier zu beachtenden Besonderheiten wird ab Rz. 167 eingegangen. Zunächst werden aber die Regelungen des ATG behandelt. *124*

Wie bereits erwähnt ist das ATG in erster Linie auf die Leistungsgewährung an die Arbeitgeber abgestellt. Die im ATG näher geforderten Voraussetzungen in der Person der Arbeitnehmer dienen dazu, die Ansprüche des Arbeitgebers zu ermöglichen. Dies bedeutet, dass das ATG grundsätzlich Arbeitgeber und Arbeitnehmer nicht zwingt, Altersteilzeit nur nach den Vorschriften des ATG zu vereinbaren und abzuwickeln. Arbeitgeber und Arbeitnehmer sind bezüglich Vereinbarungen über die Arbeitszeit vollkommen frei. Allerdings kann der Arbeitgeber nur dann Leistungen der Arbeitsverwaltung beanspruchen, wenn die Voraussetzungen des ATG – und zwar auch in Bezug auf den Arbeitnehmer – erfüllt sind.

1.2 Voraussetzungen in der Person des Arbeitnehmers

125

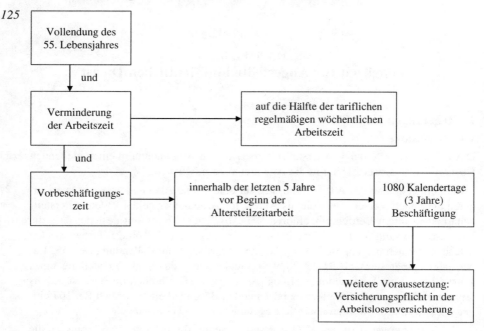

Rechtsgrundlage für den begünstigten Personenkreis ist § 2 ATG. Durch diese Vorschrift wird der Kreis der Arbeitnehmer geregelt, deren Altersteilzeit durch das ATG gefördert werden soll, wobei sich allerdings die Förderung auf die Arbeitgeber erstreckt.

Wie aus dem Schaubild ersichtlich werden die Leistungen des ATG für Arbeitnehmer gewährt, die das 55. Lebensjahr vollendet haben. Sie müssen nach dem 14. 2. 1996 aufgrund einer Vereinbarung mit ihrem Arbeitgeber ihre Arbeitszeit auf die Hälfte der bisherigen wöchentlichen Arbeitszeit vermindert haben. Trotz der Verminderung der Arbeitszeit muss aber Versicherungspflicht zur Arbeitsförderung (Arbeitslosenversicherung) bestehen. Dies bedeutet, dass es sich bei der (reduzierten) Beschäftigung nicht um eine geringfügige Beschäftigung im sozialversicherungsrechtlichen Sinne handeln darf. Die Vereinbarung mit dem Arbeitgeber muss sich zumindest auf die Zeit erstrecken, bis eine Rente wegen Alters beansprucht werden kann.

Weitere Voraussetzung ist, dass der Arbeitnehmer in den letzten fünf Jahren vor Beginn der Altersteilzeitarbeit mindestens 1.080 Kalendertage (also rund drei Jahre) in einer versicherungspflichtigen Beschäftigung gestanden haben muss.

126 Auch bei dieser Beschäftigung darf es sich also nicht um eine wegen Geringfügigkeit versicherungsfreie Beschäftigung handeln. Eine solche liegt dann vor, wenn das monatliche Entgelt 400 Euro nicht übersteigt. Für die vergangenen fünf Jahre sind hier aber teilweise andere Werte zu beachten, da der in den alten und den neuen Bundesländern einheitlich maßgebende Grenzbetrag von monatlich 400 Euro erst seit 1. 4. 2003 gilt.

Regelungen im ATG

Die Arbeitszeit der Beschäftigung bzw. der Beschäftigungen in den maßgebenden fünf Jahren muss nicht der tariflichen regelmäßigen wöchentlichen Arbeitszeit entsprochen haben. Die Beschäftigungszeit kann beispielsweise auch durch eine mehr als geringfügige Teilzeitbeschäftigung erfüllt werden.

Zeiten mit Anspruch auf Arbeitslosengeld oder Arbeitslosenhilfe stehen der versicherungspflichtigen Beschäftigung gleich. Das gilt auch für Zeiten, in denen Arbeitslosenversicherungspflicht wegen Bezuges von Sozialleistungen (z. B. Krankengeld) bestand. *127*

Wie oben bereits erwähnt, muss die Arbeitszeit des Arbeitnehmers in einer Vereinbarung auf die Hälfte der bisherigen wöchentlichen Arbeitszeit vermindert werden (§ 2 Abs. 1 Nr. 2 ATG). Bisherige Arbeitszeit ist die wöchentliche Arbeitszeit,

– die mit dem Arbeitnehmer unmittelbar vor dem Übergang in die Altersteilzeitarbeit vereinbart war,
– jedoch höchstens die im Durchschnitt der letzten 24 Monate vereinbarte Arbeitszeit. Hierbei werden Arbeitszeiten, die über der tariflichen regelmäßigen wöchentlichen Arbeitszeit liegen, nicht berücksichtigt. Ist eine tarifliche Arbeitszeit nicht vorhanden, ist die tarifliche Arbeitszeit für gleiche oder ähnliche Beschäftigungen maßgebend.

War mit dem Arbeitnehmer mindestens in den letzten zwei Jahren vor dem Übergang in die Altersteilzeit eine tarifliche regelmäßige wöchentliche Arbeitszeit vertraglich vereinbart (so genannte Vollzeitmitarbeiter), ist die unmittelbar vor dem Übergang in die Altersteilzeitarbeit vereinbarte tarifliche regelmäßige wöchentliche Arbeitszeit – ohne weitere Rechenschritte – auch Ausgangsbasis für die Verminderung der Arbeitszeit in der Altersteilzeit.

Ist die unmittelbar vor dem Übergang in die Altersteilzeitarbeit vereinbarte Arbeitszeit (vgl. vorstehend den ersten Spiegelstrich) niedriger als der errechnete Durchschnittswert der letzten 24 Monate (vgl. oben den zweiten Spiegelstrich) ist nur die unmittelbar vor dem Übergang in die Altersteilzeitarbeit vereinbarte Arbeitszeit Ausgangsbasis für die Halbierung der Arbeitszeit, da es sich bei der Regelung unter dem zweiten Spiegelstrich nur um eine Höchstgrenze handelt, die sich selbst nicht erhöhend auswirkt. Die BA sieht es in ihrem Merkblatt zur Altersteilzeitarbeit als zulässig an, den errechneten Durchschnittswert (zweiter Spiegelstrich) auf die nächste volle Stunde nach unten oder nach oben zu runden. Dabei finden die Regelungen der kaufmännischen Rundung keine Anwendung. Durch die vorstehende Regelung wird erreicht, dass von einer betrieblich umsetzbaren Arbeitszeit ausgegangen werden kann. *128*

Dem Merkblatt Nr. 14 b der BA wird folgendes Beispiel entnommen:

Beginn der Altersteilzeit: *1. 8. 2003*
Tarifliche Arbeitszeit: *35 Stunden/wöchentlich*
Vereinbarte Arbeitszeit am 31.7.2003: *35 Stunden/wöchentlich*
Vereinbarte Arbeitszeit:
a) vom 1.8.2001 bis 31.12.2001 (5 Monate) *30 Stunden/wöchentlich*
b) vom 1.1.2002 bis 31.7.2003 (19 Monate) *35 Stunden/wöchentlich*
Vereinbarte Arbeitszeit:
im Durchschnitt der letzten 24 Monate
(5 × 30 + 19 × 35 : 24): *33,958 Stunden/wöchentlich*

Ergebnis:
Obwohl die unmittelbar vor dem Übergang in die Altersteilzeit vereinbarte Arbeitszeit 35 Stunden/wöchentlich betragen hat, können als bisherige Arbeitszeit nur 33,958 Stunden/wöchentlich zugrunde gelegt werden (durchschnittliche Arbeitszeit der letzter 24 Monate). Die ermittelte durchschnittliche Arbeitszeit kann auf die nächste volle Stunde gerundet werden. In diesem Fall kann die bisherige Arbeitszeit 33 oder 34 Stunden/wöchentlich betragen.

Da die Altersteilzeitarbeit bis zum Beginn der Altersrente reichen muss, ist der individuelle Rentenbeginn des Arbeitnehmers ausschlaggebend für die Dauer der Altersteilzeitarbeit. Diese kann auch sechs Jahre überschreiten, eine Förderung durch das Arbeitsamt ist aber nur höchstens für sechs Jahre möglich.

Es bleibt den Vertragsparteien überlassen, wie die Arbeitszeit verteilt wird. Denkbar sind kontinuierliche Arbeitszeitmodelle wie „klassische" Halbtagsbeschäftigung, aber auch ein täglicher, wöchentlicher, monatlicher oder z.B. saisonbedingter Wechsel zwischen Arbeit und Freizeit oder eine degressive Arbeitsverteilung.

Wichtig: Von ausschlaggebender Bedeutung ist die Halbierung der Arbeitszeit für die Dauer der Förderung und für die gesamte Dauer der Alterszeit.

Im so genannten Blockzeitmodell werden grundsätzlich zwei große Zeitblöcke gebildet. Dabei handelt es sich um eine Arbeitsphase und eine sich hieran anschließende Freizeitphase von entsprechender Dauer. Der Arbeitnehmer wird zunächst weiterhin im Umfang der bisherigen Arbeitszeit beschäftigt. Er baut das für die Freizeitphase notwendige Zeitguthaben auf.

129 Der höchstzulässige Verteilzeitraum für Altersteilzeitvereinbarungen beträgt ohne tarifvertragliche Grundlage drei Jahre (§ 3 Abs. 2 Nr. 1, 1. Alternative ATG). Es handelt sich hier um eineinhalb Jahre Arbeit, die von eineinhalb Jahren Freizeit gefolgt werden. Der Verteilzeitraum kann allerdings auch über drei Jahre hinausgehen und einen Gesamtzeitraum von bis zu 10 Jahren umfassen (vgl. § 3 Abs. 2 Nr. 1, 2. Alternative und Abs. 3 ATG). Dabei geht es um bis zu fünf Jahre Arbeit, gefolgt von bis zu fünf Jahren Freizeit.

Wichtig: Eine solche Regelung ist nur möglich, wenn eine entsprechende Verteilung der Arbeitszeit in

– einem Tarifvertrag zur Altersteilzeit,
– einer Betriebsvereinbarung aufgrund eines Tarifvertrages zur Altersteilzeit oder
– eine kirchenrechtliche Regelung ausdrücklich zugelassen ist.

Geht der Verteilzeitraum über sechs Jahre hinaus, kann für eine innerhalb dieses Zeitraums liegende Zeit von bis zu sechs Jahren eine Förderung durch das Arbeitsamt erfolgen.

130 Das Arbeitsentgelt für die Altersteilzeitarbeit sowie die Aufstockungsbeträge müssen unabhängig von der Art des Altersteilzeitmodells fortlaufend auf der Basis der hälftigen Arbeitszeit gezahlt werden. Einzelheiten ergeben sich in aller Regel aus der arbeitsrechtlichen Vereinbarung.

Nicht tarifgebundene Arbeitgeber im Geltungsbereich eines Tarifvertrages zur Altersteilzeit können diese tarifvertragliche Regelung – allerdings nur vollständig –

Regelungen im ATG

durch Betriebsvereinbarung oder einzelvertraglich übernehmen (§ 2 Abs. 2 Satz 2 ATG).

Lässt der Tarifvertrag Regelungen über Altersteilzeit auf Betriebsebene zu (Öffnungsklausel), können – nach Übernahme der tariflichen Rahmenregelungen zur Altersteilzeit – entsprechende Regelungen auch in Betrieben nicht tarifgebundener Arbeitgeber getroffen werden (§ 2 Abs. 2 Satz 3 ATG).

In Bereichen, in denen tarifvertragliche Regelungen zur Verteilung der Arbeit nicht getroffen sind oder üblicherweise nicht getroffen werden, können Altersteilzeitregelungen mit bis zu zehnjährigen Verteilzeiträumen vereinbart werden (§ 2 Abs. 2 Satz 5 ATG). Dies gilt insbesondere für bestimmte „Freiberufler". *131*

Die Verbindung von Zeitguthaben aus Langzeitkonten mit Altersteilzeitarbeit ist aus förderungsrechtlicher Sicht grundsätzlich möglich. Aus betriebsbedingten Gründen kann es beispielsweise erforderlich sein, dass während der Arbeitsphase im Blockzeitmodell Mehrarbeit (Überstunden) geleistet wird. Förderungsrechtlich hat das keine Auswirkungen, wenn die Arbeitszeit durch einen entsprechenden Freizeitausgleich im Durchschnitt des gesamten Förderungszeitraums die Hälfte der bisherigen wöchentlichen Arbeitszeit nicht überschreitet. Die geleistete Mehrarbeit kann aber auch z.B. zur Verkürzung der Arbeitsphase verwendet werden. Unter bestimmten Voraussetzungen kann Mehrarbeit, die nicht in Freizeit abgegolten wird, zu einem Ruhen oder Erlöschen des Anspruchs auf die Förderleistungen für den Arbeitgeber führen.

Eine weitere wichtige Voraussetzung besteht darin, dass die freie Entscheidung des Arbeitgebers bei einer über 5 % der Arbeitnehmer des Betriebs hinausgehenden Inanspruchnahme sichergestellt ist oder eine Ausgleichskasse der Arbeitgeber oder eine gemeinsame Einrichtung der Tarifvertragsparteien bestehen, wobei beide Voraussetzungen in Tarifverträgen verbunden werden können (§ 3 Abs. 1 Nr. 3 ATG).

1.3 Anspruchsvoraussetzungen in der Person des Arbeitgebers

132

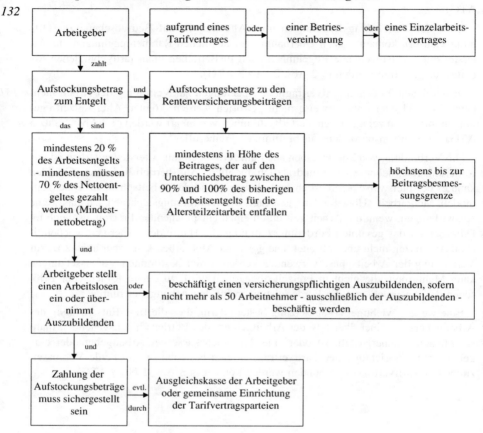

Die getroffene Regelung muss auf Grund eines Tarifvertrages oder einer Regelung der Kirchen und der öffentlich-rechtlichen Religionsgesellschaften oder einer Betriebsvereinbarung mit dem Arbeitnehmer beruhen. Bezüglich der hier im öffentlich Dienst geltenden Regelungen vgl. ab Rz. 167.

Der Anspruch auf die Leistungen des Arbeitsamtes für den Arbeitgeber setzt nach § 3 Abs. 1 Nr. 1 Buchst. a ATG voraus, dass er

– das Arbeitsentgelt für die Altersteilzeitarbeit um mindestens 20 % dieses Arbeitsentgelts,
– jedoch auf mindestens 70 % des um die gesetzlichen Abzüge, die bei Arbeitnehmern gewöhnlich anfallen, verminderten bisherigen Arbeitsentgelts (Mindestnettobetrag) aufgestockt hat.

133 Der Aufstockungsbetrag ist unbeschadet seiner Berücksichtigung im Rahmen des Progressionsvorbehalts (§ 32b Abs. 1 Nr. 1 Buchst. g EStG) gem. § 3 Nr. 28 EStG steuerfrei und gehört auch nicht zum sozialversicherungspflichtigen Arbeitsentgelt. Dies gilt nach § 19 Satz 5 LStR 2002 auch, soweit der Arbeitgeber – z.B. auf Grund tarifvertraglicher Regelungen – einen höheren als den im ATG als Mindestbetrag vorgesehenen Aufstockungsbetrag zahlt.

Im Übrigen hängt die Steuerfreiheit und damit die Beitragsfreiheit des Aufstockungsbetrags nicht davon ab, dass in Bezug auf den Aufstockungsbetrag die Voraussetzungen des § 3 Abs. 1 ATG für eine Erstattung durch die BA erfüllt sind. Deshalb stellt der Aufstockungsbetrag auch dann kein Arbeitsentgelt im Sinne des Steuer- und Beitragsrechts dar, wenn die BA dem Arbeitgeber den Aufstockungsbetrag nicht erstattet (z.B. weil der Arbeitgeber den frei gemachten Arbeitsplatz nicht wiederbesetzt).

Maßgebend für die Berechnung des Aufstockungsbetrages in Höhe von 20 % ist das im jeweiligen Lohnabrechnungszeitraum für die Altersteilzeitarbeit erzielte Bruttoarbeitsentgelt, soweit es (dem Grunde nach) der Beitragspflicht zur Arbeitslosenversicherung unterliegt. Die Aufstockung um 20 % wird dabei nur dann durch die Beitragsbemessungsgrenze begrenzt, wenn diese aufgrund der Gewährung einer Einmalzahlung überschritten wird.

Die Vergütung für Mehrarbeitsstunden ist bei der Aufstockung um 20 % und bei der *134* zusätzlichen Aufstockung auf den Mindestnettobetrag nicht zu berücksichtigen, weil sie für Stunden außerhalb der Altersteilzeitarbeit gewährt wird. Das Gleiche gilt für Leistungen, die noch für Zeiten vor Beginn der Altersteilzeitarbeit zu beanspruchen sind und erst nach deren Beginn ausgezahlt werden (z.B. Tantiemen, Gewinnbeteiligungen, Entgeltnachzahlungen für Zeiten vor Beginn der Altersteilzeitarbeit).

Nach dem Merkblatt 14b der BA (Hinweise über den gleitenden Übergang in den Ruhestand) ist die Prüfung, ob durch die Aufstockung des Brutto-Teilzeitarbeitsentgelts 20 % des Mindestnettobetrages erreicht wird, wie folgt vorzunehmen:

Zunächst ist von dem in dem Monat neu festzustellenden bisherigen Brutto-Arbeits- *135* entgelt auszugehen. Es handelt sich hier um das Arbeitsentgelt, das der Arbeitnehmer für eine Arbeitsleistung auf der Basis seiner bisherigen Arbeitszeit erhalten würde. Um die Ermittlung des daraus abzuleistenden Mindestnettobetrages zu erleichtern, wird nicht auf das individuelle bisherige Nettoarbeitsentgelt Bezug genommen. Vielmehr werden (pauschal) die gesetzlichen Abzüge, die bei Arbeitnehmern gewöhnlich anfallen, zugrunde gelegt. Die Mindestnettobeträge werden durch das Bundesministerium für Wirtschaft und Arbeit durch Rechtsverordnung (Mindestnettobetrags-Verordnung) jeweils für ein Kalenderjahr bestimmt. Im Jahre 2003 gilt die Verordnung über die Mindestnettobeträge nach dem Altersteilzeitgesetz für das Jahr 2003 (Mindestnettobetrags-Verordnung 2003) vom 23.12.2002.

Steuer- und beitragsrechtliche Änderungen im laufenden Kalenderjahr (z.B. Beitragserhöhung in der gesetzlichen Rentenversicherung) werden bei der Ermittlung der Mindestnettobeträge nicht berücksichtigt. Die Mindestnettobeträge werden generell durch die Beitragsbemessungsgrenze begrenzt.

Um festzustellen, ob der Aufstockungsbetrag um 20 % zusammen mit dem indivi- *136* duellen Nettoarbeitsentgelt für die Altersteilzeitarbeit den pauschalen Mindestnettobetrag erreicht, ist ausgehend vom (Brutto-)Teilzeitarbeitsentgelt der individuelle Nettobetrag dieses Entgelts zu ermitteln und dem Aufstockungsbetrag hinzuzurechnen. Dabei ist zu berücksichtigen, dass der Aufstockungsbetrag (i.S. des § 3 Abs. 1 Nr. 1 Buchst. a ATG) nicht der Steuerpflicht unterliegt und demzufolge auch nicht der Beitragspflicht. Bleibt das so festgestellte Arbeitseinkommen hinter dem Mindestnettobetrag zurück, ist jenes zusätzlich um den Differenzbetrag aufzustocken.

Bei einem Arbeitnehmer, der freiwillig oder privat krankenversichert ist, wird bei der Ermittlung des individuellen Nettoentgelts für die Altersteilzeitarbeit anstelle des Beitrags zur gesetzlichen Krankenversicherung ein Betrag in Höhe des Arbeitgeberzuschusses zur freiwilligen oder privaten Krankenversicherung in Abzug gebracht, der auf die Hälfte der tatsächlich zu zahlenden Beiträge begrenzt ist.

137 Diese Regelung gilt auch für Arbeitnehmer, die von der gesetzlichen Rentenversicherungspflicht befreit sind, entsprechend. Dies allerdings mit der Maßgabe, dass ein Betrag in Höhe des Arbeitgeberbeitrages zur Rentenversicherung in Abzug zu bringen ist.

Bei der Ermittlung des Arbeitsentgelts für die Altersteilzeitarbeit bleibt einmalig gezahltes Arbeitsentgelt insoweit außer Betracht, als nach Berücksichtigung des laufenden Arbeitsentgelts die monatliche Beitragsbemessungsgrenze überschnitten wird (§ 3 Abs. 1a ATG). Eine Aufstockung i.S. des Gesetzes liegt auch dann vor, wenn Bestandteile des Arbeitsentgelts, die für den Zeitraum der vereinbarten Altersteilzeitarbeit nicht vermindert worden sind, bei der Aufstockung außer Betracht bleiben. Dem Merkblatt Nr. 14 b der BA ist folgendes – aktualisiertes – Beispiel:

(Stand 2003, Beitragsbemessungsgrenze der alten Bundesländer) entnommen:

Laufendes Entgelt für die Altersteilzeitarbeit:	*3.100 Euro*
Weihnachtszuwendung:	*2.300 Euro*
Insgesamt:	*5.400 Euro*
Gesetzliche Aufstockung:	
20 % (Begrenzung der Einmalzahlung	
durch Beitragsbemessungsgrenze):	*2.000 Euro*
Berechnet aus :	*5.100 Euro*
Aufstockungsbetrag:	*1.020 Euro*

Oben wurde bereits erwähnt, dass laufende oder einmalige Arbeitsentgeltbestandteile, die dem in Altersteilzeit beschäftigten Arbeitnehmer – wie dem in Vollzeit tätigen Mitarbeiter – für den gesamten Zeitraum der vereinbarten Altersteilzeit auf der Basis den bisherigen Arbeitsentgelts weiter gezahlt werden, durch vertragliche Vereinbarung von der Aufstockung zum Arbeitsentgelt ausgenommen werden können. Es handelt sich dabei z.B. um Jubiläumsvergütungen, Jahressondervergütungen und vermögenswirksame Leistungen. Ist der Arbeitgeber arbeitsrechtlich verpflichtet, die ungeminderten Arbeitsentgeltbestandteile aufzustocken, sind auch diese Aufstockungsleistungen grundsätzlich erstattungsfähig.

138 Eine weitere Voraussetzung für den Erstattungsanspruch des Arbeitgebers ist, dass er auch die Beiträge zur Rentenversicherung aufstockt. Die Beiträge müssen nämlich mindestens so hoch sein, dass der Unterschiedsbetrag zwischen

– 90 % des Entgelts, das der Arbeitnehmer für seine Beschäftigung bei seiner bisherigen (also vor Beginn der Altersteilzeit liegenden Arbeitszeit) erhalten würde

und

– dem tatsächlich erzielten Entgelt für die Altersteilzeitarbeit zusätzlich versichert ist.

Regelungen im ATG

Aus dem ermittelten Unterschiedsbetrag ist unter Berücksichtigung *139*
- der jeweils geltenden Beitragsbemessungsgrenze
sowie
- des Beitragssatzes

der gesetzlichen Rentenversicherung der zusätzliche Rentenversicherungsbeitrag zu ermitteln.

Im Jahre 2003 beläuft sich die Beitragsbemessungsgrenze der gesetzlichen Rentenversicherung
- in den alten Bundesländern auf 5.100 Euro monatlich
und
- in den neuen Bundesländern auf 4.250 Euro im Monat.

Der Beitragssatz in der gesetzlichen Rentenversicherung der Arbeiter und der Angestellten beläuft sieh im Jahr 2003 auf 19,5 %. Sonderregelungen gelten bezüglich der Beitragsbemessungsgrenze und des Beitragssatzes in der knappschaftlichen Rentenversicherung (zuständig für Bergleute). Durch die Grenze von 90 % sind im Jahre 2003 folgende Höchstbeträge maßgebend: *140*

- alte Länder: 4.590 Euro
- neue Länder: 3.825 Euro

Beispiel (entnommen aus dem Merkblatt Nr. 14 b der BA)
(Stand: 2003 – aktualisiert):

90 % des bisherigen Bruttoentgelts (2.000 Euro)   = *1.800 Euro*
Brutto-Teilzeitentgelt (Beiträge bereits gezahlt)   *./. 1.000 Euro*
Differenzbetrag: *800 Euro*
Zusätzlicher Beitrag zur Rentenversicherung
(= 19,5 % aus 800 Euro)   *156 Euro*

Laufende Entgeltbestandteile, die auf der Basis des bisherigen Arbeitsentgeltes weiter gezahlt werden (vgl. dazu unter Rz. 135) sind in die vorstehende Berechnung einzubeziehen und erhöhen daher sowohl das bisherige Arbeitsentgelt als auch das Entgelt für die Altersteilzeitarbeit mit demselben Betrag. *141*

Beispiel (entnommen aus dem Merkblatt 14 b der BA – aktualisiert):

Bisheriges Arbeitsentgelt: *3.108 Euro*
Davon vermögenswirksame Leistungen: *40 Euro*
Teilzeitarbeitsentgelt: *1.554 Euro*
Davon vermögenswirksame Leistungen: *40 Euro*
Zusätzliche Beiträge zur Rentenversicherung aus: *1.554 Euro*
(90 % von 3.108 Euro ./. 1.554 Euro)

Für die Ermittlung des Unterschiedsbetrages aus einmalig gezahltem Arbeitsentgelt ist eine gesonderte anteilige Jahresbeitragsbemessungsgrenze zu bilden und diese mit 90 % anzusetzen (§ 163 Abs. 5 Satz 2 SGB VI). Hieraus folgt, dass für den Monat der Zuordnung der Sonderzuwendung ein Unterschiedsbetrag sowohl für das laufende als auch für das einmalig gezahlte Arbeitsentgelt nur in Betracht kommt, soweit das bis zum Vormonat bereits verbeitragte Arbeitsentgelt zusammen mit dem für den Monat der Zuordnung der Sonderzuwendung tatsächlich gezahlten (laufenden und einmaligen) Arbeitsentgelt 90 % der anteiligen Jahresbeitragsbemessungsgrenze nicht erreicht. *142*

1.4 Wiederbesetzung des frei gewordenen Arbeitsplatzes (ATG)

143 Um Leistungen des Arbeitsamtes zu erhalten, muss der Arbeitgeber aus Anlass des Übergangs des Arbeitnehmers in die Altersteilzeit entweder

– einen arbeitslos gemeldeten Arbeitnehmer einstellen oder einen Arbeitnehmer nach Abschluss der Ausbildung beschäftigen
oder
– einen Auszubildenden versicherungspflichtig beschäftigen.

Der im ersten Spiegelstrich genannte Arbeitnehmer muss auf dem frei gemachten oder auf einem in diesem Zusammenhang durch Umsetzung frei gewordenen Arbeitsplatz beschäftigt werden. Er muss versicherungspflichtig im Sinne der Vorschriften über die Arbeitslosenversicherung (Arbeitsförderung) sein. Bei Arbeitgebern, die in der Regel nicht mehr als 50 Arbeitnehmer beschäftigen, wird unwiderleglich vermutet, dass der Arbeitnehmer auf dem frei gemachten oder auf einem in diesem Zusammenhang durch Umsetzung frei gewordenen Arbeitsplatz beschäftigt wird.

Wird ein Auszubildender beschäftigt, so muss diese Beschäftigung versicherungspflichtig im Sinne des SGB III (Arbeitslosenversicherung) sein.

144 Die Wiederbesetzung durch einen beim Arbeitsamt arbeitslos gemeldeten Arbeitnehmer oder Ausgebildeten muss stets in dem zeitlichen Umfang erfolgen, in dem der ältere Arbeitnehmer seinen Arbeitsplatz freigemacht hat. Das Gesamtvolumen der bisherigen Arbeitszeit muss daher grundsätzlich erhalten bleiben.

Geringfügige Abweichungen vom Gesamtvolumen der bisherigen Arbeitszeit sind nach Auffassung der BA in ihrem Merkblatt Nr. 14 b unschädlich. Als geringfügig sind in der Regel Abweichungen von bis zu 10 % anzusehen, wobei der sich ergebende Wert auf die nächste volle Stunde aufgerundet werden kann.

145 Dem Rundschreiben Nr. 14 b der BA ist nachfolgendes Beispiel entnommen worden, das zum kontinuierlichen, auch degressiven Arbeitszeitmodell ergangen ist:

	Stunden/wöchentlich
Bisherige Arbeitszeit:	*35*
Reduzierung der bisherigen Arbeitszeit auf die Hälfte:	*17,5*
Davon Abweichung 10 %	*1,75*
Ergebnis:	*15,75*

Der Wiederbesetzer müsste mit 17,5 Stunden wöchentlich beschäftigt werden. Im Beispielsfall wird jedoch eine Abweichung von bis zu 1,75 Stunden akzeptiert.

Weiteres Beispiel (Blockzeitmodell):

Wird der Wiederbesetzer im Blockzeitmodell (vgl. dazu. Rz. 128) beschäftigt, muss er im Rahmen der bisherigen Arbeitszeit des Altersteilzeiters beschäftigt sein. Eine geringfügige Abweichung kann z.B. wie folgt akzeptiert werden:

	(Stunden/wöchentlich)
Bisherige Arbeitszeit:	*35*
Davon Abweichung 10 %:	*3,5*
Zwischenergebnis:	*31,5*
Untere Grenze des Arbeitszeitvolumens für die Wiederbesetzung nach Rundung:	*31*

Regelungen im ATG

Die Wiederbesetzung muss stets aus Anlass des Übergangs des älteren Arbeitnehmers in die Altersteilzeitarbeit erfolgen. Der frei gemachte/frei gewordene Arbeitsplatz muss in seiner wesentlichen Funktion erhalten bleiben. Zeitliche und sachliche Kausalität zum Altersteilzeitfall müssen gegeben sein. *146*

Es reicht aus, wenn der mit der bisherigen Tätigkeit des älteren Arbeitnehmers verfolgte übergeordnete arbeitstechnische Zweck erhalten bleibt. Auf dem veränderten Arbeitsplatz müssen im Wesentlichen die gleichen Kenntnisse und Fertigkeiten verlangt werden.

Die Umsetzungskette muss aber nachweisbar sein, wenn die Wiederbesetzung mit einem beim Arbeitsamt arbeitslos gemeldeten Arbeitnehmer oder einem Ausgebildeten durch eine innerbetriebliche Umsetzung ermöglicht wird.

Die BA fordert in ihrem Merkblatt 14b, dass in größeren Unternehmen als Nachweis einer Umsetzungskette der Arbeitsplatz des Altersteilzeiters durch einen Mitarbeiter nachbesetzt wird (Nachrücker) und im gleichen Funktionsbereich des Altersteilzeiters ein arbeitslos gemeldeter Arbeitnehmer oder ein Ausgebildeter einmündet (Wiederbesetzer). *147*

Dabei ergeben sich die Funktionsbereiche eines Unternehmens aus den jeweiligen internen Betriebszwecken (z.B. Verwaltung, Forschung, Produktion). In größeren Unternehmen/Betrieben kann eine weitere Untergliederung für Funktionsbereiche nach den internen Betriebszwecken geboten sein (z.B. bei mehreren Produktionsbereichen). Der interne Betriebszweck wird von der Art der Produktion geprägt.

1.5 Die Zahl „50"

Oben wurde bereits erwähnt, dass bei Arbeitgebern, die in der Regel nicht mehr als 50 Arbeitnehmer beschäftigen, vermutet wird, dass der Arbeitnehmer auf dem frei gemachten oder auf einem in diesem Zusammenhang durch Umsetzung frei gewordenen Arbeitsplatz beschäftigt wird (§ 3 Abs. 1 Nr. 2 Buchst. a) ATG). Hier wird von der so genannten Kleinunternehmenregelung gesprochen. Ein Nachweis der konkreten Wiederbesetzung des Arbeitsplatzes ist nicht erforderlich. *148*

Kleinbetriebe im Sinne des ATG gibt es auch im öffentlichen Bereich. Deshalb wird hierauf näher eingegangen.

Ein Arbeitgeber beschäftigt in der Regel nicht mehr als 50 Arbeitnehmer, wenn er in dem Kalenderjahr, das demjenigen, für das die Feststellung zu treffen ist, vorausgegangen ist, für einen Zeitraum von mindestens 8 Kalendermonaten nicht mehr als 50 Arbeitnehmer beschäftigt hat (§ 7 Abs. 1 ATG). Hat das Unternehmen nicht während des ganzen maßgebenden Kalenderjahres bestanden, so beschäftigt der Arbeitgeber in der Regel nicht mehr als 50 Arbeitnehmer, wenn er während des Zeitraums des Bestehens des Unternehmens in der überwiegenden Zahl der Kalendermonate nicht mehr als 50 Arbeitnehmer beschäftigt. *149*

Ist das Unternehmen im Laufe des Kalenderjahres errichtet worden, in dem die Feststellung zu treffen ist, so beschäftigt der Arbeitgeber in der Regel nicht mehr als 50 Arbeitnehmer, wenn nach der Art des Unternehmens anzunehmen ist, dass die Zahl der beschäftigten Arbeitnehmer während der überwiegenden Kalendermonate dieses Kalenderjahres 50 nicht überschreiten wird. Bei der Feststellung der Zahl der beschäf- *150* tigten Arbeitnehmer bleiben schwerbehinderte Menschen und Gleichgestellte im Sinne des SGB IX sowie Auszubildende außer Ansatz (§ 7 Abs. 3 ATG).

Teilzeitbeschäftigte Arbeitnehmer mit einer regelmäßigen wöchentlichen Arbeitszeit von nicht mehr als 20 Stunden sind mit 0,5 und mit einer regelmäßigen wöchentlichen Arbeitszeit von nicht mehr als 30 Stunden mit 0,75 zu berücksichtigen.

151 Aus dem Merkblatt Nr. 14 b der BA ergibt sich, dass auf eigenständige Organisationseinheiten (z.B. Schreibkanzlei, Rechtsabteilung, Fahrbereitschaft) mit nicht mehr als 50 Arbeitnehmern innerhalb von größeren Betrieben und von Funktionsbereichen größerer Unternehmen die Grundsätze der Kleinunternehmenregelung entsprechende Anwendung finden. Dies gilt aber nur, soweit Wiederbesetzer beim Arbeitsamt arbeitslos gemeldete Arbeitnehmer oder Ausgebildete sind. Nichteigenständige organisatorische Unterteilungen, die sich nur von der Aufgabenmenge unterscheiden, können in diesem Sinne nicht anerkannt werden.

Die Arbeitsämter geben in diesem Zusammenhang Feststellungsbogen zur Berechnung der Beschäftigtenzahl heraus. Damit kann die Unternehmensgröße bzw. Größe der Organisationseinheit für die Anwendung der Kleinunternehmenregelung festgestellt werden.

1.6 Wiederbesetzung bei den einzelnen Arbeitszeitmodellen – Kontinuierliche (auch degressive) Arbeitszeitverteilung

152 Die halbe Arbeitszeit kann in der Altersteilzeitarbeit in unterschiedlicher Form eingebracht werden, nämlich durch

– kontinuierliche Verteilung der Arbeitszeit (klassisches Teilzeitmodell),
– stufenweise Reduzierung der Vollzeitarbeit oder durch
– regelmäßigen Wechsel zwischen Arbeits- und Freizeitphasen.

Eine förderungsrechtlich wirksame Wiederbesetzung kann unabhängig von der Gestaltung frühestens ab Beginn der Altersteilzeitarbeit erfolgen. Der freie (Teil-)Arbeitsplatz kann durch eine Teilzeitkraft besetzt werden oder zwei (Teil-)Arbeitsplätze können durch eine Vollzeitkraft besetzt werden.

Eine vorherige Einstellung eines beim Arbeitsamt arbeitslos gemeldeten Arbeitnehmers oder eines Ausgebildeten ist zum Zwecke der Einarbeitung im notwendigen Umfang möglich. Wenn besondere Gründe vorliegen, kann die vorherige Einstellung auch bis zu 12 Monate vor Beginn der Altersteilzeitarbeit erfolgen.

Erfolgt die Wiederbesetzung erst nach Beginn der Altersteilzeitarbeit, begründet sie erst ab dem Zeitpunkt der Wiederbesetzung den Anspruch auf die Erstattungsleistungen der BA. Je größer der Abstand zwischen dem Übergang in die Altersteilzeitarbeit und der Wiederbesetzung ist, desto höhere Anforderungen sind an die Darlegung der Kausalität zu stellen.

1.7 Arbeitszeit-Blockmodell

153 Im so genannten Blockzeitmodell (vgl. § 3 Abs. 3 ATG) kann der geforderte Zusammenhang zwischen dem Übergang eines Arbeitnehmers in die Altersteilzeitarbeit und der Wiederbesetzung des Arbeitsplatzes (durch beim Arbeitsamt arbeitslos gemeldete

Regelungen im ATG

Arbeitnehmer oder Ausgebildete) erfüllt werden, wenn der Arbeitgeber den Wiederbesetzer

– entweder auf dem frei gemachten Arbeitsplatz ab Beginn der Freizeitphase beschäftigt
oder
– mit dem Ziel der Übernahme auf den frei werdenden Arbeitsplatz bereits ab Beginn des Übergangs des älteren Arbeitnehmers in die Altersteilzeitarbeit beschäftigt.

Die förderungsrechtlich wirksame Wiederbesetzung des frei gemachten Arbeitsplatzes kann im Blockzeitmodell grundsätzlich erst ab Beginn der Freizeitphase erfolgen und einen Anspruch auf Erstattungsleistungen daher frühestens ab diesem Zeitpunkt in der in § 12 Abs. 3 ATG genannten Höhe auslösen. Dies gilt auch bei einer Wiederbesetzung in einem Kleinunternehmen oder einer eigenständigen Organisationseinheit mit bis zu 50 Arbeitnehmern.

Eine Ausnahme hiervon stellt die Erfüllung der Wiederbesetzungspflicht durch die Beschäftigung eines Auszubildenden in einem Kleinunternehmen dar. Die Einstellung des Auszubildenden muss bereits mit Beginn der Arbeitsphase erfolgen und ist schon dann, d.h. zu Beginn der Arbeitsphase, förderungsrechtlich wirksam.

1.8 Begründung, Erlöschen und Ruhen des Arbeitgeber-Anspruches
1.8.1 Begründung des Anspruchs

Die Leistungen des Arbeitsamtes an den Arbeitgeber setzen einen Antrag des Arbeitgebers beim Arbeitsamt voraus. Nach § 12 ATG entscheidet das Arbeitsamt auf schriftlichen Antrag des Arbeitgebers, ob die Voraussetzungen für die Erbringung von Leistungen vorliegen.

154

Der Antrag wirkt vom Zeitpunkt des Vorliegens der Anspruchsvoraussetzungen ab. Allerdings gilt dies nur, wenn er innerhalb von drei Monaten nach deren Vorliegen, also nach Bestehen der in Rz. 124 ff. geschilderten Voraussetzungen, gestellt wird. Andernfalls wirkt er vom Beginn des Monats der Antragstellung.

1.8.2 Erlöschen und Ruhen des Anspruchs auf Leistung

155

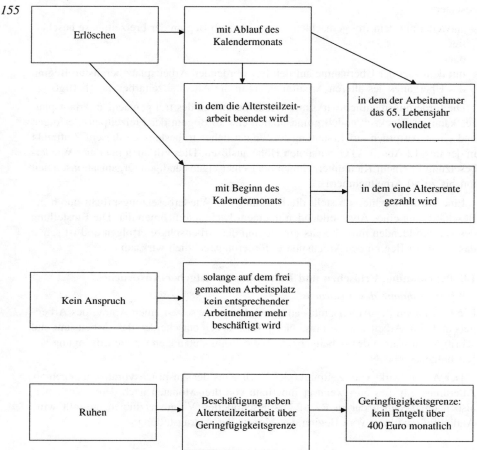

Die in Rz. 124 geschilderten Ansprüche des Arbeitgebers erlöschen gem. § 5 ATG insbesondere mit Ablauf des Kalendermonats, in dem der Arbeitnehmer die Altersteilzeitarbeit beendet oder das 65. Lebensjahr vollendet hat.

Für Arbeitnehmer, die das 65. Lebensjahr vollendet haben, besteht Anspruch auf die Regelaltersrente der gesetzlichen Rentenversicherung (vgl. § 35 SGB VI sowie die Ausführungen in Rz. 355). Allerdings endet der Arbeitgeberanspruch auch bereits dann, wenn eine andere Altersrente bezogen wird. Der Leistungsanspruch erlischt nämlich mit Ablauf des Kalendermonats vor dem Kalendermonat, für den der Arbeitnehmer eine Rente wegen Alters oder, wenn er von der Versicherungspflicht in der gesetzlichen Rentenversicherung befreit ist, eine vergleichbare Leistung einer Versicherungs- oder Versorgungseinrichtung oder eines Versicherungsunternehmens beanspruchen kann (vgl. hierzu Rz. 262 ff.). Hier kommt es nicht darauf an, ob der Versicherte die Rente tatsächlich beansprucht. Vielmehr reicht es aus, dass er die Voraus-

Regelungen im ATG

setzungen für ihren Bezug erfüllt hat. Selbstverständlich endet der Leistungsanspruch auch dann, wenn eine Rente tatsächlich bezogen wird.

Bei dem erlöschenden Anspruch handelt es sich zwar um den des Arbeitgebers und nicht des Arbeitnehmers. Allerdings bewirkt die Vorschrift in der Praxis, dass der Arbeitgeber in entsprechende Vereinbarungen Regelungen der vorstehenden Art einbaut. Vgl. zum öffentlichen Dienst hier die Ausführungen ab Rz. 167. *156*

Durch § 5 Abs. 2 ATG wird der Arbeitgeber gezwungen, gesetzliche Vorschriften einzuhalten. Danach besteht der Anspruch auf die Leistungen nämlich nicht, solange der Arbeitgeber auf dem frei gemachten oder durch Umsetzung frei gewordenen Arbeitsplatz keinen Arbeitnehmer mehr beschäftigt, der die in Rz. 132 geschilderten Voraussetzungen erfüllt (Arbeitsloser, Auszubildender). Das gilt allerdings dann nicht, wenn der Arbeitsplatz mit einem Arbeitnehmer, der diese Voraussetzungen erfüllt, innerhalb von drei Monaten erneut wiederbesetzt wird oder der Arbeitgeber insgesamt für drei Jahre die Leistungen erhalten hat. *157*

Die Absätze 3 und 4 des § 5 ATG sehen das Ruhen des Anspruchs unter bestimmten Voraussetzungen vor. So ruht der Anspruch auf die Leistungen während der Zeit, in der der Arbeitnehmer neben seiner Altersteilzeitarbeit Beschäftigungen oder selbstständige Tätigkeiten ausübt. Dabei muss es sich um Beschäftigungen oder Tätigkeiten handeln, die, die Grenzen für sozialversicherungsfrei geringfügige Beschäftigungen überschreiten. Der Anspruch ruht auch dann, wenn der Arbeitnehmer aufgrund solcher Beschäftigungen eine Entgeltersatzleistung erhält. Hat der Anspruch mindestens 150 Kalendertage geruht, dann erlischt er. Mehrere Ruhenszeiträume sind zusammenzurechnen. Allerdings bleiben Beschäftigungen oder selbstständige Tätigkeiten unberücksichtigt, soweit der altersteilzeitarbeitende Arbeitnehmer sie bereits innerhalb der letzten fünf Jahre vor Beginn der Altersteilzeitarbeit ständig ausgeübt hat. *158*

Nach § 5 Abs. 4 ATG ruht der Anspruch auf die Leistungen für den Arbeitgeber auch während der Zeit, in der der Arbeitnehmer über die Altersteilzeitarbeit hinaus Mehrarbeit leistet, die den Umfang der Geringfügigkeitsgrenze (kein höheres Entgelt als 400 Euro monatlich) übersteigt. Die vorstehend geschilderten Regelungen über das Erlöschen der Leistungen und dem Zusammenrechnen mehrerer Ruhenszeiträume gelten entsprechend. *159*

1.9 Pflichten des Arbeitnehmers

160 In Zusammenhang mit dem Leistungsanspruch des Arbeitgebers hat auch der Arbeitnehmer Pflichten:

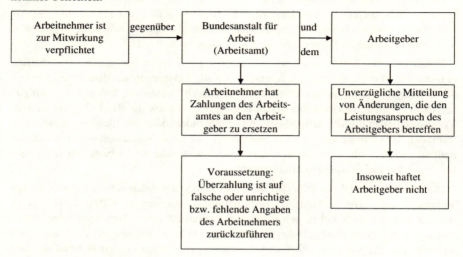

Eine Rückerstattungspflicht des Arbeitnehmers gegenüber dem Arbeitsamt besteht nur dann, wenn er die unrechtmäßige Zahlung vorsätzlich oder grob fahrlässig bewirkt hat. Die zu erstattende Leistung ist durch schriftlichen Verwaltungsakt festzusetzen. Ist der Arbeitnehmer seiner Mitwirkungspflicht nicht, nicht richtig, nicht vollständig oder nicht rechtzeitig nachgekommen, so handelt er ordnungswidrig (§ 14 Abs. 1 Nr. 1 ATG). Die Ordnungswidrigkeit kann mit einer Geldbuße bis zu 500 Euro geahndet werden (§ 14 Abs. 2 ATG).

1.10 Zuständigkeit und Verfahren

161 Zuständig für die Leistungsansprüche des Arbeitgebers ist das Arbeitsamt, in dessen Bezirk der Betrieb liegt, in dem der Arbeitnehmer beschäftigt ist (§ 12 Abs. 1 Satz 5 ATG). Die BA erklärt ein anderes Arbeitsamt für zuständig, wenn der Arbeitgeber dafür ein berechtigtes Interesse glaubhaft hat.

Wie in Rz. 154 bereits erwähnt, entscheidet das Arbeitsamt auf schriftlichen Antrag des Arbeitgebers, ob die Voraussetzungen für die Leistungserbringung, also für die Erstattung der erbrachten Aufstockungsbeträge, vorliegen. Der Antrag wirkt vom Zeitpunkt des Vorliegens der Anspruchsvoraussetzungen, wenn er innerhalb von drei Monaten nach deren Vorliegen gestellt wird. Andernfalls wirkt er vom Beginn des Monats der Antragstellung.

Mit dem Antrag sind die Namen, Anschriften und Versicherungsnummern (gemeint sind die Rentenversicherungsnummern) der Arbeitnehmer mitzuteilen, für die Leistungen beantragt werden.

Die Leistungen an den Arbeitgeber werden nachträglich jeweils für den Kalendermonat ausgezahlt, in dem die Anspruchsvoraussetzungen vorgelegen haben. Bedin-

Regelungen im ATG

gung ist aber, dass sie innerhalb von sechs Monaten nach Ablauf dieses Kalendermonats beantragt werden.

Sonderregelungen gelten für den Fall, dass der in Altersteilzeitarbeit beschäftigte *162* Arbeitnehmer die Arbeitsleistung oder Teile hiervon im Voraus erbracht hat.

Über die Leistungserbringung kann das Arbeitsamt vorläufig entscheiden, wenn die *163* Voraussetzungen für den Anspruch mit hinreichender Wahrscheinlichkeit vorliegen und zu ihrer Feststellung voraussichtlich längere Zeit erforderlich ist. Aufgrund der vorläufigen Entscheidung erbrachten Leistungen sind auf die zustehende Leistung anzurechnen. Sie sind zu erstatten, soweit mit der abschließenden Entscheidung ein Anspruch nicht oder nur in geringer Höhe erkannt wird.

1.11 Mitwirkungspflichten des Arbeitgebers

Für die Arbeitgeber bestimmt § 13 ATG die Anwendbarkeit bestimmter Mitwirkungs- *164* pflichten aus dem SGB III. So muss er eine Überprüfung seiner Angaben, die für den Leistungsanspruch erheblich sind, zulassen. Ferner ist er beispielsweise zur Vorlage maßgebender Unterlagen verpflichtet.

Für die Arbeitgeber enthält § 14 ATG zahlreiche Bußgeldvorschriften. Wer beispielsweise Einsicht in die maßgebendem Unterlagen nicht oder nicht rechtzeitig gewährt, handelt ordnungswidrig. Diese Ordnungswidrigkeit kann mit einer Geldbuße bis zu 500 Euro geahndet werden. Das gilt auch für den Arbeitgeber, der eine Auskunft nicht, nicht richtig, nicht vollständig oder nicht rechtzeitig erteilt.

Im Übrigen ist der Arbeitgeber auch verpflichtet, in automatisierte Dateien gespeicherte Daten auszusondern und auf maschinell verwertbaren Datenträgern oder in Listen zur Verfügung zu stellen. Werden diese Daten nicht, nicht richtig, nicht vollständig, nicht in der vorgeschriebenen Weise oder nicht rechtzeitig zur Verfügung gestellt, liegt eine Ordnungswidrigkeit vor, die mit einer Geldbuße bis zu 25.000 Euro geahndet werden kann.

Nach § 8 ATG gilt die Möglichkeit eines Arbeitnehmers zur Inanspruchnahme von *165* Altersteilzeitarbeit nicht als eine die Kündigung des Arbeitsverhältnisses durch den Arbeitgeber begründende Tatsache im Sinne des Kündigungsschutzgesetzes.

Seit 1.1.2000 kann die angesprochene Möglichkeit auch nicht bei der sozialen Auswahl nach dem Kündigungsschutzgesetz zum Nachteil des Arbeitnehmers berücksichtigt werden.

Der Arbeitgeber hat die Aufstockungsbeträge auch dann zu erbringen, wenn er kei- *166* nen Leistungsanspruch gegen das Arbeitsamt hat, weil er keinen Arbeitslosen bzw. Auszubildenden beschäftigt. Das Gleiche gilt für den Fall, dass der Arbeitgeber nur deshalb keinen Leistungsanspruch hat, weil er den erforderlichen Antrag an das Arbeitsamt nicht, nicht richtig, nicht vollständig oder nicht rechtzeitig gestellt hat.

Der Leistungsanspruch des Arbeitnehmers wird auch davon berührt, dass der Arbeitgeber seinerseits keinen Leistungsanspruch hat, weil er seinen Mitwirkungspflichten nicht nachgekommen ist, ohne dass dafür eine Verletzung der Mitwirkungspflichten des Arbeitnehmers ursächlich war.

Eine Vereinbarung zwischen Arbeitnehmer und Arbeitgeber über die Altersteilzeitarbeit, die die Beendigung des Arbeitsverhältnisses ohne Kündigung zu einem Zeitpunkt vorsieht, in dem der Arbeitnehmer Anspruch auf eine Rente nach Altersteilzeitarbeit hat, ist zulässig.

2. Tarifverträge im öffentlichen Dienst
2.1 Überblick

167 Im öffentlichen Dienst ist als Tarifvertrag zur Regelung der Altersteilzeitarbeit insbesondere der zwischen den Gewerkschaften ÖTV und DAG einerseits sowie den öffentlich-rechtlichen Arbeitgeberverbänden andererseits abgeschlossene Tarifvertrag vom 5. 5. 1998 zu erwähnen. Auf seiten der Arbeitgeber sind die Bundesrepublik Deutschland, die Tarifgemeinschaft deutscher Länder und die Vereinigung der kommunalen Arbeitgeberverbände zu erwähnen. Die ÖTV handelte zugleich für die Gewerkschaft der Polizei, der Industriegewerkschaft Bauen-Agrar-Umwelt und der Gewerkschaft Erziehung und Wissenschaft.

168 Viele andere öffentlich-rechtliche Unternehmen bzw. Unternehmen, die dem öffentlichen Recht zugeordnet werden können, haben besondere Haustarifverträge. Hier sind zu nennen: die Deutsche Bahn AG, Deutsche Lufthansa AG, Gemeinnützige Gesellschaft für paritätische Sozialarbeit mbH, Spremberger Krankenhausgesellschaft mbH, Landesbank Baden-Württemberg, Postbank AG (der Haustarifvertrag gilt auch für Tochtergesellschaften), Oberschwaben Klinik GmbH, Kommunale Versorgungsbetriebe Freiburg, Seehafen Rostock Verwaltungs GmbH, Stadtwerke Düsseldorf AG, Beamtenheimstättenwerk, Alpenland Pflege- und Altenheim Betriebsgesellschaft mbH, Nehlsen & Stadtreinigung Radebeul Entsorgungs GmbH, Hamburgische Elektrizitätswerke, Hessischer Rundfunk, Sparda-Bank Berlin a.G., Sparda-Banken West, Betriebskrankenkassen (Tarifvertrag gilt für alle Betriebskrankenkassen der Bundesrepublik), Allgemeine Ortskrankenkassen (gilt für Beschäftigte aller AOK's und ihrer Verbände), Bundesanstalt für Arbeit, Landesversicherungsanstalten (gilt für alle Landesversicherungsanstalten), Stadtwerke Düren GmbH, Arbeiterwohlfahrt (auch hier gibt es einen Vertrag für die gesamte Bundesrepublik), Bahnversicherungsträger, Stadtwerke Gustrow GmbH, Kommunale Wasserwerke Leipzig GmbH, Kommunale Waldarbeiter, Niedersachsen, Kirche und Diakonie Nordelbien, Bundesversicherungsanstalt für Angestellte, Landesversicherungsanstalt Berlin, Klinikum Meiningen GmbH, Medizinischer Dienst der Krankenversicherung, Ostfriesische Beschützte Werkstätten GmbH, Schuldienst Thüringen (Staatliche Schulen im Geschäftsbereich des thüringischen Kulturministeriums), Westdeutscher Rundfunk, Sparkassenversicherung (Hessen, Thüringen), Saarländischer Rundfunk, Paritätischer Wohlfahrtverband Sachsen-Anhalt, TÜV Süddeutschland, Bayerisches Rotes Kreuz, Medizinisches Zentrum für Gesundheitswesen, Bad Lippspringe, Bremer Straßenbahn AG, Seniorenheim Am Kleinertal GmbH, Berlin Brandenburg, Flughafen Holding mit Flughafen Berlin Schönefeld, Krankenhaus Freital GmbH, Stadtwerke Bremen AG, SPD Landesverband Baden-Württemberg, Park-Krankenhaus, Leipzig, ZDF, Mainz, Deutsche Welle, Köln, Norddeutscher Rundfunk, Hamburg, Kuratorium Dialyse und Nierentransplantation Neu-Isenburg.

Die vorstehende Aufstellung erhebt natürlich keinen Anspruch auf Vollständigkeit.

2.2 Der Vertrag vom 5.5.1998

2.2.1 Grundsätze

Der Vertrag vom 5.5.1998 gilt seit 1.5.1998 und befindet sich in der Fassung durch *169*
den Änderungs-Tarifvertrag Nr. 1 vom 15.3.1999 und durch den Änderungs-TV Nr. 2
vom 30.6.2000.

Die gebräuchliche Abkürzung des Tarifvertrages lautet „TV ATZ".

Nach der Präambel zum TV ATZ wollen die Tarifvertragsparteien mit Hilfe dieses
Tarifvertrages älteren Beschäftigten einen gleitenden Übergang vom Erwerbsleben in
den Ruhestand ermöglichen. Dadurch sollen vorrangig Auszubildenden und Arbeitslosen Beschäftigungsmöglichkeiten eröffnet werden.

Der TV ATZ gilt für alle Arbeitnehmer (Angestellte, Arbeiter), die unter den Geltungsbereich des BAT fallen. Außerdem erstreckt sich der Geltungsbereich auf die Bereiche anderer Tarifverträge, wie z.B. auf die Arbeitnehmer ostdeutscher Sparkassen
und natürlich des BAT-Ost.

Zur Durchführung der tariflichen Regelung haben die öffentlichen Arbeitgeber in- *170*
zwischen umfangreiche Hinweise herausgegeben. Dabei handelt es sich um

– das Rundschreiben des Bundesministeriums des Innern für den Bereich des Bundes
vom 9.9.1998 (GMBl. S. 638), das durch Rundschreiben vom 24.3.1999 (GMBl.
S. 343) sowie vom 20.12.1999 (GMBl. 2000 S. 123) ergänzt wurde

– Hinweise des Bundesministeriums des Innern zur Durchführung des Änderungs-TV
Nr. 1 vom 15.3.1999 und zum Änderungs-TV Nr. 2 vom 30.6.2000 mit Rundschreiben vom 24.3.1999 bzw. 21.8.2000 (GMBl. S. 942).

§ 2 TV ATZ unterscheidet zwischen Tatbeständen, in denen der Arbeitgeber mit Ar- *171*
beitnehmern unter bestimmten Voraussetzungen Vereinbarungen über ein Altersteilzeitarbeitsverhältnis abschließen kann und zwischen Tatbeständen, in denen die Arbeitnehmer Anspruch auf Vereinbarung einer Regelung über Altersteilzeit haben.

Der erste Tatbestand gilt für Arbeitnehmer, die das 55. Lebensjahr vollendet haben.
Außerdem müssen sie in den letzten fünf Jahren vor Beginn der Altersteilzeitarbeit
mindestens 1080 Kalendertage in einer versicherungspflichtigen Beschäftigung im
Sinne des SGB III gestanden haben. Diese beiden Voraussetzungen entsprechen denen
im ATG. Die zu treffenden Vereinbarungen haben auf der Grundlage des ATG zu geschehen. Vorgeschrieben wird in § 2 TV ATZ auch, dass das Altersteilzeitarbeitsverhältnis ein versicherungspflichtiges Beschäftigungsverhältnis im Sinne des SGB III
sein.

Arbeitnehmer, die das 60. Lebensjahr vollendet und im übrigen die vorstehend auf- *172*
geführten Voraussetzungen erfüllt haben, haben Anspruch auf Vereinbarung eines
Altersteilzeitarbeitsverhältnisses. Der Arbeitnehmer muss den Arbeitgeber drei Monate vor dem geplanten Beginn des Altersteilzeitarbeitsverhältnisses über die Geltendmachung des Anspruchs informieren. Allerdings kann von dem Fristerfordernis einvernehmlich abgewichen werden.

Der Arbeitgeber kann – bei Vorliegen jedes der beiden Tatbestände – die Vereinbarung eines Altersteilzeitarbeitsverhältnisses ablehnen, soweit dringende dienstliche
oder betriebliche Gründe entgegenstehen. Wichtig ist auch, dass das Altersteilzeitar-

beitsverhältnis mindestens für die Dauer von zwei Jahren vereinbart werden soll. Es muss vor dem 1.1.2010 beginnen.

173 Zur Vorschrift des § 2 Abs. 3 TV ATZ, wonach der Arbeitgeber den Wunsch des Arbeitnehmers nach Vereinbarung eines Altersteilzeitarbeitsverhältnisses ablehnen kann, soweit dringende dienstliche bzw. betriebliche Gründe entgegenstehen, heißt es, dass diese Regelung insbesondere in den Fällen gilt, in denen Arbeitnehmer nach Vollendung des 60. Lebensjahres einen Anspruch auf Altersteilzeit geltend machen.

In den Durchführungshinweisen wird auch betont, dass bei der Festlegung der Gesamtlaufzeit des Altersteilzeitarbeitsverhältnisses im Einzelfall darauf zu achten ist, dass das Arbeitsverhältnis automatisch zu dem Zeitpunkt endet, ab dem der Arbeitnehmer eine ungeminderte Altersrente beanspruchen könnte.

2.2.2 Reduzierung der Arbeitszeit

174 § 3 TV ATZ beschäftigt sich mit der Reduzierung und Verteilung der Arbeitszeit. Ergänzend zur Regelung des § 2 ATG (vgl. Rz. 125 ff.) wird festgelegt, dass als bisherige wöchentliche Arbeitszeit die wöchentliche Arbeitszeit zugrunde zu legen ist, die mit dem Arbeitnehmer vor dem Übergang in die Altersteilzeitarbeit vereinbart war. Zugrunde zu legen ist höchstens die Arbeitszeit, die im Durchschnitt der letzten 24 Monate vor dem Übergang in die Altersteilzeitarbeit vereinbart war. Dabei bleiben Arbeitszeiten, die die tarifliche regelmäßige wöchentliche Arbeitszeit überschritten haben, außer Betracht. Die ermittelte durchschnittliche Arbeitszeit kann auf die nächste volle Stunde gerundet werden.

§ 3 Abs. 2 TV ATZ sieht als Möglichkeiten der Altersteilzeitarbeit das Blockmodell und das Teilzeitmodell vor. In einer Protokollerklärung zu § 3 Abs. 1 TV ATZ wird darauf hingewiesen, dass u.a. für Arbeitnehmer mit verlängerter regelmäßiger Arbeitszeit Altersteilzeitarbeit nur im Blockmodell möglich ist.

175 In den Hinweisen vom 5.5.1998 heißt es, dass im Tarifvertrag alle Modelle der Altersteilzeit als gleichrangig betrachtet werden. Nach § 3 Abs. 3 TV ATZ kann der Arbeitnehmer vom Arbeitgeber verlangen, dass sein Wunsch nach einer bestimmten Verteilung der Arbeitszeit mit dem Ziel einer einvernehmlichen Regelung erörtert wird. Allerdings besteht – wie in den Hinweisen vom 5.5.1998 besonders hervorgehoben wird – kein Anspruch des Arbeitnehmers auf ein bestimmtes Altersteilzeitmodell.

2.2.3 Höhe der Bezüge

176 § 4 TV ATZ beschäftigt sich mit der Höhe der Bezüge während der Altersteilzeitarbeit. Danach (Abs. 1) erhält der Arbeitnehmer als Bezüge die sich für entsprechende Teilzeitkräfte bei Anwendung der tariflichen Vorschriften (z.B. § 34 BAT) ergebenden Beträge. Dies geschieht aber mit der Maßgabe, dass die Bezügebestandteile, die üblicherweise in die Berechnung des Aufschlags zur Urlaubsvergütung einfließen, sowie Wechselschicht- und Schichtzulagen entsprechend dem Umfang der tatsächlich geleisteten Tätigkeit berücksichtigt werden. Als Bezüge im vorstehenden Sinne gelten auch Einmalzahlungen (z.B. Zuwendung, Urlaubsgeld, Jubiläumszuwendung und vermögenswirksame Leistungen). Aus einer Protokollnotiz zu § 4 Abs. 1 TV ATZ ergibt sich, dass die im Blockmodell über die regelmäßige wöchentliche Arbeitszeit hinaus

geleisteten Arbeitsstunden bei Vorliegen der übrigen tariflichen Voraussetzungen als Überstunden gelten.

In den Hinweisen heißt es, dass zu den Bezügen, die nach den Vorschriften für „entsprechende Teilzeitkräfte" in der Regel zur Hälfte zustehen, z.B. die Grundvergütung, der Ortszuschlag und der Sozialzuschlag sowie die Sicherheitszulage usw. gehören. *177*

Diese Bezügebestandteile werden – so heißt es in den Hinweisen weiter – während der Gesamtdauer des Altersteilzeitarbeitsverhältnisses zur Hälfte gezahlt. Dies gilt für die vorgenannten Zulagen auch während der Freistellungsphase des Blockmodells. Allgemeine Bezügeerhöhungen und Änderungen in der maßgebenden Lebensaltersstufe/Stufe sind zu berücksichtigen. Beim Blockmodell gilt dies auch für die Freistellungsphase.

In Abschn. 5.3 der Hinweise zu § 4 TV ATZ wird darauf hingewiesen, dass in bestimmten Fällen von dem Grundsatz der Halbierung der Bezüge abgewichen wird. So sind Bezügebestandteile, die üblicherweise in die Berechnung des Aufschlags zur Urlaubsvergütung einfließen, entsprechend dem Umfang der tatsächlich geleisteten Tätigkeit zu berücksichtigen. Leistet also z.B. ein Arbeitnehmer Tätigkeiten, für die ihm ein Erschwerniszuschlag zusteht, oder erbringt er z.B. Überstunden, so werden ihm die hierfür zustehenden Entgelte nicht nur zur Hälfte gezahlt sondern entsprechend dem Umfang der tatsächlichen Tätigkeit.

Werden Bezügebestandteile, die „üblicherweise" in die Berechnung des Aufschlags zur Urlaubsvergütung einfließen, in Form einer Monatspauschale gezahlt, sind sie trotzdem wie unständige Bezügebestandteile zu behandeln. Das hat zur Folge, dass solche Pauschalen in der Freistellungsphase des Blockmodells nicht mehr als Bezüge zustehen können. *178*

Besonderheiten gelten für die Behandlung von Wechselschicht- und Schichtzulagen (vgl. Abschn. 5.4 der Hinweise zu § 4 TV ATZ).

Zur Klarstellung wird in § 4 Abs. 2 TV ATZ ausdrücklich geregelt, dass als Bezüge im Sinne des § 4 Abs. 1 TV ATZ auch Einmalzahlungen gelten. Beispielshaft werden die Sonderzuwendung, ferner Urlaubsgeld, Jubiläumszuwendungen aufgeführt. Als Bezüge gelten auch – so § 4 Abs. 2 TV ATZ – vermögenswirksame Leistungen. Bezüglich der Jubiläumszuwendungen ist das Urteil des BAG vom 22.5.1996 (10 AZR 618/95; AP Nr. 1 zu § 39 BAT) zu beachten, wonach Jubiläumszuwendungen auch den Teilzeitkräften in voller Höhe zustehen. Deshalb kann hier keine Halbierung stattfinden. In den Durchführungshinweisen zu § 4 TV ATZ heißt es auch, dass hier eine Aufstockungsleistung nicht zu erbringen sei, da Jubiläumszuwendungen steuerfrei seien. Das ist allerdings nicht mehr der Fall, da der hierfür maßgebende § 3 Nr. 52 EStG a.F. aufgehoben worden ist. *179*

2.2.4 Aufstockungsleistungen

Um die Aufstockungsleistungen des öffentlichen Arbeitgebers geht es in § 5 TV ATZ. Bezüglich der Regelungen im ATG wird auf die Rz. 132 ff. verwiesen. Nach § 5 Abs. 1 TV ATZ werden die dem Arbeitnehmer nach § 4 TV ATZ zustehenden Bezüge zuzüglich des darauf entfallenden sozialversicherungspflichtigen Teils der vom Arbeitgeber zu tragenden Umlage zur Zusatzversorgungseinrichtung um 20% dieser Be- *180* züge aufgestockt. Bei der Berechnung des Aufstockungsbetrages bleiben steuerfreie Bezügebestandteile, Vergütungen für Mehrarbeits- und Überstunden, Bereitschaftsdienste und Rufbereitschaften unberücksichtigt. Diese Entgeltbestandteile werden u.U. neben dem Aufstockungsbetrag gezahlt.

181 Der Aufstockungsbetrag muss so hoch sein, dass der Arbeitnehmer 83 % des Nettobetrages des bisherigen Arbeitsentgelts erhält (Mindestnettobetrag). Als bisheriges Arbeitsentgelt ist das gesamte, dem Grunde nach beitragspflichtige Arbeitsentgelt, das der Arbeitnehmer für eine Arbeitsleistung bei bisheriger wöchentlicher Arbeitszeit zu beanspruchen hätte, anzusehen. Der sozialversicherungspflichtige Teil der vom Arbeitgeber zur tragenden Umlage zur Zusatzversorgungseinrichtung (vgl. dazu Kapitel IV) bleibt unberücksichtigt. In den Hinweisen zu § 5 TV ATZ heißt es hier, dass nur darauf abgestellt wird, ob dem Grunde nach beitragspflichtiges Arbeitsentgelt vorliegt. Das bedeutet, dass über das ATG hinaus (vgl. dazu Rz. 133) auch Arbeitsentgelt berücksichtigt wird, das die monatliche Beitragsbemessungsgrenze der Arbeitsförderung und der gesetzlichen Rentenversicherung überschreitet. Dies gilt übrigens auch dann, wenn die monatliche Beitragsbemessungsgrenze nur deshalb überschritten wird, weil neben dem laufenden Arbeitsentgelt eine Einmalzahlung (z.B. die Zuwendung des öffentlichen Dienstes) gewährt wird.

Es kommt auf das beitragspflichtige Arbeitsentgelt an. Steuerfreie Bezügebestandteile sind deshalb auszuklammern, da sie kein beitragspflichtiges Arbeitsentgelt darstellen. Die für Überstunden/Mehrarbeit geleisteten Entgelte sind – wie bereits erwähnt – ebenfalls bei der Berechnung des Aufstockungsbetrages auszuklammern, da sie für Stunden außerhalb der Altersteilzeitarbeit gewährt worden sind.

182 Grundlage für die Berechnung des pauschalierten Nettovollzeitarbeitsentgeltes von 83 % ist die vom Bundesministerium für Wirtschaft und Arbeit auf der Grundlage des § 15 ATG erlassene Mindestnettobetrags-Verordnung. Für 2003 gilt die Verordnung vom 23.12.2002. In dieser Tabelle wird das bisherige Arbeitsentgelt und der dazu gehörige Mindestnettobetrag in der jeweiligen Steuerklasse angegeben. Die in der Verordnung für jede Steuerklasse ausgewiesenen Beträge bezeichnen allerdings lediglich 70 % des aus dem ebenfalls angegebenen Vollzeitarbeitsentgelt ermittelten pauschalierten Nettobetrages. In den Hinweisen zu § 5 TV ATZ heißt es deshalb, dass der Mindestnettobetrag nach einer bestimmten Formel auf die tariflich vereinbarten 83 % umgerechnet werden müsse. Diese Formel lautet:

$$\text{Mindestnettobetrag bei 83 \%} = \frac{\text{Betrag aus der Mindestnettobetrags-Verordnung} \times 0{,}83}{0{,}7}$$

183 Bei der Anwendung der Rechtsverordnung muss beachtet werden, dass die dort ausgewiesenen Vollzeitarbeitsentgelte bereits auf den nächsten durch 5 teilbaren Euro-Betrag gerundet wurden. Hier ist § 132 Abs. 3 SGB III zu beachten, auf den § 15 ATG verweist.

In diesem Zusammenhang ist zu beachten, dass das Bundesinnenministerium jährlich die Tabelle der Mindestnettobeträge, die sich aus 83 % der pauschalierten Vollzeitnettoarbeitsentgelte ergeben, herausgibt. Ursprünglich war eine solche Tabelle den Hinweisen zu § 5 TV ATZ beigefügt gewesen. In dieser Tabelle werden auch die Beträge oberhalb der Beitragsbemessungsgrenze angegeben, da die jeweilige Mindestnettobetrags-Verordnung des Bundesministeriums für Wirtschaft und Arbeit lediglich die Entgelte bis zur Beitragsbemessungsgrenze berücksichtigt.

In den Durchführungshinweisen zum TV ATZ werden in den Anmerkungen zu § 5 *184* Ausführungen zu den Einmalzahlungen in Zusammenhang mit der Beitragsbemessungsgrenze der Rentenversicherung gemacht. Wird – so heißt es hier – durch die Gewährung von Einmalzahlungen die Beitragsbemessungsgrenze überschritten, ist sozialversicherungsrechtlich zwar eine Berücksichtigung dieser Einmalzahlung insoweit vorzunehmen, als die anteilige Beitragsbemessungsgrenze noch nicht mit beitragspflichtigen Arbeitsentgelt erreicht ist. Bei der Feststellung der „gewöhnlich anfallenden Abzüge" ist diese Besonderheit aber nicht zu berücksichtigen. Auch die Tabelle des Bundesinnenministeriums geht nicht von einer Verteilung der Einmalzahlung auf frühere Entgeltabrechnungszeiträume aus.

Diese Tabelle – und ebenso die Mindestnettobetrags-Verordnung des Bundesministeriums für Wirtschaft und Arbeit – berücksichtigt im übrigen auch die besondere steuerliche Behandlung von Einmalzahlungen. Anders als bei der Berechnung des Mindestnettobetrages ist aber bei der Berechnung des individuellen Nettoentgelts bei Altersteilzeit im Zusammenhang mit Einmalzahlungen § 39 b Abs. 3 EStG zu beachten.

In Satz 8 dieser Vorschrift wird bestimmt, dass dann, wenn in einem Lohnzahlungszeitraum neben laufendem Arbeitslohn sonstige Bezüge von insgesamt nicht mehr als 150 Euro gezahlt werden, diese dem laufenden Arbeitssohn hinzuzurechnen sind. Dies bedeutet, dass mit dem Gesamtbetrag unmittelbar in die Monats-Steuertabelle gegangen werden kann. Bei insgesamt 150 Euro übersteigenden sonstigen Bezügen ist der Satz 1 des § 39 b Abs. 3 EStG zu beachten.

Danach hat für die Einbehaltung der Lohnsteuer von einem sonstigen Bezug der Arbeitgeber den voraussichtlichen Jahresarbeitslohn festzustellen.

Nach § 3 Nr. 28 EStG ist der Aufstockungsbetrag steuerfrei. Damit unterliegt er *185* auch nicht der Beitragspflicht zur Sozialversicherung. Dies gilt unabhängig davon, ob die BA den Aufstockungsbetrag dem öffentlich-rechtlichen Arbeitgeber später erstattet oder nicht. Nach den Hinweisen zu § 5 TV ATZ gilt die Steuer- und Beitragsfreiheit für die gesamten Aufstockungsbeträge und zwar auch, soweit sie die im ATG genannten Mindestbeträge überschreiten. Die steuerfreien Aufstockungsbeträge nach § 5 Abs. 1 und 2 TV ATZ werden aber im Rahmen der Einkommensteuerveranlagung bei der Ermittlung des Steuersatzes berücksichtigt, dem das übrige steuerpflichtige Einkommen unterliegt (Progressionsvorbehalt nach § 32 b Abs. 1 Nr. 1 Buchst. g EStG). Deshalb sind die Aufstockungsbeträge unter Vorlage der vom Arbeitgeber nach Ablauf des maßgeblichen Kalenderjahres erstellten Bescheinigung in der Einkommensteuererklärung anzugeben (vgl. § 32 b Abs. 3 EStG). Dadurch kann es bei der Veranlagung durch das Finanzamt zu Steuernachforderungen kommen.

Änderungen der Lohnsteuerklasse auf der Lohnsteuerkarte sind grundsätzlich bei *186* der Ermittlung des Mindestnettobetrages nach § 5 Abs. 2 TV ATZ zu berücksichtigen. Wird die Lohnsteuerklasse jedoch lediglich geändert, um einen höheren Aufstockungsbetrag zu erzielen, kann sich die Frage der Missbräuchlichkeit stellen. In den

Hinweisen zu § 5 TV ATZ heißt es weiter, dass bei der Feststellung einer rechtsmissbräuchlichen Steuerklassenwahl der Aufstockungsbetrag ohne Berücksichtigung der Steuerklassenänderung zu berechnen ist. Er muss jedoch im Hinblick auf mögliche Erstattungsleistungen der BA und die Erfüllung der Rentenzugangsvoraussetzungen (vgl. dazu Kap. III) mindestens in Höhe des gesetzlichen Mindestaufstockungsbetrages gezahlt werden.

187   Aus der tariflichen Bestimmung in § 5 Abs. 2 Unterabs. 1 Satz 2 TV ATZ, dass nämlich als Vollzeitarbeitsentgelt das Arbeitsentgelt anzusehen ist, das der Arbeitnehmer ohne Reduzierung der Arbeitszeit im Rahmen der tariflichen regelmäßigen wöchentlichen Arbeitszeit erzielt hätte, folgt, dass auch für die Urlaubs- oder Krankheitstage, die im Teilzeitmodell oder in der Arbeitsphase des Blockmodells anfallen, ein fiktives Entgelt zu ermitteln ist. Es handelt sich dabei um das Entgelt, das ohne Urlaub oder Krankheit zugestanden hätte. Der Aufschlag zur Urlaubsvergütung, der auch steuerfreie Bezügebestandteile und Vergütungen für Mehrarbeit oder Überstunden enthalten kann, darf hier nicht herangezogen werden. Dies wird im übrigen auch durch Protokollerklärung zu § 5 Abs. 2 TV ATZ bestätigt. Die Protokollerklärung lässt für die dortige Durchschnittsberechnung Urlaubs- und Krankheitszeiten und damit auch den für Urlaubs- und Krankheitszeiten zustehenden Aufschlag unberücksichtigt. Es heißt in der Protokollerklärung, dass beim Blockmodell in der Freistellungsphase die in die Bemessungsgrundlage nach § 5 Abs. 2 TV ATZ eingehenden, nicht regelmäßig zustehenden Bezügebestandteile, wie beispielsweise Erschwerniszuschläge, mit dem für die Arbeitsphase errechneten Durchschnittsbetrag angesetzt werden. Dabei werden Krankheits- und Urlaubszeiten nicht berücksichtigt. Allgemeine Bezügeerhöhungen sind zu berücksichtigen, soweit die zugrunde liegenden Bezügebestandteile ebenfalls an allgemeinen Bezügeerhöhungen teilnehmen.

188   In den Hinweisen zu § 5 TV ATZ heißt es weiter, dass dann, wenn der Arbeitnehmer beispielsweise Erholungsurlaub erhalten hat, die so genannten unständigen Bezügebestandteile (ohne steuerfreie Bestandteile und ohne Vergütungen für Mehrarbeit oder Überstunden), die ohne den Erholungsurlaub erarbeitet worden wären, ermittelt und dem Vollzeitarbeitsentgelt hinzugerechnet werden.

189   Die Hinweise zu § 5 TV ATZ beschäftigten sich auch mit der persönlichen Zulage nach § 24 BAT. Es geht hier darum, dass dem Angestellten vorübergehend eine andere Tätigkeit übertragen wird, die den Tätigkeitsmerkmalen einer höheren als seiner Vergütungsgruppe entspricht und er sie mindestens einen Monat ausgeübt hat. In diesem Falle erhält er für den Kalendermonat, in dem er mit der ihm übertragenen Tätigkeit begonnen hat, und für jeden folgenden vollen Kalendermonat dieser Tätigkeit eine persönliche Zulage. Eine persönliche Zulage wird auch bei vertretungsweiser Übernahme einer höherwertigen Tätigkeit gewährt. Voraussetzung ist hier, dass die Vertretung länger als drei Monate gedauert hat.

Eine persönliche Zulage nach § 24 BAT, die während der Arbeitsphase zugestanden hat, fließt auch während der Freistellungsphase für die Zeit in die Berechnung mit ein, in der sie bei fiktiver Betrachtung während der Freistellungsphase zugestanden hätte.

190   Nach ausdrücklicher Vorschrift in § 5 Abs. 2 Unterabs. 2 TV ATZ sind dem bisherigen Arbeitsentgelt auch Entgelte für Bereitschaftsdienst und Rufbereitschaft zuzurechnen, die ohne Reduzierung der Arbeitszeit zugestanden hätten. Bei den Entgelten

für Rufbereitschaft sind Entgelte für angefallene Arbeit einschließlich einer etwaigen Wegezeit nicht zu berücksichtigen. Die Zurechnung erfolgt in der Höhe, die ohne die Reduzierung der Arbeitszeit zugestanden hätte. Die Einbeziehung macht es erforderlich, diese Vergütungen in der Höhe, wie sie für tatsächlich geleistete Bereitschaftsdienste oder Rufbereitschaften als Bezug nach § 4 TV ATZ zustehen, auch in die Berechnung des individuellen Nettobetrages einzubeziehen.

In gewissem Umfang sind auch Pauschalen für Überstunden in die Bemessungsgrundlage für die Berechnung des Mindestnettobetrages einzubeziehen (§ 5 Abs. 2 Unterabs. 3 TV ATZ). Allerdings gilt die Regelung nur für Arbeitnehmer, die die Altersteilzeit im Blockmodell leisten, hier wiederum aber sowohl in der Arbeits- als auch in der Freistellungsphase. Weitere Voraussetzung für die Berücksichtigung dieser Pauschalen ist, dass dem Arbeitnehmer die Pauschalen seit mindestens zwei Jahre vor Beginn des Altersteilzeitarbeitsverhältnisses ununterbrochen zugestanden haben. *191*

Während sich § 5 Abs. 2 Unterabs. 4 TV ATZ mit Kraftfahrern, also nicht mit Angestellten beschäftigt, geht es in § 5 Abs. 2 Unterabs. 5 TV ATZ um eine Sonderregelung für das Feuerwehr- und Wachpersonal bei der Bundeswehr, das unter die dort aufgeführten Sonderbestimmungen fällt. Außerdem werden vergleichbare Arbeitnehmer in bestimmten anderen Bereichen nach entsprechenden Sonderregelungen angesprochen. Für diese Personenkreise ist als bisheriges Arbeitsentgelt in der Freizeitphase die Vergütung aus derjenigen Stundenzahl anzusetzen, die während der Arbeitsphase, längstens während der letzten 48 Kalendermonate, als dienstplanmäßige Arbeitszeit durchschnittlich geleistet wurde. *192*

§ 5 Abs. 4 TV ATZ sieht vor, dass der Arbeitgeber zusätzliche Rentenversicherungsbeiträge zu entrichten hat. Es geht hier um die Bestimmung des § 3 Abs. 1 Nr. 1 Buchst. b ATG (vgl. Rz. 138 ff.). Die zusätzlichen Beiträge sind in Höhe des Beitrags zu entrichten, der auf die Unterschiedsbetrag zwischen 90 % des auf die Beitragsbemessungsgrenze begrenzten fiktiven Vollzeitarbeitarbeitsentgelts und das während der Altersteilzeitarbeit tatsächlich erzielten Arbeitsentgelts entfällt. Diesen zusätzlichen Beitrag hat der Arbeitgeber allein zu tragen (vgl. § 168 Abs. 1 Nr. 6 SGB VI und die Ausführungen bei Rz. 140).

Ist der in Altersteilzeitarbeit stehende Angestellte von der Versicherungspflicht in der gesetzlichen Rentenversicherung befreit (vgl. dazu Rz. 280 ff.), werden entsprechende Zuschüsse zu vergleichbaren Aufwendungen des Arbeitnehmers bei seiner Versorgungseinrichtung gewährt (§ 5 Abs. 5 TV ATZ). *193*

Wichtig: Ebenso die zusätzlichen Rentenversicherungsbeiträge unterliegen auch diese vergleichbaren Aufwendungen nicht der Steuerpflicht. Damit sind sie auch nicht beitragspflichtig zur gesetzlichen Sozialversicherung.

Die Vorschriften des § 5 TV ATZ über die Aufstockungsleistungen sind auch in den Fällen anzuwenden, in denen eine Verteilung der Arbeitsleistung über fünf Jahre hinaus erfolgt. Insoweit geht die tarifliche Regelung über die Bestimmungen des ATG hinaus, da die BA Erstattungsleistungen nur für längstens fünf Jahre erbringt (vgl. Rz. 155 ff.). Dies ergibt sich aus § 5 Abs. 6 TV ATZ.

Aufgrund der Vorschriften der gesetzlichen Rentenversicherung kann es bei vorzeitiger Inanspruchnahme von Altersrenten zu Rentenabschlägen kommen (vgl. Rz. 355 ff.). *194*

Um einen zusätzlichen Anreiz für die Vereinbarung von Altersteilzeit zu geben, vereinbarten die Tarifvertragsparteien in § 5 Abs. 7 TV ATZ für Arbeitnehmer, die nach Altersteilzeit wegen einer solchen vorzeitigen Inanspruchnahme Abschläge zu erwarten haben, die Gewährung einer Abfindung. Vorgesehen ist die Zahlung einer linear gestaffelten Abfindung bis zu maximal drei Monatsbezügen. Für je 0,3 % Rentenminderung erhält ein betroffener Arbeitnehmer zum Ende des Altersteilzeitarbeitsverhältnisses eine Abfindung in Höhe von 5 % der Summe der Vergütung. Ggf. geschieht dies zuzüglich des Sozialzuschlags bzw. des Monatsgrundlohns und der ständigen Lohnzuschläge. Voraussetzung ist, dass diese Entgeltteile dem Arbeitnehmer im letzten Monat vor dem Ende des Altersteilzeitarbeitsverhältnisses zugestanden hätten, wenn er mit der bisherigen wöchentlichen Arbeitszeit beschäftigt gewesen wäre. Die Abfindung wird zum Ende des Altersteilzeitarbeitsverhältnisses gezahlt.

195 Mit dem Anspruch auf Aufstockungsleistungen beschäftigt sich auch § 8 TV ATZ. Hier ist festgelegt, dass der Anspruch auf die Aufstockungsleistungen nicht besteht, solange die Voraussetzungen des § 10 Abs. 2 ATG vorliegen. Es geht hier darum, dass ein Arbeitnehmer, für den die BA Leistungen erbringt, bestimmte Lohnersatzleistungen erhält. Es handelt sich dabei um Lohnersatzleistungen in Fällen krankheitsbedingter Arbeitsunfähigkeit. In diesen Fällen besteht der Anspruch auf die Aufstockungsleistungen längstens für die Dauer der Entgeltfortzahlung. Hier wird als Beispiel auf § 37 Abs. 2 BAT verwiesen. Danach erhält der Angestellte bis zur Dauer von sechs Wochen Krankenbezüge. Wird der Angestellte infolge derselben Krankheit erneut arbeitsunfähig, hat er wegen der erneuten Arbeitsunfähigkeit unter bestimmten Voraussetzungen Anspruch auf Krankenbezüge.

196 Für die Zeit nach Ablauf der Entgeltfortzahlung wird der Aufstockungsbetrag in Höhe des kalendertäglichen Durchschnitts des in den letzten drei abgerechneten Kalendermonaten maßgebenden Aufstockungsbetrages gezahlt. Einmalzahlungen bleiben dabei unberücksichtigt. In den Hinweisen zu § 8 TV ATZ heißt es hierzu, dass die Zahlung von Aufstockungsleistungen des Arbeitgebers mit Ablauf der Krankenbezugsfristen in engerem Sinne endet. Allerdings wird in § 8 Abs. 1 TV ATZ auch bestimmt, dass im Falle des Bezugs von Entgeltersatzleistungen während der Arbeitsunfähigkeit einschließlich des Krankentagegeldes eines privaten Krankenversicherungsunternehmens der Arbeitnehmer seine gegen die BA bestehenden Ansprüche auf Altersteilzeitleistungen an den Arbeitgeber abtritt. Es geht hier um die Altersteilzeitleistungen nach § 10 Abs. 2 ATG. Hier erbringt die BA anstelle des Arbeitgebers die Aufstockungsleistung für das Arbeitsentgelt.

197 Ist der Arbeitnehmer, der die Altersteilzeitarbeit im Blockmodell ableistet, während der Arbeitsphase über den Zeitraum der Entgeltfortzahlung hinaus arbeitsunfähig erkrankt, verlängert sich gem. § 8 Abs. 2 TV ATZ die Arbeitsphase um die Hälfte des Zeitraums der Arbeitsunfähigkeit, um den der Entgeltfortzahlungszeitraum überschritten wird. In dem gleichen Umfang verkürzt sich die Freistellungsphase.

In § 8 Abs. 2 TV ATZ ist festgelegt, dass der Anspruch auf die Aufstockungsleistungen während der Zeit ruht, in der der Arbeitnehmer eine unzulässige Nebentätigkeit im Sinne des § 6 TV ATZ ausübt (vgl. dazu Rz. 199). Diese Regelung des § 6 TV ATZ ist insbesondere beim Blockmodell in der Freistellungsphase von Bedeutung. Der Anspruch auf die Aufstockungsleistungen ruht auch in der Zeit, in der der Arbeit-

Tarifverträge im öffentlichen Dienst

nehmer über die Altersteilzeitarbeit hinaus Mehrarbeit und Überstunden leistet. Voraussetzung für das Ruhen des Anspruchs ist in diesen Fällen, dass der Umfang der Geringfügigkeitsgrenze des § 8 SGB IV (400 Euro im Monat) überschritten wird. Hat der Anspruch auf die Aufstockungsleistungen mindestens 150 Tage geruht, erlischt er. Mehrere Ruhenszeiträume werden zusammengerechnet. Dies entspricht der Regelung des § 5 Abs. 3 ATG (vgl. Rz. 158 ff.).

In den Hinweisen zu § 8 TV ATZ wird zum Ausdruck gebracht, dass der Arbeitgeber bereits aufgrund seiner Fürsorgepflicht darauf achten muss, dass Überstunden oder Mehrarbeit nicht in einem Maß angeordnet werden, dass die Geringfügigkeitsgrenze dadurch überschritten wird. *198*

2.2.5 Nebentätigkeit

199

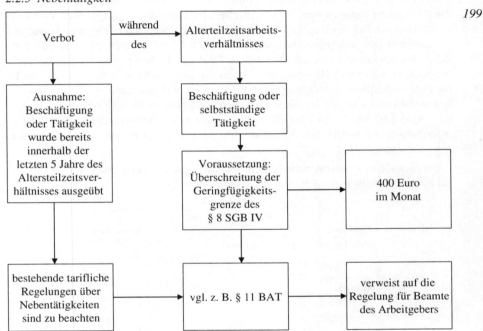

Rechtsgrundlage: § 6 TV ATZ

2.2.6 Urlaubsansprüche

§ 7 TV ATZ beschäftigt sich mit Urlaubsansprüchen des Arbeitnehmers, der sich in Altersteilzeitarbeit befindet. In den Hinweisen zu § 7 TV ATZ heißt es hierzu zunächst, dass sich der Urlaubsanspruch im Altersteilzeitarbeitsverhältnis grundsätzlich nach den allgemeinen tariflichen Bestimmungen richtet. Allerdings besteht für den Fall der Anwendung des Blockmodells nach ausdrücklicher Vorschrift in § 7 TV ATZ kein Anspruch auf Urlaub. Das gilt lediglich für die Zeit der Freistellung von der Arbeit. Im Kalenderjahr des Übergangs von der Beschäftigung zur Freistellung hat der *200*

Arbeitnehmer für jeden vollen Beschäftigungsmonat Anspruch auf ein Zwölftel des Jahresurlaubes.

Ergibt sich ein Bruchteil eines Urlaubstages ist eine Aufrundung in entsprechender Anwendung des § 48 Abs. 5 b BAT vorzunehmen. Nach dieser Vorschrift werden Bruchteile von Urlaubstagen – bei mehreren Bruchteilen nach ihrer Zusammenrechnung – einmal im Urlaubsjahr auf einen vollen Urlaubstag aufgerundet. Ein sich bei Anwendung des Bundesurlaubsgesetzes ergebender höherer Urlaubsanspruch bleibt unberührt.

2.2.7 Ende des Arbeitsverhältnisses

201 Mit dem Ende des Arbeitsverhältnisses eines Arbeitnehmers in Altersteilzeitarbeit beschäftigt sich § 9 TV ATZ. In Absatz 1 diese Vorschrift wird zunächst festgelegt, dass das Arbeitsverhältnis zu dem in der Altersteilzeitvereinbarung festgelegten Zeitpunkt endet. Dies wird in der Regel ein Zeitpunkt zwischen der Vollendung des 60. und des 65. Lebensjahres sein (Hinweise zu § 9 TV ATZ). Es gelten auch die sonstigen tariflichen Beendigungstatbestände (§ 9 Abs. 2 TV ATZ, der beispielsweise auf die §§ 53 bis 60 BAT verweist). Hier geht es z.B. um die ordentliche Kündigung (§ 53 BAT), die außerordentliche Kündigung (§ 54 BAT), aber auch um die Beendigung des Arbeitsverhältnisses wegen verminderter Erwerbsfähigkeit (§ 59 BAT). Weniger Bedeutung wird § 60 Abs. 1 BAT haben. Danach endet das Arbeitsverhältnis, ohne dass es einer Kündigung bedarf, mit Ablauf des Monats, in dem der Angestellte das 65. Lebensjahr vollendet hat.

Unbeschadet der sonstigen tariflichen Beendigungstatbestände endet das Arbeitsverhältnis in den Fällen, die § 9 Abs. 2 TV ATZ vorsieht:

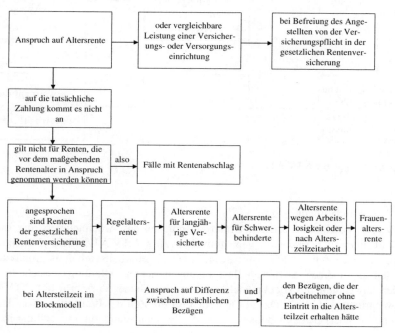

Bezüglich der Ansprüche gegen die gesetzliche Rentenversicherung wird auf Kapitel III verwiesen. Dort wird auch auf die Renten eingegangen, die vor dem für den Versicherten maßgebenden Rentenalter jeweils in Anspruch genommen werden. Wie im Schaubild in Rz. 201 erwähnt, geht es hier darum, dass sich der Arbeitnehmer Abschläge von seiner Rente gefallen lassen muss. Da die vorzeitige Inanspruchnahme nach den einschlägigen Vorschriften des SGB VI in der freien Entscheidung des Versicherten liegt, macht § 9 Abs. 2 TV ATZ hier gewissermaßen eine Ausnahme von dem Prinzip, dass es auf den Anspruch auf die Rente, nicht auf die tatsächliche Gewährung ankommen. Im Falle des Anspruchs auf eine der im Schaubild in Rz. 201 aufgeführten Rentenleistungen endet das Arbeitsverhältnis mit Ablauf des Kalendermonats vor dem Kalendermonat, in dem die Rentenleistungen beansprucht werden können. 202

§ 9 Abs. 2 Buchst. b TV ATZ beschäftigt sich mit den Fällen, in denen eine Rentenzahlung tatsächlich erfolgt. Hier endet das Arbeitsverhältnis mit Beginn des Kalendermonats, für den der Arbeitnehmer eine Rente erhält. Dazu zählen auch Knappschaftsausgleichsleistungen (Rentenversicherung für den Bergbau) sowie ähnliche Leistungen öffentlich-rechtlicher Art. Ist der Arbeitnehmer von der Versicherungspflicht in der gesetzlichen Rentenversicherung befreit (vgl. Rz. 280 ff.), so sind auch vergleichbare Leistungen einer Versicherungs- oder Versorgungseinrichtung oder eines Versicherungsunternehmens zu berücksichtigen. 203

Endet bei einem Arbeitnehmer, der im Rahmen der Altersteilzeitarbeit nach dem Blockmodell (§ 3 Abs. 2 Buchst. a TV ATZ, vgl. Rz. 174) beschäftigt wird, das Arbeitsverhältnis vorzeitig, hat er Anspruch auf eine etwaige Differenz zwischen den Bezügen und Aufstockungsleistungen, die der TV ATZ vorsieht, und den Bezügen für den Zeitraum seiner tatsächlichen Beschäftigung (§ 9 Abs. 3 TV ATZ). Es handelt sich dabei um die Bezüge, die er ohne Eintritt in die Altersteilzeit erzielt hätte.

In den Hinweisen zu § 9 TV ATZ heißt es, dass die Tarifvertragsparteien keine Regelungen über die Bedingungen getroffen haben, unter denen aus sonstigen Gründen (z.B. soziale Notlage des Arbeitnehmers, betriebliche Notwendigkeiten) eine vorzeitige Beendigung des Altersteilzeitverhältnisses möglich sein soll. Die Vertragsfreiheit ist hierdurch jedoch nicht eingeschränkt. 204

Zu § 9 Abs. 2 Buchst. a TV ATZ gibt es eine Protokollerklärung. Danach endet das Arbeitsverhältnis einer Arbeitnehmerin nicht, solange die Inanspruchnahme einer Leistung im Sinne des § 9 Abs. 2 Buchst. a TV ATZ (Leistung, auf die ein Rechtsanspruch besteht) zum Ruhen der Versorgungsrente aus der Zusatzversorgung führen würde.

2.2.8 Mitwirkungspflichten

§ 10 TV ATZ enthält Regelungen zu den Mitwirkungspflichten und den Folgen der Verletzung dieser Pflichten durch den Arbeitnehmer. So wird hier zunächst bestimmt, dass der Arbeitnehmer Änderungen der ihn betreffenden Verhältnisse, die für den Anspruch auf Aufstockungsleistungen erheblich sind, dem Arbeitgeber unverzüglich mitzuteilen hat. In besonderem Maße gilt dies auch während der Freistellungsphase im Blockmodell. Die Regelungen des § 10 TV ATZ knüpfen insofern an die Bestimmungen des § 11 ATG über Mitwirkungspflichten des Arbeitnehmers an. Vgl. zu § 11 ATG Rz. 160. 205

Nach § 10 Abs. 2 TV ATZ hat der Arbeitnehmer dem Arbeitgeber zu Unrecht gezahlte Leistungen, die die im ATG vorgesehenen Leistungen übersteigen, zu erstatten. Voraussetzung ist allerdings, dass er die unrechtmäßige Zahlung durch Verletzung der Mitwirkungspflichten bewirkt hat.

2.2.9 Beihilfe/Zuschuss zum Krankenversicherungsbeitrag nach § 257 SGB V

206   In den Hinweisen zum TV ATZ wird auch auf die Beihilfeansprüche in Zusammenhang mit Altersteilzeitarbeit eingegangen. Zunächst wird darauf hingewiesen, dass Arbeitnehmer grundsätzlich bei Vorliegen bestimmter Voraussetzungen Anspruch auf Beihilfeleistungen haben (z.B. § 40 BAT). Nicht vollbeschäftigte Arbeitnehmer erhalten von der errechneten Beihilfe jeweils den Teil, der dem Verhältnis entspricht, in dem die regelmäßige wöchentliche Arbeitszeit eines entsprechenden vollbeschäftigten Arbeitnehmers zu der arbeitsvertraglich vereinbarten durchschnittlichen regelmäßigen Arbeitszeit steht. Ein Altersteilzeitarbeitnehmer erhält somit nur die Hälfte der Beihilfeleistungen, die einem vollbeschäftigten Arbeitnehmer betragsmäßig zusteht. Eine Aufstockung nach § 5 TV ATZ (vgl. dazu Rz. 180 ff.) findet nicht statt.

Auch der Zuschuss des Arbeitgebers zum Krankenversicherungsbeitrag nach § 257 SGB V, der sich während der Altersteilzeitarbeitsverhältnisse nach der Höhe der nach § 4 TV ATZ (vgl. Rz. 177 ff.) grundsätzlich halbierten Bezüge bemisst, wird als steuerfreie Leistung nicht aufgestockt. Dabei ist gleichgültig, ob der Zuschuss zu einer freiwilligen Versicherung des Arbeitnehmers oder zu einer Versicherung bei einem privaten Versicherungsunternehmen erfolgt. Die freiwillige Versicherung wird bei einer gesetzlichen Krankenkasse durchgeführt.

207   Rechtsgrundlage für den Arbeitgeberzuschuss ist – wie bereits erwähnt – § 257 SGB V. Hier ist allerdings zu beachten, dass diese Vorschrift von der Versicherungsfreiheit der betreffenden Arbeitnehmer wegen Überschreitens der Jahresarbeitsentgeltgrenze ausgeht. Wird durch die Halbierung der Arbeitszeit die Jahresarbeitsentgeltgrenze unterschritten, so tritt an und für sich mit der Unterschreitung Versicherungspflicht in der gesetzlichen Krankenversicherung ein. Ein Anspruch auf den Beitragszuschuss nach § 257 SGB V besteht in einem solchen Falle nicht. Allerdings ist hier die Vorschrift des § 8 Abs. 1 Nr. 3 SGB V zu beachten. Auf Antrag wird danach von der Versicherungspflicht zur gesetzlichen Krankenversicherung befreit, wer deshalb versicherungspflichtig wird, weil seine Arbeitszeit auf die Hälfte oder weniger als die Hälfte der regelmäßigen Wochenarbeitszeit vergleichbarer Vollbeschäftigter des Betriebes herabgesetzt wird. Voraussetzung ist allerdings, dass der Betreffende seit mindestens fünf Jahren wegen Überschreitens der Jahresarbeitsentgeltgrenze versicherungsfrei ist.

Der Antrag auf Versicherungsfreiheit ist innerhalb von drei Monaten nach Beginn der Versicherungspflicht bei der Krankenkasse zu stellen (§ 8 Abs. 2 SGB V). Die Befreiung wirkt vom Beginn der Versicherungspflicht an, wenn seit diesem Zeitpunkt noch keine Leistungen in Anspruch genommen wurden, sonst vom Beginn des Kalendermonats an, der auf die Antragstellung folgt. Die Befreiung kann nicht widerrufen werden.

208   Zu beachten ist, dass im Falle des Bestehens einer privaten Krankenversicherung Leistungsansprüche bestehen müssen, die ihrer Art nach – nicht dem Umfang und der Höhe – den Ansprüchen gegen die gesetzliche Krankenversicherung entsprechen.

Diese Vertragsleistungen müssen auch den Angehörigen (insbesondere Ehegatte, Kinder) zustehen, die Ansprüche aus der Familienversicherung der gesetzlichen Krankenversicherung hätten.

In Zusammenhang mit Altersteilzeitbeschäftigten handelt es sich in der Regel um Personen, die schon seit längerem Anspruch auf den Arbeitgeberzuschuss haben. Auf weitere Einzelheiten zum Anspruch auf den Zuschuss nach § 257 SGB V muss hier deshalb nicht näher eingegangen werden.

2.2.10 Weitere sozialversicherungsrechtliche Angelegenheiten

In den Hinweisen zum TV ATZ werden auch Ausführungen zu weiteren sozialversicherungsrechtlichen Fragen gemacht. Hier heißt es zunächst, dass sich die Beitragszahlung zur Kranken-, Pflege- und Arbeitslosenversicherung nach den tatsächlich gezahlten Bezügen (Teilzeitbezügen) richtet. Zur Rentenversicherung hat der Arbeitgeber aber zusätzlich Beiträge aus dem fiktiv erhöhten Arbeitsentgelt zu zahlen (vgl. Rz. 192 ff.). Für den Arbeitnehmer ändert sich aber an der Beitragspflicht aus dem tatsächlich gezahlten Arbeitsentgelt nichts. *209*

In Rz. 207 ist bereits erwähnt worden, dass sich Arbeitnehmer in der Krankenversicherung von der Versicherungspflicht befreien lassen können, wenn sie durch Herabsetzung ihrer Arbeitszeit versicherungspflichtig werden würden. War jemand vor Beginn der Altersteilzeitarbeit privat krankenversichert, wird er jetzt durch die Altersteilzeitarbeit versicherungspflichtig, will er sich aber nicht von der Versicherungspflicht befreien lassen, dann hat er das Recht, die private Krankenversicherung vorzeitig zu kündigen. Nach § 5 Abs. 9 SGB V kann nämlich derjenige, der versicherungspflichtig wird und bei einem privaten Krankenversicherungsunternehmen versichert ist, den Versicherungsvertrag mit Wirkung vom Eintritt der Versicherungspflicht an kündigen. Dies gilt auch, wenn ein Anspruch aus der Familienversicherung entsteht. Nach § 178 h VVG ist hier eine Frist von zwei Monaten zu beachten, innerhalb der die Kündigung zu erfolgen hat. *210*

Die vorstehenden Ausführungen zur Krankenversicherung gelten für die Pflegeversicherung entsprechend.

Im Hinblick auf die Arbeitslosenversicherung ergeben sich durch die Altersteilzeitarbeit grundsätzlich keine Änderungen. Es besteht weiterhin Versicherungspflicht nach § 25 Abs. 1 SGB III. Wird die Altersteilzeitarbeit vor Eintritt in die Altersrente beendet und sind die Voraussetzungen für den Bezug von Arbeitslosengeld, Arbeitslosenhilfe oder Unterhaltsgeld erfüllt, werden die Entgeltersatzleistungen nach dem Arbeitsentgelt bemessen, das der Arbeitnehmer erzielt hätte, wenn er seine Arbeitszeit nicht im Rahmen der Altersteilzeitarbeit vermindert hätte. Dies ergibt sich aus § 10 Abs. 1 ATG. In den Hinweisen zum TV ATZ wird hier vom Bemessungsprivileg gesprochen. Dieses Privileg wirkt bis zu dem Tag, an dem der Arbeitnehmer erstmals eine Altersrente – auch wenn diese eine abschlagsgeminderte Rente ist – beanspruchen kann. Auf die Ausführungen im Kapitel III (vgl. dort ab Rz. 353) wird verwiesen. *211*

2.2.11 Muster für Arbeitsverträge über die Vereinbarung eines Altersteilzeitarbeitsverhältnisses

Anlage 1 zu den Hinweisen zum TV ATZ enthält ein Muster für Arbeitsverträge über die Vereinbarung eines Altersteilzeitarbeitsverhältnisses: *212*

Altersteilzeit für Angestellte im öffentlichen Dienst

**Muster für Arbeitsverträge
über die Vereinbarung eines Altersteilzeitarbeitsverhältnisses**

Zwischen

der Bundesrepublik Deutschland

vertreten durch.. (Arbeitgeber)

und

Herrn/Frau

....

wohnhaft in ....(Arbeitnehmer/in)

wird zum Arbeitsvertrag vom...................................... auf der Grundlage

a) des Altersteilzeitgesetzes vom 23. Juli 1996 (BGBl. I S. 1078),

b) des Tarifvertrages zur Regelung der Altersteilzeitarbeit (TV ATZ) vom 5. Mai 1998

in der jeweils geltenden Fassung folgender

Änderungsvertrag

geschlossen.

§ 1

Das Arbeitsverhältnis wird nach Maßgabe der folgenden Vereinbarungen ab............... als Altersteilzeitarbeitsverhältnis fortgeführt.

Das Arbeitsverhältnis endet unbeschadet des § 9 Abs. 2 TV ATZ am ....

§ 2

Die Altersteilzeitarbeit wird geleistet

☐ im Blockmodell[1])

   Arbeitsphase vom................. bis ....

   Freistellungsphase vom .... bis ....

☐ im Teilzeitmodell[1])

§ 3

Für die Anwendung dieses Vertrages gilt der TV ATZ in seiner jeweils geltenden Fassung.

§ 4

Änderungen und Ergänzungen dieses Vertrages einschließlich der Vereinbarung von Nebenabreden sind nur wirksam, wenn sie schriftlich vereinbart werden.

................., den........................

....

(Für den Arbeitgeber)   (Arbeitnehmer/in)

---

[1]) Zutreffendes bitte ankreuzen.

3. Freistellung von der Arbeit und Sozialversicherung
3.1 Grundsätze
Besonders im Bereich des öffentlichen Dienstes hat sich die Praxis durchgesetzt, Altersteilzeitarbeit nicht dadurch zu leisten, dass die Arbeitszeit um die Hälfte vermindert wird, der Arbeitnehmer aber bis zu seiner Berentung täglich seiner Arbeit in reduzierter Arbeitszeit nachgeht. Vielmehr wird in den meisten Fällen das Verfahren angewandt, in dem nach einer Beschäftigungsphase eine Freistellungsphase folgt. Beläuft sich beispielsweise die Altersteilzeit auf insgesamt 4 Jahre, dann wird die ersten 2 Jahre „voll" gearbeitet und in der zweiten Hälfte der Altersteilzeitarbeit wird der Arbeitnehmer von der Arbeit ganz freigestellt, erhält aber – wie in der Beschäftigungsphase – das Entgelt für die Altersteilzeit, gegebenenfalls aufgestockt durch den Arbeitgeber (einschließlich Aufstockung des Rentenversicherungsbeitrages). *213*

Unstreitig ist, dass der Arbeitnehmer während der Zeit der (vollen) Beschäftigung wie vor Beginn der Altersteilzeitarbeit sozialversichert ist. Dadurch besteht in aller Regel Versicherungspflicht in der Kranken-, Pflege-, Renten- und Arbeitslosenversicherung. Darüber hinaus ist natürlich auch Versicherungspflicht in der gesetzlichen Unfallversicherung gegeben. Dieser Versicherungszweig ist allerdings nicht im Gesamtsozialversicherungsbeitrag zusammengeschlossen, für den die Krankenkassen Einzugsstellen sind (Ausnahme: geringfügig Beschäftigte). *214*

3.2 Versicherungspflicht
Fraglich ist, ob Sozialversicherungspflicht auch während der Freistellungsphase einer Altersteilzeitarbeit besteht. Mit dem Gesetz zur sozialrechtlichen Absicherung flexibler Arbeitszeitregelungen ist in § 7 Abs. 1 SGB IV festgelegt worden, dass eine Beschäftigung gegen Arbeitsentgelt unter bestimmten Voraussetzungen auch während Freistellungsphasen besteht. Damit werden sowohl *215*

– Unterbrechungen des Arbeitslebens (z.B. durch ein Sabbatjahr) als auch
– Freistellungsphasen insbesondere zum Ende des Arbeitslebens (z.B. Altersteilzeitarbeit in Blockbildung) sozialversicherungsrechtlich abgesichert.

Altersteilzeit für Angestellte im öffentlichen Dienst

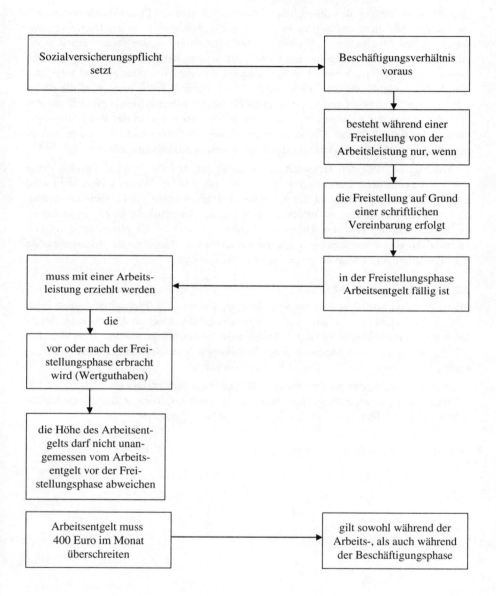

216 Die Regelung, dass die Höhe des Arbeitsentgelts nicht unangemessen vom Arbeitsentgelt vor der Freistellungsphase abweichen darf, ist noch dahingehend zu ergänzen, dass es bezüglich des Vergleichs auf die der Freistellungsphase unmittelbar vorausgegangenen 12 Kalendermonate ankommt.

Freistellung von der Arbeit und Sozialversicherung

Für den Fortbestand der Versicherungspflicht in der Freistellungsphase ist es nicht *217* erforderlich, dass das Beschäftigungsverhältnis anschließend fortgesetzt wird. Vielmehr ist es in de Praxis üblich, Freistellungsphasen an den Schluss des Arbeitslebens zu legen. Danach erfolgt dann die Berentung.

Wichtig: Ein Beschäftigungsverhältnis kann nach § 7 Abs. 1a Satz 2 SGB IV auch mit einer Freistellungsphase beginnen. In diesem Fall darf die Höhe des für die Freistellungsphase gezahlten Arbeitsentgelt in der späteren Arbeitsphase abweichen. Dem steht nicht entgegen, dass die Arbeitsleistung, mit der das Arbeitsentgelt später erzielt werden soll, wegen einer im Zeitpunkt der Vereinbarung nicht vorhersehbaren vorzeitigen Beendigung des Arbeitsverhältnisses nicht mehr erbracht werden kann (§ 7 Abs. 1a Satz 3 SGB IV). Vorstehendes gilt nach § 7 Abs. 1a Satz 5 SGB IV nicht für Personen, auf die Wertguthaben lediglich übertragen werden. Dadurch wird ausgeschlossen, dass Dritte durch Erwerb von Wertguthaben, die ein anderer Beschäftigter durch Arbeitsleistung angesammelt hat, einen sozialversicherungsrechtlichen Schutz ohne Arbeitsleistung begründen können. Bei demjenigen Arbeitnehmer, der das Wertguthaben erarbeitet hat, wird mit der Übertragung des Wertguthabens auf einen Dritten das Arbeitsentgelt fällig und damit beitragspflichtig.

3.3 Vereinbarung über die Freistellung von der Arbeitsleistung

Die Spitzenverbände der Sozialversicherungsträger weisen in ihrer Gemeinsamen Verlautbarung vom 7.2.2001 daraufhin, dass flexible Arbeitszeitregelungen im Sinne des § 7 Abs. 1a SGB IV alle Regelungen sind, die es zulassen, geleistete Arbeitszeiten oder erzielte Arbeitsentgelte in späteren Abrechnungszeiträumen für Freistellungen von der Arbeit zu verwenden. Deshalb stellt bereits gleitende Arbeitszeit eine flexible Arbeitszeitregelung dar. Im Rahmen der gleitenden Arbeitszeit können Zeitguthaben in späteren Abrechnungszeiträumen für (gegebenenfalls nur stundenweise) Arbeitsfreistellung verwendet werden. *218*

Außerdem können Freistellungen von der Arbeit ohne Zeitguthaben genommen werden. Die Zeitschuld ist dann in späteren Zeiträumen auszugleichen.

Flexible Arbeitszeitregelungen, auf die § 7 Abs. 1a SGB IV Anwendung finden soll, *219* bedürfen der vorherigen schriftlichen Vereinbarung. Dabei kann es sich um tarifvertragliche Regelungen, Betriebsvereinbarungen, aber auch um einzelvertragliche Vereinbarungen handeln. Die Vereinbarung hat insbesondere Regelungen über die Freistellungsphase sowie die Höhe des während der Freistellung fälligen Arbeitsentgelts zu treffen.

Die Vertragspartner können bei Abschluss der Vereinbarung für den Fall, dass das *220* Wertguthaben nicht mehr für Zeiten der Freistellung von der Arbeitsleistung verwendet werden kann, eine andere Verwendung des Wertguthabens vereinbaren (§ 7 Abs. 1a Satz 4 SGB IV). Dies ist zulässig bei a) Beendigung der Beschäftigung wegen des Eintritts einer Erwerbsminderung, b) Beendigung der Beschäftigung wegen des Erreichens einer Altersgrenze, zu der eine Rente wegen Alters beansprucht werden kann, oder c) Beendigung der Beschäftigung wegen des Todes des Beschäftigten. Für solche Fälle kann geregelt werden, dass das Wertguthaben z.B. für die betriebliche Altersversorgung verwendet oder an den Beschäftigten bzw. an dessen Hinterbliebene ausgezahlt wird. Nach § 23b Abs. 3a SGB IV gilt allein das für Zwecke der betrieb-

Altersteilzeit für Angestellte im öffentlichen Dienst

lichen Altersversorgung – in den engen Grenzen des § 7 Abs. 1a Satz 4 SGB IV – verwendete Wertguthaben nicht als beitragspflichtiges Arbeitsentgelt. Wird das Wertguthaben nicht für eine laufende Freistellung von der Arbeit und auch nicht auf Grund einer entsprechenden Vereinbarung für die betriebliche Altersversorgung verwendet, tritt ein Störfall mit der besonderen Beitragsberechnung ein (vgl. Rz. 230 ff.).

221 Bei allen Vereinbarungen über flexible Arbeitszeitregelungen muss zum Ausdruck kommen, dass es alleiniger Zweck der Vereinbarung ist, die Freistellung zu erreichen.

„Andere" Verwendung des Wertguthabens

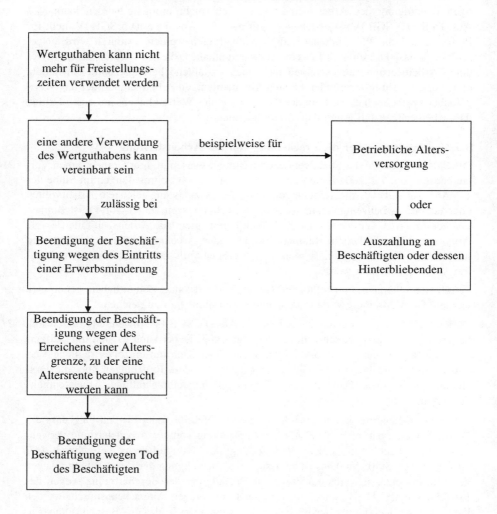

Freistellung von der Arbeit und Sozialversicherung

3.4 Beitragspflicht

Die Spitzenverbände der Sozialversicherungsträger haben sich in ihrer Gemeinsamen 222
Verlautbarung vom 7.2.2001 auch mit dem Begriff des Wertguthabens beschäftigt. Danach gelten als Wertguthaben im sozialversicherungsrechtlichen Sinne alle angesparten Arbeitsentgelte im Sinne des § 14 SGB IV sowie alle Arbeitszeiten, denen Arbeitsentgelt nach § 14 SGB IV zu Grunde liegt, aus einer versicherungspflichtigen Beschäftigung. Dabei handelt es sich beispielsweise um a) Teile des laufenden Arbeitsentgelts, b) Mehrarbeitsvergütungen, c) Einmalzahlungen, d) freiwillige zusätzliche Leistungen des Arbeitgebers, e) Überstundenvergütung und f) nicht in Anspruch genommene Urlaubstage. Dabei werden auch Arbeitsentgelte oberhalb der Beitragsbemessungsgrenze berücksichtigt. Außerdem gehören auch die mit dem Wertguthaben zu Gunsten des Arbeitnehmers erwirtschafteten Beträge (z.B. Zinserträge usw.) zum Wertguthaben.

Steuerfreie Arbeitsentgeltbestandteile, die kein Arbeitsentgelt im Sinne der Sozial- 223
versicherung darstellen, können nicht als sozialversicherungsrechtlich relevantes Wertguthaben verwendet werden. Allerdings besteht die Möglichkeit, diese Arbeitsentgeltbestandteile als besonderes (steuer- und beitragsfreies) Wertguthaben zur Erhöhung des Nettoarbeitsentgelts in der Freistellungsphase zu verwenden. So verwendete steuerfreie Arbeitsentgeltbestandteile bleiben nach dem Schreiben des Bundesministeriums der Finanzen vom 27.4.2000 (Az. IV C 5 – S 2343 – 6/00) weiterhin steuerfrei. Die mit diesem (steuerfreien) Wertguthaben erzielten Wertsteigerungen (also Zinserträge o.ä.) stellen aber steuerpflichtigen Arbeitslohn dar. Gleiches gilt für die Sozialversicherung. Die mit steuerfreien Wertguthaben erzielten Wertzuwächse sind deshalb dem sozialversicherungsrechtlich relevanten Wertguthaben zuzuordnen und können zur Finanzierung einer Freistellungsphase verwendet werden.

Ist das Wertguthaben an einen bestimmten Maßstab gebunden, so zählen auch die 224
so entstehenden Wertsteigerungen zum sozialversicherungsrechtlich relevanten Wertguthaben. Das bedeutet, dass bei der Verwendung des Wertguthabens jeweils der aktuelle Maßstab für das Wertguthaben zu Grunde zu legen ist. Wird das Wertguthaben z.B. als Zeitwertguthaben geführt und ist vereinbart, dass die angesparten Stunden im Falle der Freistellung von der Arbeitsleistung mit dem dann geltenden Stundensatz vergütet werden, ist das Wertguthaben das Ergebnis der Multiplikation der angesparten Stunden und dem aktuell gültigen Stundensatz. Für bestehende Zeitwertguthaben zum Zeitpunkt des Eintritts der Erwerbsminderung ist demzufolge eine Bewertung mit dem im Zeitpunkt des Ausscheidens aus der Beschäftigung maßgebenden Stundensatz vorzunehmen.

Bei Altersteilzeitarbeit im Blockmodell (vgl. dazu Rz. 153) ist das Wertguthaben die 225
Differenz zwischen dem bisherigen Arbeitsentgelt (§ 6 Abs. 1 ATG) und dem Arbeitsentgelt für die Altersteilzeit bzw. die Differenz zwischen der bisherigen Arbeitszeit und der dem Arbeitsentgelt für die Altersteilzeit zu Grunde liegenden Arbeitszeit (halbe bisherige Arbeitszeit). Arbeitsentgeltbestandteile, die in der Arbeitsphase ungekürzt (d.h. also zu 100 %) gezahlt werden und die in der Freistellungsphase nicht mehr geleistet werden, gehören nicht zum Wertguthaben.

Bei den Wertguthaben ist im übrigen zu unterscheiden, ob sie in den neuen oder in den alten Bundesländern erzielt werden:

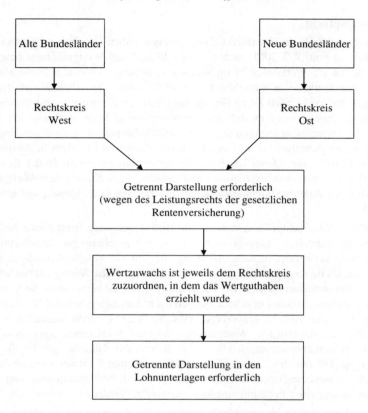

226 Die Spitzenverbände der Sozialversicherungsträger haben in ihrer Gemeinsamen Verlautbarung vom 7. 2. 2001 darauf hingewiesen, dass der Arbeitgeber nach § 2 Abs. 1 Nr. 4 b BÜVO das Wertguthaben im Sinne des Sozialversicherungsrechts einschließlich dessen Änderungen durch Zu- und Abgänge in den Lohnunterlagen darzustellen hat. Dabei sind der Abrechnungsmonat, in dem die erste Gutschrift erfolgt, sowie alle weiteren Abrechnungsmonate, in denen Änderungen des Wertguthabens erfolgen, anzugeben. Es ist sicherzustellen, dass die Entwicklung des Wertguthabens seiner Art nach (Zeit- oder Geldwertguthaben) an einer Stelle dargestellt wird. Im übrigen ist zu beachten, dass dann, wenn Wertguthaben auf einen Dritten übertragen werden, sie in den Lohnunterlagen des Dritten als solche zu kennzeichnen sind. Übertragene Wertguthaben werden beim Dritten nicht für die Beitragserhebung herangezogen und können nicht für eine Feststellungsphase nach § 7 Abs. 1a SGB IV verwendet werden.

227 Sah die Vereinbarung eine Verwendung des Wertguthabens für die betriebliche Altersversorgung bisher nicht vor und wird die Vereinbarung um diesen Verwendungszweck unverzüglich ergänzt, so kann auch das vor diesem Zeitpunkt erzielte Wertguthaben für die betriebliche Altersversorgung verwendet werden, ohne dass ein Störfall eintritt. Wurde die Vereinbarung nicht unverzüglich ergänzt, treten bei Verwendung des Wertguthabens für die betriebliche Altersversorgung unterschiedliche beitrags-

Freistellung von der Arbeit und Sozialversicherung

rechtliche Konsequenzen ein. In diesen Fällen ist das Wertguthaben in den Lohnunterlagen getrennt für den Zeitraum vor der Änderung und seit der Änderung der Vereinbarung darzustellen. Unabhängig hiervon ist die SV-Luft (vgl. Rz. 231) für jeden Versicherungszweig durchgehend in einer Summe zu bilden.

Die Teilnehmer an der Besprechung der Spitzenverbände der Sozialversicherungsträger vom 26./27. 6. 2002 beschäftigten sich u.a. mit der Frage, wie das Wertguthaben in Zusammenhang mit einer Altersteilzeitarbeit zu ermitteln ist, wenn dem Arbeitsentgelt pauschal besteuerbare Beiträge und Zuwendungen im Sinne des § 2 Abs. 1 Satz 3 ArEV hinzugerechnet werden. Dabei ist vor allem fraglich, ob in das Wertguthaben auch ein entsprechend anteiliger Hinzurechnungsbetrag eingestellt werden muss, was letztlich dazu führen würde, dass sich sozialversicherungsrechtlich ein höheres Wertguthaben ergeben würde, als dem Arbeitnehmer in der Freistellungsphase arbeitsrechtlich tatsächlich als Arbeitsentgeltanspruch zusteht. 228

Die Besprechungsteilnehmer machten zur Verdeutlichung das nachstehend wiedergegebene **Beispiel:**

Ermittlung des bisherigen Arbeitsentgelts:		
Zusatzversorgungspflichtiges Arbeitsentgelt		3.000,00 €
Umlage des Arbeitgebers (6,45 v.H.)	*193,50 €*	
davon pauschal zu versteuern	*92,03 €*	
bleibt individuell zu versteuern	*101,47 €*	*101,47 €*
Der pauschal versteuerte Betrag der Umlage		
entspricht einem zusatzversorgungspflichtigen		
Arbeitsentgelt von (92,03 € × 100 : 6,45 =) 1.426,82 €.		
Hinzurechnungsbetrag gemäß § 2 Abs. 1 Satz 2 ArEV		
2,5 v.H. von 1.426,82 €	*35,67 €*	
abzüglich Freibetrag	*13,30 €*	
	22,37 €	*22,37 €*
beitragspflichtiges Arbeitsentgelt		*3.123,84 €*
Ermittlung des Arbeitsentgelts für die Altersteilzeitarbeit		
Zusatzversorgungspflichtiges Arbeitsentgelt		*1.500,00 €*
Umlage des Arbeitgebers (6,45 v.H.)	*96,75 €*	
davon pauschal zu versteuern	*92,03 €*	
bleibt individuell zu versteuern	*4,72 €*	*4,72 €*
Der pauschal versteuerte Betrag der Umlage		
entspricht einem zusatzversorgungspflichtigen		
Arbeitsentgelt von (92,03 € × 100 : 6,45 =) 1.426,82 €.		
Hinzurechnungsbetrag gem. § 2 Abs. 1 Satz 2 ArEV		
(2,5 v.H. von 1.426,82 €)	*35,67 €*	
abzüglich Freibetrag	*13,30 €*	
	22,37 €	*22,37 €*
beitragspflichtiges Arbeitsentgelt		*1.527,09 €*
Feststellung des Wertguthabens		
Bisheriges Arbeitsentgelt		*3.123,84 €*
abzüglich Arbeitsentgelt für die Altersteilzeitarbeit		*1.527,09 €*
Wertguthaben		*1.596,75 €*

Bei Berücksichtigung des Hinzurechnungsbetrags für die Feststellung des Wertguthabens ergäbe sich sozialversicherungsrechtlich monatlich ein Wertguthaben in Höhe von 1.596,75 Euro. In der Freistellungsphase bemisst sich die ZVK-Umlage – wie in der Arbeitsphase auch – lediglich nach dem Arbeitsentgelt für die Altersteilzeitarbeit, so dass für die Finanzierung der Freistellungsphase monatlich lediglich 1.527,09 Euro des Wertguthabens verwendet werden. Die Differenz von monatlich 69,66 Euro gelangt nicht zur Auszahlung. Am Ende der Altersteilzeitarbeit bestände ein Wertguthaben, auf das der Arbeitnehmer arbeitsrechtlich keinen Anspruch hat, weil es sich lediglich aus unterschiedlich hohen sozialversicherungsrechtlichen Hinzurechnungsbeträgen ergibt.

229 Nach Auffassung der Besprechungsteilnehmer kann als Wertguthaben nur Arbeitsentgelt verwendet werden, das in der Arbeitsphase nicht ausgezahlt wird, um die Freistellungsphase zu finanzieren. Dies trifft für die Hinzurechnungsbeträge nur in der Höhe zu, wie sie auch tatsächlich in der Altersteilzeitarbeit anfallen. In dem vorstehenden Beispiel ist das Wertguthaben nach Ansicht der Besprechungsteilnehmer deshalb wie folgt festzustellen:

Bisheriges Arbeitsentgelt	3.000,00 €
abzüglich Arbeitsentgelt für die Altersteilzeitarbeit	1.500,00 €
	1.500,00 €
zuzüglich Hinzurechnungsbetrag aus Arbeitsentgelt für die Altersteilzeitarbeit	22,37 €
zuzüglich individuell zu versteuernder Betrag der Umlage	4,72 €
Wertguthaben	1.527,09 €

Soweit bisher anders verfahren worden ist, behält es dabei sein Bewenden.

Im Übrigen haben die Besprechungsteilnehmer keine Bedenken, wenn aus Vereinfachungsgründen die Hinzurechnungsbeträge nach § 2 Abs. 1 Satz 2 ArEV gar nicht in das Wertguthaben eingestellt werden. Dies hat den Vorteil, dass Änderungen des Umlagesatzes keine Berichtigungen des Wertguthabens nach sich ziehen. In der Freistellungsphase ist allerdings zu berücksichtigen, dass nur das tatsächliche Arbeitsentgelt, nicht aber die Hinzurechnungsbeträge das Wertguthaben mindern.

230 Für den Fall, dass das Wertguthaben nicht wie vereinbart für eine laufende Freistellung von der Arbeit verwendet wird (so genannter Störfall), sieht § 23 b Abs. 2 SGB IV ein besonderes Beitragsberechnungsverfahren vor. Hiernach gilt in einem Störfall als beitragspflichtiges Arbeitsentgelt das Wertguthaben, höchstens jedoch die Differenz zwischen der für die Dauer der Arbeitsphase seit der ersten Bildung des Wertguthabens maßgebenden Beitragsbemessungsgrenze für den jeweiligen Versicherungszweig und dem in dieser Zeit beitragspflichtigen Arbeitsentgelt (so genanntes Summenfelder-Modell).

231 Die sich aus dem Summenfelder-Modell ergebenden Beitragsbemessungsgrundlagen sind in der Entgeltabrechnung (Entgeltkonto) mindestens kalenderjährlich darzustellen. Dies sind die (Gesamt-)Differenzen zwischen dem beitragspflichtigen Arbeitsentgelt und der Beitragsbemessungsgrenze des jeweiligen Versicherungszweiges (SV-Luft) für die Dauer der Arbeitsphase seit der erstmaligen Bildung des Wertguthabens.

Freistellung von der Arbeit und Sozialversicherung

Die sich aus den beiden Rechtskreisen (Ost und West) ergebenden Wertguthaben sind in der Entgeltabrechnung getrennt darzustellen.

Nach den Ausführungen in den Gemeinsamen Verlautbarungen der Spitzenverbände der Sozialversicherungsträger vom 7.2.2001 hat der Arbeitgeber den im Störfall beitragspflichtigen Teil des Wertguthabens wie folgt zu bestimmen: Der Arbeitgeber stellt für die Zeit der Arbeitsphase einer Vereinbarung über die Flexibilisierung der Arbeitszeit vom Zeitpunkt der tatsächlichen Bildung des Wertguthabens an mindestens kalenderjährlich die Differenz zwischen der Beitragsbemessungsgrenze des jeweiligen Versicherungszweiges und des in diesem Kalenderjahr erzielten beitragspflichtigen Arbeitsentgelts fest (SV-Luft). Beitragsfreie Zeiten, z.B. Zeiten des Bezugs von Krankengeld sowie Zeiten, in denen der Arbeitnehmer auf Grund des Wertguthabens eine Freistellung von der Arbeit erhalten hat, sind, wenn in diesen Zeiten kein weiteres Wertguthaben erzielt wurde, bei der Bildung der (anteiligen) Beitragsbemessungsgrenzen nicht zu berücksichtigen. Die für die einzelnen Kalenderjahre der Arbeitsphase der flexiblen Arbeitszeitregelung festgestellte SV-Luft je Versicherungszweig wird summiert. Die SV-Luft ist immer nur für die Versicherungszweige festzustellen, zu denen im Zeitpunkt der Verwendung des Arbeitsentgelts bzw. der Arbeitsstunden als Wertguthaben Versicherungspflicht besteht. *232*

Im Störfall (vgl. Rz. 230) wird das gesamte Wertguthaben (einschl. etwaiger Wertzuwächse, wie Zinsen o.ä.), höchstens jedoch bis zu der für den einzelnen Versicherungszweig für die Dauer der Arbeitsphase der vereinbarten Arbeitszeitflexibilisierung festgestellten SV-Luft, als beitragspflichtiges Arbeitsentgelt berücksichtigt. Möglich ist ebenfalls, dass der Arbeitgeber auch das Wertguthaben zum 31. Dezember eines jeden Jahres (bei Übergang in die Altersteilzeit auch zu diesem Zeitpunkt) bewertet und mit der für dieses Kalenderjahr festgestellten Differenz zwischen der Beitragsbemessungsgrenze des jeweiligen Versicherungszweiges und dem beitragspflichtigen Arbeitsentgelt vergleicht. Der jeweils geringere dieser Beträge ist die Beitragsberechnungsgrundlage (= beitragspflichtiges Arbeitsentgelt), die für den Fall des Eintritts eines Störfalls fortzuschreiben ist. Gilt für das Wertguthaben ein bestimmter Wertmaßstab (z.B. durch die Bindung an den jeweils aktuellen Stundensatz), ist dieser bei jeder Bewertung des Wertguthabens anzuwenden. *233*

Für eine im Blockmodell ausgeübte Altersteilzeit gilt nach § 10 Abs. 5 ATG in der Rentenversicherung ein abweichendes Beitragsberechnungsverfahren. Für diesen Versicherungszweig ist für die Dauer der Altersteilzeitarbeit bis zum Eintritt des Störfalls die Differenz zwischen dem bisherigen Arbeitsentgelt (§ 6 Abs. 1 ATG) und dem Arbeitsentgelt für die Altersteilzeitarbeit einschließlich des Unterschiedsbetrags (dem Arbeitsentgelt, von dem tatsächlich Beiträge zur Rentenversicherung entrichtet würden) als SV-Luft auszuweisen. Die Feststellung erfolgt für die Zeit vom Beginn der Altersteilzeitarbeit bis zum Eintritt des Störfalls. Hierbei werden in der Rentenversicherung – anders als nach § 23b Abs. 2 SGB IV – auch die Zeiten der Freistellung von der Arbeit berücksichtigt. *234*

Wertguthaben, die auf Grund einer Vereinbarung nach § 7 Abs. 1a SGB IV vor der Altersteilzeitarbeit erzielt wurden, können für die Altersteilzeitarbeit zur Verkürzung der Arbeitsphase verwendet werden. Mit dem Übergang in die Altersteilzeitarbeit wird die bisher festgestellte SV-Luft in allen Versicherungszweigen übernommen und fortgeführt.

235 Eine besondere Regelung gilt – so die Spitzenverbände der Sozialversicherungsträger in ihrer Gemeinsamen Verlautbarung vom 7. 2. 2001 – für Gleitzeitvereinbarungen, die von vornherein eine Freistellung für längstens 250 Stunden ermöglichen. Zur Vermeidung administrativen Aufwands brauchen Wertguthaben aus solchen Gleitzeitvereinbarungen nach § 2 Abs. 1 Nr. 4 b BÜVO lediglich zu den Lohnunterlagen genommen zu werden. In diesem Modell sind besondere Aufzeichnungen (SV-Luft) nicht erforderlich, weil für diese Wertguthaben im Störfall die Beitragsberechnung nach § 23 a SGB IV als Einmalzahlung erfolgt (vgl. dazu Rz. 237). Nimmt der Arbeitnehmer neben der Gleitzeitvereinbarung auch an anderen Arbeitszeitmodellen (z.B. Langzeitkonten) teil, werden die in den anderen Modellen erzielten Wertguthaben nicht bei der Feststellung der 250-Stundengrenze für das Gleitzeitmodell berücksichtigt.

236 Allerdings kann der Arbeitgeber auch für Gleitzeitkonten von Beginn an entsprechende besondere Aufzeichnungen in der Entgeltabrechnung führen. In einem solchen Fall wird im Störfall das Wertguthaben nach § 23 b Abs. 2 Satz 2 SGB IV behandelt. Übersteigt das Wertguthaben einer von vornherein auf höchstens 250 Stunden Freistellung begrenzten Gleitzeitvereinbarung wider Einwarten die Zeitgrenze von 250 Stunden, sind rückwirkend vom Beginn der Erzielung des Wertguthabens an die besonderen Aufzeichnungen nach § 23 b Abs. 2 SGB IV im Summenfelder-Modell zu führen. Diese besonderen Aufzeichnungen müssen so lange geführt werden, bis das Wertguthaben vollständig abgebaut wurde.

Im übrigen besteht auch die Möglichkeit, in der Gleitzeitvereinbarung zu regeln, dass die die Zeitgrenze von 250 Stunden übersteigenden Wertguthaben in andere Arbeitszeitmodelle (z.B. Langzeitkonten) überführt werden. Für dieses Arbeitszeitmodell sind mit der ersten Bildung des Wertguthabens die besonderen Aufzeichnungen nach § 23 b Abs. 2 SGB IV zu führen. Für die Gleitzeitvereinbarung bedarf es dann in diesen Fällen weiterhin keiner besonderen Aufzeichnungen.

237 Besonderheiten gelten für Einmalzahlungen. Sie sind mit ihrem (gesamten) beitragspflichtigen Teil dem Zeitraum (vor oder seit der erstmaligen Bildung des Wertguthabens) zuzuordnen, dem sie auch für die Beitragsberechnung nach § 23 a SGB IV zugeordnet werden. Daraus ergeben sich folgende Konstellationen:

Freistellung von der Arbeit und Sozialversicherung

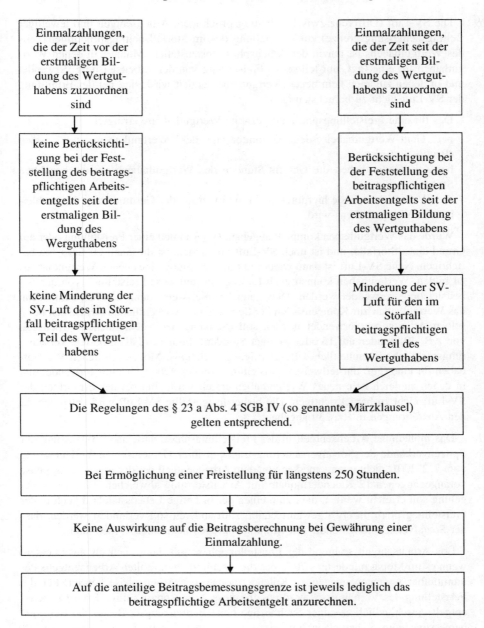

238 Die SV-Luft (Differenz zwischen beitragspflichtigem Arbeitsentgelt und jeweiliger Beitragsbemessungsgrenze) zur Feststellung des im Störfall beitragspflichtigen Teils des Wertguthabens ist nur in der Arbeitsphase festzustellen. Monate, in denen Wertguthaben für eine (ggf. nur teilweise) Freistellung von der Arbeitsleistung verwendet und in denen zugleich kein neues Wertguthaben erzielt wird, sind bei der Ermittlung der SV-Luft nicht zu berücksichtigen.

239 Das für eine Freistellungsphase ausgezahlte Wertguthaben verringert
– bei Geld-Wertguthaben den Gesamtbetrag des Wertguthabens um diesen (Brutto-)Betrag
– bei Zeit-Wertguthaben die Gesamt-Stunden des Wertguthabens um die bezahlten Stunden
– die SV-Luft, soweit sie hierdurch nicht niedriger als der Gesamtbetrag des verbleibenden Wertguthabens wird.

240 Wurde das Wertguthaben komplett abgebaut (im Rahmen einer Freistellung oder auf Grund eines Störfalls) und ist noch SV-Luft vorhanden, ist diese auf „0 Euro" zu berichtigen. Neue SV-Luft ist dann wieder mit der Erzielung eines neuen Wertguthabens zu bilden. Wertguthaben können auch für eine nur teilweise Freistellung von der Arbeitsleistung verwendet werden. Dies kann beispielsweise dann der Fall sein, wenn das Wertguthaben zur Kompensation der Senkung der wöchentlichen Arbeitszeit beim selben Arbeitgeber verwendet werden soll (Senkung der wöchentlichen Arbeitszeit von z.B. 40 Stunden auf 15 oder weniger Stunden). In diesen Fällen besteht versicherungsrechtlich ein einheitliches Beschäftigungsverhältnis. Monate, in denen Wertguthaben für eine (ggf. nur teilweise) Freistellung von der Arbeitsleistung verwendet und in denen zugleich kein neues Wertguthaben erzielt wird, sind bei der Ermittlung der SV-Luft nicht zu berücksichtigen. Die bisher festgestellte SV-Luft wird entsprechend den Ausführungen in Rz. 239 abgebaut.

241 Das monatliche Arbeitsentgelt in der Freistellungsphase darf, nach Auffassung der Spitzenverbände der Sozialversicherungsträger in ihrer Gemeinsamen Verlautbarung vom 7.2.2001, nicht unangemessen von dem Arbeitsentgelt der der Freistellungsphase vorangegangenen 12 Kalendermonate mit Arbeitsleistung abweichen. Mit dieser Regelung soll erreicht werden, dass zum einen der bisherige Lebensstandard auch in der Freistellungsphase in etwa gewährt bleibt, zum anderen soll verhindert werden, dass der Sozialversicherungsschutz mit Minimalbeiträgen begründet werden kann.

242 Das Arbeitsentgelt während der Freistellungphase gilt dann noch als angemessen, wenn es im Monat mindestens 70 % des durchschnittlich gezahlten Arbeitsentgelts der unmittelbar vorangegangenen 12 Kalendermonate der Arbeitsphase beträgt. Für die Feststellung des Verhältnisses wird das für diese Arbeitsphase fällige Brutto-Arbeitsentgelt einschließlich etwaiger Sachbezüge ohne Begrenzung (z.B. auf die Beitragsbemessungsgrenze) berücksichtigt. Dazu zählen auch regelmäßig gewährte Einmalzahlungen. Zusätzlich zum Lohn oder Gehalt gezahlte beitragsfreie Zulagen oder beitragsfreie Zuschläge bleiben dabei außer Betracht.

243 Beginnt die Beschäftigung mit einer Freistellungsphase, gelten die vorstehenden Ausführungen entsprechend. Lediglich hinsichtlich der Feststellung der Angemessenheit des Arbeitsentgelts während der Freistellungsphase ergibt sich eine Besonderheit.

Freistellung von der Arbeit und Sozialversicherung

In diesen Fällen ist die Höhe des Arbeitsentgelts während der Freistellungsphase mit der Höhe des während der folgenden Arbeitsphase zustehenden Arbeitsentgelts zu vergleichen.

Nach Abschn. III. 4. 6 im Gemeinsamen Rundschreiben der Spitzenverbände der Sozialversicherungsträger vom 7. 2. 2001 tritt der Störfall grundsätzlich an dem Tag ein, an dem das Arbeitsentgelt aus dem Wertguthaben nicht vereinbarungsgemäß verwendet wird bzw. an dem bei Eintritt der Zahlungsunfähigkeit des Arbeitgebers die Beiträge aus dem Wertguthaben gezahlt werden. Im Einzelnen sind dies 244

– bei Beendigung des Beschäftigungsverhältnisses durch Kündigung der letzte Tag des Beschäftigungsverhältnisses,
– bei Beendigung des Beschäftigungsverhältnisses ohne Wiedereinstellungsgarantie wegen des Eintritts einer Erwerbsminderung
– für den Teil des Wertguthabens, der auf die Zeit vor Eintritt der Erwerbsminderung entfällt, der Tag vor Eintritt der Erwerbsminderung
– für den Teil des Wertguthabens, der auf die Zeit seit Eintritt der Erwerbsminderung entfällt, der letzte Tag des Beschäftigungsverhältnisses
– bei vollständiger oder teilweiser Auszahlung des Wertguthabens nicht für Zeiten einer Freistellung der Tag, an dem das Wertguthaben bzw. der Teil des Wertguthabens ausgezahlt wird,
– bei Übertragung des Wertguthabens auf andere Personen der Tag, an dem die Übertragung erfolgt,
– bei Zahlungsunfähigkeit des Arbeitgebers der Tag, an dem die Beträge nach § 23 b Abs. 2 SGB IV bzw. § 10 Abs. 5 ATG gezahlt werden,
– bei Tod des Arbeitnehmers dessen Todestag.

Besteht das Beschäftigungsverhältnis über den Störfall hinaus fort (z. B. bei Teilauszahlung des Wertguthabens nicht für eine Freistellungsphase), kann zur Vereinfachung der Tag des Störfalls der letzte Tag des Abrechnungszeitraumes, in dem die Auszahlung erfolgte, angenommen werden.

Die Berechnung der Beiträge aus laufendem sowie aus einmalig gezahltem Arbeitsentgelt (§ 23 a SGB IV – vgl. dazu auch Rz. 237) geht jeweils der Beitragsberechnung nach § 23 b Abs. 2 SGB IV vor. Tritt in einem Abrechnungszeitraum, in dem eine Einmalzahlung erbracht wird, ein Störfall ein, erfolgt zuerst die Berechnung der Beiträge aus dem tatsächlichen Arbeitsentgelt (laufendes und einmalig gezahltes Arbeitsentgelt). Anschließend sind der beitragspflichtige Teil des Wertguthabens, sowie die darauf entfallenden Beiträge zu ermitteln. 245

Mit dem Eintritt verminderter Erwerbsfähigkeit (vgl. Rz. 325 ff.) beschäftigten sich die Spitzenverbände der Sozialversicherungsträger in Abschn. II. 4.12.2 ihrer Gemeinsamen Verlautbarung vom 7. 2. 2001. Endet danach das Beschäftigungsverhältnis, weil ein Rentenversicherungsträger durch Bescheid den Eintritt von verminderter Erwerbsfähigkeit feststellte, gilt der Tag vor Eintritt der verminderten Erwerbsfähigkeit als Zeitpunkt des Eintritts des Störfalls des bis dahin erzielten Wertguthabens. In diesen Fällen sind die Beiträge aus dem Wertguthaben erst mit den Beiträgen aus Arbeitsentgelten des auf das Ende des Beschäftigungsverhältnisses folgenden Abrechnungszeitraum fällig. Gleichzeitig tritt wegen der Beendigung des Beschäftigungsverhältnisses ein Störfall für das seit Eintritt der Erwerbsminderung erzielte Wertguthaben ein. 246

247 Für die Beitragsberechnung im Störfall sind nach § 23 b Abs. 2 Satz 4 SGB IV die im Zeitpunkt der Fälligkeit der Beiträge jeweils geltenden Beitragssätze maßgebend. Diese Beiträge werden mit den Beiträgen der Entgeltabrechnung des Kalendermonats fällig, der auf den Monat folgt, in dem der Störfall eingetreten ist. Sind vom Wertguthaben Beiträge zu einem Versicherungszweig zu zahlen, zu dem im Zeitpunkt des Störfalls oder der Fälligkeit der Beiträge keine Versicherungspflicht besteht, ist gleichwohl der aktuelle Beitragssatz dieses Versicherungszweigs anzuwenden. Gilt zum Zeitpunkt des Eintritts eines Störfalls und der Auszahlung des Wertguthabens ein anderer Beitragssatz als zum Zeitpunkt der Fälligkeit der Beiträge, sind die Beiträge aus dem Wertguthaben nach einem anderen Beitragssatz zu ermitteln, als die Beiträge aus dem Arbeitsentgelt des Abrechnungszeitraums, in dem der Störfall eintrat.

Um Probleme in der Entgeltabrechnung durch die Anwendung von zwei Beitragssätzen in einem Abrechnungszeitraum zu vermeiden, kann – so die Spitzenverbände der Sozialversicherungsträger in ihrer Gemeinsamen Verlautbarung vom 7.2.2001 – der Beitragssatz für die Beitragsberechnung verwendet werden, der in dem Abrechnungszeitraum galt, in dem das Wertguthaben ausgezahlt worden ist.

248 Die Krankenversicherungsbeiträge bemessen sich nach dem Beitragssatz der Krankenkasse, der der Versicherte im Zeitpunkt des Störfalls angehört. Diese Krankenkasse erhält die Krankenversicherungsbeiträge aus dem Wertguthaben. Dabei ist unerheblich, ob im gesamten Zeitraum, auf den das Wertguthaben rückwirkend zu verteilen ist, eine Mitgliedschaft bei dieser Krankenkasse bestanden hat. Auch ist es unerheblich, in welcher Höhe für diesen Zeitraum bereits in der Vergangenheit – ohne das Wertguthaben – tatsächlich Beiträge zur Krankenversicherung entrichtet wurden. Gehört der Arbeitnehmer zum Zeitpunkt des Störfalls oder der Fälligkeit der Beiträge keiner Krankenkasse an, umfasst das Wertguthaben aber auch einen zur Krankenversicherung beitragspflichtigen Teil, so ist der Beitragssatz der Krankenkasse anzuwenden, die im Zeitpunkt des Störfalls als Einzugsstelle die Beiträge zur Renten- oder Arbeitslosenversicherung annimmt.

249 Bei Eintritt des Störfalls wegen Zuerkennung einer Rente wegen Erwerbsminderung ist in der Krankenversicherung für das gesamte beitragspflichtige Wertguthaben der ermäßigte Beitragssatz anzuwenden. Sind vom Wertguthaben Beiträge zur Rentenversicherung zu zahlen und besteht zum Zeitpunkt des Störfalls oder der Fälligkeit der Beiträge keine Rentenversicherungspflicht, sind die Beiträge zu dem Rentenversicherungszweig zu zahlen, dem der Arbeitnehmer zuletzt angehörte.

250 § 7 d SGB IV enthält Bestimmungen über den Insolvenzschutz für Vereinbarungen über flexible Arbeitszeitregelungen. Hierauf soll im Rahmen dieses Buches nicht näher eingegangen werden. Das gilt auch für die Bestimmungen des § 23 SGB IV, die sich mit der Fälligkeit der Beiträge beschäftigten.

KAPITEL III
Gesetzliche Rentenversicherung

1. Grundsätze des Systems

Die gesetzliche Rentenversicherung beruht auf dem Prinzip der entgeltbezogenen Rente. Dies bedeutet, dass der wichtigste Faktor der Rentenberechnung das Entgelt ist. Aus diesem Entgelt werden auch die Beiträge berechnet, die in der Hauptsache die Rentenversicherung finanzieren. Dabei ist zu beachten, dass in der Regel die Beiträge zur Hälfte von den Arbeitnehmern und zur anderen Hälfte von den Arbeitgebern getragen werden. Die Rentenversicherung hat aber noch weitere Einnahmen, wie zum Beispiel den Bundeszuschuss.   251

Seit vielen Jahren ist die Rentenversicherung in der öffentlichen Diskussion. Schon lange wird die Rente nicht mehr für sicher gehalten. Schließlich wurde sogar von dem Prinzip der gesetzlichen Rente abgewichen und die Versicherten aufgefordert, sich zum Teil privat zu versichern. Dazu werden Zuschüsse des Staates gewährt.

Die Rentenversicherung unterteilt sich in mehrere Bereiche. Zu nennen sind hier insbesondere die Rentenversicherung der Arbeiter und Angestellten. Daneben gibt es die Bundesknappschaft (Rentenversicherung der Bergleute), aber auch die landwirtschaftliche Alterssicherung sowie die Seekasse. Die Rentenversicherung der Arbeiter und Angestellten ist nicht mehr in eine solche für die Arbeiter und in eine solche für die Angestellten geteilt, wenn auch verschiedene Versicherungsträger zuständig sind. Es gibt vielmehr nur noch ein Gesetzeswerk, das für beide Personengruppen die notwendigen Rechtsgrundlagen enthält, nämlich das SGB VI. Das SGB VI ist überschrieben mit „Gesetzliche Rentenversicherung". Da das vorliegende Buch sich mit der Versorgung der Beamten und Angestellten, nicht aber der Arbeiter beschäftigt, wird das SGB VI unter dem Aspekt der Angestelltenversicherung behandelt.   252

Damit später jemand in den Genuss einer Versorgung kommen kann, muss er rentenversichert gewesen sein. Nur so ist es möglich, dass Beiträge gezahlt werden, die wiederum – wie bereits erwähnt – Grundlage der Rentenverrechnung sind. Das hier angewandte System lässt sich wie folgt grafisch darstellen: 253

Gesetzliche Rentenversicherung

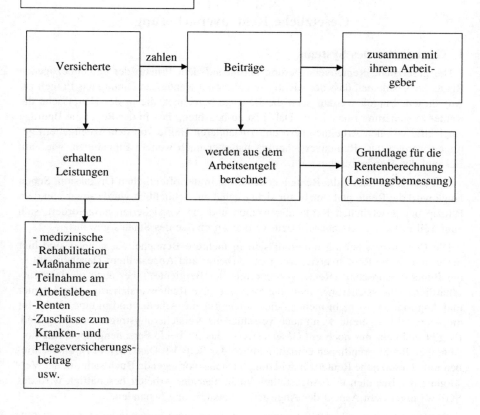

2. Versicherter Personenkreis

2.1 Beschäftigung gegen Arbeitsentgelt oder zur Berufsbildung

254 § 1 Satz 1 Nr. 1 SGB VI bestimmt Personen für versicherungspflichtig, die gegen Arbeitsentgelt oder zu ihrer Berufsausbildung beschäftigt sind. Zu den Personen, die zu ihrer Berufsausbildung beschäftigt sind, müssen auch die Personen gezählt werden, die als Auszubildende in einer außerbetrieblichen Einrichtung im Rahmen eines Berufsausbildungsvertrages nach dem Berufsbildungsgesetz ausgebildet werden (§ 1 Satz 1 Nr. 3a SGB VI). Die Versicherungspflicht von Personen, die gegen Arbeitsentgelt oder zu ihrer Berufsausbildung beschäftigt sind, erstreckt sich auch auf Deutsche, die im Ausland bei einer amtlichen Vertretung des Bundes oder der Länder oder bei deren Leitern, deutschen Mitgliedern oder Bediensteten beschäftigt sind.

255 Personen, die Wehrdienst leisten und nicht in einem Dienstverhältnis als Berufssoldat oder Soldat auf Zeit stehen, sind in dieser Beschäftigung nicht als Arbeitnehmer,

Versicherter Personenkreis

sondern als Wehrdienstleistende versicherungspflichtig. Rechtsgrundlage ist hier § 3 Satz 1 Nr. 2 SGB VI. Danach sind Personen in der Zeit versicherungspflichtig, in der sie aufgrund gesetzlicher Pflicht mehr als drei Tage Wehrdienst oder Zivildienst leisten.

Die gesetzliche Rentenversicherung kennt auch die Versicherungspflicht selbstständig Tätiger, die in Zusammenhang mit der Versorgung im öffentlichen Dienst an und für sich keine Rolle spielen. Allerdings ist zu beachten, dass bei der Leistungsbemessung, insbesondere bei der Rentenberechnung aller Versicherungszeiten einer Person herangezogen werden. Es ist also durchaus möglich, dass noch andere als Beschäftigungszeiten berücksichtigt werden. Der Angestellte des öffentlichen Dienstes kann ja vor seiner Dienstzeit Selbstständiger gewesen sein. Das ist natürlich auch nach der Dienstzeit im öffentlichen Bereich möglich. Bei der Leistungsbemessung sind auch Zeiten zu berücksichtigen, in denen der Betreffende als Arbeiter tätig war und zwar sowohl im öffentlichen als auch im privaten Dienst. 256

Zu berücksichtigen sind in diesem Zusammenhang auch die in § 4 SGB VI geregelten Personenkreise. In dieser Vorschrift geht es um die Versicherungspflicht auf Antrag. So sind Entwicklungshelfer im Sinne des Entwicklungshelfer-Gesetzes, die Entwicklungsdienst oder Vorbereitungsdienst leisten, auf Antrag versicherungspflichtig. Voraussetzung ist, dass die Versicherungspflicht von einer Stelle beantragt wird, die ihren Sitz im Inland hat.

Das SGB VI regelt nicht, wer gegen Arbeitsentgelt beschäftigt ist. Hier sind Vorschriften des für alle Sozialversicherungszweige geltenden SGB IV maßgebend. Nach § 7 SGB IV ist Beschäftigung die nichtselbstständige Arbeit, insbesondere in einem Arbeitsverhältnis. Anhaltspunkte für eine Beschäftigung sind eine Tätigkeit nach Weisungen und eine Eingliederung in die Arbeitsorganisation des Weisungsgebers. § 7 Abs. 1a SGB IV trägt flexiblen Arbeitszeitregelungen Rechnung. Ist danach für Zeiten einer Freistellung von der Arbeitsleistung Arbeitsentgelt fällig, das mit einer vor oder nach diesen Zeiten erbrachten Arbeitsleistung erzielt wird (Wertguthaben), besteht während der Freistellung eine Beschäftigung gegen Arbeitsentgelt. Allerdings ist Voraussetzung, dass die Freistellung auf Grund einer schriftlichen Vereinbarung erfolgt und die Höhe der für die Zeit der Freistellung und des für die vorausgegangen zwölf Kalendermonate monatlich fälligen Arbeitsentgelts nicht unangemessen voneinander abweichen und diese Arbeitsentgelte 400 Euro monatlich übersteigen. 257

§ 1 Satz 1 Nr. 1 SGB VI fordert (von Auszubildenden abgesehen) die Beschäftigung gegen Arbeitsentgelt. Den Begriff des Arbeitsentgelts regelt § 14 SGB VI. Danach sind Arbeitsentgelt alle laufenden oder einmaligen Einnahmen aus einer Beschäftigung, gleichgültig, ob ein Rechtsanspruch auf die Einnahmen besteht. Es spielt auch keine Rolle, unter welcher Bezeichnung oder in welcher Form sie geleistet werden und ob sie unmittelbar aus der Beschäftigung oder im Zusammenhang mit ihr erzielt werden. Arbeitsentgelt sind auch Entgeltteile, die durch Entgeltumwandlung nach § 1 Abs. 2 des Gesetzes zur Verbesserung der betrieblichen Altersversorgung in den Durchführungswegen Direktzusage oder Unterstützungskasse verwendet werden. Steuerfreie Aufwandsentschädigungen und die in § 3 Nr. 26 EStG genannten steuerfreien Einnahmen gelten nicht als Arbeitsentgelt. 258

Ist ein Nettoarbeitsentgelt vereinbart, gelten als Arbeitsentgelt die Einnahmen des Beschäftigten einschließlich der darauf entfallenden Steuern und der seinem gesetzlichen Anteil entsprechenden Beiträge zur Sozialversicherung und zur Arbeitsförderung. Sind bei illegalen Beschäftigungsverhältnissen Steuern und Beiträge zur Sozialversicherung (hier: Rentenversicherung) nicht gezahlt worden, gilt ein Nettoarbeitsentgelt als vereinbart.

259 Als im Vergleich zur Entgeltgewährung wesentlich stärkeres Kriterium wird bezüglich des Vorliegens eines versicherungspflichtigen Beschäftigungsverhältnisses die so genannte „persönliche Abhängigkeit" angesehen.

Dies kommt bereits in dem Text des § 7 Abs. 1 Satz 2 SGB IV zum Ausdruck, der – wie in Rz. 6 erwähnt – als Anhaltspunkte für eine Beschäftigung eine Tätigkeit nach Weisungen und eine Eingliederung in die Arbeitsorganisation des Weisungsgebers ansieht. Das BSG hat in seiner Entscheidung vom 27. 1. 1977 (12/3 RK 33/75; USK 7705) diesen Begriff näher und umfassender erläutert. Hier wird nämlich ausgeführt, dass sich die persönliche Abhängigkeit in der Eingliederung des Beschäftigten in einen Betrieb äußert und er dabei einem Zeit, Dauer und Ort der Ausführung umfassenden Weisungsrecht des Arbeitgebers unterliegt. Nach Ansicht des BSG im Urteil vom 27. 3. 1980 (12 RK 26/79; USK 80104) liegt eine weisungsgebundene und damit unselbstständige Beschäftigung vor, wenn sie in ihrer gesamten Durchführung vom Weisungsberechtigten (Arbeitgeber – Dienstherrn) und zwar namentlich durch Einzelanordnungen bestimmt werden kann. Als weisungsfrei und damit selbstständig gelten dagegen solche Tätigkeiten, bei denen zwar die Ziele der Tätigkeit durch Regeln oder Normen, die die Grenzen der Handlungsfreiheit mehr in generell-abstrakter Weise umschreiben, vorgegeben sein können, jedoch die Art und Weise, wie diese Ziele erreicht werden, der Entscheidung des Tätigen überlassen bleibt.

260 Nach Auffassung des BSG in seinem Urteil vom 9. 10. 1984 (12 RK 22/ 84; Die Beiträge 1986 S. 142) besteht bei Arbeiten, die wegen ihrer Kompliziertheit, möglicherweise aber auch nur wegen eines Bedürfnisses nach streng einheitlicher Ausrichtung („Genormtheit") nach Regeln erbracht werden müssen, die genau festgelegt sind, ein Anhaltspunkt für Abhängigkeit. Bis ins einzelne gehende Weisungen oder wenigstens die Möglichkeit dazu sind gerade für ein abhängiges Beschäftigungsverhältnis typisch. Es ist nicht unbedingt notwendig, dass der Arbeitnehmer den Weisungen des Arbeitgebers tatsächlich folgt. Vielmehr genügt u. U. seine Dienstbereitschaft. So hat das BSG am 18. 9. 1973 (12 RK 15/72; Die Beiträge 1973 S. 339) entschieden, dass ein versicherungspflichtiges Beschäftigungsverhältnis auch dann begründet wird, wenn der Arbeitgeber das zwischen ihm und dem Arbeitnehmer vereinbarte Arbeitsverhältnis noch vor dessen Beginn wieder kündigt, den (dienstbereiten) Arbeitnehmer bis zur rechtlichen Beendigung des Arbeitsverhältnisses von der Arbeitsleistung freistellt, ihm jedoch für diese Zeit das vereinbarte Arbeitsentgelt gewährt.

261 Von Ausnahmen abgesehen bietet im öffentlichen Dienst die Feststellung eines rentenversicherungspflichtigen Beschäftigungsverhältnisses keine besonderen Probleme.

Aber auch in diesem Bereich ist die Vorschrift des § 7 Abs. 3 SGB IV zu beachten. Danach gilt eine Beschäftigung gegen Arbeitsentgelt als fortbestehend, solange das Beschäftigungsverhältnis ohne Anspruch auf Arbeitsentgelt fortdauert, jedoch nicht länger als einen Monat. Vorstehendes gilt nicht, wenn Krankengeld, Verletztengeld,

Versorgungskrankengeld, Übergangsgeld oder Mutterschaftsgeld oder nach gesetzlichen Vorschriften Erziehungsgeld bezogen oder Elternzeit in Anspruch genommen oder Wehrdienst oder Zivildienst geleistet wird.

Durch § 7 Abs. 3 SGB IV werden beispielsweise Zeiten eines unbezahlten Urlaubes oder eines unentschuldigten Fehlens, sowie Streikzeiten angesprochen.

2.2 Versicherungsfreiheit und Befreiung von der Versicherungspflicht

Vom Grundsatz der Versicherungspflicht gibt es in der Rentenversicherung – wie im übrigen auch in den anderen Sozialversicherungszweigen – zahlreiche Ausnahmen. Besonders wesentliche Ausnahmen gibt es im Bereich des öffentlichen Dienstes. So ist hier insbesondere zu erwähnen, dass das Beamtenverhältnis ein Beschäftigungsverhältnis im sozialversicherungsrechtlichen Sinne ist. Grundsätzlich würden Beamte deshalb der Versicherungspflicht unterliegen (Urteil des BSG vom 30. 5. 1967; 3 RK 109/64, USK 6758). Der Versicherungspflicht unterliegen Beamte nur insoweit nicht, als sie aufgrund besonderer Vorschriften davon ausgenommen sind (vgl. Urteil des BSG vom 22. 8. 1967; 11 RA 354/65, USK 6772). In der Rentenversicherung erfolgt dies durch § 5 Abs. 1 SGB VI. Danach sind Beamte und Richter auf Lebenszeit, auf Zeit oder auf Probe, Berufssoldaten und Soldaten auf Zeit sowie Beamte auf Widerruf im Vorbereitungsdienst rentenversicherungsfrei. Diese Regelung gilt aber nur in der Beschäftigung als Beamter usw. und nicht etwa in einer privaten (Neben-)Beschäftigung. Die Versicherungspflicht zu letzterer ist also nach den üblichen Vorschriften zu beurteilen. 262

Versicherungsfrei sind – nach § 5 Abs. 1 Nr. 2 SGB VI – auch sonstige Beschäftigte von Körperschaften, Anstalten oder Stiftungen des öffentlichen Rechts, deren Verbänden einschließlich der Spitzenverbände oder ihrer Arbeitsgemeinschaften. Voraussetzung für die Versicherungsfreiheit dieser Personen ist, dass ihnen nach beamtenrechtlichen Vorschriften SGB Grundsätzen oder entsprechenden kirchenrechtlichen Regelungen Anwartschaft auf Versorgung bei verminderter Erwerbsfähigkeit und im Alter sowie auf Hinterbliebenenversorgung gewährleistet und die Erfüllung der Gewährleistung gesichert ist. Zu den sonstigen Beschäftigten gehören z.B. die DO-Angestellten der Sozialversicherungsträger. Solche Dienstverhältnisse bestehen insbesondere bei den gesetzlichen Unfallversicherungsträgern und – infolge von Übergangsbestimmungen – auch bei den gesetzlichen Krankenkassen. Vorstehendes gilt auch dann, wenn Mitglieder des hauptamtlichen Vorstandes einer Krankenkasse DO-Angestellte sind (vgl. Ergebnis der Besprechung der Spitzenverbände der Sozialversicherungsträger in DOK 1995 S. 449). 263

In der Besprechung der Spitzenverbände der Sozialversicherungsträger vom 24./ 25. 4. 1989 (Die Beiträge 1989 S. 215) wird u. a. darauf hingewiesen, dass Angestellten des öffentlichen Dienstes vielfach bereits im Hinblick auf eine beabsichtigte Übernahme in das Beamtenverhältnis ein Gewährleistungsbescheid über die Anwartschaft auf lebenslängliche Versorgung und Hinterbliebenenversorgung erteilt wird. Auch hier liegt bereits Versicherungsfreiheit in der Rentenversicherung vor. 264

Der in Zusammenhang mit der Versicherungsfreiheit zur Rentenversicherung verwendete Begriff „Beamte" ist nach dem Urteil des BSG vom 11. 6 .986 (1 RAS 7/85; USK 8696) i.S. des Beamtenrechts zu verstehen. Auf andere Personen als Beamte kann diese Vorschrift weder unmittelbar noch analog angewendet werden, soweit es nicht um die bereits behandelten „sonstigen Beschäftigten" geht.

In Zusammenhang mit der Versicherungsfreiheit von Geistlichen ist das Urteil des BSG vom 31. 3. 1976 (1 RA 187/74; USK 7612) zu berücksichtigen. Danach bleiben Militärseelsorger auf Zeit Geistliche ihrer Gliedkirche. Sie behalten daher ihre kirchlichen Versorgungsanwartschaften.

Zu den in § 5 Abs. 1 Nr. 2 SGB VI aufgeführten Organisationen gehören auch Gemeindeverbände und damit die von kommunalen Gebietskörperschaften gebildeten Zweckverbände (Urteil des BSG vom 15. 12. 1983; 12 RK 48/81, Die Beiträge 1983 S. 223, 1984 S. 312).

265 Nach § 5 Abs. 1 Satz 1 Nr. 3 SGB VI sind auch Personen versicherungsfrei, denen als satzungsmäßige Mitglieder geistlicher Genossenschaften, Diakonissen und Angehörige ähnlicher Gemeinschaften nach den Regeln der Gemeinschaft Anwartschaft auf die in der Gemeinschaft übliche Versorgung bei verminderter Erwerbsfähigkeit und im Alter gewährleistet und die Erfüllung der Gewährleistung gesichert ist.

266 Die Versicherungsfreiheit nach den Nummern 1 bis 3 des § 5 Abs. 1 Satz 1 SGB VI besteht auch in weiteren Beschäftigungen, auf die die Gewährleistung einer Versorgungsanwartschaft erstreckt wird. Nach dem Urteil des BSG vom 26. 10. 1982 (12 RK 29/81; WzS 1983 S. 232) ist der Regelungsgehalt einer Gewährleistungsentscheidung die Feststellung der beamtenrechtlichen Versorgungsanwartschaft und ggf. deren Erstreckung auf die außerhalb des Beamtenverhältnisses ausgeübte Beschäftigung. Nicht zum Regelungsgegenstand gehört dagegen die Zuordnung der Gewährleistungen zu einem bestimmten Sozialversicherungszweig. Zum Inhalt des Gewährleistungsbescheides macht das Bayerische Staatsministerium der Finanzen in seinem Erlaß vom 1. 6. 1983 Ausführungen (Die Beiträge 1983 S. 358). U. a. wird hier die Auffassung vertreten, dass für eine außerhalb eines Beamtenverhältnisses ausgeübte Beschäftigung Versicherungsfreiheit durch einen besonderen Gewährleistungsbescheid der zuständigen Behörde herbeigeführt werden kann.

267 Über das Vorliegen der Gewährleistung und ihre eventuelle Erstreckung auf weitere Beschäftigungen entscheidet für Beschäftigte beim Bund und bei Dienstherrn oder anderen Arbeitgebern, die der Aufsicht des Bundes unterstehen, der zuständige Bundesminister, im übrigen die oberste Verwaltungsbehörde des Landes, in dem die Arbeitgeber, Genossenschaften oder Gemeinschaften ihren Sitz haben.

268 Mit dem Tag der Gewährleistung beschäftigt sich das Rundschreiben des Bundesinnenministeriums vom 22. 1. 1958 (GMBl. 1958 S. 74). Danach ist eine Anwartschaft auf lebenslängliche Versorgung und auf Hinterbliebenenversorgung vom Tage der Ernennung den Beamten auf Lebenszeit (§ 5 Abs. 1 Nr. 1 BBG) und den Beamten auf Probe (§ 5 Abs. 1 Nr. 2 BBG) gewährleistet, die den Bund, die Deutsche Bundesbank, die Bundesversicherungsanstalt für Angestellte oder die Bundesanstalt für Arbeit zum Dienstherren haben. Für Richter gelten entsprechende Grundsätze.

269 Der VDR beschäftigte sich in seinem Schreiben vom 21. 8. 2001 (Die Beiträge 2001 S. 760) mit der Frage, ob Gewährleistungsentscheidungen, die Beamten das Vorhandensein einer Versorgungszusage rückwirkend für Zeiten bestätigen, in denen eine solche Versorgungszusage während eines zurückliegenden, auf Dauer angelegten Be-

schäftigungsverhältnisses als Angestellte tatsächlich eindeutig nicht bestanden hat, rechtlich nicht zulässig sind. Der VDR verweist auf eine Besprechung der Spitzenverbände der Sozialversicherungsträger am 27.6.2001. Die Teilnehmer an dieser Besprechung haben einhellig die Auffassung vertreten, dass die derzeitige Rechtslage keine Handhabe biete, die Umsetzung einer versicherungsrechtlich unzulässigen Gewährleistungsentscheidung im Sozialversicherungsrecht zu vermeiden. Nach der geltenden Rechtsprechung sind Gewährleistungsentscheidungen für Versicherungsträger bindend, soweit sie darüber entscheiden, ob und ab wann Versorgungsanwartschaften als gewährleistet anzusehen sind. Der VDR hielt eine gesetzliche Klarstellung für geboten.

Die Vorschrift des § 5 Abs. 1 Satz 1 Nr. 1 SGB VI über die Versicherungsfreiheit von Beamten findet auf deutsche Beamte der Europäischen Gemeinschaften keine Anwendung (Urteil des BSG vom 29.1.1981; 11 RA 22/80, USK 8117). Soweit dem nicht EG-Recht entgegensteht, ist für diese Personen Versicherungspflicht zur Rentenversicherung gegeben.   270

Durch die vorläufige Enthebung eines Beamten vom Dienst anlässlich eines Disziplinarverfahrens entfällt im übrigen die Versicherungsfreiheit nicht (vgl. Entscheidung des BSG vom 18.12.1963; 3 RK 99/59, Die Beiträge 1964 S. 153). Vor Aushändigung der Ernennungsurkunde zum Beamten kann in der Rentenversicherung Versicherungsfreiheit auf Grund des § 6 Abs. 1 Nr. 2 SGB VI dann bestehen, wenn als sonstiger Beschäftigter Anspruch auf Versorgung besteht und darüber ein Gewährleistungsbescheid der zuständigen Stelle vorliegt (Urteil des BSG vom 27.4.1966; 3 RK 17/61, Die Beiträge 1966 S. 311). Das LSG Baden-Württemberg hat am 31.7.1970 (L 4b Kr 1390/67; Breithaupt 1970 S. 1049) rechtskräftig entschieden, dass eine Anwartschaft nicht schon dann als nach beamtenrechtlichen Vorschriften oder Grundsätzen gewährleistet anzusehen ist, wenn in einem Dienstvertrag vorgeschrieben ist, dass für das vorgesehene Dienstverhältnis besondere Vereinbarungen notwendig sind.   271

Seit 20.6.2002 erhalten Frauen nach dem seit diesem Zeitpunkt geltenden § 13 Abs. 3 MuSchG, die während der Schutzfristen vor oder nach der Entbindung von einem Beamten- in ein Arbeitsverhältnis wechseln, von diesem Zeitpunkt an Mutterschaftsgeld entsprechend den Absätzen 1 und 2 des § 13 MuSchG. Hierbei handelt es sich in erster Linie um Frauen, die ihren Vorbereitungsdienst im Beamtenverhältnis nach Beginn der Mutterschutzfrist abgeschlossen haben und anschließend unmittelbar oder nach wenigen Wochen als Arbeitnehmerinnen eingestellt werden. In diesem Zusammenhang beschäftigten sich die Teilnehmer an der Besprechung der Spitzenverbände der Sozialversicherungsträger vom 26./27.6.2002 (Die Beiträge 2002 S. 542) mit der Frage, ob für die Frauen, die mit dem Wechsel in das Arbeitsverhältnis einen sofortigen Anspruch auf Mutterschaftsgeld nach § 200 Abs. 2 RVO in der gesetzlichen Krankenversicherung erlangen, zugleich Versicherungspflicht in der gesetzlichen Sozialversicherung eintritt. Die Besprechungsteilnehmer wiesen zunächst darauf hin, dass die Versicherungspflicht in der Sozialversicherung eine Beschäftigung gegen Arbeitsentgelt voraussetzt. Sofern in den hier angesprochenen Fällen mit dem Wechsel in das Arbeitsverhältnis zugleich ein sofortiger Anspruch auf Mutterschaftsgeld erworben wird, kann nach Ansicht der Besprechungsteilnehmer Versicherungspflicht nicht eintreten. Es fehlt hier an der dazu erforderlichen Grundvoraussetzung, nämlich der Beschäftigung gegen Entgelt. In solchen Fällen kann die Versicherungspflicht frühes-   272

Gesetzliche Rentenversicherung

tens mit der tatsächlichen Aufnahme der Beschäftigung gegen Arbeitsentgelt beginnen.

273 Wie in Rz. 262 bereits ausgeführt wurde gelten die Vorschriften über die Versicherungsfreiheit in der Rentenversicherung nur für das eigentliche Beamtenverhältnis und nicht etwa für ein anderes (daneben ausgeübtes) Beschäftigungsverhältnis. Dieser Grundsatz ist während der Beschäftigung eines beurlaubten Beamten bei einem privaten Arbeitgeber ebenfalls anwendbar. Daran ändert auch die Tatsache nichts, dass sich der öffentlich-rechtliche Dienstherr bereit erklärt hat, die Beurlaubungszeit auf die ruhegehaltsfähige Dienstzeit anzurechnen (vgl. Urteil des BSG vom 31.1.1973; 12/3 RK 4/71, USK 7304). Seit 1.1.1992 besteht Versicherungsfreiheit aber dann, wenn auf die (private) Beschäftigung die Gewährleistung einer Versorgungsanwartschaft erstreckt wird.

274 Nach § 5 Abs. 4 SGB VI sind Personen versicherungsfrei, die nach beamtenrechtlichen Vorschriften oder Grundsätzen oder entsprechenden kirchenrechtlichen Regelungen oder nach den Regelungen einer berufsständischen Versorgungseinrichtung eine Versorgung nach Erreichen einer Altersgrenze beziehen. Das gleiche gilt für die in Rz. 265 aufgeführten Personen, die die in der Gemeinschaft übliche Versorgung im Alter erhalten.

Eine Versorgung wegen Dienstunfähigkeit führt nicht zur Rentenversicherungsfreiheit. Erreicht ein solcher Versorgungsempfänger jedoch eine (individuelle) Altersgrenze, dann besteht von dem Zeitpunkt an Rentenversicherungsfreiheit, von dem an die Versorgung wegen Erreichens der Altersgrenze gewährt wird oder gewährt werden könnte. Eine förmliche Umwandlung der Versorgung wegen Dienstunfähigkeit in eine Versorgung wegen Erreichens der Altersgrenze wird für den Eintritt von Rentenversicherungsfreiheit nicht gefordert.

275 Versicherungsfrei in der Rentenversicherung sind im übrigen Personen (hier: Angestellte des öffentlichen Dienstes), die eine geringfügige Beschäftigung ausüben, in dieser Beschäftigung (§ 5 Abs. 2 SGB VI). Über das Vorliegen einer geringfügigen Beschäftigung bestimmt § 8 SGB IV:

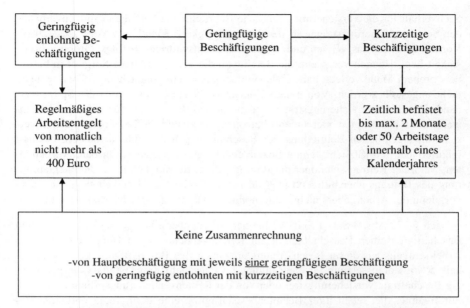

Geringfügig Beschäftigungen werden in geringfügig entlohnte und in kurzzeitige Beschäftigungen unterschieden

Wie aus dem vorstehenden Schaubild hervorgeht, wird bei den geringfügigen Beschäftigungen zwischen geringfügig entlohnten und kurzzeitigen Beschäftigungen unterschieden. Mehrere geringfügige Beschäftigungen sind zusammenzurechnen. Ergeben die Zusammenrechnungen, dass die Grenze von 400 Euro im Monat überschritten wird, besteht für alle Beschäftigungsverhältnisse Versicherungspflicht. Hier ist zu beachten, dass auch eine Zusammenrechnung mit einer so genannten Hauptbeschäftigung zu erfolgen hat. Eine Hauptbeschäftigung liegt vor, wenn ein Entgelt über 400 Euro im Monat gewährt wird und deshalb Versicherungspflicht besteht. Die Zusammenrechnung mit einer Hauptbeschäftigung ist im übrigen nur dann vorgesehen, wenn es sich um geringfügig entlohnte Beschäftigungen handelt. Kurzzeitige Beschäftigungen und Hauptbeschäftigungen sind nicht zusammenzurechnen.

Liegen mehrere geringfügig entlohnte Beschäftigungen neben einer Hauptbeschäftigung vor, dann ist e i n e geringfügig entlohnte Beschäftigung nicht mit der Hauptbeschäftigung zusammenzurechnen. Nach Auffassung der Spitzenverbände der Sozialversicherungsträger in ihren Geringfügigkeits-Richtlinien vom 25. 2. 2003 ist die zuerst begründete (älteste) Beschäftigung nicht mit der Hauptbeschäftigung zusammenzurechnen. 276

Wird bei der Zusammenrechnung festgestellt, dass die Voraussetzungen einer geringfügigen Beschäftigung nicht mehr vorliegen, tritt die Versicherungspflicht erst mit dem Tage der Bekanntgabe der Feststellung durch die Einzugsstelle oder einen Rentenversicherungsträger (anlässlich einer Betriebsprüfung) ein. Dies gilt allerdings dann nicht, wenn der Arbeitgeber es vorsätzlich oder grob fahrlässig versäumt hat, den 277

Sachverhalt für die versicherungsrechtliche Beurteilung aufzuklären (Spitzenverbände der Sozialversicherungsträger in den Geringfügigkeits-Richtlinien vom 25. 2. 2003). Vorsatz ist dabei das Wissen und Wollen des rechtswidrigen Erfolgs. Grobe Fahrlässigkeit liegt dagegen vor, wenn die Beteiligten die verkehrsübliche Sorgfalt in besonders grobem Maße verletzt haben, also einfachste, jedem einleuchtende Überlegungen nicht angestellt wurden. Von einem Vorsatz ist beispielsweise – so die Spitzenverbände der Sozialversicherungsträger – dann auszugehen, wenn der Arbeitgeber Hinweise des Beschäftigten oder anderer Personen, die zwangsläufig zu einer anderen versicherungsrechtlichen Beurteilung der Beschäftigung hätten führen müssen, bewusst ignoriert hat. Vorsätzlich werden Sozialversicherungsbeiträge schon dann vorenthalten, wenn der Beitragsschuldner die Beitragspflicht für möglich hielt, die Nichtabführung des Beitrags aber billigend in Kauf nahm. Grobe Fahrlässigkeit liegt z.B. dann vor, denn der Arbeitgebers nichts unternommen hat, um den Sachverhalt zu ermitteln.

278   Nach § 172 Abs. 3 Satz 1 SGB VI hat der Arbeitgeber eines geringfügig entlohnten Beschäftigten einen Pauschalbeitrag zur Rentenversicherung in Höhe von 12 % des Arbeitsentgelts aus dieser Beschäftigung zu zahlen (bei Beschäftigung im Privathaushalt: 5 %). Voraussetzung für die Zahlung des Pauschalbeitrags ist, dass der geringfügig Beschäftigte versicherungsfrei oder von der Rentenversicherungspflicht befreit ist. Für Beamte, die neben ihrer Beamtenbeschäftigung eine geringfügig entlohnte Beschäftigung ausüben, auf die die Gewährleistung einer Versorgungsanwartschaft erstreckt worden ist, ist kein Pauschalbeitrag zu zahlen. Der Pauschalbeitrag ist auch für diejenigen Personen zu entrichten, die nach § 5 Abs. 4 SGB VI rentenversicherungsfrei sind. Dazu gehören, wie in Rz. 274 bereits ausgeführt wurde, Versorgungsbezieher nach Erreichen einer Altersgrenze, also Ruhestandsbeamte und gleichgestellte Personen sowie Bezieher einer berufsständischen Altersversorgung.

279   Arbeitnehmer, die eine geringfügig entlohnte Beschäftigung ausüben und deshalb nach § 5 Abs. 2 Satz 1 erster Halbsatz SGB VI rentenversicherungsfrei sind, können gem. § 5 Abs. 2 Satz 2 erster Halbsatz SGB VI auf die Rentenversicherungsfreiheit verzichten. Über die Möglichkeit des Verzichtes hat den geringfügig Beschäftigten sein Arbeitgeber zu informieren. Sofern ein Arbeitnehmer hiervon Gebrauch macht, sind für ihn Rentenversicherungsbeiträge unter Zugrundelegung des „normalen" Beitragssatzes von derzeit 19,5 % zu zahlen. Dabei ist für den Beitrag des Arbeitnehmers eine Mindestbeitragsbemessungsgrundlage von 155 Euro zu berücksichtigen. Bei einem Beitragssatz von derzeit 19,5 % bedeutet dies, dass als Rentenversicherungsbeitrag mindestens ein Betrag von 30,23 Euro zu zahlen ist.

Der Arbeitgeber zahlt aber auch bei den geringfügig Beschäftigten, die auf die Versicherungsfreiheit zur gesetzlichen Rentenversicherung verzichtet haben, lediglich Beiträge unter Zugrundelegung des Beitragssatzes von 12 %. Der Arbeitnehmer muss die Differenz zu 19,5 % – unter Berücksichtigung der erwähnten Mindestbeitragsbemessungsgrundlage – zahlen.

280   § 6 Abs. 1 SGB VI enthält weitere Möglichkeiten der Versicherungsfreiheit, die teilweise auch für Angestellte des öffentlichen Dienstes Bedeutung haben. Allerdings ist hier Voraussetzung, dass die Befreiung von der Versicherungspflicht beantragt wird. In den bisher geschilderten Fällen tritt die Versicherungsfreiheit kraft Gesetzes und

Versicherter Personenkreis

ohne besondere Beteiligung des Betreffenden ein. Im Falle des § 6 SGB VI muss die Befreiung beantragt werden.

Zunächst werden Angestellte für die Beschäftigung befreit, wegen der sie aufgrund einer durch Gesetz angeordneten oder auf Gesetz beruhenden Verpflichtung Mitglied einer öffentlich-rechtlichen Versicherungseinrichtung oder Versorgungseinrichtung ihrer Berufsgruppe (berufsständische Versorgungseinrichtung) sind. Gleichzeitig müssen sie kraft gesetzlicher Verpflichtung Mitglied einer berufsständischen Kammer sein und weitere Voraussetzungen erfüllt haben. Angesprochen werden hier beispielsweise Architekten, Rechtsanwälte, Apotheker usw., Personen also, die auch als Angestellte im öffentlichen Dienst beschäftigt sein können.

Voraussetzung für die Befreiung von der Versicherungspflicht ist, dass 281
– am jeweiligen Ort der Beschäftigung für die Betreffenden bereits vor dem 1. 1. 1995 eine gesetzliche Verpflichtung zur Mitgliedschaft in der berufsständischen Kammer bestanden hat
– für sie nach näherer Maßgabe der Satzung einkommensbezogene Beiträge unter Berücksichtigung der Beitragsbemessungsgrenze (vgl. dazu Rz. 139) zur berufsständischen Versorgungseinrichtung zu zahlen sind
und
– aufgrund dieser Beiträge Leistungen für den Fall verminderter Erwerbsfähigkeit und des Alters sowie für Hinterbliebene erbracht und angepasst werden, wobei auch die finanzielle Lage der berufsständischen Versorgungseinrichtung zu berücksichtigen ist.

Von der Versicherungspflicht können auch Lehrer oder Erzieher befreit werden, die 282
an nichtöffentlichen Schulen oder Anstalten beschäftigt sind. Voraussetzung ist, dass ihnen nach beamtenrechtlichen Grundsätzen oder entsprechenden kirchenrechtlichen Regelungen Anwartschaft auf Versorgung bei verminderter Erwerbsfähigkeit und im Alter sowie auf Hinterbliebenenversorgung gewährleistet und die Erfüllung der Gewährleistung gesichert ist.

Die Befreiung von der Versicherungspflicht erfolgt für die geschilderten Lehrer und Erzieher auf Antrag des Arbeitgebers (§ 6 Abs. 2 SGB VI).

Über die Befreiung entscheidet der Rentenversicherungsträger, also die BfA (vgl. 283
dazu Rz. 418 ff.). Im Falle einer Mitgliedschaft bei einer berufsständischen Versorgungseinrichtung muss allerdings vorher die für die Einrichtung zuständige oberste Verwaltungsbehörde das Vorliegen der Voraussetzungen bestätigt haben. Handelt es sich um Lehrer und Erzieher an nichtöffentlichen Schulen, dann ist hierfür die oberste Verwaltungsbehörde des Landes zuständig, in dem der Arbeitgeber seinen Sitz hat.

Nach § 6 Abs. 4 SGB VI wirkt die Befreiung vom Vorliegen der Befreiungsvoraussetzungen an, wenn sie innerhalb von drei Monaten beantragt wird, sonst vom Eingang des Antrags an.

Die Befreiung ist auf die jeweilige Beschäftigung beschränkt (§ 6 Abs. 5 SGB VI). 284
Sie erstreckt sich auch auf eine andere versicherungspflichtige Tätigkeit, wenn diese infolge ihrer Eigenart oder vertraglich im Voraus zeitlich begrenzt ist und der Versorgungsträger für die Zeit der Tätigkeit den Erwerb einkommensbezogener Versorgungsanwartschaften gewährleistet.

Gesetzliche Rentenversicherung

2.3 Nachversicherung

285 Nach § 8 Abs. 1 Satz 1 Nr. 1 SGB VI sind auch Personen in der Rentenversicherung versichert, die nachversichert sind. Nachzuversichern sind gem. § 8 Abs. 2 Nr. 1 und 2 SGB VI Personen die

- als Beamte oder Richter auf Lebenszeit, auf Zeit oder auf Probe, Berufssoldaten und Soldaten auf Zeit sowie Beamte auf Widerruf im Vorbereitungsdienst oder
- als sonstige Beschäftigte von Körperschaften, Anstalten oder Stiftungen des öffentlichen Rechts, deren Verbänden einschließlich der Spitzenverbände oder ihrer Arbeitsgemeinschaften

versicherungsfrei waren oder von der Versicherungspflicht befreit worden sind.

286 Voraussetzung für die Nachversicherung ist, dass die betreffenden Personen ohne Anspruch oder Anwartschaft auf Versorgung aus der Beschäftigung ausgeschieden sind oder ihren Anspruch auf Versorgung verloren haben. Außerdem dürfen Gründe für einen Aufschub der Beitragszahlung (vgl. dazu Rz. 291 ff.) nicht gegeben sein. Die Nachversicherung erstreckt sich auf den Zeitraum, in dem die Versicherungsfreiheit oder die Befreiung von der Versicherungspflicht vorgelegen hat (Nachversicherungszeitraum). Bei einem Ausscheiden durch Tod erfolgt eine Nachversicherung nur, wenn ein Anspruch auf Hinterbliebenenrente geltend gemacht werden kann (vgl. zur Hinterbliebenenrente Rz. 381 ff.).

Wie bereits erwähnt, muss das Ausscheiden ohne Versorgungsanspruch erfolgen. Bezüglich des Versorgungsanspruchs von Beamten wird auf die Ausführungen in Kapitel 1 verwiesen.

287 Die Grundsätze für die Nachversicherung sind für frühere Geistliche auch bezüglich der Zeit anzuwenden, in der sie als Militärseelsorger Dienst taten (Urteil des BSG vom 31.3.1976; 1 RA 187/74, Die Beiträge 1976 S. 147). Wird eine Abfindungsrente, die einer Abfindung in Zusammenhang mit der Nachversicherung gleichsteht, zwar zugesichert, jedoch die Zusicherung rückwirkend auf den Zeitpunkt des Ausscheidens des Beamten zurückgenommen (z.B. im Rahmen eines Vergleiches zwischen Beamten und Dienstherrn), so ist die Nachversicherung durchzuführen (Urteil des BSG vom 2.11.1983; 11 RA 64/83, Die Beiträge 1984 S. 93).

288 Nach Auffassung des BSG steht der Nachversicherungspflicht nicht der Grundsatz entgegen, dass rückwirkende Änderungen der beamtenrechtlichen Stellung versicherungsrechtlich keine Auswirkungen haben dürfen. Ein solcher Grundsatz könne nämlich dann nicht durchgreifen, wenn er zu erheblichen Nachteilen für den ausgeschiedenen Beamten führt. Dies kommt auch im Urteil des BSG vom 20.3.1986 (11a RA 9/85; DOK 1986 S. 487) zum Ausdruck. Hier ist festgestellt worden, dass zwar Zeiten, die endgültig abgefunden sind, nicht nachversichert werden können, jedoch solche, für die die Abfindung wieder zurückgezahlt wird.

289 Aus dem öffentlichen Dienst ausscheidende und deshalb nachzuversichernde hochverdienende Angestellte haben eine Minderung der Gesamtversorgung, die auf der Beschränkung der Grundversorgung in der gesetzlichen Rentenversicherung wegen der Beitragsbemessungsgrenze beruht, hinzunehmen. Dies stellte das BAG in seinem Ur-

Versicherter Personenkreis

teil vom 12.2.1985 (3 AZR 119/83; USK 8563) fest und fügte hinzu, dass insoweit weder eine Verletzung von Verfassungsgrundsätzen noch eine durch ergänzende Rechtsprechung auszufüllende Gesetzeslücke vorliegt.

Nach der Entscheidung des BSG vom 23.7.1986 (1 RA 35/85; Die Beiträge 1986 S. 346) bestimmt sich der Zeitpunkt des „Ausscheidens" nach der tatsächlichen Beendigung der nachzuversichernden Beschäftigung. Im gleichen Urteil wurde auch zum Ausdruck gebracht, dass sich die Frage der Nachversicherung erst dann stelle, wenn nach abschließender Klärung der Rechtslage die aufschiebende Wirkung rückwirkend entfällt. Dem steht hier der Grundsatz, dass rückwirkende Änderungen der rechtlichen Verhältnisse versicherungsrechtlich keine Auswirkungen haben dürfen, nicht entgegen.

Das BSG hat am 4.5.1976 (1 RA 45/75; Die Beiträge 1976 S. 282) entschieden, dass eine Studienreferendarin (Studienrätin), die von ihrem Dienstherrn (Land) zu einer Tätigkeit im Ausland unter Wegfall der Dienstbezüge beurlaubt wurde, für die Dauer der Auslandstätigkeit nicht nachzuversichern ist. Die Rentenversicherungsträger nehmen im übrigen ein Ausscheiden aus einer rentenversicherungsfreien Beschäftigung bei einer Beurlaubung unter Fortfall der Dienstbezüge erst dann an, wenn diese mindestens einen Kalendermonat andauert (Schreiben des BMA vom 26.5.1986; Die Beiträge 1986 S. 234). Der BMA führte in seinem in der Klammer zitierten Schreiben weiter aus, dass in den Fällen, in denen ein Beamter zur Erfüllung der gesetzlichen Wehr- oder Zivildienstpflicht unter Fortfall der Dienstbezüge beurlaubt wird, eine Aufschubbescheinigung (vgl. dazu Rz. 293) gem. § 184 Abs. 4 SGB VI nur auf Wunsch des Beamten erteilt wird. Einer Anm. zum Schreiben den BMA in Die Beiträge 1986 S. 235 ist zu entnehmen, dass das Schreiben bei Beurlaubungen i.S. der §§ 72a, 79a BBG keine Anwendung findet. Es geht hier um die Ermäßigung der Arbeitszeit bzw. Beurlaubung bei Betreuung eines Kindes oder pflegebedürftigen sonstigen Angehörigen. Im übrigen dürften – so heißt es hier weiter – die Regelungen, nach denen eine Beurlaubung ohne Dienstbezüge rentenrechtlich als Ausscheiden aus der versicherungspflichtigen Beschäftigung und damit als Eintritt des Nachversicherungsfalles zu werten und die Nachversicherung grundsätzlich ohne Amts wegen – also ohne, dass es eines förmlichen Antrages bedarf – durchzuführen ist, unberührt bleiben. *290*

In seinem Urteil vom 11.6.1986 (1 RA 7/85; Die Beiträge 1986 S. 272, 313) hob das BSG hervor, dass sich die Nachversicherungspflicht nur auf diejenigen Beschäftigungszeiten erstreckt, die in der Rentenversicherung an sich versicherungspflichtig und nur infolge einer Ausnahmevorschrift versicherungsfrei gewesen ist. Es müsste also Versicherungspflicht bestanden haben, wenn nicht die für Beamte geltenden Ausnahmebedingungen Versicherungsfreiheit vorgesehen hätten. *291*

Gesetzliche Rentenversicherung

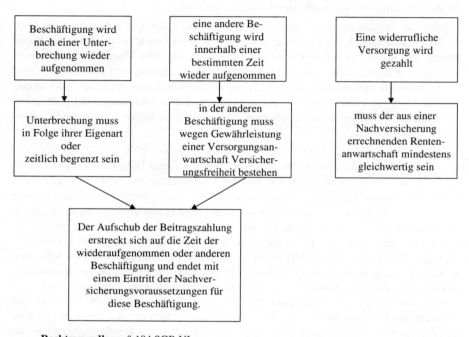

Rechtsgrundlage: § 184 SGB VI

292 Im Falle der Aufnahme einer anderen Beschäftigung muß dies sofort oder voraussichtlich innerhalb von 2 Jahren nach dem Auscheiden oder innerhalb eines Jahres nach dem Wegfall von Übergangsgebührnissen erfolgen. In der „anderen" Beschäftigung muss – wie im Schaubild in Rz. 291 erwähnt – entweder wegen Gewährleistung einer Versorgungsanwartschaft Versicherungsfreiheit bestehen oder eine Befreiung von der Versicherungspflicht erfolgen, sofern der Nachversicherungszeitraum bei Versorgungsanwartschaft aus der anderen Beschäftigung berücksichtigt wird.

293 Über den Aufschub der Beitragszahlung entscheiden die Arbeitgeber, Genossenschaften oder Gemeinschaften (§ 184 Abs. 3 SGB VI). Wird die Beitragszahlung aufgeschoben, erteilen gem. § 184 Abs. 4 SGB VI die Arbeitgeber, Genossenschaften oder Gemeinschaften den ausgeschiedenen Beschäftigten und dem Träger der Rentenversicherung eine Bescheinigung über den Nachversicherungszeitraum und die Gründe für einen Aufschub der Beitragszahlung (Aufschubbescheinigung). Die ausgeschiedenen Beschäftigten und der Rentenversicherungsträger können veranlassen, dass sich die Aufschubbescheinigung auch auf die beitragspflichtigen Einnahmen erstreckt, die einer Nachversicherung in den einzelnen Kalenderjahren zugrunde zu legen wären. Wird allerdings jemand aus dem Beamtenverhältnis entlassen, liegt eine vorübergehende Unterbrechung nicht vor (Urteil des BSG vom 11. 9. 1980; 1 RA 81/79, Die Beiträge 1980 S. 368).

Das BSG hat mit Urteil vom 12.3.1985 (11a RA 8/84; Die Beiträge 1985 S. 141) 294 festgestellt, dass ein Beamtenanwärter (Rechtspflegeanwärter), der in einer weit zurückliegenden Zeit lediglich Unterhaltszuschüsse erhalten hatte, nicht nachzuversichern war. Es fehlt nach Auffassung des BSG in der betreffenden Zeit an einem versicherungspflichtigen Beschäftigungsverhältnis, da kein Entgelt gewährt wurde. Zur damaligen Zeit habe auf den Unterhaltszuschuss kein Rechtsanspruch bestanden.

Nach der Entscheidung des BSG vom 21.6.1989 (1 RA 75/87; Die Beiträge 1989 S. 255, USK 8952) scheidet ein Beamter auf Widerruf im nachversicherungsrechtlichen Sinne auch dann aus seinem versicherungsfreien Beschäftigungsverhältnis aus, wenn er bereits im folgenden Monat bei demselben Dienstherrn als Richter auf Probe erneut in ein versicherungsfreies Beschäftigungsverhältnis berufen wird. In einem solchen Falle ist eine Nachversicherung durchzuführen.

Sind im Falle einer Nachversicherung für die nachzuversichernde Zeit bereits Rentenversicherungsbeiträge aufgrund einer versicherungspflichtigen Zweitbeschäftigung entrichtet worden und übersteigt das nachzuversichernde Arbeitsentgelt zusammen mit dem Arbeitsentgelt aus der Zweitbeschäftigung die Beitragsbemessungsgrenze der Rentenversicherung (vgl. dazu Rz. 139), so braucht die Nachversicherung nur noch in Höhe des Differenzbetrages zwischen dem Arbeitsentgelt aus der Zweitbeschäftigung und der jeweiligen Beitragsbemessungsgrenze durchgeführt werden (Urteil des BSG vom 16.6.1982; 11 RA 49/81, USK 82113).

Eine Nachversicherung hat auch bezüglich von Entgeltteilen zu erfolgen, die der Be- 295 amte später – bei Ausscheiden aus dem Beamtenverhältnis vor Ablauf einer bestimmten Dienstzeit – dem Dienstherrn zurückzuzahlen hat bzw. zurückzahlt (Urteil des BSG vom 2.8.1989; 1 RA 43/88, Die Beiträge 1989 S. 349). Die Nachversicherung umfasst auch einmalig gezahltes Arbeitsentgelt (z.B. Weihnachtsgratifikationen) bis zur anteiligen jährlichen Beitragsbemessungsgrenze (Urteil des BSG vom 21.7.1992; 4 RA 16/91, Die Beiträge 1993 S. 355). Im Urteil vom 21.7.1992 brachte das BSG ferner zum Ausdruck, dass der Rentenversicherungsträger zuständig und befugt ist, auch gegenüber öffentlich-rechtlichen Arbeitgebern (Dienstherrn) die Entrichtung der Nachversicherungsbeiträge durch Verwaltungsakt einzufordern, d.h. die Beitragspflicht und die Beitragshöhe verbindlich festzustellen. Die Nachversicherung beim Verlust des Versorgungsanspruchs erfasst nicht eine im einstweiligen Ruhestand verbrachte Zeit, auch wenn diese auf die ruhegehaltsfähige Dienstzeit anzurechnen ist (Urteil des BSG vom 16.12.1987; 11a RA 20/86, Die Beiträge 1988 S. 152).

In welchem Rentenversicherungszweig die Nachversicherung zu erfolgen hat, richtet 296 sich nach der Art der Beschäftigung, die in der nachzuversichernden Zeit ausgeübt wurde (vgl. Urteil des BSG vom 30.7.1975; 4 RJ 111/74, Die Beiträge 1976, S. 48).

Beim Vorliegen bestimmter Voraussetzungen kann die Nachversicherung auch bei 297 einer öffentlich-rechtlichen Versicherungs- oder Versorgungseinrichtung der Berufsgruppe des Betreffenden durchgeführt werden (vgl. dazu Rz. 280ff.) – § 186 SGB VI. Als Voraussetzung wird gefordert, dass der Betroffene innerhalb eines Jahres nach dem Eintritt der Voraussetzungen für die Nachversicherung aufgrund einer durch Gesetz angeordneten oder auf Gesetz beruhenden Verpflichtung Mitglied dieser Einrichtung wird. Hier ist im übrigen ein Antrag des Nachzuversichernden innerhalb einer Frist von einem Jahr nach dem Ausscheiden aus der versicherungsfreien Beschäftigung erforderlich (vgl. dazu auch § 186 Abs. 3 SGB VI). Diese Voraussetzung ist auch dann erfüllt, wenn der Antrag bei dem Arbeitgeber der letzten versicherungsfreien Beschäftigung gestellt wird (Urteil des BSG vom 18. 8. 1983; 11 RA 47/82, Die Beiträge 1983 S. 309). Der Antrag muss aber mit einer bereits erworbenen Mitgliedschaft in der öffentlich-rechtlichen Versicherungs- oder Versorgungseinrichtung der Berufsgruppe zusammentreffen (Urteil des BSG vom 11. 2. 1988; 4/11a RA 9/87, Die Beiträge 1988 S. 93).

298 Das „Wahlrecht", also die Möglichkeit der Nachversicherung bei einer öffentlich-rechtlichen Versicherungs- oder Versorgungseinrichtung einer Berufsgruppe erlischt auch dann mit Ablauf eines Jahres seit dem Ausscheiden aus der versicherungsfreien Beschäftigung, wenn die berufsständische Versicherungs- oder Versorgungseinrichtung erst später errichtet wird und zu diesem Zeitpunkt die Nachversicherung noch nicht durchgeführt worden ist (Urteil des BSG vom 1. 9. 1988; 1 RA 18/88, USK 88127). Die Einräumung eines nur zeitlich beschränkten „Wahlrechts" ist mit dem GG vereinbar.

299 Wegen Nachversicherung zu entrichtende Beiträge unterliegen der Verjährung (Urteil des BSG vom 24. 3. 1983; 1 RA 71/82, WzS 1983 S. 307, 371). Diese Verjährung tritt erst vier Jahre nach Ablauf des Kalenderjahres ein, in dem der Nachversicherungsfall eingetreten ist und diese Beiträge fällig geworden sind (Urteil des BSG vom 23. 7. 1986; 1 RA 35/85, Die Beiträge 1986 S. 346). Nach Auffassung des BSG in seiner Entscheidung vom 24. 3. 1983 trifft den öffentlich-rechtlichen Arbeitgeber die Rechtspflicht zur Nachversicherung der bei ihm versicherungsfrei beschäftigt gewesenen Personen kraft Gesetzes, ohne das es einer Aufforderung durch den zuständigen Rentenversicherungsträger bedarf.

Das BSG hat in diesem Zusammenhang am 15. 12. 1994 (4 RA 66/93, Die Beiträge 1996 S. 309) festgestellt, dass ein Arbeitgeber - gleich, ob privat oder öffentlich-rechtlich organisiert – im Rahmen seiner Mitwirkung bei der Nachversicherung eines Arbeitnehmers bzw. Bediensteten keine Amtshandlungen für den Rentenversicherungsträger vornimmt. Vielmehr wird er in Erfüllung der sich aus dem Arbeits-/Dienstverhältnis ergebenden arbeitsrechtlichen Verpflichtungen und zur Erfüllung eines ihn treffenden sozialrechtlichen Anspruchs tätig.

300 Beitragsbemessungsgrundlage für die Nachversicherung sind gem. § 181 Abs. 2 SGB VI die beitragspflichtigen Einnahmen aus der Beschäftigung im Nachversicherungszeitraum bis zur jeweiligen Beitragsbemessungsgrenze. Ist die Gewährleistung der Versorgungsanwartschaft auf eine weitere Beschäftigung erstreckt worden, werden für diesen Zeitraum auch die beitragspflichtigen Einnahmen aus der weiteren Beschäftigung bis zur jeweiligen Beitragsbemessungsgrenze (vgl. dazu Rz. 139) zugrundegelegt.

301 Mindestbeitragsbemessungsgrundlage für die Nachversicherung ist gem. § 181 Abs. 3 SGB VI ein Betrag in Höhe von 40 % der jeweiligen monatlichen Bezugsgröße. Im Jahre 2003 gelten hier in den alten Bundesländern 952 Euro und in den neuen Ländern 798 Euro. Für Ausbildungszeiten wird die Hälfte dieses monatlichen Betrages angewendet, 2003 also 476 Euro bzw. 399 Euro. Für Zeiten einer Teilzeitbeschäftigung ist der Teil der Mindestbeitragsbemessungsgrundlage zu berücksichtigen, der dem Verhältnis der ermäßigten zur regelmäßigen Arbeitszeit entspricht. Min-

Versicherter Personenkreis

destbeitragsbemessungsgrundlage für die dem Grundwehrdienst entsprechenden Dienstzeiten von Zeit- oder Berufssoldaten ist der Betrag, der für die Berechnung der Beiträge für Grundwehrdienstleistende in dem jeweiligen Zeitraum maßgebend war.

§ 181 Abs. 4 SGB VI sieht eine Dynamisierung sowohl der Beitragsbemessungsgrundlage als auch der Mindestbeitragsbemessungsgrundlage vor. Danach werden die beiden Faktoren für die Beitragsberechnung um den %-Satz angepasst, um den das vorläufige Durchschnittsentgelt für das Kalenderjahr, in dem die Beiträge gezahlt werden, das Durchschnittsentgelt für das Kalenderjahr, für das die Beiträge gezahlt werden, übersteigt oder unterschreitet.

Nachträglich nach Eintritt des Nachversicherungsfalles eintretende Veränderungen des Arbeitsentgelts, welches der Berechnung des Nachversicherungsbeitrags in der Rentenversicherung zugrunde gelegen hat, sind für die durchgeführte Nachversicherung unbeachtlich (Urteil des BSG vom 2.8.1989; 1 RA 43/88 und 1 RA 45/88, USK 8971). Etwas anderes kann ausnahmsweise dann gelten, wenn die Nichtberücksichtigung der nachträglichen Veränderung des Arbeitsentgelts zu erheblichen Nachteilen für den ausgeschiedenen Beschäftigten führen würde. *302*

2.4 Freiwillige Versicherung

Das Recht der freiwilligen Rentenversicherung ist in § 7 SGB VI geregelt. Nach Absatz 1 dieser Vorschrift können sich Personen, die nicht versicherungspflichtig sind, für Zeiten von der Vollendung des 16. Lebensjahres an freiwillig versichern. Das gilt auch für Deutsche, die ihren gewöhnlichen Aufenthalt im Ausland haben. *303*

Grundsätzlich steht das Recht zur freiwilligen Versicherung in der Rentenversicherung also jedem zu. Allerdings sieht § 7 Abs. 2 SGB VI eine Einschränkung für Personen vor, die versicherungsfrei oder von der Versicherungspflicht befreit sind, also Beamte, Versicherte einer berufsständischen Versicherungs- oder Versorgungseinrichtung usw. Diese Personen haben nur dann das Recht zur freiwilligen Versicherung, wenn sie die allgemeine Wartezeit von 60 Kalendermonaten erfüllt haben. Dabei muss es sich um Beitragszeiten handeln (vgl. § 51 Abs. 1 SGB VI). Die Voraussetzung ist für Personen nicht erforderlich, die wegen Geringfügigkeit einer Beschäftigung oder selbstständigen Tätigkeit oder während der Dauer ihres Studiums versicherungsfrei sind.

Auf die angesprochene Wartezeit sind auch Zeiten anzurechnen, in denen Versicherte in Dänemark wohnten. Diese Zeiten sind im Rahmen des EG-Rechts zu berücksichtigen (vgl. dazu die Urteile des BSG vom 29.5.1991; 4 RA 62/90 und 4 RA 44/90, Die Beiträge 1991 S. 343).

Nach bindender Bewilligung einer Vollrente wegen Alters oder für Zeiten des Bezugs einer solchen Rente ist eine freiwillige Versicherung nicht zulässig (§ 7 Abs. 3 SGB VI). Zuständig für die Durchführung der freiwilligen Versicherung ist die BfA oder auf Antrag der Träger der Rentenversicherung der Arbeiter (§ 126 Abs. 3 SGB VI). *304*

§ 232 SGB VI enthält Übergangsvorschriften für freiwillig Versicherte. Zunächst wird hier (in Abs. 1) bestimmt, dass Personen, die nicht versicherungspflichtig sind und vor dem 1.1.1992 vom Recht der Selbstversicherung, der Weiterversicherung *305*

Gesetzliche Rentenversicherung

(bei beiden handelt es sich um früher verwendete Begriffe) oder der freiwilligen Versicherung Gebrauch gemacht haben, sich weiterhin freiwillig versichern können. Das gilt für Personen, die

a) von dem Recht der Selbstversicherung oder Weiterversicherung Gebrauch gemacht haben, auch dann, wenn sie nicht Deutsche sind und ihren gewöhnlichen Aufenthalt im Ausland haben,

b) von dem Recht der freiwilligen Versicherung Gebrauch gemacht haben, nur dann, wenn sie dieses Recht nicht bereits vor dem 1.1.1992 nach den jeweils geltenden, dem § 7 Abs. 2 SGB VI sinngemäß entsprechenden Vorschriften verloren haben.

Vor dem 1.1.1992 gab es die Höherversicherung zur Rentenversicherung. Neben Beiträgen, die auf Grund der Versicherungspflicht oder der Berechtigung zur freiwilligen Versicherung entrichtet waren, konnte der Versicherte zusätzlich Beiträge zum Zwecke der Höherversicherung zahlen.

306 Das SGB VI enthält die Möglichkeit der Höherversicherung nicht mehr. Eine Übergangsregelung in § 234 SGB VI bestimmt, dass Personen, die vor dem 1.1.1992 von dem Recht der Höherversicherung Gebrauch gemacht haben, weiterhin neben Pflichtbeiträgen oder freiwilligen Beiträgen Beiträge zur Höherversicherung zahlen können.

3. Versorgungsleistungen der gesetzlichen Rentenversicherung
3.1 Leistungsarten

307 Die gesetzliche Rentenversicherung gewährt verschiedenartige Leistungen. So sehen die §§ 9ff. SGB VI Leistungen zur Teilhabe vor. Dabei handelt es sich um Leistungen zur medizinischen Rehabilitation, Leistungen zur Teilhabe am Arbeitsleben sowie um ergänzende Leistungen (wie z.B. Übergangsgeld bei Erbringung einer Leistung zur Teilhabe).

Im Rahmen dieses Buches sind die Rentenleistungen von besonderer Bedeutung. Die einzelnen Rentenarten sieht § 33 SGB VI vor. Danach werden Renten wegen Alters, wegen verminderter Erwerbsfähigkeit oder wegen Todes geleistet.

Die Renten wegen verminderter Erwerbsfähigkeit gehören natürlich zu den Versorgungsleistungen im Sinne diesen Buches. Sie werden gem. § 33 Abs. 3 SGB VI geleistet als

1. Rente wegen teilweiser Erwerbsminderung,
2. Rente wegen voller Erwerbsminderung,
3. Rente für Bergleute

sowie im Rahmen von Übergangsregelungen als

4. Rente wegen Berufsunfähigkeit
5. Rente wegen Erwerbsunfähigkeit.

308 Es gibt auch verschiedene Arten von Altersrenten (§ 33 Abs. 2 SGB VI). Danach werden Renten wegen Alters geleistet als

1. Regelaltersrente,
2. Altersrente für langjährig Versicherte,
3. Altersrente für schwerbehinderte Menschen,
4. Altersrente für langjährig unter Tage beschäftigte Bergleute

sowie im Rahmen von Übergangsbestimmungen als
5. Altersrente wegen Arbeitslosigkeit oder nach Altersteilzeitarbeit,
6. Altersrente für Frauen.

Nach § 33 Abs. 4 SGB VI wird Rente wegen Todes geleistet als
1. kleine Witwenrente oder Witwerrente,
2. große Witwenrente oder Witwerrente,
3. Erziehungsrente,
4. Waisenrente.

Im Rahmen von Übergangsbestimmungen gibt es auch Witwen- und Witwerrente an vor dem 1. 7. 1977 geschiedene Ehegatten.

Nach § 34 Abs. 1 SGB VI haben Versicherte und ihre Hinterbliebene Anspruch auf Rente, wenn die für die jeweilige Rente erforderliche Mindestversicherungszeit (Wartezeit) erfüllt ist und die jeweiligen besonderen versicherungsrechtlichen und persönlichen Voraussetzungen vorliegen. *309*

§ 50 SGB VI unterscheidet mehrere Wartezeiten: die allgemeine Wartezeit von fünf Jahren, die Wartezeit von 20 Jahren, die Wartezeit von 25 Jahren und die Wartezeit von 35 Jahren: *310*

311 Unter bestimmten Voraussetzungen gilt die Wartezeit als erfüllt. Dies gilt für einen Anspruch auf Regelaltersrente, wenn der Versicherte bis zur Vollendung des 65. Lebensjahres eine Rente wegen verminderter Erwerbsfähigkeit oder eine Erziehungsrente bezogen hat. Es gilt auch für einen Anspruch auf Hinterbliebenenrente, wenn der verstorbene Versicherte bis zum Tod eine Rente bezogen hat.

Um die vorzeitige Wartezeiterfüllung geht es in § 53 SGB VI. Danach ist die allgemeine Wartezeit vorzeitig erfüllt, wenn Versicherte
– wegen eines Arbeitsunfalls oder einer Berufskrankheit
– wegen einer Wehrdienstbeschädigung nach dem SVG als Wehrdienstleistender oder Soldat auf Zeit
– wegen einer Zivildienstbeschädigung nach dem Zivildienstgesetz als Zivildienstleistender oder
– wegen eines Gewahrsams (§ 1 Häftlingshilfegesetz)

vermindert erwerbsfähig geworden oder gestorben sind. Der erste Spiegelstrich findet nur Anwendung für Versicherte, die bei Eintritt des Arbeitsunfalls oder der Berufskrankheit versicherungspflichtig waren oder in den letzten zwei Jahren davor mindestens ein Jahr Pflichtbeiträge für eine versicherte Beschäftigung oder Tätigkeit haben. Sonderregelungen gelten in diesem Zusammenhang für die Rente für Bergleute.

Die allgemeine Wartezeit ist auch dann vorzeitig erfüllt, wenn Versicherte vor Ablauf von sechs Jahren nach Beendigung einer Ausbildung voll erwerbsgemindert geworden oder gestorben sind. Voraussetzung ist aber, dass sie in den letzten zwei Jahren vorher mindestens ein Jahr Pflichtbeiträge für eine versicherte Beschäftigung oder Tätigkeit haben. Der Zeitraum von zwei Jahren vor Eintritt der vollen Erwerbsminderung oder des Todes verlängert sich um Zeiten einer schulischen Ausbildung nach Vollendung des 17. Lebensjahres bis zu sieben Jahren.

312 Sonderregelungen bezüglich der Wartezeiterfüllung gelten z.B. in Zusammenhang mit dem Versorgungsausgleich, dem Rentensplitting unter Ehegatten und den Zuschlägen an Entgeltpunkten für Arbeitsentgelt aus geringfügiger versicherungsfreier Beschäftigung (§ 52 SGB VI).

313 Sind Zuschläge an Entgeltpunkten für Arbeitsentgelt aus geringfügiger versicherungsfreier Beschäftigung ermittelt, wird auf die Wartezeit die volle Anzahl an Monaten angerechnet, die sich ergibt, wenn die Zuschläge an Entgeltpunkten durch die Zahl 0,0313 geteilt wird (vgl. zu den Entgeltpunkten für Arbeitsentgelt aus geringfügiger Beschäftigung Rz. 406). Die Anrechnung erfolgt im übrigen nur insoweit, als die Kalendermonate einer geringfügigen versicherungsfreien Beschäftigung nicht bereits auf die Wartezeit anzurechnen sind.

314 § 51 SGB VI beschäftigt sich mit den Zeiten, die auf die einzelnen Wartezeiten anzurechnen sind. So werden auf die allgemeine Wartezeit und auf die Wartezeit von 20 Jahren Kalendermonate mit Beitragszeiten angerechnet. Auf die Wartezeit von 25 Jahren werden Kalendermonate mit Beitragszeiten aufgrund einer Beschäftigung mit ständigen Arbeiten unter Tage angerechnet. Alle Kalendermonate mit rentenrechtlichen Zeiten werden auf die Wartezeit von 35 Jahren angerechnet.

Wichtig: Auf die Wartezeiten werden auch Kalendermonate mit Ersatzzeiten angerechnet. Es geht hier beispielsweise um Zeiten der Vertreibung oder Flucht. Der Ge-

Versorgungsleistungen der gesetzlichen Rentenversicherung

setzgeber ist davon ausgegangen, dass „neue" Ersatzzeiten selten eintreten werden. Die entsprechenden Vorschriften sind deshalb wie Übergangsbestimmungen im Fünften Kapitel den SGB VI enthalten.

Nach § 54 Abs. 1 SGB VI werden als rentenrechtliche Zeiten, beitragsfreie Zeiten und Berücksichtigungszeiten unterschieden. Die Beitragszeiten unterscheiden sich in Zeiten mit vollwertigen Beiträgen und in beitragsgeminderte Zeiten. Zeiten mit vollwertigen Beiträgen sind Kalendermonate, die mit Beiträgen belegt und nicht beitragsgeminderte Zeiten sind (§ 54 Abs. 2 SGB VI). Beitragsgeminderte Zeiten sind Kalendermonate, die sowohl mit Beitragszeiten als auch mit Anrechnungszeiten, einer Zurechnungszeit oder Ersatzzeiten belegt sind (§ 54 Abs. 3 SGB VI). Kalendermonate mit Pflichtbeiträgen für eine Berufsausbildung gelten als beitragsgeminderte Zeiten. Als solche gelten stets die ersten 36 Kalendermonate mit Pflichtbeiträgen für Zeiten einer versicherten Beschäftigung oder selbstständigen Tätigkeit bis zur Vollendung des 25. Lebensjahres. Auf die ersten 36 Kalendermonate werden Anrechnungszeiten wegen einer Lehre angerechnet. *315*

Gem. § 54 Abs. 4 SGB VI sind beitragsfreie Zeiten Kalendermonate, die mit Anrechnungszeiten, mit einer Zurechnungszeit oder mit Ersatzzeiten belegt sind. Voraussetzung für ihre Berücksichtigung ist allerdings, dass für sie nicht auch Beiträge gezahlt worden sind.

Beitragszeiten sind Zeiten, für die nach Bundesrecht Pflichtbeiträge oder freiwillige Beiträge gezahlt worden sind (§ 55 SGB VI).

§ 56 SGB VI beschäftigt sich mit Kindererziehungszeiten, die in Zusammenhang mit der Rentenberechnung eine ganz besondere Rolle spielen. Es handelt sich hier um Zeiten der Erziehung eines Kindes in dessen ersten drei Lebensjahren. Eine Erziehungszeit wird dem Elternteil zugeordnet, der sein Kind erzogen hat. Haben mehrere Elternteile das Kind gemeinsam erzogen, wird die Erziehungszeit einem Elternteil zugeordnet. Haben die Eltern ihr Kind gemeinsam erzogen, können sie durch eine übereinstimmende Erklärung bestimmten, welchem Elternteil sie zuzuordnen ist. Die Zuordnung kann auf einen Teil der Erziehungszeit beschränkt werden. Die übereinstimmende Erklärung der Eltern ist mit Wirkung für künftige Kalendermonate abzugeben. Die Zuordnung kann rückwirkend für bis zu zwei Kalendermonate vor Abgabe der Erklärung erfolgen. Dies gilt aber dann nicht, wenn für einen Elternteil unter Berücksichtigung dieser Zeiten eine Leistung bindend festgestellt oder eine rechtskräftige Entscheidung über einen Versorgungsausgleich (vgl. dazu Rz. 312) durchgeführt wurde. Haben die Eltern eine übereinstimmende Erklärung nicht abgegeben, ist die Erziehungszeit der Mutter zuzuordnen. Haben mehrere Elternteile das Kind erzogen, ist die Erziehungszeit demjenigen zuzuordnen, der das Kind überwiegend erzogen hat, wenn nicht eine übereinstimmende Erklärung abgegeben wurde. *316*

Eine der Voraussetzungen für die Anrechnung einer Kindererziehungszeit ist, dass die Erziehung im Gebiet der Bundesrepublik Deutschland erfolgt ist oder einer solchen gleichsteht. Nach § 56 Abs. 3 SGB VI ist eine Erziehung dann im Gebiet der Bundesrepublik erfolgt, wenn der erziehende Elternteil sich mit dem Kind dort gewöhnlich aufgehalten hat. Einer Erziehung im Gebiet der Bundesrepublik steht gleich, wenn der erziehende Elternteil sich mit seinem Kind im Ausland gewöhnlich aufgehalten hat und während der Erziehung oder unmittelbar vor der Geburt des Kindes we- *317*

Gesetzliche Rentenversicherung

gen einer dort ausgeübten Beschäftigung oder selbstständigen Tätigkeit Pflichtbeitragszeiten hat. Dies gilt bei einem gemeinsamen Aufenthalt von Ehegatten im Ausland auch dann, wenn der Ehegatte des erziehenden Elternteils solche Pflichtbeitragszeiten hat oder nur deshalb nicht hat, weil er zu den in § 5 Abs. 1 und 4 SGB VI genannten Personen gehörte oder von der Versicherungspflicht befreit war. Es handelt sich hier beispielsweise um Beamte und Richter auf Lebenszeit, auf Zeit oder auf Probe, ferner um sonstige Beschäftigte von Körperschaften, Anstalten oder Stiftungen des öffentlichen Rechts usw. (vgl. Rz. 263 ff.). Außerdem sind beispielsweise Ruhestandsbeamte angesprochen (vgl. Rz. 274).

318 Im übrigen sind Elternteile von der Anrechnung ausgeschlossen, wenn sie während der Erziehungszeit zu den in § 5 Abs. 1 und 4 SGB VI genannten Personen gehören. Das gleiche gilt für Personen, die von der Versicherungspflicht befreit waren und nach dieser Zeit nicht nachversichert worden sind. Elternteile sind auch dann von der Anrechnung ausgeschlossen, wenn sie während der Erziehungszeit Abgeordnete, Minister oder Parlamentarische Staatssekretäre waren und nicht ohne Anspruch auf Versorgung ausgeschieden sind. Ein Ausschluss von der Berücksichtigung als Kindererziehungszeit gilt auch, wenn der Betreffende sich in der Bundesrepublik nur wegen einer zeitlich begrenzten Entsendung aufgehalten hat und deshalb nicht rentenversicherungspflichtig war. Das gleiche gilt, wenn der Betroffene wegen einer Regelung des zwischen- oder überstaatlichen Rechts oder einer für Bedienstete internationaler Organisationen getroffenen Regelung nicht versicherungspflichtig ist.

319 Die Kindererziehungszeit beginnt nach Ablauf des Monats der Geburt und endet nach 36 Kalendermonaten (§ 56 Abs. 6 SGB VI). Wird während dieses Zeitraums vom erziehenden Elternteil ein weiteres Kind erzogen, für das ihm eine Kindererziehungszeit anzurechnen ist, wird die Kindererziehungszeit für dieses und jedes weitere Kind um die Anzahl an Kalendermonaten der gleichzeitigen Erziehung verlängert.

Zu den rentenrechtlichen Zeiten zählen auch Berücksichtigungszeiten. Hiermit beschäftigt sich § 57 SGB VI. Danach ist die Zeit der Erziehung eines Kindes bis zu dessen vollendetem zehnten Lebensjahr eine Berücksichtigungszeit. Allerdings müssen die Voraussetzungen für die Anrechnung einer Kindererziehungszeit auch in dieser Zeit vorliegen.

320 Auch Pflegezeiten sind unter bestimmten Voraussetzungen Berücksichtigungszeiten. Maßgebend ist hier § 249 b SGB VI. Danach sind auf Antrag auch Zeiten der nicht erwerbsmäßigen Pflege eines Pflegebedürftigen Berücksichtigungszeiten. Das gilt aber nur für die Zeit vom 1.1.1992 bis zum 31.3.1995. Seit 1.4.1995 besteht für Personen Versicherungspflicht in der Rentenversicherung, wenn sie einen Pflegebedürftigen wenigstens 14 Stunden wöchentlich in seiner häuslichen Umgebung pflegen. Voraussetzung ist, dass der Pflegebedürftige Anspruch auf Leistungen aus der sozialen oder einer privaten Pflegeversicherung hat (§ 3 Satz 1 Nr. 1a SGB VI).

321 Eine Berücksichtigungszeit wegen Pflege bestand in der angegebenen Zeit nur solange, wie die Pflegeperson wegen der Pflege berechtigt war, Beiträge zu zahlen oder die Umwandlung von freiwilligen Beiträgen in Pflichtbeiträge zu beantragen. Außerdem darf sie nicht nach § 56 Abs. 4 SGB VI von der Anrechnung einer Kindererziehungszeit ausgeschlossen sein. Die Zeit der Pflegetätigkeit wird von der Aufnahme der Pflegetätigkeit an als Berücksichtigungszeit angerechnet, wenn der Antrag bis zum

Ablauf von drei Kalendermonaten nach Aufnahme der Pflegetätigkeit gestellt wurde. Wie bereits erwähnt gilt dies aber nur bis zum 31. 3. 1995.

Um besonders wichtige rentenrechtliche Zeiten handelt es sich bei den Anrechnungszeiten:

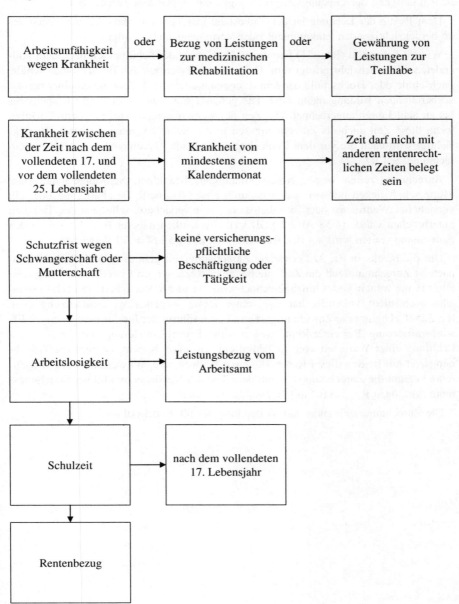

322 Liegt eine Anrechnungszeit wegen Arbeitslosigkeit vor, so ist weitere Voraussetzung, dass der Betreffende bei einem deutschen Arbeitsamt als Arbeitsuchender gemeldet war. Außerdem muss er eine öffentlich-rechtliche Leistung bezogen haben. Dazu gehört auch Krankengeld einer gesetzlichen Krankenkasse, wenn wegen der Arbeitsunfähigkeit der Leistungsanspruch gegen das Arbeitsamt geendet hat.

Dem Bezug der Leistung ist der Tatbestand gleichgestellt, dass sie nur wegen des zu berücksichtigenden Einkommens oder Vermögens nicht erfolgt.

Wie im Schaubild (Rz. 321) bereits erwähnt, muss der Schulbesuch nach dem vollendeten 17. Lebensjahr erfolgt sein. Dabei muss es sich um den Besuch einer Schule, Fachschule oder Hochschule handeln. Es genügt auch die Teilnahme an einer berufsvorbereitenden Bildungsmaßnahme. Die genannten Zeiten werden jedoch höchstens bis zu acht Jahren angerechnet. Die Zeit des Rentenbezuges wird nur berücksichtigt, wenn diese Zeit auch als Zurechnungszeit in der Rente angerechnet wurde. Berücksichtigt wird auch die vor dem Rentenbeginn liegende Zurechnungszeit. Vgl. zur Zurechnungszeit Rz. 324.

323 Anrechnungszeiten wegen Arbeitsunfähigkeit, Krankheit, Schwangerschaft oder Mutterschaft liegen nur vor, wenn dadurch eine versicherte Beschäftigung oder ein versicherter Wehrdienst oder Zivildienst oder eine versicherte selbstständige Tätigkeit unterbrochen wurde (§ 58 Abs. 2 SGB VI). Hinsichtlich näherer Einzelheiten zu den Anrechnungszeiten wird auf den weiteren Text des § 58 SGB VI verwiesen.

324 Um die bereits in Rz. 322 erwähnte Zurechnungszeit geht es in § 59 SGB VI. Danach ist Zurechnungszeit die Zeit, die bei einer Rente wegen Erwerbsminderung oder einer Rente wegen Todes hinzugerechnet wird, wenn der Versicherte das 60. Lebensjahr noch nicht vollendet hat. Bei einer Rente wegen Erwerbsminderung (vgl. Rz. 325 ff.) beginnt die Zurechnungszeit mit dem Eintritt der hierfür maßgebenden Erwerbsminderung. Bei einer Rente wegen voller Erwerbsminderung, auf die erst nach Erfüllung einer Wartezeit von 20 Jahren ein Anspruch besteht, beginnt die Zurechnungszeit mit Beginn dieser Rente. Bei einer Witwenrente, Witwerrente oder Waisenrente beginnt die Zurechnungszeit mit dem Tod des Versicherten und bei Erziehungsrente (vgl. dazu Rz. 383 ff.) mit Beginn dieser Rente.

Die Zurechnungszeit endet mit Vollendung des 60. Lebensjahres.

Versorgungsleistungen der gesetzlichen Rentenversicherung

3.2 Renten wegen verminderter Erwerbsfähigkeit
3.2.1 Anspruchsvoraussetzungen

325

Rentenart	Rente wegen teilweiser Erwerbsminderung	Rente wegen voller Erwerbsminderung	Rente für Bergleute
Leistungseinschränkung	teilweise Erwerbsminderung:	volle Erwerbsminderung	verminderte bergmännische Berufsfähigkeit
Wartezeit	5 Jahre	5 oder 20 Jahre	5 Jahre vor Eintritt der verminderten Berufsfähigkeit
	Versicherter ist wegen Krankheit oder Behinderung auf nicht absehbare Zeit außerstande, unter den üblichen Bedingungen des allgemeinen Arbeitsmarktes mindestens 6 Stunden täglich erwerbstätig zu sein	Versicherter ist wegen Krankheit oder Behinderung auf nicht absehbare Zeit außerstande, unter den üblichen Bedingungen des allgemeinen Arbeitsmarktes mindestens 3 Stunden täglich erwerbstätig zu sein	Vermindert berufsfähig sind Versicherte, die wegen Krankheit oder Behinderung nicht imstande sind, die von ihnen ausgeübte knappschaftliche Beschäftigung und eine andere wirtschaftlich im wesentlichen gleichwertige knappschaftliche Beschäftigung auszuüben

Anspruchsvoraussetzungen für Renten wegen verminderter Erwerbsfähigkeit

Rechtsgrundlage für die Gewährung einer Rente wegen Erwerbsminderung ist § 43 SGB VI. Es ist hier zwischen 326

- der Rente wegen teilweiser Erwerbsminderung und
- der Rente wegen voller Erwerbsminderung

zu unterscheiden. Nach § 43 Abs. 1 SGB VI haben Versicherte bis zur Vollendung des 65. Lebensjahres Anspruch auf Rente wegen teilweiser Erwerbsminderung, wenn sie
- teilweise erwerbsgemindert sind,
- in den letzten fünf Jahren vor Eintritt der Erwerbsminderung drei Jahre Pflichtbeiträge für eine versicherte Beschäftigung oder Tätigkeit haben und
- vor Eintritt der Erwerbsminderung die allgemeine Wartezeit (vgl. dazu Rz. 309 ff.) erfüllt haben.

Gesetzliche Rentenversicherung

Versicherte sind dann teilweise erwerbsgemindert, wenn sie wegen Krankheit oder Behinderung auf nicht absehbare Zeit außerstande sind, unter den üblichen Bedingungen des allgemeinen Arbeitsmarktes mindestens sechs Stunden täglich erwerbstätig zu sein. Gem. § 43 Abs. 2 SGB VI haben Versicherte bis zur Vollendung des 65. Lebensjahres Anspruch auf Rente wegen voller Erwerbsminderung, wenn sie
– voll erwerbsgemindert sind und
– im übrigen die gleichen Voraussetzungen erfüllen wie in Zusammenhang mit der teilweisen Erwerbsminderung beschrieben.

327 Voll erwerbsgemindert sind Versicherte, die wegen Krankheit oder Behinderung auf nicht absehbare Zeit außerstande sind, unter den üblichen Bedingungen des allgemeinen Arbeitsmarktes mindestens drei Stunden täglich erwerbstätig zu sein. Voll erwerbsgemindert sind auch behinderte Menschen, die wegen Art oder Schwere der Behinderung nicht auf dem allgemeinen Arbeitsmarkt tätig sein können. Das gilt auch für Versicherte, die bereits vor Erfüllung der allgemeinen Wartezeit (60 Monate) voll erwerbsgemindert waren. Das gilt in der Zeit einer nicht erfolgreichen Wiedereingliederung in den allgemeinen Arbeitsmarkt. Hinsichtlich der Erfüllung der Wartezeit durch diese Personen wird auf Rz. 309 ff. verwiesen. Es gilt hier die Wartezeit von 20 Jahren (vgl. auch § 43 Abs. 6 SGB VI).

Sowohl für die Rente wegen teilweiser als auch wegen voller Erwerbsminderung gilt § 43 Abs. 3 SGB VI. Danach ist nicht erwerbsgemindert, wer unter den üblichen Bedingungen des allgemeinen Arbeitsmarktes mindestens sechs Stunden täglich erwerbstätig sein kann. Dabei ist die jeweilige Arbeitsmarktlage nicht zu berücksichtigen.

328 Eine Pflichtbeitragszeit von drei Jahren für eine versicherte Beschäftigung oder Tätigkeit ist gem. § 43 Abs. 5 SGB VI für eine versicherte Beschäftigung oder Tätigkeit nicht erforderlich, wenn die Erwerbsminderung aufgrund eines Tatbestandes eingetreten ist, durch den die allgemeine Wartezeit vorzeitig erfüllt ist (vgl. Rz. 309 ff.).

Im übrigen verlängert sich der Rahmenzeitraum von fünf Jahren vor Eintritt der Erwerbsminderung um bestimmte Zeiten, die nicht mit Pflichtbeiträgen für eine versicherte Beschäftigung oder Tätigkeit belegt sind. Dabei handelt es sich um
– Anrechnungszeiten (vgl. Rz. 321) und Zeiten des Bezugs einer Rente wegen verminderter Erwerbsfähigkeit
– Berücksichtigungszeiten (vgl. Rz. 319)
– Zeiten, die nur deshalb keine Anrechnungszeiten sind, weil durch sie eine versicherte Beschäftigung oder selbständige Tätigkeit nicht unterbrochen ist, wenn in den letzten sechs Kalendermonaten vor Beginn dieser Zeiten wenigstens ein Pflichtbeitrag für eine versicherte Beschäftigung oder Tätigkeit oder eine Anrechnungszeit bzw. eine Berücksichtigungszeit vorliegt,
– Zeiten einer schulischen Ausbildung nach Vollendung des 17. Lebensjahres bis zu sieben Jahren, gemindert um Anrechnungszeiten wegen schulischer Ausbildung (vgl. dazu auch Rz. 319).

Vgl. dazu auch die Übergangsregelung in § 241 SGB VI.

329 Die Erwerbsminderungsrenten des § 43 SGB VI gibt es erst seit 1.1.2001. Damals ist an die Stelle der bis zum 31.12.2000 geltenden Berufs- und Erwerbsunfähigkeits-

Versorgungsleistungen der gesetzlichen Rentenversicherung

rente eine zweistufige Erwerbsminderungsrente getreten. Für bestimmte Altersgruppen sieht § 240 SGB VI eine Rente wegen teilweiser Erwerbsminderung bei Berufsunfähigkeit vor. Danach (Absatz 1) haben Versicherte Anspruch auf Rente wegen teilweiser Erwerbsminderung bei Erfüllung der sonstigen Voraussetzungen bis zur Vollendung des 65. Lebensjahres. Voraussetzung ist, dass die Betreffenden vor dem 2.1. 1961 geboren und berufsunfähig sind.

Nach § 240 Abs. 2 SGB VI sind Versicherte berufsunfähig, deren Erwerbsfähigkeit wegen Krankheit oder Behinderung im Vergleich zur Erwerbsfähigkeit von körperlich, geistig und seelisch gesunden Versicherten mit ähnlicher Ausbildung und gleichwertigen Kenntnissen und Fähigkeiten auf weniger als sechs Stunden gesunken ist. Der Kreis der Tätigkeiten, nach denen die Erwerbsfähigkeit von Versicherten zu beurteilen ist, umfasst alle Tätigkeiten, die ihren Kräften und Fähigkeiten entsprechen und ihnen zugemutet werden können. Die Zumutung ist unter Berücksichtigung der Dauer und des Umfangs ihrer Ausbildung sowie ihres bisherigen Berufs und der besonderen Anforderungen ihrer Berufstätigkeit zu bewerten. Dabei ist eine Tätigkeit stets zumutbar, für die die Versicherten durch Leistungen zur Teilhabe am Arbeitsleben mit Erfolg ausgebildet oder umgeschult worden sind. Berufsunfähig ist allerdings nicht, wer eine zumutbare Tätigkeit mindestens sechs Stunden täglich ausüben kann. Dabei ist die jeweilige Arbeitsmarktlage nicht zu berücksichtigen. *330*

Es wurde in Rz. 329 bereits erwähnt, dass die Renten wegen verminderter Erwerbsfähigkeit die Berufs- und Erwerbsunfähigkeitsrenten abgelöst haben. Auch über den 31.12.2000 hinaus besteht aber unter bestimmten Voraussetzungen ein Anspruch auf Rente wegen verminderter Erwerbsfähigkeit. Rechtsgrundlage ist hier § 302 b SGB VI. *331*

Bestand nämlich am 31.12.2000 Anspruch auf eine Rente wegen Berufsunfähigkeit oder Erwerbsunfähigkeit, besteht der jeweilige Anspruch bis zur Vollendung des 65. Lebensjahres weiter. Das gilt allerdings nur, solange die Voraussetzungen vorliegen, die für die Bewilligung der Leistung maßgebend waren. Bei befristeten Renten gilt dies auch für einen Anspruch nach Ablauf der Frist. Ausdrücklich vorgeschrieben wird auch, dass dann, wenn am 31.12.2000 Anspruch auf eine Erwerbsunfähigkeitsrente bestand, durch die Rechtsänderung kein Anspruch auf eine Rente wegen voller Erwerbsminderung entstanden ist.

Vorstehend wurden u. a. befristete Renten erwähnt. Gem. § 102 Abs. 2 SGB VI werden Renten wegen verminderter Erwerbsfähigkeit stets auf Zeit geleistet. Die Befristung erfolgt für längstens drei Jahre nach Rentenbeginn. Sie kann wiederholt werden. Renten, auf die ein Anspruch unabhängig von der jeweiligen Arbeitsmarktlage besteht, werden unbefristet geleistet, wenn unwahrscheinlich ist, dass die Minderung der Erwerbsfähigkeit behoben werden kann. Hiervon ist nach einer Gesamtdauer der Befristung von neun Jahren auszugehen.

Werden Leistungen zur medizinischen Rehabilitation oder zur Teilhabe am Arbeitsleben erbracht, ohne dass zum Zeitpunkt der Bewilligung feststeht, wann die Leistung enden wird, kann bestimmt werden, dass Renten wegen verminderter Erwerbsfähigkeit zu einem bestimmten Zeitpunkt enden. Sie enden nämlich mit Ablauf des Kalendermonats, in dem die Leistung zur medizinischen Rehabilitation oder zur Teilhabe am Arbeitsleben beendet wird. *332*

Gesetzliche Rentenversicherung

Im übrigen wird eine Erwerbsminderungsrente von dem Kalendermonat an geleistet, zu dessen Beginn die Anspruchsvoraussetzungen für die Rente erfüllt sind (§ 99 SGB VI). Voraussetzung ist, dass die Rente bis zum Ende des dritten Kalendermonats nach Ablauf des Monats beantragt wird, in dem die Anspruchsvoraussetzungen erfüllt sind. Bei späterer Antragstellung wird eine Erwerbsminderungsrente von dem Kalendermonat an geleistet, in dem die Rente beantragt wird.

Renten werden bis zum Ende des Kalendermonats geleistet, in dem die Berechtigten gestorben sind (§ 102 Abs. 5 SGB VI).

333 Es wurde bereits unter Rz. 331 erwähnt, dass Erwerbsminderungsrenten stets befristet, also als Zeitrenten, gewährt werden. Hier ist auch die Vorschrift des § 101 Abs. 1 SGB VI zu beachten. Danach werden befristete Renten wegen verminderter Erwerbsfähigkeit nicht vor Beginn des siebten Kalendermonats nach dem Eintritt der Minderung der Erwerbsfähigkeit geleistet.

334 Entfällt ein Anspruch auf Rente, weil sich die Erwerbsfähigkeit des Berechtigten nach einer Leistung zur medizinischen Rehabilitation oder zur Teilhabe am Arbeitsleben gebessert hat, endet die Rentenzahlung erst mit Beginn des vierten Kalendermonats nach der Besserung der Erwerbsfähigkeit (§ 100 Abs. 3 SGB VI). Allerdings endet die Rentenzahlung mit Beginn des dem vierten Kalendermonat vorangehenden Monats, wenn zu dessen Beginn eine Beschäftigung oder selbstständige Tätigkeit ausgeübt wird, die mehr als geringfügig ist. Bezüglich einer geringfügigen Beschäftigung wird auf Rz. 275 ff. verwiesen. Fallen im übrigen aus tatsächlichen oder rechtlichen Gründen die Anspruchsvoraussetzungen für eine Rente weg, endet die Rentenzahlung mit dem Beginn des Kalendermonats, zu dessen Beginn der Wegfall wirksam ist. Nach § 96a Abs. 1 SGB VI wird eine Rente wegen verminderter Erwerbsfähigkeit nur geleistet, wenn die Hinzuverdienstgrenze nicht überschritten wird.

335 In Zusammenhang mit der Hinzuverdienstgrenze ist zu beachten, dass sowohl die Rente wegen teilweiser Erwerbsminderung als auch die Rente wegen voller Erwerbsminderung nicht nur in voller Höhe zu gewähren ist. So kann die Rente wegen teilweiser Erwerbsminderung in voller Höhe oder in Höhe der halben Rente gezahlt werden. Im ersteren Falle beträgt die Hinzuverdienstgrenze das 20,7fache, bei einer Rente in Höhe der Hälfte das 25,8fache des aktuellen Rentenwertes, vervielfältigt mit der Summe der Entgeltpunkte der letzten drei Kalenderjahre vor Eintritt der teilweisen Erwerbsminderung, mindestens jedoch mit 1,5 Entgeltpunkten.

336 Ein wichtiger Faktor bei der Höhe der Hinzuverdienstgrenze ist der aktuelle Rentenwert. Rechtsgrundlage hierfür ist § 68 SGB VI. Danach ist der aktuelle Rentenwert der Betrag, der einer monatlichen Rente wegen Alters der Rentenversicherung der Arbeiter und der Angestellten entspricht, wenn für ein Kalenderjahr Beiträge aufgrund des Durchschnittsentgelts gezahlt worden sind.

Der aktuelle Rentenwert ändert sich jährlich zum 1. 7. Seit 1. 7. 2003 beläuft er sich auf

– 26,13 Euro in den alten Ländern und
– 22,97 Euro in den neuen Bundesländern.

Auch bei einer vollen Erwerbsminderungsrente wird bezüglich der Rentenhöhe zwischen verschiedenen Möglichkeiten unterschieden. Eine solche Rente kann nämlich in

Versorgungsleistungen der gesetzlichen Rentenversicherung

voller Höhe, aber auch in Höhe von drei Vierteln, der Hälfte oder in Höhe eines Viertels gewährt werden.

Die Hinzuverdienstgrenze beläuft sich bei einer vollen Erwerbsminderungsrente in *337* voller Höhe auf ein Siebtel der monatlichen Bezugsgröße. Dies sind 2003
- in den alten Bundesländern 340 Euro und
- in den neuen Ländern 285 Euro.

Bei den anderen Renten wegen voller Erwerbsminderung ist wieder der aktuelle Rentenwert zu beachten. Im Gegensatz zur Rente in voller Höhe verändert sich die Hinzuverdienstgrenze in solchen Fällen also jeweils zum 1. 7. eines Jahres. Die Hinzuverdienstgrenze bei einer Rente wegen voller Erwerbsminderung

- in Höhe von drei Vierteln beträgt das 15,6fache,
- in Höhe der Hälfte das 20,7fache,
- in Höhe eines Viertels das 25,8fache

des aktuellen Rentenwerts, vervielfältigt mit der Summe der Entgeltpunkte der letzten drei Kalenderjahre vor Eintritt der vollen Erwerbsminderung, mindestens jedoch mit 1,5 Entgeltpunkten.

Hinzuverdienstgrenzen bei Rente wegen teilweiser Erwerbsminderung		
Rente	West	Ost
	01.07.2003 30.06.2004	01.07.2003 30.06.2004
Vollrente	EUR 811,34	EUR 713,22
Halbe Rente	EUR 1.011,23	EUR 888,94

Hinzuverdienstgrenzen bei Rente wegen voller Erwerbsminderung		
Rente	West	Ost
	01.07.2003 30.06.2004	01.07.2003 30.06. 2004
Drei-Viertel-Rente	EUR 611,44	EUR 537,50
Hälfte	EUR 811,34	EUR 713,22
Ein-Viertel-Rente	EUR 1.011,23	EUR 888,94

Zweimal im Kalenderjahr ist das Überschreiten bis zum Doppelten des jeweils maßgebenden Betrages möglich. Das gilt auch für die volle Erwerbsminderungsrente in voller Höhe.

Hinzuverdienstgrenzen gibt es auch bei der Rente wegen teilweiser Erwerbsminderung bei Berufsunfähigkeit sowie den übergangsweise noch gewährten Berufs- und Erwerbsunfähigkeitsrenten.

Renten wegen Erwerbsminderung werden im Ausland zwar geleistet, allerdings gibt *338* es bezüglich der Rentenhöhe insbesondere bei Ausländern Einschränkungen. Hier se-

Gesetzliche Rentenversicherung

hen aber das europäische Sozialrecht sowie die mit verschiedenen Ländern abgeschlossenen Sozialversicherungsabkommen Ausnahmen vor.

3.2.2 Besonderheiten im BAT

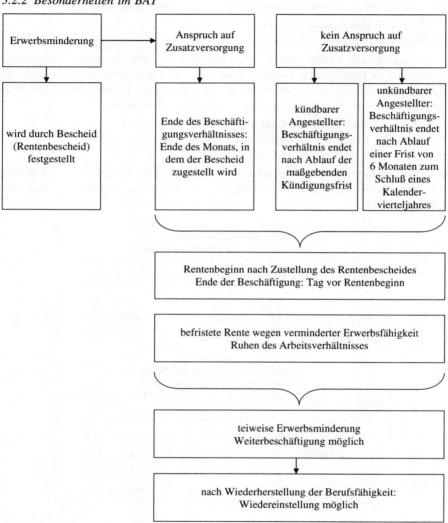

339   Für den Bereich des öffentlichen Dienstes beschäftigt sich § 59 BAT mit der Beendigung des Arbeitsverhältnisses wegen verminderter Erwerbsfähigkeit. Hier wird zunächst (in Absatz 1) festgestellt, dass das Arbeitsverhältnis endet, wenn ein Rentenversicherungsträger Erwerbsminderung bei einem Angestellten feststellt. Es geht dabei darum, dass durch den Bescheid eines Rentenversicherungsträgers festgestellt wird, dass der Angestellte erwerbsgemindert ist. Dabei ist nicht von Bedeutung, ob der An-

Versorgungsleistungen der gesetzlichen Rentenversicherung

gestellte noch kündbar ist oder ob bereits Unkündbarkeit vorliegt. Im übrigen wird zwischen den Angestellten unterschieden, die Anspruch auf eine Altersversorgung haben und zwischen solchen Angestellten, denen ein solcher Anspruch nicht zusteht. Den ersteren Fall regelt § 59 Abs. 1 BAT, den zweiten Fall § 59 Abs. 2 BAT.

Nach § 59 Abs. 1 BAT endet das Arbeitsverhältnis mit Ablauf des Monats, in dem der Bescheid zugestellt wird. Wie erwähnt ist Voraussetzung, dass der Angestellte eine außerhalb der gesetzlichen Rentenversicherung bestehende Versorgung durch den Arbeitgeber oder durch eine Versorgungseinrichtung erhält, zu der der Arbeitgeber Mittel beigesteuert hat. *340*

Der Angestellte hat den Arbeitgeber von der Zustellung des Rentenbescheides unverzüglich, d.h. ohne schuldhaftes Zögern, zu unterrichten.

Beginnt die Rente wegen verminderter Erwerbsfähigkeit erst nach der Zustellung des Rentenbescheides – also in der Zukunft – endet das Arbeitsverhältnis mit Ablauf des Tages, der dem Rentenbeginn vorangeht. *341*

Wichtig: Das Arbeitsverhältnis endet dann nicht, wenn nach dem Bescheid des Rentenversicherungsträgers eine befristete Rente wegen verminderter Erwerbsfähigkeit gewährt wird. *342*

In einem solchen Falle ruht das Arbeitsverhältnis mit allen Rechten und Pflichten. Das Ruhen beginnt mit dem Tage, der auf den für das Ruhen maßgebenden Zeitpunkt folgt. Es endet mit dem Tage, d.h. mit Ablauf dieses Tages, bis zu dem die befristete Rente bewilligt worden ist. Spätestens endet das Ruhen mit dem Ende des Arbeitsverhältnisses.

Von besonderer Bedeutung ist hier allerdings § 59 Abs. 3 BAT. Durch diese Vorschrift wird das Ende bzw. das Ruhen des Arbeitsverhältnisses für bestimmte Fälle ausgeschlossen. Dabei geht es allein um Fälle der teilweisen Erwerbsminderung. Angestellte mit voller Erwerbsminderung werden durch § 59 Abs. 3 BAT nicht angesprochen. Das Ende des Arbeitsverhältnisses bzw. sein Ruhen sind dann ausgeschlossen, wenn der Angestellte nach seinem vom Rentenversicherungsträger festgestellten Leistungsvermögen auf seinem bisherigen oder einem anderen geeigneten und freien Arbeitsplatz weiterbeschäftigt werden könnte. Voraussetzung ist jedoch, dass dringende dienstliche bzw. betriebliche Gründe nicht entgegenstehen. Das BAG hat in seinem Urteil vom 9.8.2000 (7 AZR 749/98 – nicht veröffentlicht) ausdrücklich festgestellt, dass der Arbeitgeber nicht verpflichtet ist, durch Umorganisation einen neuen Arbeitsplatz zu schaffen, auf dem eine Beschäftigung des Angestellten möglich wäre, obwohl er erwerbsgemindert ist. *343*

Um die Weiterbeschäftigung zu erreichen, muss der Angestellte dies innerhalb von zwei Wochen nach Zugang des Rentenbescheides schriftlich beantragen. Hier handelt es sich um eine Ausschlussfrist. Allgemein wird davon ausgegangen, dass das Arbeitsverhältnis zunächst auf jeden Falle mit dem Ende des Monats endet bzw. ruht, in dem der Rentenbescheid zugestellt worden war und die 2-Wochen-Frist zu diesem Zeitpunkt noch nicht abgelaufen ist. Voraussetzung ist natürlich, dass der Angestellte bis Monatsende keinen Antrag auf Weiterbeschäftigung gestellt hat. Petin/Effertz vertreten im BAT-Taschenbuch für den öffentlichen Dienst die Auffassung, dass dann, wenn der Angestellte den Antrag auf Weiterbeschäftigung im Folgemonat, aber natür- *344* lich noch innerhalb der zweiwöchigen Frist stellt, die Wirkung der Beendigung bzw. des Ruhens des Arbeitsverhältnisses rückwirkend wieder wegfällt (Anm. 4 zu § 59 BAT). Dieser Auffassung ist zuzustimmen. Voraussetzung ist natürlich, dass eine Weiterbeschäftigung des Angestellten auch möglich ist.

345   Bei teilweiser Erwerbsminderung ist es – so zeigt es immer wieder die Praxis – natürlich möglich, und in vielen Fällen auch zutreffend, dass der Angestellte nicht mehr voll einsetzbar ist. In diesem Fall kommt unter Umständen eine Beschäftigung mit einer geringeren Anzahl von Wochenstunden in Betracht, als sie bisher bei diesem Angestellten vorlagen. In einem solchen Fall muss der Arbeitsvertrag entsprechend geändert werden, was natürlich nur bei übereinstimmenden Willen möglich ist.

Hier ist allerdings die Vorschrift des § 37 Abs. 7 BAT zu beachten. Dort geht es um die Zahlung eines Krankengeldzuschusses, der in § 37 Abs. 3 BAT für den Fall der Beendigung der tariflichen Entgeltfortzahlung im Krankheitsfalle vorgesehen ist. Nach § 37 Abs. 7 BAT wird der Krankengeldzuschuss nicht über den Zeitpunkt hinaus gezahlt, von dem an der Angestellte Bezüge aufgrund eigener Versicherung aus der gesetzlichen Rentenversicherung, aus einer zusätzlichen Alters- und Hinterbliebenenversorgung oder aus einer sonstigen Versorgungseinrichtung erhält, zu der vom Arbeitgeber oder einem anderen Arbeitgeber aufgrund des BAT oder einem vergleichbaren Tarifvertrag die Mittel ganz oder teilweise beigesteuert hat. Dies bedeutet, dass vom Beginn der Erwerbsminderungsrente an Krankenbezüge höchstens für den gesetzlichen Entgeltfortzahlungsanspruch (Rechtsgrundlage: EFZG) gezahlt werden können. Dieser Anspruch erstreckt sich auf längstens 6 Wochen. In aller Regel dürfte dieser Anspruch in einschlägigen Fällen bereits aufgezehrt sein.

Hinsichtlich des Krankengeldzuschusses ist noch zu erwähnen, dass dieser auch Angestellten zusteht, die in der gesetzlichen Krankenversicherung versicherungsfrei oder von der Versicherungspflicht befreit sind (§ 37 Abs. 9 BAT).

346   § 59 Abs. 4 BAT beschäftigt sich mit schwerbehinderten Angestellten. Liegt danach in dem Zeitpunkt, in dem das Arbeitsverhältnis nach § 59 Abs. 1 oder 2 BAT endet, die nach § 92 SGB IX erforderliche Zustimmung des Integrationsamtes noch nicht vor, endet das Arbeitsverhältnis mit Ablauf des Tages, an dem die Zustellung des Zustimmungsbescheides des Integrationsamtes erfolgt. § 92 SGB IX beschäftigt sich mit dem erweiterten Beendigungsschutz. Danach bedarf die Beendigung des Arbeitsverhältnisses eines schwerbehinderten Menschen auch dann der vorherigen Zustimmung des Integrationsamtes, wenn sie im Falle des Eintritts einer teilweisen Erwerbsminderung, der Erwerbsminderung auf Zeit, der Berufsunfähigkeit oder der Erwerbsunfähigkeit auf Zeit ohne Kündigung erfolgt. Die Vorschriften des SGB IX über die Zustimmung zur ordentlichen Kündigung gelten entsprechend.

347   Besondere Vorschriften über die Beendigung des Beschäftigungsverhältnisses sieht § 59 Abs. 2 BAT vor. Wie bereits erwähnt, geht es hier um Angestellte, die keine Zusatzversorgung durch eine Versorgungseinrichtung erhalten, zu der der Arbeitgeber Mittel beigesteuert hat. Hier wird – im Gegensatz zum Fall des § 59 Abs. 1 BAT – zwischen kündbaren und unkündbaren Angestellten unterschieden. Dabei endet das Arbeitsverhältnis des kündbaren Angestellten nach Ablauf der für ihn geltenden Kündigungsfrist. Das Arbeitsverhältnis des unkündbaren Angestellten endet nach Ablauf einer Frist von sechs Monaten zum Schluss eines Kalendervierteljahres. Die Fristen

Versorgungsleistungen der gesetzlichen Rentenversicherung

beginnen mit der Zustellung (dem Zugang) des Rentenbescheides bzw. mit der Bekanntgabe des Gutachtens des Amtsarztes (vgl. dazu Rz. 349 ff.) an den Angestellten. Von der Zustellung des Rentenbescheides hat der Angestellte den Arbeitgeber unverzüglich zu unterrichten. Beginnt die Rente wegen verminderter Erwerbsfähigkeit erst nach der Zustellung des Rentenbescheides, beginnen die Fristen mit Ablauf des dem Rentenbeginn vorhergehenden Tages.

Die Regelungen in § 59 Abs. 1 BAT über den Rentenbeginn erst nach der Zustellung des Rentenbescheides sowie über die Gewährung einer befristeten Erwerbsminderungsrente gelten entsprechend (vgl. dazu Rz. 340 ff.). Das gilt natürlich auch für die Vorschrift des § 59 Abs. 5 BAT (schwerbehinderte Angestellte – vgl. dazu unter Rz. 346).

Das BAG hat sich in seinem Urteil vom 30. 4. 1997 (7 AZR 122/96, AP Nr. 20 zu *348* § 812 BGB) mit dem Fall beschäftigt, dass ein Angestellter trotz Beendigung des Arbeitsverhältnisses nach § 59 Abs. 1 BAT (Erwerbsminderungsrente bei gleichzeitigem Versorgungsanspruch) seine seitherige Tätigkeit fortgesetzt hat. Seinen Arbeitgeber hatte er von der Rentengewährung nicht unterrichtet. Das BAG stellte hier zunächst fest, dass in einem solchen Falle die Grundsätze des faktischen Arbeitsrechts keine Anwendung finden. Der Arbeitgeber hat hier aber rechtsgrundlos Leistungen erbracht. Deshalb ist Bereicherungsrecht anzuwenden, d.h. der Angestellte hat die zuviel erhaltenen Bezüge zurückzuerstatten. Allerdings kann der Angestellte Wertersatz für die tatsächlich erbrachte Arbeitszeit verlangen. Urlaubsentgelt und Urlaubsgeld musste er jedoch vollständig zurückzahlen. Begründet wurde dies mit der Rechtsprechung des BAG, wonach der Urlaub keine Gegenleistung des Arbeitgebers für erbrachte oder noch zu erbringende Arbeitsleistungen ist. Im vom BAG zu entscheidenden Fall hatte der Arbeitgeber auch Krankenbezüge und Krankengeldzuschüsse gezahlt. Diese waren vom Arbeitnehmer zu erstatten, da der Arbeitgeber während der Arbeitsunfähigkeit keine wertersetzende Gegenleistung erhalten hatte. Aus etwa den gleichen Gründen wie in Zusammenhang mit dem Urlaubsgeld und dem Urlaubsentgelt sowie den während der Arbeitsunfähigkeit erbrachten Leistungen hielt das BAG den Arbeitnehmer auch für verpflichtet, die anteilig gezahlte Sonderzuwendung zurückzuerstatten. Hier handelt es sich um kein reines Arbeitsentgelt für erbrachte Arbeitsleistung. Vielmehr dient die Sonderzuwendung auch der Belohnung vergangener und künftiger Treue zum öffentlichen Dienst. Gezahlte vermögenswirksame Leistungen konnten vom Arbeitgeber allerdings nicht zurückverlangt werden. Diese waren als Bestandteil der Vergütung für geleistete Arbeit anzusehen.

Aus einer Protokollnotiz zu den Absätzen 1 und 2 des § 59 BAT ergibt sich, dass *349* die unter Rz. 325 ff. behandelte Gewährung einer befristeten Erwerbsminderungsrente auch dann die gleichen Auswirkungen hat, wenn es sich um einen in der gesetzlichen Rentenversicherung nicht versicherten Angestellten handelt. Voraussetzung ist, dass seine verminderte Erwerbsfähigkeit durch Gutachten des Amtsarztes festgestellt worden ist und er von einer berufsständischen Versorgungseinrichtung im Sinne des § 6 Abs. 1 Nr. 1 SGB VI (vgl. dazu Rz. 280 ff.) eine befristete Rente erhält. Für nichtrentenversicherte Angestellte ist auch die Regelung anzuwenden, die für den Rentenbeginn erst nach Zustellung des Rentenbescheides gilt.

Dass an die Stelle des Rentenbescheides das Gutachten eines Amtsarztes tritt, be- *350* stimmt bereits § 59 Abs. 1 Satz 7 BAT. Das gilt auch dann, wenn der Angestellte

139

Gesetzliche Rentenversicherung

schuldhaft den Rentenantrag verzögert oder er Altersrente nach § 236 oder § 236a SGB VI bezieht. § 236 SGB VI beschäftigt sich mit der Altersrente für langjährig Versicherte, § 236a SGB VI mit der Altersrente für schwerbehinderte Menschen (vgl. Rz. 356 ff. bzw. Rz. 360 ff.).

In diesem Zusammenhang ist das Urteil des BAG vom 6.11.1997 (2 AZR 801/96, AP Nr. 142 zu § 626 BGB) zu beachten. In dem der Entscheidung des BAG zugrundeliegenden Fall hatte der betreffende Angestellte es abgelehnt, einen Antrag auf Gewährung einer (damals) Berufs- oder Erwerbsunfähigkeitsrente zu stellen. Wenn in einem solchen Fall Zweifel bestehen, ob der Angestellte nur vorübergehend durch Krankheit an der Arbeitsleistung gehindert oder auf Dauer erwerbsgemindert ist, ist der Dienstherr berechtigt, eine amtsärztliche Untersuchung zu verlangen. Das BAG vertrat die Auffassung, dass der Angestellte bei einer solchen Konstellation verpflichtet ist, sich dieser amtsärztlichen Untersuchung zu unterziehen. Dazu gehört im übrigen auch die Verpflichtung, dem Amtsarzt die fachärztlichen Vorbefunde zur Verfügung zu stellen. Möglich ist auch, es durch eine entsprechende Entbindung von der Schweigepflicht dem Amtsarzt zu ermöglichen, diese Unterlagen beizuziehen oder in sie Einsicht zu nehmen.

In § 59 Abs. 1 Satz 8 BAT wird übrigens festgestellt, dass das Arbeitsverhältnis mit Ablauf des Monats endet, in dem dem Angestellten das Gutachten, das die verminderte Erwerbsfähigkeit feststellt, bekanntgegeben worden ist.

351 Das BAG hat in seinem Urteil vom 11.3.1998 (7 AZR 101/97, AP Nr. 8 zu § 59 BAT) zu dem Fall Stellung genommen, dass ein Angestellter den Rentenantrag nach Zugang eines Rentenbescheides wieder zurücknimmt. Hier ist zunächst § 46 SGB I zu beachten. Danach kann auf Ansprüche auf Sozialleistungen durch schriftliche Erklärung gegenüber dem Leistungsträger verzichtet werden. Der Verzicht kann jederzeit mit Wirkung für die Zukunft widerrufen werden. Der Verzicht ist allerdings unwirksam, soweit durch ihn andere Personen oder Leistungsträger belastet oder Rechtsvorschriften umgangen werden.

Das BAG vertrat in seinem bereits zitierten Urteil vom 11.3.1998 die Auffassung, dass im Falle eines Verzichtes das Arbeitsverhältnis nicht endet. Voraussetzung ist, dass der Angestellte den Rentenantrag bis zum Ablauf der Widerspruchsfrist des § 84 SGG zurücknimmt. Die erwähnte Frist beläuft sich auf einen Monat und bei Bekanntgabe im Ausland auf drei Monate.

352 Nach § 59 Abs. 5 BAT soll der Angestellte, der bei Beendigung des Arbeitsverhältnisses nach § 59 Abs. 1 oder Abs. 2 BAT bereits unkündbar war, auf Antrag bei seiner früheren Dienststelle wieder eingestellt werden. Das gilt aber nur, wenn dort für ihn ein geeigneter Arbeitsplatz frei ist.

Nach dem eindeutigen Text des § 59 Abs. 5 BAT hat der Angestellte keinen Anspruch, auf dem früheren Arbeitsplatz beschäftigt zu werden (ebenso: Petin/Effertz, BAT-Taschenbuch für den öffentlichen Dienst, Anm. 5 zu § 59 BAT). Auch besteht kein Anspruch darauf, mit einer Tätigkeit der früheren Vergütungsgruppe wieder beschäftigt zu werden. Nach Auffassung des BAG in seinem Urteil vom 24.1.1996 (7 AZR 602/95, AP Nr. 7 zu § 59 BAT) hat der Arbeitgeber die Möglichkeit, von einer Wiedereinstellung abzusehen. Allerdings ist Voraussetzung, dass dafür gewichtige Gründe sprechen. Außerdem muss die soziale Situation des früheren Angestellten eine Wiedereinstellung nicht unbedingt verlangen.

Versorgungsleistungen der gesetzlichen Rentenversicherung

3.3 Renten wegen Alters

3.3.1 Grundsätze

Die typische Versorgungsrente ist die Altersrente. Die gesetzliche Rentenversicherung kennt mehrere Arten von Altersrenten mit unterschiedlichen Anspruchsvoraussetzungen:

353

Renten \ Voraussetzungen	ab Lebensalter bzw. Jahrgang	Wartezeit	Qualifizierte Wartezeit	Sonstige Voraussetzungen
Reguläre Altersrente	Vollendung des 65. Lebensjahres	5 Jahre (60 Kalendermonate)		
Frauenaltersrente	Vollendung des 60. Lebensjahres (ab Jahrgang 1940 nur mit Abschlägen)	15 Jahre (180 Kalendermonate)	nach Vollendung des 40. Lebensjahres mehr als 10 Jahre Pflichtbeitragszeiten für versicherte Beschäftigung oder Tätigkeit	Gilt nur für Frauen, die vor dem 01.01.1952 geboren sind
Altersrente für schwerbehinderte, Menschen	Vollendung des 63. Lebensjahres (ab Vollendung des 60. Lebensjahres mit Abschlägen)	35 Jahre (420 Kalendermonate)		Schwerbehinderung; bis zum 31.12.1950 geboren: schwerbehindert oder erwerbsunfähig bzw. berufsunfähig (Vollendung des 60. Lebensjahres, für Versicherte angehoben, die nach dem 31.12.1994 geboren sind- hiervon gibt es Ausnahmen)
Altersrente für langjährige Versicherte	Vollendung des 62. Lebensjahres, Anhebung der Altersgrenze ab Geburtstag im Januar 1937 (früher nur mit Abschlag)	35 Jahre (420 Kalendermonate)		
Altersrente für Arbeitslosigkeit und nach Altersteilzeit	Vollendung des 60 Lebensjahres, Anhebung der Altersgrenze ab Geburtstag im Januar 1937; vorzeitige Inanspruchnahme mit Abschlägen möglich	15 Jahre (180 Kalendermonate)	In den letzten 10 Jahren vor Rentenbeginn: 8 Jahre Pflichtbeiträge	Innerhalb der letzten 1,5 Jahre vor Arbeitslosigkeit: 52 Wochen arbeitslos (Sonderregelung für Arbeitnehmer des Bergbaus) - bei Altersteilzeitbeziehern: 24 Kalendermonate Altersteilzeit
Altersrente für langjährige unter Tage beschäftigte Bergleute	Vollendung des 60. Lebensjahres	25 Jahre (300 Kalendermonate)		

Gesetzliche Rentenversicherung

354 Hier ist auch § 41 SGB VI zu beachten. Danach ist der Anspruch des Versicherten auf eine Rente wegen Alters nicht als ein Grund anzusehen, der die Kündigung eines Arbeitsverhältnisses durch den Arbeitgeber nach dem Kündigungsschutzgesetz bedingen kann. Eine Vereinbarung, die die Beendigung des Arbeitsverhältnisses eines Arbeitnehmers ohne Kündigung zu einem Zeitpunkt vorsieht, zu dem der Arbeitnehmer vor Vollendung des 65. Lebensjahres eine Altersrente beantragen kann, gilt dem Arbeitnehmer gegenüber als auf die Vollendung des 65. Lebensjahres abgeschlossen. Das gilt nur dann nicht, wenn die Vereinbarung innerhalb der letzten drei Jahre vor diesem Zeitpunkt abgeschlossen oder von dem Arbeitnehmer bestätigt worden ist.

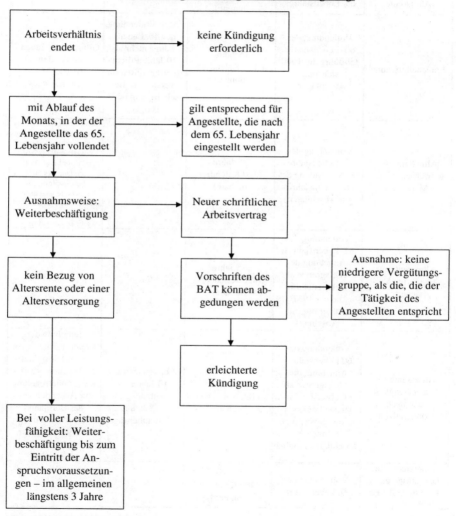

Versorgungsleistungen der gesetzlichen Rentenversicherung

Für alle Altersrenten bestimmt § 42 SGB VI, dass Versicherte eine Altersrente in voller Höhe (Vollrente) oder als Teilrente in Anspruch nehmen können.

3.3.2 Regelaltersrente

Auf eine Regelaltersrente haben Versicherte gem. § 35 SGB VI Anspruch, wenn sie das 65. Lebensjahr vollendet und die allgemeine Wartezeit (vgl. dazu unter Rz. 309 ff.) erfüllt haben. Das 65. Lebensjahr ist am Tag vor dem 65. Geburtstag vollendet. *355*

Regelaltersrentner unterliegen bezüglich eines Hinzuverdienstes keinerlei Beschränkung.

3.3.3 Altersrente für langjährig Versicherte

Versicherte können eine Altersrente vor Vollendung des 65. Lebensjahres vorzeitig in Anspruch nehmen, wenn sie das 62. Lebensjahr vollendet und die Wartezeit von 35 Jahren erfüllt haben (§ 36 SGB VI). Bezüglich der Wartezeit von 35 Jahren wird auf die Ausführungen unter Rz. 309 ff. verwiesen. *356*

Von Übergangsregelungen abgesehen müssen nach dem 31.12.1936 geborene Versicherte bei einer Inanspruchnahme der Altersrente für langjährig Versicherte vor dem 65. Lebensjahr Rentenabschläge hinnehmen. Diese Abschläge belaufen sich auf 0,3 % der Rente für jeden früher in Anspruch genommenen Monat. Bis zu maximal 10,8 % werden gekürzt. *357*

§ 236 SGB VI enthält in diesem Zusammenhang eine Übergangsregelung. Danach haben Versicherte, die vor dem 1.1.1948 geboren sind, Anspruch auf Altersrente, wenn sie das 63. Lebensjahr vollendet und die Wartezeit von 35 Jahren erfüllt haben (vgl. zur Wartezeit Rz. 309 ff.). Bei dieser vorzeitigen Inanspruchnahme gibt es keine Rentenabzüge. Allerdings wird die Altersgrenze von 63 Jahren für Versicherte, die nach dem 31.12.1936 geboren sind, angehoben. Die vorzeitige Inanspruchnahme der Altersrente ist jedoch möglich. Die Anhebung der Altersgrenze und die Möglichkeit der vorzeitigen Inanspruchnahme der Altersrente für langjährig Versicherte bestimmen sich nach Anlage 21 zum SGB VI. Nachfolgend wird diese Anlage abgedruckt. Dabei ist zu beachten, dass die Angaben in der Rubrik „vorzeitige Inanspruchnahme möglich ab Alter" die Kürzung um 0,3 % je vorzeitig in Anspruch Genommenen Monat bedeuten:

Gesetzliche Rentenversicherung

Veränderung der Altersgrenze für langjährig Versicherte					
Versicherte Geburtsjahr Geburtsmonat	Anhebung um ... Monate	auf Altersgrenze		vorzeitige Inanspruchnahme möglich ab Alter	
		Jahr	Monat	Jahr	Monat
vor 1937	0	63	0	63	0
1937 Januar	1	63	1	63	0
Februar	2	63	2	63	0
März	3	63	3	63	0
April	4	63	4	63	0
Mai	5	63	5	63	0
Juni	6	63	6	63	0
Juli	7	63	7	63	0
August	8	63	8	63	0
September	9	63	9	63	0
Oktober	10	63	10	63	0
November	11	63	11	63	0
Dezember	12	64	0	63	0
1938 Januar	13	64	1	63	0
Februar	14	64	2	63	0
März	15	64	3	63	0
April	16	64	4	63	0
Mai	17	64	5	63	0
Juni	18	64	6	63	0
Juli	19	64	7	63	0
August	20	64	8	63	0
September	21	64	9	63	0
Oktober	22	64	10	63	0
November	23	64	11	63	0
Dezember	24	65	0	63	0
Januar 1939 bis Dezember 1947				63	0
1948 Januar bis Februar		65	0	62	11
März bis April		65	0	62	10
Mai bis Juni		65	0	62	9
Juli bis August		65	0	62	8
September bis Oktober		65	0	62	7
November bis Dezember		65	0	62	6
1949 Januar bis Februar		65	0	62	5
März bis April		65	0	62	4
Mai bis Juni		65	0	62	3
Juli bis August		65	0	62	2
September bis Oktober		65	0	62	1
November bis Dezember		65	0	62	0

358 Eine weitere Übergangsregelung sieht § 236 Abs. 2 SGB VI vor. Danach wird die Altersgrenze von 63 Jahren für Versicherte, die

Versorgungsleistungen der gesetzlichen Rentenversicherung

- vor dem 1.1.1942 geboren sind und 45 Jahre mit Pflichtbeiträgen für eine versicherte Beschäftigung oder Tätigkeit haben

  oder

- bis zum 14.2.1941 geboren sind und am 14.2.1998 Vorruhestandsgeld oder Überbrückungsgeld der Seemannskasse bezogen haben,

wie folgt angehoben:

Veränderung der Altersgrenze für langjährig Versicherte					
Versicherte Geburtsjahr Geburtsmonat	Anhebung um ... Monate	auf Alter		vorzeitige Inanspruchnahme möglich ab Alter	
		Jahr	Monat	Jahr	Monat
vor 1937	0	63	0	63	0
1938					
Januar-April	1	63	1	63	0
Mai-August	2	63	2	63	0
September-Dezember	3	63	3	63	0
1939					
Januar-April	4	63	4	63	0
Mai-August	5	63	5	63	0
September-Dezember	6	63	6	63	0
1940					
Januar-April	7	63	7	63	0
Mai-August	8	63	8	63	0
September-Dezember	9	63	9	63	0
1941					
Januar-April	10	63	10	63	0
Mai-August	11	63	11	63	0
September-Dezember	12	64	0	63	0

In allen Fällen, in denen eine der vorstehenden Vertrauensschutzregelungen greift, waren die vor dem 1.1.1938 geborenen Versicherten von der Anhebung der Altersgrenzen für langjährig Versicherte bzw. von Rentenabschlagsregelungen überhaupt nicht betroffen. 359

3.3.4 Altersrente für Schwerbehinderte

Bis zum 31.12.2000 gab es die Altersrente für Schwerbehinderte, Berufsunfähige oder Erwerbsunfähige. Anspruch auf diese Altersrente bestand für Versicherte, die das 60. Lebensjahr vollendet hatten. An die Stelle dieser Rente ist seit 1.1.2001 die Altersrente für Schwerbehinderte getreten. Rechtsgrundlage ist § 37 SGB VI. Nach dieser Vorschrift haben Versicherte Anspruch auf Altersrente, wenn sie 360

- das 63. Lebensjahr vollendet haben
- bei Beginn der Altersrente als Schwerbehinderte anerkannt sind
  und
- die Wartezeit von 35 Jahren (vgl. dazu Rz. 309 ff.) erfüllt haben.

Die vorzeitige Inanspruchnahme einer solchen Altersrente nach Vollendung des 60. Lebensjahres ist möglich. Dies gilt allerdings nur mit Rentenabschlägen. Betroffen da- 361

Gesetzliche Rentenversicherung

von sind die Geburtsjahrgänge ab 1941. Ab dem Geburtsmonat Dezember 1943 gilt dann grundsätzlich für Schwerbehinderte ein Renteneintrittsalter von 63 Jahren. Die Anhebung der Altersgrenze von 60 Jahren auf 63 Jahre erfolgt in Monatsschritten. Maßgebend ist die Anlage 22 zum SGB VI, die nachfolgend wiedergegeben wird:

Anhebung der Altersgrenze bei der Altersrente für schwerbehinderte Menschen					
Versicherte Geburtsjahr Geburtsmonat	Anhebung um ... Monate	auf Alter		vorzeitige Inanspruchnahme möglich ab Alter	
		Jahr	Monat	Jahr	Monat
vor 1941	0	60	0	60	0
1941					
Januar	1	60	1	60	0
Februar	2	60	2	60	0
März	3	60	3	60	0
April	4	60	4	60	0
Mai	5	60	5	60	0
Juni	6	60	6	60	0
Juli	7	60	7	60	0
August	8	60	8	60	0
September	9	60	9	60	0
Oktober	10	60	10	60	0
November	11	60	11	60	0
Dezember	12	61	0	60	0
1942					
Januar	13	61	1	60	0
Februar	14	61	2	60	0
März	15	61	3	60	0
April	16	61	4	60	0
Mai	17	61	5	60	0
Juni	18	61	6	60	0
Juli	19	61	7	60	0
August	20	61	8	60	0
September	21	61	9	60	0
Oktober	22	61	10	60	0
November	23	61	11	60	0
Dezember	24	62	0	60	0
1943	25	62	1	60	0
Januar	26	62	2	60	0
Februar	27	62	3	60	0
März	28	62	4	60	0
April	29	62	5	60	0
Mai	30	62	6	60	0
Juni	31	62	7	60	0
Juli	32	62	8	60	0
August	33	62	9	60	0
September	34	62	10	60	0
Oktober	35	62	11	60	0
November Dezember	36	63	0	60	0
1944 bis 1950	36	63	0	60	0

Versorgungsleistungen der gesetzlichen Rentenversicherung

Die Anhebung der Altersgrenze der im Januar 1941 Geborenen auf 60 Jahre und 362
einen Monat bedeutet, dass der Versicherte für einen Monat Rentenabschläge akzeptieren muss. Für einen Monat sind dies 0,3 %. Daraus ergibt sich, dass derjenige, der im August 1943 geboren ist, bei Rentenbeginn – ohne Abschläge – 62 Jahre und 8 Monate alt sein muss. Wollte dieser Versicherte aber bereits mit Vollendung des 60. Lebensjahres in Rente gehen, musste er 10,8 % als Rentenkürzung hinnehmen. Die genaue Berechnung (32 Monate × 0,3 %) ergibt zwar 25,6 %. Höchstens sind aber 10,8 % zu berücksichtigen.

Übergangsregelungen für die Altersrente für Schwerbehinderte sieht § 236 a 363
SGB VI vor. Danach haben Versicherte, die vor dem 1.1.1946 geboren sind, Anspruch auf Altersrente für Schwerbehinderte, wenn sie

– das 60. Lebensjahr vollendet haben
– bei Beginn der Altersrente als Schwerbehinderter anerkannt, berufsunfähig oder erwerbsunfähig sind
und
– die Wartezeit von 35 Jahren erfüllt haben.

Wie sich aus der Tabelle in Rz. 361 ergibt, wird die Altersgrenze von 60 Jahren für Versicherte angehoben, die nach dem 31.12.1940 geboren sind. Die Altersgrenze von 60 Jahren wird aber nicht angehoben für Versicherte, die

– bis zum 10.12.1943 geboren und am 10.12.1998 schwerbehindert, berufsunfähig oder erwerbsunfähig waren oder
– vor dem 1.1.1942 geboren sind und 45 Jahre mit Pflichtbeiträgen für eine versicherte Beschäftigung oder Tätigkeit haben. Zu den 45 Jahren Pflichtbeitragszeiten zählen nicht die Zeiten des Bezugs von Arbeitslosengeld oder Arbeitslosenhilfe.

3.3.5 Altersrente für Frauen

Die Altersrente für Frauen gibt es nur noch für vor dem 1.1.1952 geborenen Versi- 364
cherten. Die Altersgrenze wird stufenweise von 60 Jahren auf 65 Jahre angehoben. Die Anhebung betrifft versicherte Frauen ab dem Geburtsjahr 1940 und vollzieht sich in 60 Monatsschritten, beginnend vom Januar 2000 an.

Frauen, die nach dem 31.12.1951 geboren sind, können – wie Männer – die Alters- 365
rente als langjährig Versicherte, für Schwerbehinderte oder die Regelaltersrente beziehen.

Versicherte Frauen haben danach (§ 237 a SGB VI) Anspruch auf Altersrente, wenn 366
sie

– vor dem 1.1.1952 geboren sind
– das 60. Lebensjahr vollendet
– nach Vollendung des 40. Lebensjahres mehr als 10 Jahre Pflichtbeiträge für eine versicherte Beschäftigung oder Tätigkeit und
– die Wartezeit von 15 Jahren erfüllt haben.

Einzelheiten über die Anhebung der Altersgrenze von 60 Jahren für Versicherte, die 367
nach dem 31.12.1939 geboren sind, ergeben sich aus der Anlage 20 zum SGB VI.

Gesetzliche Rentenversicherung

Diese wird nachfolgend abgedruckt. Vorab ist aber zu erwähnen, dass die vorzeitige Inanspruchnahme einer solchen Altersrente möglich ist (mit Rentenabschlägen).

Veränderung der Altersgrenze bei der Altersrente für Frauen					
Versicherte Geburtsjahr Geburtsmonat	**Anhebung um ... Monate**	**auf Alter**		**vorzeitige Inanspruchnahme möglich ab Alter**	
		Jahr	Monat	Jahr	Monat
1940					
Januar	1	60	1	60	0
Februar	2	60	2	60	0
März	3	60	3	60	0
April	4	60	4	60	0
Mai	5	60	5	60	0
Juni	6	60	6	60	0
Juli	7	60	7	60	0
August	8	60	8	60	0
September	9	60	9	60	0
Oktober	10	60	10	60	0
November	11	60	11	60	0
Dezember	12	61	0	60	0
1941					
Januar	13	61	1	60	0
Februar	14	61	2	60	0
März	15	61	3	60	0
April	16	61	4	60	0
Mai	17	61	5	60	0
Juni	18	61	6	60	0
Juli	19	61	7	60	0
August	20	61	8	60	0
September	21	61	9	60	0
Oktober	22	61	10	60	0
November	23	61	11	60	0
Dezember	24	62	0	60	0
1942					
Januar	25	62	1	60	0
Februar	26	62	2	60	0
März	27	62	3	60	0
April	28	62	4	60	0
Mai	29	62	5	60	0
Juni	30	62	6	60	0
Juli	31	62	7	60	0
August	32	62	8	60	0
September	33	62	9	60	0
Oktober	34	62	10	60	0
November	35	62	11	60	0
Dezember	36	63	0	60	0

Versorgungsleistungen der gesetzlichen Rentenversicherung

Veränderung der Altersgrenze bei der Altersrente für Frauen					
Versicherte Geburtsjahr Geburtsmonat	An- hebung um ... Monate	auf Alter		vorzeitige Inanspruchnahme möglich ab Alter	
		Jahr	Monat	Jahr	Monat
1943					
Januar	37	63	1	60	0
Februar	38	63	2	60	0
März	39	63	3	60	0
April	40	63	4	60	0
Mai	41	63	5	60	0
Juni	42	63	6	60	0
Juli	43	63	7	60	0
August	44	63	8	60	0
September	45	63	9	60	0
Oktober	46	63	10	60	0
November	47	63	11	60	0
Dezember	48	64	0	60	0
1944					
Januar	49	64	1	60	0
Februar	50	64	2	60	0
März	51	64	3	60	0
April	52	64	4	60	0
Mai	53	64	5	60	0
Juni	54	64	6	60	0
Juli	55	64	7	60	0
August	56	64	8	60	0
September	57	64	9	60	0
Oktober	58	64	10	60	0
November	59	64	11	60	0
Dezember	60	65	0	60	0
1945/1951	60	65	0	60	0

Beispiel:

Ist eine Frau im August 1943 geboren, so hat sie Anspruch auf Altersrente - ohne Abschläge; wenn sie 63 Jahre und 8 Monate alt ist. Hat sie von der Möglichkeit Gebrauch gemacht, bereits ab Vollendung des 60. Lebensjahres in Rente zu gehen, so bedeutet dies eine frühere Inanspruchnahme von 44 Monaten und damit den Höchstabschlag von 10,8 %. Wollte diese Frau aber beispielsweise ein Jahr früher als gesetzlich vorgesehen, in Rente gehen, würde dies eine Rentenkürzung von $-0,3\,\% \times 12$ Monate $= -3,6\,\%$ bedeuten.

§ 237 Abs. 3 SGB VI enthält eine Vertrauensschutzregelung. Danach wird die Altersgrenze von 60 Jahren für Frauen, die

– bis zum 7. 5. 1941 geboren sind und

  – am 7. 5. 1996 arbeitslos waren, Anpassungsgeld für entlassene Arbeitnehmer des Bergbaus, Vorruhestandsgeld oder Überbrückungsgeld der Seemannskasse bezogen haben oder

368

Gesetzliche Rentenversicherung

- deren Arbeitsverhältnis aufgrund einer Kündigung oder Vereinbarung, die vor dem 7. 5. 1996 erfolgt ist, nach dem 6. 5. 1996 begonnen worden ist
- bis zum 7. 5. 1944 geboren sind und aufgrund einer Maßnahme nach Art. 56 § 2 Buchst. b des Vertrages über die Gründung der Europäischen Gemeinschaft für Kohle und Stahl (EGKS-V), die vor dem 7. 5. 1996 genehmigt worden ist, aus einem Betrieb der Montanindustrie ausgeschieden sind oder
- vor dem 1. 1. 1942 geboren sind und 45 Jahre mit Pflichtbeiträgen für eine versicherte Beschäftigung oder Tätigkeit haben, wobei bei den 45 Jahren Zeiten des Bezuges von Arbeitslosengeld oder Arbeitslosenhilfe nicht angerechnet werden,

wie folgt angehoben:

Versicherte Geburtsjahr Geburtsmonat	Anhebung um ... Monate	auf Alter		vorzeitige Inanspruchnahme möglich ab Alter	
		Jahr	Monat	Jahr	Monat
vor 1941	0	60	0	60	0
1941					
Januar-April	1	60	1	60	0
Mai-August	2	60	2	60	0
September-Dezember	3	60	3	60	0
1942					
Januar-April	4	60	4	60	0
Mai-August	5	60	5	60	0
September-Dezember	6	60	6	60	0
1943					
Januar-April	7	60	7	60	0
Mai-August	8	60	8	60	0
September-Dezember	9	60	9	60	0
1944					
Januar-April	10	60	10	60	0
Mai	11	60	11	60	0

3.3.6 Altersrente wegen Arbeitslosigkeit oder nach Altersteilzeit

369 Die Altersrente wegen Arbeitslosigkeit oder nach Altersteilzeitarbeit gibt es nur noch für Versicherte, die vor dem 1. 1. 1952 geboren wurden. Rechtsgrundlage für diese Altersrente ist § 237 SGB VI. Danach haben Versicherte Anspruch auf Altersrente, wenn sie

- vor dem 1. 1. 1952 geboren sind
- das 60. Lebensjahr vollendet haben
- entweder
  - bei Beginn der Rente arbeitslos und nach Vollendung eines Lebensalters von 58 Jahren und 6 Monaten insgesamt 52 Wochen arbeitslos waren oder Anpassungsgeld für entlassene Arbeitnehmer des Bergbaus bezogen haben oder

- die Arbeitszeit aufgrund von Altersteilzeitarbeit für mindestens 24 Kalendermonate vermindert haben,
- in den letzten 10 Jahren vor Beginn der Rente acht Jahre Pflichtbeiträge für eine versicherte Beschäftigung oder Tätigkeit haben, wobei sich der Zeitraum von 10 Jahren um Anrechnungszeiten (vgl. Rz. 321) und Zeiten des Bezugs einer Rente aus eigener Versicherung, die nicht auch Beitragspflichtzeiten aufgrund einer versicherten Beschäftigung oder Tätigkeit sind, verlängert, und
- die Wartezeit von 15 Jahren erfüllt haben (vgl. zur Wartezeit Rz. 309 ff.).

Aus § 237 Abs. 2 SGB VI ergibt sich, dass auch für solche Versicherte Anspruch auf Altersrente wegen Arbeitslosigkeit besteht, die während der Arbeitslosigkeit von 52 Wochen nur deshalb der Arbeitsvermittlung nicht zur Verfügung gestanden sind, weil sie nicht bereit waren, jede zumutbare Beschäftigung anzunehmen oder an zumutbaren beruflichen Bildungsmaßnahmen teilzunehmen. *370*

Der Zeitraum von 10 Jahren, in dem acht Jahre Pflichtbeiträge für eine versicherte Beschäftigung oder Tätigkeit vorhanden sein müssen, verlängert sich auch um *371*
- Arbeitslosigkeitszeiten und
- Ersatzzeiten. Das gilt aber nur, soweit diese Zeiten nicht auch Pflichtbeiträge für eine versicherte Beschäftigung oder Tätigkeit sind. Ab 1.1.2006 werden Arbeitslosigkeitszeiten nur berücksichtigt, wenn die Arbeitslosigkeit vor dem 1.1.2006 begonnen hat, und der Versicherte vor dem 1.1.1948 geboren wurde. Vgl. zu den Ersatzzeiten Rz. 314.

Die Altersgrenze von 60 Jahren wird bei Altersrenten wegen Arbeitslosigkeit oder nach Altersteilzeitarbeit für Versicherte, die nach dem 31.12.1936 geboren sind, angehoben. Die Anhebung erfolgt im Ergebnis auf 65 Jahre. Die vorzeitige Inanspruchnahme – gegen Abschläge – einer solchen Altersrente ist möglich. Die Anhebung der Altersgrenzen und die Möglichkeit der vorzeitigen Inanspruchnahme der Altersgrenzen bestimmen sich nach der Anlage 19 zum SGB VI: *372*

Gesetzliche Rentenversicherung

Veränderung der Altersgrenze bei Altersrente wegen Arbeitslosigkeit oder nach Altersteilzeitarbeit

Versicherte Geburtsjahr Geburtsmonat	Anhebung um ... Monate	auf Alter Jahr	auf Alter Monat	vorzeitige Inanspruchnahme möglich ab Alter Jahr	vorzeitige Inanspruchnahme möglich ab Alter Monat
1937					
Januar	1	60	1	60	0
Februar	2	60	2	60	0
März	3	60	3	60	0
April	4	60	4	60	0
Mai	5	60	5	60	0
Juni	6	60	6	60	0
Juli	7	60	7	60	0
August	8	60	8	60	0
September	9	60	9	60	0
Oktober	10	60	10	60	0
November	11	60	11	60	0
Dezember	12	61	0	60	0
1938					
Januar	13	61	1	60	0
Februar	14	61	2	60	0
März	15	61	3	60	0
April	16	61	4	60	0
Mai	17	61	5	60	0
Juni	18	61	6	60	0
Juli	19	61	7	60	0
August	20	61	8	60	0
September	21	61	9	60	0
Oktober	22	61	10	60	0
November	23	61	11	60	0
Dezember	24	62	0	60	0
1939					
Januar	25	62	1	60	0
Februar	26	62	2	60	0
März	27	62	3	60	0
April	28	62	4	60	0
Mai	29	62	5	60	0
Juni	30	62	6	60	0
Juli	31	62	7	60	0
August	32	62	8	60	0
September	33	62	9	60	0
Oktober	34	62	10	60	0
November	35	62	11	60	0
Dezember	36	63	0	60	0

Versorgungsleistungen der gesetzlichen Rentenversicherung

Versicherte Geburtsjahr Geburtsmonat	Veränderung der Altersgrenze bei Altersrente wegen Arbeitslosigkeit oder nach Altersteilzeitarbeit				
	An- hebung um ... Monate	auf Alter		vorzeitige Inanspruchnahme möglich ab Alter	
		Jahr	Monat	Jahr	Monat
1940					
Januar	37	63	1	60	0
Februar	38	63	2	60	0
März	39	63	3	60	0
April	40	63	4	60	0
Mai	41	63	5	60	0
Juni	42	63	6	60	0
Juli	43	63	7	60	0
August	44	63	8	60	0
September	45	63	9	60	0
Oktober	46	63	10	60	0
November	47	63	11	60	0
Dezember	48	64	0	60	0
1941					
Januar	49	64	1	60	0
Februar	50	64	2	60	0
März	51	64	3	60	0
April	52	64	4	60	0
Mai	53	64	5	60	0
Juni	54	64	6	60	0
Juli	55	64	7	60	0
August	56	64	8	60	0
September	57	64	9	60	0
Oktober	58	64	10	60	0
November	59	64	11	60	0
Dezember	60	65	0	60	0
1942 bis 1951	60	65	0	60	0

Beispiel:
Ist jemand im Januar 1941 geboren, so kann er ohne Abschlag im Alter von 64 Jahren und einen Monat, also im März 2005, in Rente gehen. Er hat aber das Recht, die Rente vorzeitig in Anspruch zu nehmen. Das kann frühestens mit Vollendung des 60. Lebensjahres geschehen. Hier kommt es dann zu einer früheren Inanspruchnahme von 49 Monaten. Multipliziert mit 0,3 % pro Monat der früheren Inanspruchnahme ergibt dies 14,7 %. Höchstens wären hier übrigens 18 % zu berücksichtigen.

§ 237 Abs. 4 SGB VI enthält eine Übergangsregelung. Danach wird die Altersgrenze von 60 Jahren bei der Altersrente wegen Arbeitslosigkeit oder nach Altersteilzeitarbeit für Versicherte, die

– bis zum 14. 2. 1941 geboren sind und
  – am 14. 2. 1996 arbeitslos waren oder Anpassungsgeld für entlassene Arbeitnehmer des Bergbaus bezogen haben oder
  – deren Arbeitsverhältnis aufgrund einer Kündigung oder Vereinbarung, die vor dem 14. 12. 1996 erfolgt ist, nach dem 13. 2. 1996 beendet worden ist und die da-

ran anschließend arbeitslos geworden sind oder Anpassungsgeld für entlassene Arbeitnehmer des Bergbaus bezogen haben
- bis zum 14. 2. 1944 geboren sind und aufgrund einer Maßnahme nach Art. 56 § 2 Buchst. b des Vertrages über die Gründung der Europäischen Gemeinschaft für Kohle und Stahl (EGKS-V), die vor dem 14. 2. 1996 genehmigt worden ist, aus einem Betrieb der Montanindustrie ausgeschieden sind oder
- vor dem 1. 1. 1942 geboren sind und 45 Jahre mit Pflichtbeiträgen für eine versicherte Beschäftigung oder Tätigkeit haben, wobei Zeiten des Bezugs von Arbeitslosengeld oder Arbeitslosenhilfe nicht anzurechnen sind,

wie folgt angehoben:

Versicherte Geburtsjahr Geburtsmonat	Anhebung um ... Monate	auf Alter		vorzeitige Inanspruchnahme möglich ab Alter	
		Jahr	Monat	Jahr	Monat
vor 1941	0	60	0	60	0
1941					
Januar-April	1	60	1	60	0
Mai-August	2	60	2	60	0
September-Dezember	3	60	3	60	0
1942					
Januar-April	4	60	4	60	0
Mai-August	5	60	5	60	0
September-Dezember	6	60	6	60	0
1943					
Januar-April	7	60	7	60	0
Mai-August	8	60	8	60	0
September-Dezember	9	60	9	60	0
1944					
Januar-Februar	10	60	10	60	0

Einer vor dem 14. 2. 1996 abgeschlossenen Vereinbarung über die Beendigung des Arbeitsverhältnisses steht eine vor diesem Tag vereinbarte Befristung des Arbeitsverhältnisses oder Bewilligung einer befristeten arbeitsmarktpolitischen Maßnahme gleich. Ein bestehender Vertrauensschutz wird insbesondere durch die spätere Aufnahme eines Arbeitsverhältnisses oder den Eintritt in eine neue arbeitsmarktpolitische Maßnahme nicht berührt.

3.3.7 Hinzuverdienstgrenzen für Altersrentner

374 Viele Altersrentner sind daran interessiert, sich zu ihrer Rente etwas hinzuzuverdienen. Demgegenüber gibt es zahlreiche Unternehmen, die Rentner als Arbeitskräfte, insbesondere als Aushilfen, bevorzugen. Handelt es sich um Rentner, die das 65. Lebensjahr bereits vollendet haben, hat die Ausübung einer Beschäftigung keine Auswir-

Versorgungsleistungen der gesetzlichen Rentenversicherung

kungen auf die Rente des Betreffenden. Wird der Rentner nicht als geringfügig Beschäftigter tätig, wird er an und für sich versicherungspflichtig, ist aber durch die Sonderregelung des § 5 Abs. 4 Nr. 1 SGB VI in der Rentenversicherung versicherungsfrei. Allerdings sind Arbeitgeberanteile an den Beiträgen zu entrichten (§ 172 Abs. 1 Nr. 1 SGB VI). Durch diese Regelung wollte der Gesetzgeber vermeiden, dass Rentner wegen der geringeren Lohnnebenkosten bevorzugt vor anderen Arbeitnehmern beschäftigt werden, sie sich noch im aktiven Arbeitsleben befinden. In der Arbeitslosenversicherung gilt die gleiche Regelung, in der Krankenversicherung besteht nach den üblichen Vorschriften Versicherungspflicht. Wenn Rentner das 65. Lebensjahr noch nicht vollendet haben, machen sie die Aufnahme einer Beschäftigung oftmals davon abhängig, dass ihre Rente dadurch nicht beeinträchtigt, d.h. nicht gekürzt wird oder gar wegfällt.

Die Höhe der jeweils maßgebenden Hinzuverdienstgrenze ergibt sich zunächst aus dem Rentenbescheid. Wenn die Beschäftigung allerdings nicht im Jahr der Berentung erfolgt, muss berücksichtigt werden, dass sich dynamische Grenzen ändern, im Übrigen natürlich auch gesetzliche Änderungen eintreten können. Rechtsgrundlagen für die Hinzuverdienstgrenzen bei Altersrenten ist § 34 SGB VI. **375**

Für alle Altersrentenarten gilt, dass sie in voller Höhe, also als Vollrente oder als Teilrente in Anspruch genommen werden. Die Teilrente beträgt ein Drittel, die Hälfte oder zwei Drittel der erreichten Vollrente. Je nachdem, welche Art von Teilrente bezogen wird, kann in unterschiedlicher Höhe hinzuverdient werden. Allerdings liegt der Gewährung von Teilrenten die Absicht zugrunde, dass der Arbeitnehmer schrittweise in den Ruhestand hineinwächst. Dies kann er dadurch tun, dass er zunächst die Arbeitszeit um ein Drittel vermindert, nach einiger Zeit auf die Hälfte der ursprünglichen Arbeitszeit reduziert, wieder einige Zeit später die Arbeitszeit um zwei Drittel verkürzt. Zum Ausgleich erhält er dann jeweils die Rente in Höhe eines Drittels oder der Hälfte. Der nächste Schritt ist dann der vollständige Ruhestand, d.h., es wird nicht mehr gearbeitet und der Versicherte bezieht seine Altersrente als Vollrente. Bei einer Rente unmittelbar nach der Altersteilzeit (vgl. dazu Rz. 123 ff.) werden diese Erwägungen natürlich keine besonderen Rolle spielen, da ja schon während der Altersteilzeit eine reduzierte Arbeitszeit vorlag. Trotzdem ist eine Teilrente nach durchgeführter Altersteilzeit möglich. **376**

Solange die Rente als Teilrente bezogen wird, erhält der Versicherte Arbeitsentgelt. Entsprechend dem jeweiligen Teil der Vollrente ist dieses Entgelt unschädlich für die Rente, und zwar bis zu einer bestimmten Höhe.

Rentner, die das 65. Lebensjahr vollendet haben, können unbeschränkt hinzuverdienen. Bei jüngeren Personen, die ihre Rente als Vollrente erhalten, beläuft sich die Hinzuverdienstgrenze auf ein Siebtel der monatlichen Bezugsgröße. Im Jahre 2003 sind dies 340 Euro. Dieser Betrag gilt im Westen und im Osten Deutschlands. **377**

Im Laufe eines Kalenderjahrs kann dieser Betrag zweimal (also an zwei Monaten) bis zur Höhe des Doppelten der Hinzuverdienstgrenze überschritten werden. An zwei Monaten im Jahr kann demnach 2003 bis zu 680 Euro hinzuverdient werden. Dabei können die beiden Monate weit auseinander liegen, wie etwa Januar und Dezember, aber auch hintereinander anfallen, also z.B. April und Mai.

Gesetzliche Rentenversicherung

378 Bei den Teilrentnern wird unterschieden, ob sie ihre Rente in Höhe eines Drittels, der Hälfte oder zwei Dritteln der Vollrente beziehen. Da diese Regelung – wie unter Rz. 376 erwähnt – dem dynamischen Eintritt in den Ruhestand dienen soll, sind die Hinzuverdienstgrenzen für diese Rentenbezieher wesentlich höher als bei einer Vollrente.

Die Höhe der bei Teilrentnern geltenden Grenze richtet sich u.a. auch nach dem aktuellen Rentenwert. Dieser ist bereits in Rz. 336 behandelt worden.

379 Bei Beziehern von Teilrenten wegen Alters darf der Hinzuverdienst bei einer Rente in Höhe von

– einem Drittel der Vollrente das 23,3fache
– der Hälfte der Vollrente das 17,5fache
– zwei Dritteln der Vollrente das 11,7fache

des aktuellen Rentenwertes, vervielfältigt mit den Entgeltpunkten der drei letzten Kalenderjahre vor Beginn der ersten Rente wegen Alters, mindestens jedoch mit 1,5 Entgeltpunkten, nicht übersteigen.

380 Der Mindestwert von 1,5 Entgeltpunkten gilt lediglich dann, wenn die zuletzt versicherten Entgelte nicht über 50 % des Durchschnittsentgelts aller Versicherten lagen. Dem Durchschnittsentgelt der Versicherten entsprechen 3,0 Entgeltpunkte.

Wird der Mindestwert von 1,5 Entgeltpunkten nicht überschritten, gelten in der Zeit vom 1. 7. 2003 bis 30. 6. 2003 folgende Werte:

Rentenhöhe	alte Länder Euro	neue Länder Euro
Ein-Drittel-Rente	913,24	802,80
Hälfte der Rente	685,91	602,96
Zwei-Drittel-Rente	458,58	403,12

3.4 Renten wegen Todes

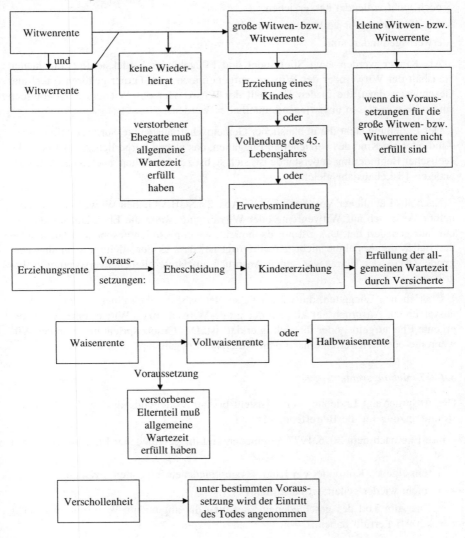

3.4.1 Witwen- und Witwerrente

Rechtsgrundlage für die Witwen- und Witwerrente ist § 46 SGB VI. In Absatz 1 dieser Vorschrift geht es um die kleinen Witwen- bzw. Witwerrenten. Sie setzen voraus, dass der versicherte Ehegatte die allgemeine Wartezeit erfüllt hat (vgl. zur Wartezeit Rz. 309 ff) . Der Anspruch besteht längstens für 24 Kalendermonate nach Ablauf des Monats, in dem der Versicherte verstorben ist.

Witwen oder Witwer, die nicht wieder geheiratet haben, haben gem. § 46 Abs. 2 SGB VI nach dem Tod des versicherten Ehegatten, der die allgemeine Wartezeit erfüllt hat, Anspruch auf große Witwen- oder Witwerrente. Voraussetzung ist, dass sie

381

Gesetzliche Rentenversicherung

- ein eigenes Kind oder ein Kind des versicherten Ehegatten, das das 18. Lebensjahr noch nicht vollendet hat, erziehen,
- das 45. Lebensjahr vollendet haben oder
- erwerbsgemindert sind.

Als Kinder werden auch Stiefkinder und Pflegekinder berücksichtigt, die in den Haushalt der Witwe oder des Witwers aufgenommen sind. Ferner gehören Enkel und Geschwister dazu, die in den Haushalt der Witwe oder des Witwers aufgenommen sind oder von diesen überwiegend unterhalten werden.

Der Erziehung steht die in häuslicher Gemeinschaft ausgeübte Sorge für ein eigenes Kind oder ein Kind des versicherten Ehegatten, das wegen körperlicher, geistiger oder seelischer Behinderung außerstande ist, sich selbst zu unterhalten, auch nach dem vollendeten 18 Lebensjahr gleich.

382 Nach ausdrücklicher Vorschrift in § 46 Abs. 2a SGB VI haben Witwen oder Witwer keinen Anspruch auf Witwenrente oder Witwerrente, wenn die Ehe nicht mindestens ein Jahr gedauert hat. Das gilt nur dann nicht, wenn nach den besonderen Umständen des Falles die Annahme nicht gerechtfertigt ist, dass es der alleinige oder überwiegende Zweck der Heirat war, einen Anspruch auf Hinterbliebenenversorgung zu begründen.

Überlebende Ehegatten, die wieder geheiratet haben, haben unter den obigen Voraussetzungen Anspruch auf kleine oder große Witwen- bzw. Witwerrente, wenn die erneute Ehe aufgelöst oder für nichtig erklärt ist. Das Gesetz spricht hier von der Witwenrente oder Witwerrente nach dem vorletzten Ehegatten.

3.4.2 Erziehungsrente

383 Der Anspruch auf Erziehungsrente besteht bis zur Vollendung des 65. Lebensjahres. Voraussetzung für die Betreffenden ist, dass

- ihre Ehe nach dem 30.6.1977 geschieden und ihr geschiedener Ehegatte gestorben ist
- sie ein eigenes Kind oder ein Kind des geschiedenen Ehegatten erziehen
- sie nicht wieder geheiratet haben und
- sie bis zum Tod des geschiedenen Ehegatten die allgemeine Wartezeit (vgl. dazu Rz. 309 ff.) erfüllt haben.

Rechtsgrundlage für die Erziehungsrente ist § 47 SGB VI. Absatz 2 dieser Vorschrift bestimmt ausdrücklich, das geschiedenen Ehegatten Ehegatten gleichsteht, deren Ehe für nichtig erklärt oder aufgehoben ist.

384 Anspruch auf Erziehungsrente besteht bis zur Vollendung des 65. Lebensjahres auch für verwitwete Ehegatten, für die ein Rentensplitting unter Ehegatten durchgeführt worden ist. Voraussetzung ist gem. § 47 Abs. 3 SGB VI, dass sie ein eigenes Kind oder ein Kind des verstorbenen Ehegatten erziehen. Außerdem dürfen sie nicht wieder geheiratet haben. Bis zum Tod des Ehegatten müssen sie ferner die allgemeine Wartezeit erfüllt haben (vgl. zur Wartezeit Rz. 309 ff.).

3.4.3 Waisenrente

Der Anspruch auf Waisenrente wird in § 48 SGB VI geregelt. Hier wird zwischen der Halbwaisenrente und der Vollwaisenrente unterschieden. So besteht für Kinder nach dem Tod eines Elternteils Anspruch auf Halbwaisenrente, wenn   385

– sie noch einen Elternteil haben, der unbeschadet der wirtschaftlichen Verhältnisse unterhaltspflichtig ist, und
– der verstorbene Elternteil die allgemeine Wartezeit erfüllt hat.

Auf Vollwaisenrente besteht für Kinder ein Anspruch, wenn sie nach dem Tod eines Elternteils keinen Elternteil mehr haben, der unbeschadet der wirtschaftlichen Verhältnisse unterhaltspflichtig war. Außerdem muss der verstorbene Elternteil die allgemeine Wartezeit erfüllt haben (vgl. zur Wartezeit Rz. 309 ff.).

Als Kinder werden auch Stiefkinder und Pflegekinder berücksichtigt, die in den Haushalt des Verstorbenen aufgenommen waren. Das gilt auch für Enkel und Geschwister, die in den Haushalt des Verstorbenen aufgenommen waren oder von ihm überwiegend unterhalten wurden.

Grundsätzlich besteht der Anspruch auf Halb- oder Vollwaisenrente längstens bis zu Vollendung des 18. Lebensjahres. Darüber hinaus besteht er für längstens bis zur Vollendung des 27. Lebensjahres, wenn die Waise sich in Schulausbildung oder Berufsausbildung befindet oder ein freiwilliges soziales oder ein freiwilliges ökologisches Jahr leistet. Der Anspruch besteht auch dann bis zur Vollendung des 27. Lebensjahres, wenn die Waise wegen körperlicher, geistiger oder seelischer Behinderung außerstande ist, sich selbst zu unterhalten.   386

Bei Unterbrechung oder Verzögerung der Schul- oder Berufsausbildung durch den gesetzlichen Wehrdienst, Zivildienst oder einen gleichgestellten Dienst verlängert sich der Anspruch auf die Rente um die Zeit dieser Dienstleistung, höchstens allerdings um einen der Dauer des gesetzlichen Grundwehrdienstes oder Zivildienstes entsprechenden Zeitraums.

3.4.4 Verschollenheit

Sind Ehegatten, geschiedene Ehegatten oder Elternteile verschollen, gelten sie als verstorben, wenn die Umstände ihren Tod wahrscheinlich machen und seit einem Jahr Nachrichten über ihr Leben nicht eingegangen sind (§ 49 SGB VI). Der Rentenversicherungsträger kann von den Berechtigten die Versicherung an Eides statt verlangen, dass ihnen weitere als die angezeigten Nachrichten über den Verschollenen nicht bekannt sind. Der Rentenversicherungsträger ist berechtigt, für die Rentenleistung den nach den Umständen mutmaßlichen Todestag festzustellen.   387

3.4.5 Anrechnung eigener Einkünfte

Auf Hinterbliebenenrenten sind eigene Einkünfte anzurechnen, Das gilt allerdings nicht bis zu einem bestimmten Grenzwert. Bis zu diesem Höchstbetrag werden Einkünfte nicht angerechnet (vgl. hierzu § 97 Abs. 2 SGB VI).   388

Bei Witwenrenten, Witwerrenten, Erziehungsrenten ist das 26,4fache und bei Waisenrenten das 17,6fache des aktuellen Rentenwertes maßgebend. Das nicht anrechenbare Einkommen erhöht sich um das 5,6fache des aktuellen Rentenwertes für jedes

Gesetzliche Rentenversicherung

Kind des Berechtigten, das Anspruch auf Waisenrente hat oder nur deshalb nicht hat, weil es kein Kind des Verstorbenen ist.

Von dem danach verbleibenden anrechenbaren Einkommen werden 40 % angerechnet.

In der Zeit vom 1.7.2003 bis 30.6.2004 gelten hier folgende Werte:

- Witwenrenten, Witwerrenten und Erziehungsrenten:
  - alte Länder: 689,83 Euro
  - neue Bundesländer: 606,41 Euro

zuzüglich für jedes Kind:
  - alte Länder: 146,93 Euro
  - neue Länder: 128,63 Euro

Für Waisenrenten sind maßgeblich:
  - alte Länder: 459,89 Euro
  - neue Länder: 404,27 Euro

3.5 Auswirkungen des Arbeitsentgelts auf die Rentenberechnung
3.5.1 Grundsätze

389 Die Renten der gesetzlichen Rentenversicherung werden beitragsbezogen berechnet. Ausgangswert ist die Bemessungsgrundlage für die Beiträge, also das beitragspflichtige Arbeitsentgelt.

Dabei ist zu beachten, dass die gesetzliche Rente nicht vom Arbeitnehmer allein finanziert wird. Vielmehr trägt bei Arbeitnehmern ein Teil der Beiträge der Arbeitgeber.

Wie erwähnt werden die Beiträge aus dem Entgelt und zwar dem Bruttoentgelt des Versicherten berechnet. Deshalb wird allgemein von der beitragsbezogenen oder der entgeltbezogenen Rente gesprochen. Der Grundsatz lautet: Je höher das Entgelt, um so höher die Rente. Allerdings stimmt dies nur zum Teil. So wird nämlich nicht gesamte Entgelt berücksichtigt. Vielmehr wird das Entgelt zur Beitragsberechnung nur bis zur Beitragsbemessungsgrenze der gesetzlichen Rentenversicherung herangezogen. Da bei der Rentenberechnung nur das Entgelt berücksichtigt wird, aus dem Beiträge gezahlt werden, bedeutet dies, dass auch bei der Rentenberechnung nur das Entgelt bis zur Beitragsbemessungsgrenze herangezogen wird.

390 Bis zur vollständigen Gleichstellung der Lebensverhältnisse in den alten und den neuen Bundesländern gibt es zwei verschiedene Beitragsbemessungsgrenzen. Sie belaufen sich im Jahre 2003 auf

- 5.100 Euro im Westen Deutschlands und auf
- 4.250 Euro in den neuen Bundesländern.

Es handelt sich dabei jeweils um Monatsbeträge. Vgl. dazu auch unter Rz. 139.

Bei der Rentenberechnung wird das Entgelt des gesamten Versichertenlebens herangezogen. Es ist dabei gleichgültig, ob es im öffentlichen Dienst oder im privaten Bereich erzielt wurde. Aus dem Entgelt des Versicherten werden Entgeltpunkte errechnet. Diese bilden zusammen mit dem aktuellen Rentenwert (vgl. dazu Rz. 336 ff). die wichtigsten Faktoren für die Rentenberechnung.

Versorgungsleistungen der gesetzlichen Rentenversicherung

3.5.2 Meldung des Entgelts

Der Arbeitgeber des rentenversicherungspflichtigen Arbeitnehmers ist verpflichtet, die Beiträge aus dem Entgelt zu berechnen und an die Einzugsstelle für den Gesamtsozialversicherungsbeitrag, die Krankenkasse des Arbeitnehmers, abzuführen. Die Krankenkasse leitet den Anteil des Rentenversicherungsträgers an diesen weiter. Der Arbeitgeber ist aber auch zur Erstattung von Entgeltmeldungen verpflichtet. So hat er zum Ende eines Beschäftigungsverhältnisses das in dem betreffenden Kalenderjahr erzielte Entgelt bei der abmeldenden Firma zu bescheinigen. Außerdem ist die Jahresmeldung besonders bedeutungsvoll, die bis zum 15. 4. eines Jahres für das Vorjahr zu erstatten ist und in der das Entgelt einzutragen ist, das der Arbeitnehmer im betreffenden Kalenderjahr beim meldenden Arbeitgeber erzielt hat.

391

Die Meldedaten werden von den Krankenkassen auf maschinellem Wege an die Rentenversicherungsträger weitergeleitet. Wichtiges Identifizierungsmerkmal für den Versicherten ist hier seine Rentenversicherungsnummer.

3.5.3 Rentenauskünfte

Insbesondere wegen der heute immer noch bestehenden Möglichkeiten, auch vor dem Erreichen der Altersgrenze von 65 Jahren Leistungen der gesetzlichen Rentenversicherung zu beziehen, hat der Gesetzgeber die Rentenauskunft vorgesehen. Hierdurch haben die Versicherten die Möglichkeit, sich rechtzeitig über die Höhe der ihnen voraussichtlich zustehenden Rentenleistungen zu informieren.

392

Nach § 109 SGB VI erhalten Versicherte, die das 55. Lebensjahr vollendet haben, von Amts wegen Auskunft über die Anwartschaft, die ihnen ohne weitere rentenrechtliche Zeiten als Regelaltersrente zustehen würde. Diese Auskunft kann von Amtswegen oder auf Antrag auch jüngeren Versicherten erteilt werden.

393

Versicherte, die das 54. Lebensjahr vollendet haben, haben Anspruch auf Auskunft über die Höhe der Beitragszahlung, die zum Ausgleich einer Rentenminderung bei vorzeitiger Inanspruchnahme einer Rente wegen Alters erforderlich ist, und die ihr zugrundeliegende Altersrente. Das gilt nur dann nicht, wenn die Erfüllung der versicherungsrechtlichen Voraussetzungen für eine vorzeitige Rente wegen Alters offensichtlich ausgeschlossen ist.

Auf Antrag erhalten Versicherte, die das 55. Lebensjahr vollendet haben, auch Auskunft über die Höhe der Anwartschaft auf Rente, die ihnen bei verminderter Erwerbsfähigkeit oder im Falle ihres Todes ihren Familienangehörigen zustehen würde. Diese Auskunft kann auf Antrag auch jüngeren Versicherten erteilt werden, wenn sie daran ein berechtigtes Interesse haben.

Ferner erhalten Versicherte auf Antrag Auskunft über die Höhe ihrer auf die Ehezeit entfallenden Rentenanwartschaft. Diese Auskunft erhält auf Antrag auch der Ehegatte oder der geschiedene Ehegatte eines Versicherten, wenn der Träger der Rentenversicherung diese Auskunft erteilen darf, weil der Versicherte seine Auskunftspflicht gegenüber dem Ehegatten nicht oder nicht vollständig erfüllt hat. Die hiernach erteilte Auskunft wird auch dem Versicherten mitgeteilt.

Rentenauskünfte sind schriftlich zu erteilen. Sie sind allerdings nicht rechtsverbindlich.

Gesetzliche Rentenversicherung

394 § 109 SGB VI wird mit Wirkung ab 1.1.2004 neu gefasst. Ab diesem Zeitpunkt erhalten Versicherte, die das 27. Lebensjahr vollendet haben, jährlich eine schriftliche Renteninformation. Nach Vollendung des 54. Lebensjahres wird diese alle drei Jahre durch eine Rentenauskunft ersetzt. Besteht berechtigtes Interesse, kann die Rentenauskunft auch jüngeren Versicherten erteilt werden oder in kürzeren Abständen erfolgen.

Inhalt der Renteninformation und der Rentenauskunft ab 1.1.2004

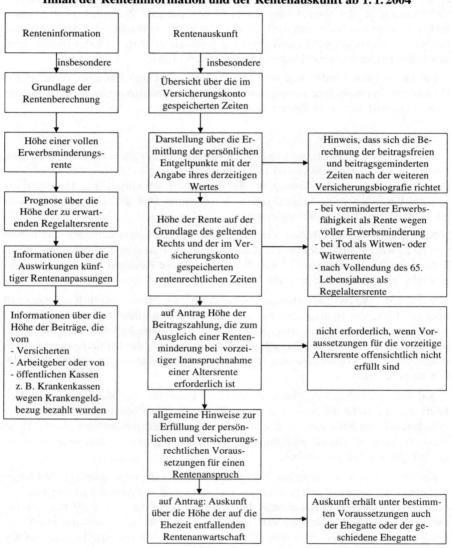

Versorgungsleistungen der gesetzlichen Rentenversicherung

Die Renteninformation und die Rentenauskunft sind mit dem Hinweis zu versehen, dass sie auf der Grundlage des geltenden Rechts und der im Versicherungskonto gespeicherten rentenrechtlichen Zeiten erteilt sind. Gleichzeitig wird angegeben, dass sie damit unter dem Vorbehalt künftiger Rechtsänderungen sowie der Richtigkeit und Vollständigkeit der im Versicherungskonto gespeicherten rentenrechtlichen Zeiten stehen. 395

Erhält der Versicherte heute z.B. mit der Vollendung des 55. Lebensjahres eine Rentenauskunft, beziehen sich die angegebenen Beträge immer auf einen Zeitpunkt, der vor dem Zeitpunkt der Erteilung der Auskunft liegt. Dabei werden nur solche Entgelte berücksichtigt, die dem Rentenversicherungsträger bereits gemeldet sind. Das bedeutet, dass die Auskunft in der Regel den Stand des Rentenkontos zum Ende des vorhergehenden Jahres, unter Umständen, wenn die Auskunft nämlich in der ersten Hälfte eines Jahres erteilt wird, sogar erst zum Ende des vorhergehenden Jahres angibt. Will der Versicherte exakt wissen, welche Rentenansprüche er zum Zeitpunkt seiner von ihm beabsichtigten Berentung haben wird, muss er eine ergänzende Berechnung vornehmen lassen. Versicherte Arbeitnehmer in diesem Alter wissen in der Regel, wie hoch ihr zukünftiger Verdienst in etwa sein wird. 396

Natürlich muss hier – weil beispielsweise nicht alle Lohnerhöhungen bis zum Rentenbeginn bekannt sind und ferner auch die Entwicklung der Steuern und Sozialversicherungsbeiträge nicht sicher vorausgesagt werden kann – u.U. von einer Schätzung ausgegangen werden.

Wichtige Faustregel:
Die jährliche Rente erhöht sich um etwa 5,70 % des Beitragsaufwandes. Oder anders ausgedrückt: Für 1.000 Euro beitragspflichtiges Bruttoarbeitsentgelt erhöht sich die Rente um cirka 0,91 Euro. Infolge des niederen aktuellen Rentenwertes in den neuen Bundesländern (vgl. dazu Rz. 336 ff.) ist auch dieser Betrag hier etwas niedriger.

Viele Arbeitnehmer würden gerne lange Zeit im voraus wissen, wie hoch ihre zu erwartende Altersrente einmal sein wird. Dies kann exakt in der Regel im voraus aus den genannten Gründen nicht ausgerechnet werden. Hier ist auch zu beachten, dass sich gegebenenfalls Arbeitsunfähigkeitszeiten, Zeiten eines Bezuges von Leistungen des Arbeitsamtes, ferner Zeiten der Kindererziehung usw. auf die Rentenhöhe auswirken können. 397

Der durchschnittliche Zahlbetrag von Altersrenten beträgt zur Zeit rund 700 Euro im Monat. Allerdings ist dieser Durchschnittswert wenig aussagekräftig, da er auch jene Rentnerinnen und Rentner erfasst, die nur kurze Zeit in der gesetzlichen Rentenversicherung versichert waren und/oder geringe Beiträge gezahlt und dementsprechend nur eine verhältnismäßig kleine Rente erworben werden. Hier werden beispielsweise auch Versicherte angesprochen, die nach einigen Jahren – etwa, als Beamte – aus der Versichertengemeinschaft ausgeschieden sind. Im Hinblick auf Versicherte, die den überwiegenden Teil ihres Erwerbslebens in der gesetzlichen Rentenversicherung versichert waren, ist deshalb die so genannte Altersrente für langjährig Versicherte aussagekräftiger. Hier wird eine Mindestversicherungszeit von 35 Jahren vorausgesetzt. Gegenwärtig beträgt ihre Höhe im Durchschnitt rund 1.050 Euro. 398

3.5.4 Rentenhöhe und Rentenanpassung

399 Als Rechtsgrundlage für die Rentenhöhe kommt in erster Linie § 63 SGB VI in Betracht. Danach richtet sich die Höhe einer Rente vor allem nach der Höhe des während des Versicherungslebens durch Beiträge versicherten Arbeitsentgelte (Arbeitnehmer) und Arbeitseinkommen (selbstständig Tätige, die rentenversichert sind).

Das in den einzelnen Kalenderjahren durch Beiträge versicherte Arbeitsentgelt und Arbeitseinkommen wird in Entgeltpunkte umgerechnet. Die Versicherung eines Arbeitsentgelts oder Arbeitseinkommens in Höhe des Durchschnittsentgelts eines Kalenderjahres ergibt einen vollen Entgeltpunkt.

400 Die Anlage 1 zum SGB VI zählt alle Durchschnittsentgelte der Rentenversicherung auf. Ihrer Bedeutung wegen wird sie nachfolgend wiedergegeben. Vorab ist noch zu erwähnen, dass es sich bei den Werten für die Jahre 2002 und 2003 um vorläufige Werte handelt (vgl. dazu § 69 Abs. 2 Nr. 2 SGB VI).

Durchschnittsentgelt in EUR/DM/RM

Jahr	Durchschnittsentgelt	Jahr	Durchschnittsentgelt	Jahr	Durchschnittsentgelt
1891	700	21	9974	53	4061
92	700	24	1233	54	4234
93	709	25	1469	55	4548
94	714	26	1642	56	4844
95	714	27	1742	57	5043
96	728	28	1983	58	5330
97	741	29	2110	59	5602
98	755	**1930**	2074	**1960**	6101
99	773	31	1924	61	6723
1900	796	32	1651	62	7328
01	814	33	1583	63	7775
02	841	34	1605	64	8467
03	855	35	1692	65	9229
04	887	36	1783	66	9893
05	910	37	1856	67	10219
06	946	38	1947	68	10842
07	987	39	2092	69	11839
08	1019	**1940**	2156	**1970**	13343
09	1046	41	2297	71	14931
1910	1078	42	2310	72	16335
11	1119	43	2324	73	18295
12	1164	44	2292	74	20381
13	1182	45	1778	75	21808
14	1219	46	1778	76	23335
15	1178	47	1833	77	24945
16	1233	48	2219	78	26242
17	1446	49	2838	79	27685
18	1706	**1950**	3161	**1980**	29485
19	2010	51	3579	81	30900
1920	3729	52	3852	82	32198

Versorgungsleistungen der gesetzlichen Rentenversicherung

Jahr	Durchschnittsentgelt	Jahr	Durchschnittsentgelt	Jahr	Durchschnittsentgelt
83	33293	**1990**	41946	96	51678
84	34292	91	44421	97	52143
95	35286	92	46820	98	52925
96	36627	93	48178	99	53507
97	37726	94	49142	**2000**	54256
98	38896	95	50665	01	55216
89	40063			02	28518
				03	29230

Für beitragsfreie Zeiten (vgl. dazu Rz. 315 ff.) werden Entgeltpunkte angerechnet, deren Höhe von der Höhe der in der übrigen Zeit versicherten Arbeitsentgelte und Arbeitseinkommen abhängig ist. *401*

Das Sicherungsziel der jeweiligen Rentenart im Verhältnis zu einer Altersrente wird durch den Rentenartfaktor bestimmt. Der Rentenartfaktor beträgt nach § 67 SGB VI für persönliche Entgeltpunkte bei

– Renten wegen Alters	1,0
– Renten wegen teilweiser Erwerbsminderung	0,5
– Renten wegen voller Erwerbsminderung	1,0
– Erziehungsrenten	1,0
– kleinen Witwenrenten und kleinen Witwerrenten bis zum Ende des dritten Kalendermonats nach Ablauf des: Monats in dem der Ehegatte verstorben ist (sog. Gnadenvierteljahr)	1,0
– anschließend	0,25
– großen Witwenrenten und großen Witwerrenten bis zum Ende des dritten Kalendermonats nach Ablauf des Monats, in dem der Ehegatte verstorben ist	1,0
– anschließend	0,55
– Halbwaisenrenten	0,1
– Vollwaisenrenten	0,2

Der Rentenfaktor von 1,0 ist auch dann anzuwenden, wenn die Altersrente vorzeitig in Anspruch genommen wird. Hier ist allerdings zu beachten, dass Vorteile und Nachteile einer unterschiedlichen Rentenbezugsdauer durch einen Zugangsfaktor vermieden werden. Dieser richtet sich nach dem Alter der Versicherten bei Rentenbeginn oder bei Tod. Er bestimmt, in welchem Umfang Entgeltpunkte bei der Ermittlung des Monatsbetrages der Rente als persönliche Entgeltpunkte zu berücksichtigen sind (§ 77 SGB VI). Bei Renten wegen Alters, die mit Ablauf des Kalendermonats der Vollendung des 65. Lebensjahres oder eines für den Versicherten maßgebenden niedrigeren Rentenalters beginnen, beträgt der Zugangsfaktor 1,0. Hier ist aber zu beachten, dass die Fälle, in denen Altersrenten ab einem für den Versicherten maßgebenden niedrigeren Rentenalter beginnen, immer weniger werden. Trotzdem werden Altersrenten immer noch sehr oft vorzeitig in Anspruch genommen. Hier muss dann ein Rentenabzug berücksichtigt werden, der durch den Zugangsfaktor ausgedrückt wird. So ist der *402*

Gesetzliche Rentenversicherung

Zugangsfaktor bei Altersrenten, die vorzeitig in Anspruch genommen werden, für jeden Kalendermonat um 0,0003 niedriger als 1,0.

403 Beispielsweise wird die Altersrente für schwerbehinderte Menschen (§ 37 SGB VI) nach Vollendung des 63. Lebensjahres gewährt. Sind die erforderlichen Voraussetzungen erfüllt, wird der Zugangsfaktor von 1,0 berücksichtigt. Nach ausdrücklicher Bestimmung in § 37 Abs. 2 SGB VI ist aber die vorzeitige Inanspruchnahme einer solchen Altersrente nach Vollendung des 60. Lebensjahres möglich. Hier kommt es zu einer Minderung des Zugangsfaktors und damit zu einer Kürzung der Rente. Allerdings sind dabei Übergangsregelungen zu beachten.

404 Renten wegen verminderter Erwerbsfähigkeit (Rente wegen teilweiser Erwerbsminderung oder Rente wegen voller Erwerbsminderung – vgl. Rz. 325 ff) werden ebenfalls für jeden Kalendermonat gekürzt, für den eine Rente vor Ablauf des Kalendermonats der Vollendung des 63. Lebensjahres in Anspruch genommen wird. Der Zugangsfaktor ist in solchen Fällen für jeden Kalendermonat um 0,003 niedriger als 1,0. Beginnt die Rente allerdings vor Vollendung des 60. Lebensjahres, ist die Vollendung des 60. Lebensjahres für die Bestimmung des Zugangsfaktors maßgebend. Die Zeit des Bezugs einer Rente vor Vollendung des 60. Lebensjahres des Versicherten gilt nicht als Zeit einer vorzeitigen Inanspruchnahme. Durch diese Regelung wird zum Ausdruck gebracht, dass die Kürzung des Zugangsfaktors wegen früherer Inanspruchnahme der zustehenden Rente eine Grenze hat, die allgemein bei 10,8 % der Rente liegt.

Wichtig: Die Kürzung endet aber nicht etwa mit Vollendung des 65. Lebensjahres, wie manchmal geglaubt wird, sondern dauert des gesamte Rentnerleben an.

Der Zugangsfaktor wird aber nicht nur gekürzt, er kann – unter bestimmten Voraussetzungen – auch erhöht werden. So erhöht sich der Zugangsfaktor für die Entgeltpunkte in der Zeit, für die nach Vollendung des 65. Lebensjahres trotz erfüllter Wartezeit (60 Kalendermonate) die Regelaltersrente nicht in Anspruch genommen wird, um 0,005.

405 Nach § 63 Abs. 6 SGB VI ergibt sich der Monatsbetrag einer Rente, indem die unter Berücksichtigung des Zugangsfaktors ermittelten, persönlichen Entgeltpunkte mit dem Rentenartfaktor und dem aktuellen Rentenwert vervielfältigt werden. Vgl. in Bezug auf den aktuellen Rentenwert Rz. 336 ff.

Der aktuelle Rentenwert verändert sich jeweils zum 1.7. eines Jahres und wird in Zusammenhang mit den Vorschriften über die Anpassung (Dynamisierung) der Renten bekanntgegeben.

Die Rentenanpassung selbst wird in § 65 SGB VI vorgeschrieben. Dort heißt es, dass zum 1.7. eines jeden Jahres die Renten angepasst werden, indem der bisherige aktuelle Rentenwert ersetzt wird.

Die Rentenanpassung (Erhöhung) betrug zum 1.7.2003

– 1,04 % in den alten und

– 1,19 % in den neuen Bundesländern.

Versorgungsleistungen der gesetzlichen Rentenversicherung

3.5.5 Die persönlichen Entgeltpunkte
3.5.5.1 Grundsätze

In Rz. 399 wurde bereits erwähnt, dass die Entgeltpunkte den Wert des während eines Arbeitslebens erzielten Entgelts ausdrückten und der wohl wesentlichste Faktor bei der Rentenberechnung sind. Das Gesetz spricht in § 66 SGB VI von persönlichen Entgeltpunkten. Danach ergeben sich die persönlichen Entgeltpunkte für die Ermittlung des Monatsbetrags der Rente, indem die Summe aller Entgeltpunkte für 406

– Beitragszeiten
– beitragsfreie Zeiten
– Zuschläge für beitragsgeminderte Zeiten
– Zuschläge oder Abschläge aus einem durchgeführten Versorgungsausgleich oder Rentensplitting unter Ehegatten
– Zuschläge aus Zahlung von Beiträgen bei vorzeitiger Inanspruchnahme einer Altersrente oder bei Abfindung von Anwartschaften auf betriebliche Altersversorgung
– Zuschläge an Entgeltpunkte für Arbeitsentgelt aus geringfügiger Beschäftigung und
– Arbeitsentgelt aus nicht gemäß einer Vereinbarung über flexible Arbeitszeitregelungen verwendeten Wertguthaben,

mit dem Zugangsfaktor vervielfältigt und bei Witwenrenten und Witwerrenten sowie bei Waisenrenten um einen Zuschlag erhöht wird.

3.5.5.2 Entgeltpunkte für Beitragszeiten

Für Beitragszeiten werden Entgeltpunkte ermittelt, indem die Beitragsbemessungsgrundlage durch das Durchschnittsentgelt für dasselbe Kalenderjahr geteilt wird. Bei der Beitragsbemessungsgrundlage geht es um das Entgelt, das der Beitragsbemessung zugrunde lag. Die Beitragsbemessungsgrenzen (getrennt nach alten und neuen Bundesländern) sind hier also zu berücksichtigen (vgl. dazu Rz. 139). Das Durchschnittsentgelt ergibt sich aus der Anlage 1 zum SGB VI (vgl. den Abdruck der Tabelle in Rz. 400). 407

Für das Kalenderjahr des Rentenbeginns und für das davor liegende Kalenderjahr wird als Durchschnittsentgelt der Betrag zugrunde gelegt, der für diese Kalenderjahre vorläufig bestimmt ist. 408

Aus der Zahlung von Beiträgen für Arbeitsentgelt aus nicht gemäß einer Vereinbarung über flexible Arbeitszeitregelungen verwendeten Wertguthaben werden zusätzliche Entgeltpunkte ermittelt, in dem dieses Arbeitsentgelt durch das vorläufige Durchschnittsentgelt für das Kalenderjahr geteilt wird, dem das Arbeitsentgelt zugeordnet ist.

Von besonderer Bedeutung ist auch die Vorschrift des § 70 Abs. 4 SGB VI. Ist danach für eine Altersrente eine beitragspflichtige Einnahme im Voraus bescheinigt worden, sind für diese Rente Entgeltpunkte daraus wie aus der Beitragsbemessungsgrundlage zu ermitteln. Weicht die tatsächlich erzielte beitragspflichtige Einnahme von der Vorausbescheinigung ab, bleibt sie für diese Rente außer Betracht. 409

Mit der Vorausbescheinigung beschäftigt sich § 194 SGB VI:

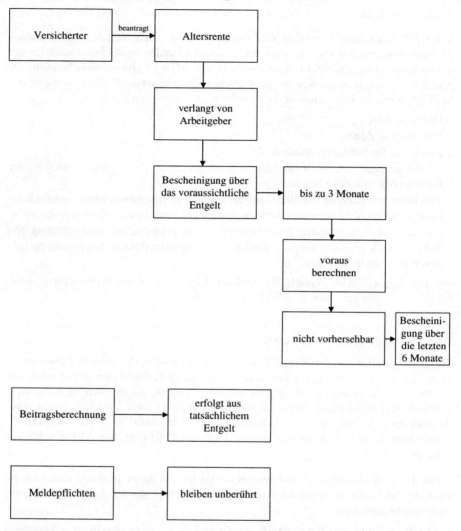

410 Für Zeiten nach Beginn der zu berechnenden Rente werden Entgeltpunkte nur für eine Zurechnungszeit, also nicht aus Beitragszeiten ermittelt (§ 75 Abs. 1 SGB VI). Dabei handelt es sich bei der Zurechnungszeit um die Zeit, die bei einer Rente wegen Erwerbsminderung oder einer Rente wegen Todes hinzugerechnet wird, wenn der Versicherte das 60. Lebensjahr noch nicht vollendet hat (vgl. Rz. 324).

In diesem Zusammenhang sind auch die Begriffsbestimmungen des § 54 SGB VI für rentenrechtliche Zeiten zu beachten. Danach sind rentenrechtliche Zeiten

– Beitragszeiten
– Zeiten mit vollwertigen Beiträgen

Versorgungsleistungen der gesetzlichen Rentenversicherung

- beitragsgeminderte Zeiten
- beitragsfreie Zeiten und
- Berücksichtigungszeiten.

Dabei handelt es sich bei Zeiten mit vollwertigen Beiträgen um Kalendermonate, die mit Beiträgen belegt und nicht beitragsgeminderte Zeiten sind. Beitragsgeminderte Zeiten sind dagegen Kalendermonate, die sowohl mit Beitragszeiten als auch mit Anrechnungszeiten, einer Zurechnungszeit oder Ersatzzeiten (z.B. Zeiten der Vertreibung oder Flucht) belegt sind (vgl. dazu Rz. 314).

Als beitragsgeminderte Zeiten gelten Kalendermonate mit Pflichtbeiträgen für eine Berufsausbildung (Zeiten einer beruflichen Ausbildung). Als solche gelten stets die ersten 36 Kalendermonate mit Pflichtbeiträgen für Zeiten einer versicherten Beschäftigung oder selbstständigen Tätigkeit bis zur Vollendung des 25. Kalenderjahres. *411*

Beitragsfreie Zeiten sind Kalendermonate, die mit Anrechnungszeiten, mit einer Zurechnungszeit oder mit Ersatzzeiten belegt sind, wenn für sie nicht auch Beiträge gezahlt worden sind. Mit dem Begriff der Anrechnungszeiten beschäftigt sich § 58 SGB VI. In Zusammenhang mit der Erfüllung der Wartezeit, die eine wesentliche Voraussetzung für den Rentenanspruch ist, wurden die Anrechnungszeiten bei Rz. 321 ff. ausführlich behandelt. *412*

Im Übrigen werden Anrechnungszeiten von verschiedenen Organisationen, wie z.B. Krankenkassen, Bundesanstalt für Arbeit usw. an die Rentenversicherungsträger gemeldet.

Zu erwähnen sind in diesem Zusammenhang auch Kindererziehungszeiten und Berücksichtigungszeiten wegen Kindererziehung. Vgl. dazu Rz. 316 ff.

Kindererziehungszeiten erhalten für jeden Kalendermonat 0,0833 Entgeltpunkte (Entgeltpunkte für Kindererziehungszeiten). Entgeltpunkte für Kindererziehungszeiten sind auch Entgeltpunkte, die für Kindererziehungszeiten mit sonstigen Beitragszeiten ermittelt werden, indem die Entgeltpunkte für sonstige Beitragszeiten um 0,0833 erhöht werden, höchstens jedoch um die Entgeltpunkte bis zum Erreichen der jeweiligen Höchstwerte.

3.5.5.3 Bewertung der Entgeltpunkte

Bei der Bewertung der Entgeltpunkte ist zunächst zu berücksichtigen, dass es Höchstwerte für zu berücksichtigende Entgeltpunkte gibt. Diese ergeben sich aus der Tabelle in der Anlage 2b zum SGB VI. Die Tabelle wird nachfolgend wiedergegeben. Vorab wird nochmals (vgl. Rz. 399) darauf hingewiesen, dass sich bei einem Entgelt in Höhe des Durchschnittsentgelts (vgl. die bei Rz. 400 abgedruckt Tabelle) ein Entgeltpunkt ergibt. Der beispielsweise für das Jahr 2002 angegebene Höchstbetrag an Entgeltpunkten wird also nur dann erreicht, wenn weit mehr als das Zweifache des Durchschnittsentgelts erzielt wird. *413*

Die Tabelle in der Anlage 2b zum SGB VI hat folgenden Wortlaut:

Gesetzliche Rentenversicherung

Jährliche Höchstwerte an Entgeltpunkten

Zeitraum	Rentenversicherung der		Knappschaftliche Rentenversicherung
	Arbeiter	Angestellten	
1.1.1935 – 31.12.1935	1,2482	4,2553	
1.1.1936 – 31.12.1936	1,2451	4,0381	
1.1.1937 – 31.12.1937	1,2478	3,8793	
1.1.1938 – 31.12.1938	1,3867	3,6980	
1.1.1939 – 31.12.1939	1,4340	3,4417	
1.1.1940 – 31.12.1940	1,4360	3,3395	
1.1.1941 – 31.12.1941	1,4367	3,1345	
1.1.1942 – 30. 6.1942	1,4338	3,1169	
1.7.1942 – 31.12.1942	1,5584	3,1169	
1.1.1943 – 31.12.1943	1,5491	3,0981	2,0654
1.1.1944 – 31.12.1944	1,5707	3,1414	2,0942
1.1.1945 – 31.12.1945	2,0247	4,0495	2,6997
1.1.1946 – 31.12.1946	2,0247	4,0495	2,6997
1.1.1947 – 28. 2.1947	1,9640	3,9280	2,6187
1.3.1947 – 31.12.1947	1,9640	3,9280	3,9280
1.1.1948 – 31.12.1948	1,6224	3,2447	3,2447
1.1.1949 – 31. 5.1949	1,2685	2,5370	2,5370
1. 6. 1949-31. 12. 1949	2,5370		2,9598
1. 1. 1950-31. 12. 1950	2,2778		2,6574
1. 1. 1951-31. 12. 1951	2,0117		2,3470
1. 1. 1952-31. 8. 1952	1,8692		2,1807
1. 9. 1952-31. 12. 1952	2,3364		3,1153
1. 1. 1953-31. 12. 1953	2,2162		2,9549
1. 1. 1954-31. 12. 1954	2,1256		2,8342
1. 1. 1955-31. 12. 1955	1,9789		2,6385
1. 1. 1956-31. 12. 1956	1,8580		2,4773
1. 1. 1957-31. 12. 1957	1,7847		2,3795
1. 1. 1958-31. 12. 1958	1,6886		2,2514
1. 1. 1959-31. 12. 1959	1,7137		2,1421
1. 1. 1960-31. 12. 1960	1,6719		1,9669
1. 1. 1961-31. 12. 1961	1,6064		1,9634
1. 1. 1962-31. 12. 1962	1,5557		1,8013
1. 1. 1963-31. 12. 1963	1,5434		1,8521
1. 1. 1964-31. 12. 1964	1,5590		1,9842
1. 1. 1965-31. 12. 1965	1,5603		1,9504
1. 1. 1966-31. 12. 1966	1,5769		1,9408
1. 1. 1967-31. 12. 1967	1,6440		1,9963
1. 1. 1968-31. 12. 1968	1,7709		2,1029
1. 1. 1969-31. 12. 1969	1,7231		2,0272
1. 1. 1970-31. 12. 1970	1,6188		1,8886
1. 1. 1971-31. 12. 1971	1,5270		1,8485
1. 1. 1972-31. 12. 1972	1,5427		1,8365
1. 1. 1973-31. 12. 1973	1,5086		1,8366
1. 1. 1974-31. 12. 1974	1,4720		1,8252
1. 1. 1975-31. 12. 1975	1,5407		1,8709
1. 1. 1976-31. 12. 1976	1,5942		1,9541
1. 1. 1977-31. 12. 1977	1,6356		2,0204
1. 1. 1978-31. 12. 1978	1,6919		2,1035
1. 1. 1979-31. 12. 1979	1,7338		2,0805
1. 1. 1980-31. 12. 1980	1,7093		2,0756
1. 1. 1981-31. 12. 1981	1,7087		2,0971
1. 1. 1982-31. 12. 1982	1,7517		2,1616
1. 1. 1983-31. 12. 1983	1,8022		2,1987
1. 1. 1984-31. 12. 1984	1,8197		2,2396
1. 1. 1985-31. 12. 1985	1,8364		2,2785
1. 1. 1986-31. 12. 1986	1,8347		2,2606
1. 1. 1987-31. 12. 1987	1,8131		2,2584
1. 1. 1988-31. 12. 1988	1,8511		2,2522
1. 1. 1989-31. 12. 1989	1,8271		2,2465
1. 1. 1990-31. 12. 1990	1,8023		2,2314

Versorgungsleistungen der gesetzlichen Rentenversicherung

Jährliche Höchstwerte an Entgeltpunkten

Zeitraum	Rentenversicherung der Arbeiter und der Angestellten		Knappschaftliche Rentenversicherung	
	endgültige	vorläufige	endgültige	vorläufige
1.1.1991 – 31.12.1991	1,7559	1,7761	2,1611	2,1859
1.1.1992 – 31.12.1992	1,7428	1,7782	2,1529	2,1966
1.1.1993 – 31.12.1993	1,7933	1,7397	2,2168	2,1505
1.1.1994 – 31.12.1994	1,8558	1,7580	2,2954	2,1744
1.1.1995 – 31.12.1995	1,8474	1,8363	2,2738	2,2601
1.1.1996 – 31.12.1996	1,8577	1,8784	2,2756	2,3010
1.1.1997 – 31.12.1997	1,8871	1,8288	2,3244	2,2525
1.1.1998 – 31.12.1998	1,9046	1,8755	2,3354	2,2997
1.1.1999 – 31.12.1999	1,9063	1,9216	2,3324	2,3511
1.1.2000 – 31.12.2000	1,9021	1,8931	2,3444	2,3334
1.1.2001 – 31.12.2001		1,9092		2,3480
1.1.2002 – 31.12.2002		1,8935		2,3354

Hinsichtlich der Bewertung der Entgeltpunkte unterscheidet das Gesetz im übrigen zwischen der Grundbewertung und der Gesamtleistungsbewertung. Bei der Grundbewertung (vgl. § 72 SGB VI) werden für jeden Kalendermonat Entgeltpunkte in der Höhe zugrunde gelegt, die sich ergibt, wenn die Summe der Entgeltpunkte für die Beitragszeiten und Berücksichtigungszeiten durch die Anzahl der belegungsfähigen Monate geteilt wird. Dabei umfasst der belegungsfähige Gesamtzeitraum die Zeit vom vollendeten 17. Lebensjahr bis beispielsweise zum Kalendermonat vor Beginn der zu berechnenden Altersrente. Der belegungsfähige Gesamtzeitraum verlängert sich im Übrigen um Kalendermonate mit rentenrechtlichen Zeiten vor Vollendung des 17. Lebensjahres. 414

Bei der so genannten Gesamtleistungsbewertung geht es um Entgeltpunkte für beitragsfreie und beitragsgeminderte Zeiten (§ 71 SGB VI).

Dabei erhalten beitragsfreie Zeiten den Durchschnittswert an Entgeltpunkten, der sich aus der Gesamtleistung an Beiträgen im belegungsfähigen Zeitraum ergibt. Sie erhalten den höheren Durchschnittswert aus der Grundbewertung aus allen Beiträgen oder der Vergleichsbewertung aus ausschließlich vollwertigen Beiträgen. Für die Ermittlung des Durchschnittswertes werden jedem Kalendermonat mit Zeiten einer beruflichen Ausbildung mindestens 0,0833 Entgeltpunkte zugrunde gelegt und diese Kalendermonate insoweit nicht als beitragsgeminderte Zeiten berücksichtigt. Beitragsgeminderte Zeiten erhalten durch einen Zuschlag mindestens den Wert, den diese Zeiten jeweils als beitragsfreie Anrechnungszeiten wegen Krankheit und Arbeitslosigkeit usw. nach der Vergleichsbewertung (vgl. dazu im Einzelnen § 71 SGB VI) hätten. Diese zusätzlichen Entgeltpunkte werden den jeweiligen Kalendermonaten mit beitragsgeminderten Zeiten zu gleichen Teilen zugeordnet. 415

Zu beachten sind noch die Vorschriften des § 76 b SGB VI, der sich mit Zuschlägen an Entgeltpunkten für Arbeitsentgelt aus geringfügiger versicherungsfreier Beschäftigung ergibt. Dabei geht es um Beschäftigungen, für die der Arbeitgeber allein einen pauschalen Beitrag in Höhe von 12 % des erzielten Entgelts soweit es um die gesetzliche Rentenversicherung geht) zahlt. Bei geringfügig entlohnten Beschäftigten im Pri- 416

Gesetzliche Rentenversicherung

vathaushalt sind 5 % zu zahlen. Zur Errechnung der Zuschläge wird das Entgelt, das bei Versicherungspflicht der Beschäftigung beitragspflichtig wäre, durch das Durchschnittsentgelt (vgl. dazu den Abdruck der maßgebenden Tabelle unter Rz. 400) geteilt und mit dem Verhältnis vervielfältigt wird, das dem Beitragsanteil in Höhe von 12 % des Arbeitsentgelts und dem Beitrag entspricht, der zu zahlen wäre, wenn das Arbeitsentgelt beitragspflichtig wäre. Hier beläuft sich der Beitragssatz zur Zeit auf 19,5 %.

417 Versicherte können aus ihrem Rentenbescheid (und natürlich auch aus den unter Rz. 392 ff. behandelten Rentenauskünften) genau entnehmen, welche Entgeltpunkte welcher Zeit zugeordnet werden und natürlich auch, welche Gesamtzahl an zu berücksichtigenden Entgeltpunkten sich für sie ergibt.

3.6 Zuständiger Versicherungsträger

418

```
                    Gesetzliche Rentenversicherung
        ┌──────────────────┬──────────────────┬──────────────────┐
        │ Rentenversicherung│ Rentenversicherung│ Knappschaftliche │
        │ der Angestellten  │   der Arbeiter    │ Rentenversicherung│
        │                   │                   │ (Versicherung der │
        │                   │                   │    Bergleute)     │
        └─────────┬─────────┴─────────┬─────────┴─────────┬────────┘
                  ▼                   ▼                   ▼
        ┌──────────────────┐ ┌──────────────────┐ ┌──────────────────┐
        │ Bundesversicherungs-│Landesversicherungs-│  Bundesknappschaft│
        │   anstalt für    │ anstalt der Arbeiter│                   │
        │ Angestellte (BfA)│      (LVA)       │                   │
        └──────────────────┘ └─────────┬────────┘ └──────────────────┘
                                       │
                                      und
                                       ▼
                            ┌──────────────────┐
                            │ Bahnversicherungs-│
                            │     anstalt      │
                            └─────────┬────────┘
                                     und
                                      ▼
                            ┌──────────────────┐
                            │     Seekasse     │
                            └──────────────────┘
```

bilden

| Verband deutscher Rentenversicherungsträger (VDR) | Verwaltet auch Datenstelle der Rentenversicherungsträger |

Versorgungsleistungen der gesetzlichen Rentenversicherung

Wie aus dem vorstehenden Schaubild ersichtlich, ist Träger der Rentenversicherung der Angestellten die BfA mit Sitz in Berlin (§ 132 SGB VI). Für Beschäftigte ist die BfA dann zuständig, wenn die Versicherten als Angestellte oder zur Ausbildung für den Beruf eines Angestellten beschäftigt werden und nicht die Bundesknappschaft (Versicherungsträger für Bergleute) zuständig ist.

§ 133 Abs. 2 SGB VI enthält einen Katalog von Personen, die „insbesondere" als *419* Angestellte angesehen werden. Dieser Katalog ist, wie schon das Wort „insbesondere" zeigt, nicht erschöpfend. Als Angestellte werden hier angesehen

– Angestellte in leitender Stellung,
– technische Angestellte in Betrieb, Büro und Verwaltung, Werkmeister und andere Angestellte in einer ähnlich gehobenen oder höheren Stellung,
– Büroangestellte, soweit sie nicht ausschließlich mit Botengängen, Reinigen, Aufräumen oder ähnlichen Arbeiten beschäftigt werden, einschließlich Werkstattschreibern,
– Handlungsgehilfen und andere Angestellte für kaufmännische Dienste, auch wenn der Gegenstand des Unternehmens kein Handelsgewerbe ist, Gehilfen und Praktikanten in Apotheken,
– Bühnenmitglieder und Musiker ohne Rücksicht auf den künstlerischen Wert ihrer Leistungen,
– Angestellte in Berufen der Erziehung, des Unterrichts, der Fürsorge, der Krankenpflege und Wohlfahrtspflege,
– Schiffsführer, Offiziere des Decksdienstes und Maschinendienstes, Schiffsärzte, Funkoffiziere, Zahlmeister, Verwalter und Verwaltungsassistenten sowie die sich in einer ähnlich gehobenen oder höheren Stellung befindlichen Mitglieder Schiffsbesatzung von Binnenschiffen oder deutschen Seeschiffen,
– Bordpersonal der Zivilluftfahrt.

Für in der Seefahrt beschäftigte Angestellte und für Seelotsen führt die Seekasse die Versicherung für die BfA durch (§ 135 Abs. 1 SGB VI). Für Angestellte, die bei den in § 128 Satz 1 Nr. 2 SGB VI genannten Arbeitgebern beschäftigt sind, führt die Bahnversicherungsanstalt die Versicherung für die BfA durch (§ 135 Abs. 3 SGB VI). In § 128 Satz 1 Nr. 2 SGB VI werden als Arbeitgeber aufgeführt:

– das Bundeseisenbahnvermögen,
– die Deutsche Bahn AG oder die gemäß § 2 Abs. 1 des Deutsche Bahn Gründungsgesetzes ausgegliederten Aktiengesellschaften,
– Unternehmen, die gem. § 3 Abs. 3 des vorstehend genannten Gesetzes aus den Aktiengesellschaften ausgegliedert worden sind, von diesen überwiegend beherrscht werden und unmittelbar und überwiegend Eisenbahnverkehrsleistungen erbringen oder eine Eisenbahninfrastruktur betreiben,
– die Bahn-Versicherungsträger, die Krankenversorgung der Bundesbahnbeamten und das Bahnsozialwerk.

Der Verband Deutscher Rentenversicherungsträger ist in § 146 SGB VI vorgesehen. *420* Danach können die Rentenversicherungsträger Aufgaben, die sie aufgrund eines Gesetzes gegenüber jedem einzelnen Versicherten zu erfüllen haben, gemeinsam dem von ihnen gebildeten Verband Deutscher Rentenversicherungsträger nur dann übertragen, wenn diese Aufgaben von den einzelnen Trägern nur mit unverhältnismäßig großem Aufwand selbst erfüllt werden können.

Die von den Rentenversicherungsträgern unterhaltene Datenstelle wird vom Verband Deutscher Rentenversicherungsträger verwaltet.

KAPITEL IV
Zusatzversorgung für Angestellte

1. Regelung im BAT

Der BAT sichert den Angestellten eine zusätzliche Alters- und Hinterbliebenenversorgung zu. In § 46 BAT heißt es, dass der Angestellte Anspruch auf Versicherung zum Zwecke einer zusätzlichen Alters- und Hinterbliebenenversorgung hat. Dies hat nach Maßgabe eines besonderen Tarifvertrages zu geschehen. Von besonderer Bedeutung ist, dass die Versicherung unter eigener Beteiligung des Angestellten zu erfolgen hat. Viele Jahre, nämlich seit 1.1.1973 hat der Arbeitgeber die Aufwendungen für die Zusatzversicherung allein getragen. Seit 1.1.1999 ist aber eine Beteiligung der Angestellten an den Kosten für die Zusatzversorgung vorgesehen.   *421*

Die Tarifpartner haben beschlossen, Verhandlungen darüber zu führen, die Zusatzversorgung auf eine dauerhaft finanzierbare Grundlage zu stellen. Dies ist durch den Tarifvertrag über die betriebliche Altersversorgung der Beschäftigten des öffentlichen Dienstes (Tarifvertrag Altersversorgung – ATV) vom 1.3.2002 geschehen. Durch Rundschreiben des Bundesministeriums des Innern vom 11.6.2002 (GMBl. S. 491) wurden Durchführungshinweise zum ATV gegeben.   *422*

Auch in der Präambel zum ATV heißt es, dass sich die Tarifvertragsparteien auf eine grundlegende Reform der Zusatzversorgung des öffentlichen Dienstes geeinigt haben. Hier wird auf den Altersvorsorgeplan 2001 vom 13.11.2001 verwiesen, der zugleich Geschäftsgrundlage des ATV ist.

In der Präambel heißt es weiter, dass das bisherige Gesamtversorgungssystem mit Ablauf des 31.12.2000 geschlossen und durch ein Punktemodell ersetzt wurde. In diesem Punktemodell wurden entsprechend den Regelungen des ATV diejenigen Leistungen zugesagt, die sich ergeben würden, wenn eine Gesamt-Beitragsleistung von vier % des zusatzversorgungspflichtigen Entgelts vollständig in ein kapitalgedecktes System eingezahlt würde. In der Präambel wurde darauf hingewiesen, dass bei den Zusatzversorgungseinrichtungen als Leistungen der betrieblichen Altersversorgung auch eine zusätzliche kapitalgedeckte Altersvorsorge durch eigene Beiträge unter Inanspruchnahme der steuerlichen Förderung durchgeführt werden kann.

In der Anlage 1 zum Altersvorsorgeplan 2001 heißt es, die Tarifvertragsparteien würden davon ausgehen, dass der rückwirkende Wechsel vom Gesamtversorgungssystem in ein Punktemodell zum 1.1.2001 verfassungsrechtlich zulässig ist. Dies gilt auch für den Transfer der am 31.12.2000 bestehenden Anwartschaften. Sollte ein Bundesgericht abschließend feststellen, dass Arbeitnehmern oder Versorgungsempfängern mit Vordienstzeiten (Beschäftigungen außerhalb des öffentlichen Dienstes) im neuen System im Hinblick auf den Beschluss des Bundesverfassungsgerichts vom 22.3.2000 (1 BvR 1136/96) höhere als die überführten Ansprüche zustehen, werden   *423*

Zusatzversorgung für Angestellte

den Berechtigten diese Ansprüche auch dann rückwirkend erfüllt, wenn sie sie nicht vor der neuen Entscheidung geltend gemacht haben.

424 Der ATV gilt für die Arbeitnehmer und Auszubildenden, die zusammenfassend als Beschäftigte bezeichnet werden, die unter den Geltungsbereich der in der Anlage 1 zum ATV aufgeführten Tarifverträge des öffentlichen Dienstes fallen und deren Arbeitgeber bei der Versorgungsanstalt des Bundes und der Länder (VBL) Beteiligter oder bei der Ruhegehalts- und Zusatzversorgungskasse des Saarlandes (ZVK-Saar) Mitglied ist.

Es handelt sich dabei um folgende Tarifverträge:

Geltungsbereich

Tarifverträge im Sinne des § 1 sind der

1. Bundes-Angestelltentarifvertrag (BAT),
2. Tarifvertrag zur Anpassung des Tarifrechts – Manteltarifliche Vorschriften – (BAT-O),
3. Tarifvertrag zur Anpassung des Tarifrechts – Manteltarifliche Vorschriften – (BAT-Ostdeutsche Sparkassen),
4. Manteltarifvertrag für Arbeiterinnen und Arbeiter des Bundes und der Länder (MTArb),
5. Bundesmanteltarifvertrag für Arbeiter gemeindlicher Verwaltungen und Betriebe – BMT-G II.
6. Tarifvertrag zur Anpassung des Tarifrechts für Arbeiter an den MTArb (MTArb-O),
7. Tarifvertrag zur Anpassung des Tarifrechts – Manteltarifliche Vorschriften für Arbeiter gemeindlicher Verwaltungen und Betriebe – (BMT-G-O),
8. Tarifvertrag über die Anwendung von Tarifverträgen auf Arbeiter (TV Arbeiter-Ostdeutsche Sparkassen),
9. Tarifvertrag über die Regelung der Rechtsverhältnisse der nicht vollbeschäftigten amtlichen Tierärzte und Fleischkontrolleure in öffentlichen Schlachthöfen und in Einfuhruntersuchungsstellen (TV Ang iöS),
10. Tarifvertrag über die Regelung der Rechtsverhältnisse der nicht vollbeschäftigten amtlichen Tierärzte und Fleischkontrolleure in öffentlichen Schlachthöfen und in Einfuhruntersuchungsstellen (TV Ang-O iöS),
11. Tarifvertrag Versorgungsbetriebe (TV-V),
12. Spartentarifvertrag Nahverkehrsbetriebe eines Arbeitgeberverbandes, der der Vereinigung der kommunalen Arbeitgeberverbände angehört, soweit die Anwendung des öffentlichen Zusatzversorgungsrechts dort geregelt ist,
13. Manteltarifvertrag für Auszubildende,
14. Manteltarifvertrag für Auszubildende (Mantel-TV Azubi-O),
15. Manteltarifvertrag für Auszubildende (Mantel-TV Azubi-Ostdeutsche Sparkassen),
16. Tarifvertrag zur Regelung der Rechtsverhältnisse der Schülerinnen/Schüler, die nach Maßgabe des Krankenpflegegesetzes oder des Hebammengesetzes ausgebildet werden,

17. Tarifvertrag zur Regelung der Rechtsverhältnisse der Schülerinnen/Schüler, die nach Maßgabe des Krankenpflegegesetzes oder des Hebammengesetzes ausgebildet werden (Mantel-TV Schü-O),
18. Tarifvertrag zur Regelung der Rechtsverhältnisse der Ärzte/Ärztinnen im Praktikum,
19. Tarifvertrag zur Regelung der Rechtsverhältnisse der Ärzte/Ärztinnen im Praktikum (Mantel-TV AiP-O).

Dieser Tarifvertrag gilt nicht für die Beschäftigten

a) des Landes und der Stadtgemeinde Bremen bzw. der Mitglieder des kommunalen Arbeitgeberverbandes Bremen e.V., die unter den Geltungsbereich des Bremischen Ruhelohngesetzes vom 22. Dezember 1998 fallen,
b) der Freien und Hansestadt Hamburg,
c) der Mitglieder der Arbeitsrechtlichen Vereinigung Hamburg e.V.

Nr. 1 der Anlage erstreckt den Geltungsbereich des ATV auf den BAT, Nr. 2 im übrigen auch auf den BAT-O, der in den neuen Bundesländern Anwendung findet.

Der ATV regelt die Grundsätze der Zusatzversorgung, die nunmehr als betriebliche Altersversorgung bezeichnet wird. Nach diesen Grundsätzen richten sich die Bestimmungen der Zusatzversorgungseinrichtungen.

Die Neuregelung zeichnet sich auch dadurch aus, dass die Arbeitnehmer nunmehr auch die Möglichkeit haben, über die Zusatzversorgung im Sinne des ATV hinaus eine private Altersvorsorge mit der so genannten Riesterförderung (Riester-Rente) zu betreiben. Seit 2002 gehören die Arbeitnehmer des öffentlichen Dienstes zum Kreis der im Rahmen der Riester-Förderung begünstigten Personen. Seit 1.1.2002 können sie aus ihrem individuell versteuerten und verbeitragten Nettoeinkommen – neben der Betriebsrente im Sinne des § 46 SGB VI – eine zusätzliche kapitalgedeckte Altersversorgung freiwillig und unter Inanspruchnahme der steuerlichen Förderung aufbauen. Auf die so genannte Riester-Rente wird in Kapitel 4 ab Rz. 484 näher eingegangen.

2. Die Versicherung bei der Zusatzversorgungseinrichtung

Die §§ 2 bis 4 ATV beschäftigen sich mit der Versicherung bei der Zusatzversorgungseinrichtung. In § 2 (Pflichtversicherung) heißt es dazu, dass die Beschäftigten mit dem Beginn des Beschäftigungsverhältnisses zu versichern sind. Dies hat bei der Zusatzversorgungseinrichtung zu geschehen, bei der ihr Arbeitgeber Mitglied bzw. Beteiligter ist. Voraussetzung ist, dass der Arbeitnehmer das 17. Lebensjahr vollendet hat. Außerdem müssen sie vom Beginn der Versicherung bis zur Vollendung des 65. Lebensjahres die Wartezeit des § 6 ATV (vgl. Rz. 433 ff.) erfüllen können. Dabei werden frühere Versicherungszeiten, die auf die Wartezeit angerechnet werden, berücksichtigt. Die Pflicht zur Versicherung endet mit der Beendigung des Beschäftigungsverhältnisses.

§ 2 Abs. 2 ATV sieht die Möglichkeit für Beschäftigte mit einer wissenschaftlichen Tätigkeit an Hochschulen oder Forschungseinrichtungen vor, auf ihren schriftlichen Antrag von der Pflicht zur Versicherung befreit zu werden. Voraussetzung ist, dass die betreffenden Arbeitnehmer für ein auf nicht mehr als fünf Jahre befristete Arbeitsverhältnis eingestellt werden und sie bisher keine Pflichtversicherungszeiten in der Zusatzversorgung haben. Der Antrag ist innerhalb von zwei Monaten nach Beginn des Arbeitsverhältnisses zu stellen. Zugunsten der von der Pflichtversicherung befreiten Beschäftigten werden Versorgungsanwartschaften auf eine freiwillige Versicherung mit Beiträgen in Höhe der auf den Arbeitgeber entfallenden Aufwendungen für die Pflichtversicherung begründet. Höchstens erfolgt dies mit 4 % des zusatzversorgungspflichtigen Entgelts.

Wird das betreffende Arbeitsverhältnis an der Hochschule oder der Forschungseinrichtung verlängert oder fortgesetzt, beginnt die Pflichtversicherung anstelle der freiwilligen Versicherung mit dem Ersten des Monats, in dem die Verlängerung oder Fortsetzung des Arbeitsverhältnisses über fünf Jahre hinaus vereinbart worden ist. Eine rückwirkende Pflichtversicherung vom Beginn des Arbeitsverhältnisses an ist ausgeschlossen.

428 § 2 Abs. 3 ATV bestimmt, dass bestimmte Beschäftigtengruppen, die von der Versicherungspflicht ausgenommen sind, von der Pflicht zur Versicherung befreit werden. Hier werden zunächst Angestellte angesprochen, die eine Anwartschaft oder einen Anspruch auf Ruhelohn haben und denen Hinterbliebenenversorgung gewährleistet ist. Ausgenommen von der Versicherungspflicht sind auch Personen, die eine Anwartschaft oder einen Anspruch auf lebenslängliche Versorgung nach beamten- oder soldatenrechtlichen Vorschriften oder Grundsätzen oder entsprechenden kirchenrechtlichen Regelungen mindestens in Höhe der beamtenrechtlichen Mindestversorgungsbezüge haben und denen Hinterbliebenenversorgung gewährleistet ist (vgl. dazu Kap. 1). Ausgenommen sind auch Beschäftigte, die aufgrund Tarifvertrages, Arbeitsvertrages oder der Satzung einer Zusatzversorgungseinrichtung von der Versicherungspflicht befreit worden sind.

429 Das gleiche gilt für Personen, die eine Altersrente als Vollrente aus der gesetzlichen Rentenversicherung (vgl. Kap. III) erhalten oder erhalten haben oder wenn der Versicherungsfall der Betriebsrente wegen Alters bei einer Zusatzversorgungseinrichtung, eingetreten ist.

Wer im Sinne des § 8 Abs. 1 Nr. 2 SGB IV geringfügig beschäftigt ist, ist ebenfalls von der Versicherungspflicht ausgenommen. Es handelt sich hier um kurzzeitig Beschäftigte (nicht mehr als 2 Monate oder 50 Arbeitstage im Kalenderjahr).

430 Endet das Beschäftigungsverhältnis bleibt die Versicherung gem. § 3 ATV als beitragsfreie Versicherung bestehen. Diese beitragsfreie Versicherung endet bei Eintritt des Versicherungsfalles. Sie endet ferner bei Überleitung der Versicherung auf eine andere Zusatzversorgungseinrichtung, sowie durch den Tod, das Erlöschen der Anwartschaft oder bei Beginn einer erneuten Pflichtversicherung.

§ 4 ATV beschäftigt sich mit der Überleitung der Versicherung. Danach (Abs. 1) sind die Beschäftigten, die bei einer anderen Zusatzversorgungseinrichtung versichert sind, von der die Versicherung übergeleitet wird, verpflichtet, die Überleitung der Versicherung auf die Zusatzversorgungseinrichtung zu beantragen, die für ihren Arbeitgeber zuständig ist. Diese Verpflichtung wird auch in den Durchführungshinweisen zum ATV hervorgehoben.

431 Die Verpflichtung, die Überleitung zu beantragen besteht dann nicht, wenn bei der anderen Zusatzversorgungseinrichtung Pflicht zur Versicherung besteht oder auch bei

Voraussetzungen und Höhe der Betriebsrente

Überleitung der Versicherung keine Pflicht zur Versicherung bei der für den Arbeitgeber zuständigen Zusatzversorgungseinrichtung entstünde. Das Gleiche gilt für die Beschäftigten, die gegen eine Zusatzversorgungseinrichtung Anspruch auf Rente haben und zwar auch dann, wenn diese Zusatzversorgungseinrichtung die Rente weiter gewährt.

3. Voraussetzungen und Höhe der Betriebsrente
3.1 Voraussetzungen

Der Versicherungsfall der Betriebsrente tritt am Ersten des Monats ein, von dem an der Anspruch auf gesetzliche Rente wegen Alters als Vollrente bzw. wegen teilweiser oder voller Erwerbsminderung besteht. Vgl. bezüglich der Rentenarten Kapitel III. 432

Der Anspruch ist durch Bescheid des gesetzlichen Rentenversicherungsträgers nachzuweisen.

Den in der gesetzlichen Rentenversicherung Pflichtversicherten, bei denen der Versicherungsfall eingetreten und die die Wartezeit (vgl. dazu Rz. 309 ff.) erfüllt haben, wird auf ihren schriftlichen Antrag von der Zusatzversorgungseinrichtung eine Betriebsrente gezahlt. Die Betriebsrente beginnt mit dem Beginn der Rente der gesetzlichen Rentenversicherung. Es handelt sich hier um den Grundsatz „Betriebsrente folgt gesetzlicher Rente". Die Zusatzversorgungseinrichtungen machen deshalb in der Regel die Rentenzahlung bzw. die eigene Rentenberechnung von der Vorlage des Rentenbescheides der BfA abhängig. Für die Praxis ist deshalb eine recht frühzeitige Rentenantragstellung (bei der BfA) besonders wichtig. Allerdings sind hier dadurch Grenzen gesetzt, dass die Vorausberechnung des bei der Rentenberechnung zu berücksichtigenden Entgelts nur die letzten drei Monate umfasst (vgl. dazu Rz. 409). Angestellten, die eine Rente beantragen wollen, ist daher zum empfehlen, zum frühestmöglichen Zeitpunkt den Antrag zu stellen. Der Rentenbescheid wird deshalb einige Zeit vor Rentenbeginn dem Rentenberechtigten zugehen, der dann sofort Antrag auf seine Betriebsrente stellen sollte.

Nach § 6 ATV werden die Betriebsrenten erst nach Erfüllung der Wartezeit von 60 Kalendermonaten gewährt. Dabei handelt es sich um den gleichen Zeitraum, der auch für die Regelaltersrente sowie für die Erwerbsminderungsrenten der gesetzlichen Rentenversicherung als Voraussetzung gefordert wird (vgl. Rz. 309 ff.). Dabei findet jeder Kalendermonat Berücksichtigung, für den mindestens für einen Tag Aufwendungen für die Pflichtversicherung nach den §§ 16, 18 ATV (Umlagen in der Umlagefinanzierung bzw. Beiträge im Kapitaldeckungsverfahren) geleistet wurden. Allerdings werden Aufwendungen im Rahmen der freiwilligen Versicherung dagegen nicht berücksichtigt. 433

Die bis zum 31.12.2000 (also bis vor der Neuregelung der Zusatzversicherung) nach dem bisherigen Recht der Zusatzversorgung als Umlagemonate zu berücksichtigen Zeiten zählen für die Erfüllung der Wartezeit. Versicherungszeiten bei verschiedenen Zusatzversorgungseinrichtungen werden zusammengezählt. 434

§ 6 Abs. 2 ATV sieht eine fiktive Erfüllung der Wartezeit vor. Danach gilt nämlich die Wartezeit als erfüllt, wenn der Versicherungsfall durch einen Arbeitsunfall eingetreten ist. Der Arbeitsunfall muss im Zusammenhang mit dem Arbeitsverhältnis ste- 435 hen, mit dem die Pflichtversicherung begründet worden ist. Die Voraussetzung für den Betriebsrentenanspruch ist auch erfüllt, wenn der Versicherte infolge eines solchen Arbeitsunfalls gestorben ist. Ob ein Arbeitsunfall vorgelegen hat, ist durch Bescheid des Trägers der gesetzlichen Unfallversicherung nachzuweisen. Ob ein Arbeitsunfall vorliegt, richtet sich also nach dem Recht der Unfallversicherung, das im SGB VII geregelt ist. Auf die diesbezüglichen Ausführungen im Kapitel V wird verwiesen.

436   Die vorzeitige Wartezeiterfüllung ist auch in der gesetzlichen Rentenversicherung möglich (vgl. § 53 SGB VI). Dort werden allerdings noch weitere Tatbestände, wie beispielsweise die Wehrdienstbeschädigung aufgeführt. Außerdem gilt die allgemeine Wartezeit als erfüllt, wenn Versicherte vor Ablauf von sechs Jahren nach Beendigung einer Ausbildung erwerbsgemindert geworden oder gestorben sind. Diese Tatbestände fehlen im ATV vollständig. Hier wird sogar „nur" vom Arbeitsunfall gesprochen, während im SGB VI auch Berufskrankheiten angesprochen werden.

437   Zeiten einer nach dem Beginn der Pflichtversicherung liegenden Mitgliedschaft im Deutschen Bundestag, im Europäischen Parlament oder in dem Parlament eines Landes werden auf die Wartezeit angerechnet. Darauf wird auch in den Durchführungshinweisen zur ATV aufmerksam gemacht.

3.2 Höhe der Betriebsrente

438

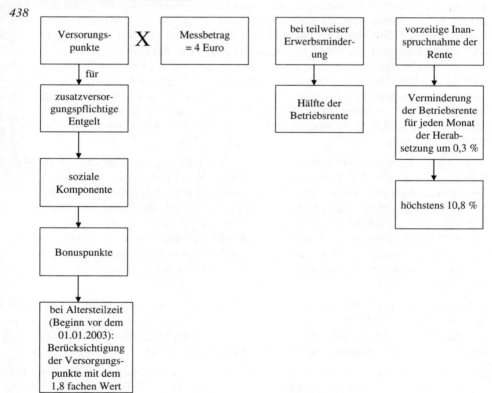

Voraussetzungen und Höhe der Betriebsrente

Rechtsgrundlage für die Höhe der Betriebsrente ist zunächst § 7 ATV. Danach errechnet sich – wie im Schaubild dargestellt – die monatliche Betriebsrente aus der Summe der bis zum Beginn der Betriebsrente (vgl. dazu Rz. 432) erworbenen Versorgungspunkte, multipliziert mit dem Messbetrag von 4 Euro. Die Betriebsrente wegen teilweiser Erwerbsminderung (vgl. Rz. 326) beträgt die Hälfte der Betriebsrente, die sich nach Vorstehendem bei voller Erwerbsminderung (vgl. dazu Rz. 327) ergeben würde. Bezüglich der Begriffe „teilweise Erwerbsminderung" und „volle Erwerbsminderung" gelten die Regeln der gesetzlichen Rentenversicherung.

Nach ausdrücklicher Vorschrift in § 7 Abs. 3 ATV mindert sich die Betriebsrente für jeden Monat, für den der Zugangsfaktor nach § 77 SGB VI herabgesetzt ist, um 0,3 %. Höchstens beträgt die Rentenminderung allerdings 10,8 %. Der Zugangsfaktor der gesetzlichen Rentenversicherung richtet sich nach dem Alter der Versicherten bei Rentenbeginn oder bei Tod und bestimmt, in welchem Umfang Entgeltpunkte bei der Ermittlung des Monatsbetrags der Rente als persönliche Entgeltpunkte (vgl. dazu Rz. 402 ff.) zu berücksichtigen sind. *439*

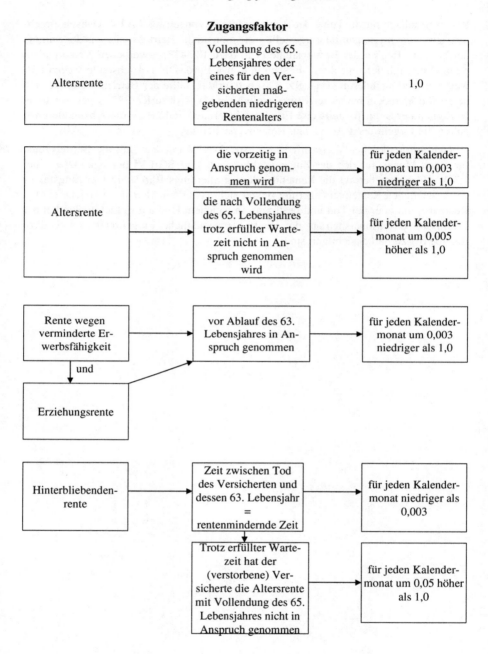

440 Mit den Versorgungspunkten, die in ihrer Wirkung etwa den Entgeltpunkten der gesetzlichen Rentenversicherung vergleichbar sind (vgl. dazu Rz. 399, 413 ff.) beschäftigt sich § 8 ATV. Versorgungspunkte gibt es zunächst für das zusatzversorgungspflichtige Entgelt. Einzelheiten hierüber ergeben sich aus § 15 ATV. Dort geht es

allerdings um die Finanzierung der Betriebsrenten. Nach § 15 Abs. 2 ATV ist zusatzversorgungspflichtiges Entgelt, soweit sich aus der Anlage 3 zum ATV nichts anderes ergibt, der steuerpflichtige Arbeitslohn.

Wird Altersteilzeit nach dem 31.12.2000 vereinbart, ist zusatzversorgungspflichtiges Entgelt während der Altersteilzeitarbeit das 1,8fache der Bezüge nach § 4 TV (vgl. dazu Rz. 176 ff.) soweit es nicht in voller Höhe zusteht. Nach den Durchführungshinweisen zu § 8 ATV werden zusatzversorgungsrechtlich die Betroffenen für die Dauer des Altersteilzeitarbeitsverhältnisses weiterhin so gestellt, als ob sie mit 90 % ihrer bisherigen Arbeitszeit weitergearbeitet hätten. Allerdings sind hier zwei unterschiedliche Berechnungswege zu beachten: Bei vor dem 1.1.2003 vereinbarten „Altfällen" erfolgt dies allein über die Höhe der zu berücksichtigenden Versorgungspunkte, ohne dass erhöhte Aufwendungen an die Zusatzversorgungseinrichtungen zu entrichten wären (§ 8 Abs. 2 Satz 2 ATV), während sich bei nach dem 31.12.2002 vereinbarten „Neufällen" ein entsprechend erhöhter Finanzierungsaufwand ergibt. Oben wurde bereits erwähnt, dass das 1,8fache der Bezüge hier Anwendung findet. Entscheidend bei der Stichtagsregelung ist der Zeitpunkt des Vertragsschlusses und nicht der Beginn des Altersteilzeitarbeitsverhältnisses. *441*

Wurde die Altersteilzeitarbeit vor dem 1.1.2003 vereinbart, bemisst sich das zusatzversorgungspflichtige Entgelt auf der Basis der – grundsätzlich halbierten – Bezüge für Altersteilzeitarbeit nach § 4 TV ATZ (vgl. Rz. 176 ff.). Da sich im Punktemodell die Anzahl der Versorgungspunkte nach der Höhe des zusatzversorgungspflichtigen Entgelts richtet, würde sich die Versorgungsanwartschaft während der Altersteilzeitarbeit somit lediglich auf Basis der Teilzeitbezüge, d.h. also aus 50 % des bisherigen Arbeitsentgeltes errechnen und nicht aus 90 %. Um dies zu vermeiden, werden die erworbenen Versorgungspunkte mit dem 1,8fachen berücksichtigt. So ergeben z.B. 0,5 VP für Teilzeitbezüge während einer Altersteilzeit × Faktor 1,8 = 0,9 VP. Dies gilt – wie bereits erwähnt – nicht für VP, die auf Entgelten beruhen, die während der Altersteilzeitarbeit in voller Höhe zustehen. Rechtsgrundlage für diese Regelung ist eine Protokollnotiz zu § 8 Abs. 2 Satz 2 ATV. *442*

Den Durchführungshinweisen zum ATV ist das nachfolgende Beispiel entnommen:

Mit einem Beschäftigten wurde vereinbart, dass der gesetzliche Mindestbeitrag nach § 3 Abs. 1 Nr. 1 Buchst. b ATG angehoben wird und anstelle von 90 % nun 95 % der Bezüge in der gesetzlichen Rentenversicherung gezahlt werden. Nach der Protokollnotiz zu § 8 Abs. 2 Satz 2 ATV sollen in diesem Fall auch in der Zusatzversorgung 95 % der Versorgungspunkte gutgeschrieben werden, die sich aus dem der Bemessung des Altersteilzeitarbeitsentgelts zugrunde liegenden Entgelt ergeben hätten. Dazu ist das zusatzversorgungspflichtige Entgelt um den Faktor 95/90 zu erhöhen. Von diesem erhöhten Entgelt sind Umlagen, Umlagebeiträge des Beschäftigten und ggf. Beiträge im Kapitaldeckungsverfahren zu entrichten. Die auf der Basis des erhöhten Entgelts ermittelten Versorgungspunkte sind mit dem Faktor 1,8 zu vervielfältigen. *443*

Auch bei einer Altersteilzeitarbeit, die nach dem 31.12.2002 vereinbart wurde (§ 15 Abs. 2 Satz 2 ATV) werden die Beschäftigten so gestellt, also ob sie mit 90 % ihrer bisherigen Arbeitszeit weitergearbeitet hätten. Allerdings ist hier – um ein dem § 8 Abs. 2 Satz 2 ATV entsprechendes Ergebnis zu erzielen – vereinbart, das zusatzversorgungspflichtige Entgelt selbst entsprechend zu erhöhen. Dies bedeutet, dass es – so- *444* weit es nicht auf Entgelten beruht, die während der Altersteilzeitarbeit in voller Höhe zustehen – mit dem Faktor 1,8 zu multiplizieren ist.

445 Das um das 1,8fache erhöhte zusatzversorgungspflichtige Entgelt ist nicht nur Bemessungsgrundlage für die Höhe der Versorgungspunkte, sondern auch Basis für die Höhe der Umlagen, Beiträge und Sanierungsgelder. Dies bedeutet, dass bei einer nach dem 31. 12. 2002 vereinbarten Altersteilzeitarbeit auch die Umlagen, die Umlagebeiträge des Beschäftigten, die Sanierungsgelder und ggf. die Beiträge im Kapitaldeckungsverfahren auf der Basis von 90 % des zusatzversorgungspflichtigen Entgelts zu zahlen sind, das der Bemessung der Altersteilzeitbezüge nach § 4 TV ATZ zugrunde liegt.

Entsprechendes gilt im Übrigen auch dann, wenn aufgrund einer Einzelregelung ein Beitrag in die gesetzliche Rentenversicherung gezahlt wird, der den Mindestbeitrag nach § 3 Abs. 1 Nr. 1 Buchst. b des ATG übersteigt.

446 In Abschn. 8.4 der Durchführungshinweise zum ATV geht es um Teilzeitbeschäftigungen. Hier wird zunächst darauf hingewiesen, dass im Punktemodell die Leistungsbemessung – abgesehen von den sozialen Komponenten (vgl. Rz. 451) und den Bonuspunkten (vgl. Rz. 457) – ausschließlich auf der Basis des jeweiligen zusatzversorgungspflichtigen Entgelts beruht. Da sich die Höhe des zusatzversorgungspflichtigen Entgelts nach dem Maß der vereinbarten durchschnittlichen regelmäßigen wöchentlichen Arbeitszeit richtet (vgl. z.B. § 34 BAT), wirkt sich der Beschäftigungsumfang auch bei der Leistungsbemessung im Punktemodell aus.

447 Mit der Beurlaubung ohne Arbeitsentgelt beschäftigt sich Abschn. 8.5 der Durchführungshinweise zu § 8 ATV. Danach besteht während einer Beurlaubung das Arbeitsverhältnis und somit auch die Pflichtversicherung grundsätzlich fort. Allerdings werden VP für das zusatzversorgungspflichtige Entgelt nicht erhoben. Solches fällt während der Beurlaubung ja nicht an. Allerdings nehmen die bisher erworbenen Anwartschaften der Betroffenen wegen der bestehenden Pflichtversicherung an der Verteilung der Bonuspunkte nach § 19 ATV (vgl. Rz. 457) teil und bleiben somit dynamisch.

448 Zusatzversorgungspflichtiges Entgelt ist nur soweit steuerpflichtiges Arbeitsentgelt, als sich aus Anlage 3 zum ATV nichts anderes ergibt. Hier werden zunächst in 16 Punkten Entgeltteile aufgezählt, die kein zusatzversorgungspflichtiges Entgelt sind:

1. Bestandteile des Arbeitsentgelts, die durch Tarifvertrag, Betriebsvereinbarung oder Arbeitsvertrag ausdrücklich als nicht zusatzversorgungspflichtig bezeichnet sind,
2. Bestandteile des Arbeitsentgelts, die auf einer Verweisung auf beamtenrechtliche Vorschriften beruhen, soweit die beamtenrechtlichen Bezüge nicht ruhegehaltfähig sind,
3. Aufwandsentschädigungen; reisekostenähnliche Entschädigungen (z.B. Ausbleibezulage, Auswärtszulage),
4. geldliche Nebenleistungen wie Ersatz von Werbungskosten (z.B. Aufwendungen für Werkzeuge, Berufskleidung, Fortbildung) sowie Zuschüsse z.B. zu Fahr-, Heizungs-, Wohnungs-, Essens-, Kontoführungskosten, Schul- und

Voraussetzungen und Höhe der Betriebsrente

   Sprachenbeihilfen, Mietbeiträge, Kassenverlustentschädigungen (Mankogelder, Fehlgeldentschädigungen),
5. Leistungszulagen, Leistungsprämien sowie erfolgsabhängige Entgelte (z.B. Tantiemen, Provisionen, Abschlussprämien und entsprechende Leistungen, Prämien für Verbesserungsvorschläge, Erfindervergütungen),
6. einmalige und sonstige nicht laufend monatlich gezahlte über- oder außertarifliche Leistungen,
7. Entgelte aus Nebentätigkeiten einschließlich Einkünfte, die aus ärztlichen Liquidationserlösen zufließen,
8. Krankengeldzuschüsse,
9. Jubiläumszuwendungen,
10. Aufwendungen des Arbeitgebers für eine Zukunftssicherung der Beschäftigten,
11. geldwerte Vorteile/Sachbezüge, soweit derartige Leistungen nicht anstelle von Entgelt für Zeiträume gezahlt werden, für die laufendes zusatzversorgungspflichtiges Entgelt zusteht,
12. Zuschläge für Sonntags-, Feiertags- und Nachtarbeit,
13. einmalige Zahlungen (z.B. Urlaubsabgeltungen, Abfindungen), die aus Anlass der Beendigung, des Eintritts des Ruhens oder nach der Beendigung des Arbeitsverhältnisses gezahlt werden, mit Ausnahme der Zuwendung,
14. einmalige Zahlungen (z.B. Zuwendungen) insoweit, als bei ihrer Berechnung Zeiten berücksichtigt sind, für die keine Umlagen für laufendes zusatzversorgungspflichtiges Entgelt zu entrichten sind,
15. einmalige Unfallentschädigungen,
16. bei einer Verwendung im Ausland diejenigen Bestandteile des Arbeitsentgelts, die wegen dieser Verwendung über das für eine gleichwertige Tätigkeit im Inland zustehende Arbeitsentgelt hinaus gezahlt werden.

Kein zusatzversorgungspflichtiges Entgelt (auch als ZVE) bezeichnet, ist der Teil des steuerpflichtigen Arbeitsentgelts, das den 2,5fachen Wert der monatlichen Beitragsbemessungsgrenze nach § 159 SGB VI in der Rentenversicherung der Arbeiter und Angestellten übersteigt. Wird eine zusatzversorgungspflichtige Zuwendung (Sonderzuwendung) gezahlt, verdoppelt sich dieser Wert jährlich im Monat der Zahlung dieser Zuwendung. *449*

Eine Unterscheidung der Rechtskreise West und Ost wird nicht vorgenommen. Dies bedeutet, dass einheitlich auf die allgemeine – d.h. auf die in den alten Bundesländern geltende – monatliche Beitragsbemessungsgrenze abgestellt wird. Für das Jahr 2003 gilt eine monatliche Beitragsbemessungsgrenze von 5.100 Euro, das 2,5fache hiervon beträgt 12.750 Euro. Im Monat der Gewährung der Zuwendung im öffentlichen Dienst sind 25.500 Euro maßgebend.

§ 15 Abs. 3 ATV beschäftigt sich mit der abgesenkten Zusatzversorgung bei wirtschaftlicher Notlage. Durch landesbezirklichen Tarifvertrag kann nämlich für Mitglieder/Beteiligte einer Zusatzversorgungseinrichtung, die sich in einer wirtschaftlichen Notlage befindet, für die Pflichtversicherung eine Besonderheit geregelt werden. Dies geschieht unabhängig davon, welches Finanzierungsverfahren bei der jeweiligen Zusatzversorgungseinrichtung Anwendung findet. Was unter einer wirtschaftlichen Not- *450* lage zu verstehen ist, wurde von den Bundestarifvertragsparteien bewusst nicht definiert (Durchführungshinweise zu § 15 ATV). Die Feststellung der wirtschaftlichen Notlage wird durch eine paritätisch besetzte Kommission der betroffenen Tarifvertragsparteien vorgenommen. Wird eine wirtschaftliche Notlage im Sinne des § 15 Abs. 3 ATV anerkannt, kann im Rahmen der Pflichtversicherung geregelt werden, dass für die Zusage von Leistungen für die Dauer von bis zu drei Jahren bis zu einer Mindesthöhe von 2 % von der nach § 8 Abs. 2 ATV zugesagten Leistung abgewichen werden kann. Die Regelung kann durch einen landesbezirklichen Tarifvertrag über einen Zeitraum von drei Jahren hinaus verlängert werden.

Entsprechend der Verminderung der Leistungszusage für die bei dem Mitglied bzw. Beteiligten beschäftigten Pflichtversicherten reduziert sich für die Mitglieder/Beteiligten insoweit die zu tragende Umlagebelastung bzw. der zu zahlende Beitrag an die Zusatzversorgungseinrichtung.

451 Wie in Rz. 446 bereits erwähnt, werden Versorgungspunkte auch für die so genannte soziale Komponente vergeben:

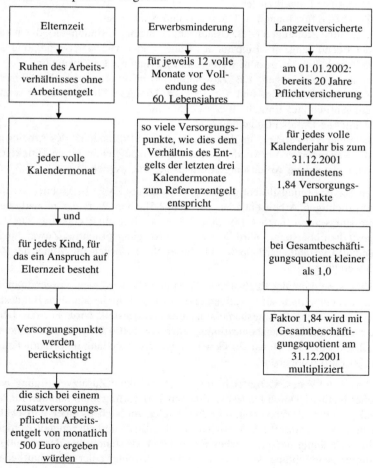

Voraussetzungen und Höhe der Betriebsrente

In den Durchführungshinweisen zu § 9 ATV heißt es, dass hier den Beschäftigten *452* für soziale Komponenten Versorgungspunkte gutgeschrieben werden, ohne dass diesen eine konkrete Arbeitsleistung oder ein zusatzversorgungspflichtiges Entgelt zugrunde liegt. § 9 Abs. 1 ATV regelt die Gutschrift von Versorgungspunkten für den Fall einer Elternzeit nach dem BErzGG. Allerdings ist – wie im Schaubild (Rz. 451) bereits hervorgehoben – Voraussetzung, dass das Arbeitsverhältnis auf Grund der Elternzeit ruht. Die Regelung über die Höhe der Versorgungspunkte bedeutet, dass z.B. bei Mehrlingsgeburten oder bei der Geburt eines weiteren Kindes während einer laufenden Elternzeit ein entsprechend erhöhter Betrag zu berücksichtigen ist.

Den Durchführungshinweisen zu § 9 ATV ist das nachfolgende Beispiel entnommen: *453*

Beispiel:
Nach der Geburt des ersten Kindes ruht das Arbeitsverhältnis aufgrund einer Elternzeit nach § 15 BErzGG in den Jahren 2002 bis 2004. Zu Beginn des Jahres 2004 wird ein zweites Kind geboren. Nachdem im Jahr 2004 das Arbeitsverhältnis weiterhin wegen der Elternzeit ruht, werden in diesem Jahr für jedes zur Elternzeit berechtigende Kind 500 Euro, also insgesamt 1000 Euro monatlich berücksichtigt. Für den Fall, dass die Elternzeit über das Jahr 2004 hinaus fortgesetzt wird (wegen der Geburt des zweiten Kindes wäre dies möglich), ist für die Jahre 2005 und 2006 wieder nur ein monatlicher Betrag von 500 Euro zu berücksichtigen, da für das erstgeborene Kind der Anspruch auf Elternzeit dem Grunde nach entfallen ist.

Es werden im übrigen auch dann 500 Euro je Kind berücksichtigt, wenn sich dadurch ein Betrag ergibt, der höher ist als das bisherige zusatzversorgungspflichtige Entgelt des Beschäftigten. Eine entsprechende Begrenzung erfolgt nicht. Bei dem Betrag von 500 Euro handelt es sich um einen statischen Betrag. Eine Dynamisierung ist nicht vorgesehen. Wird während der Beschäftigungszeit lediglich der Arbeitsumfang reduziert, ohne dass das Arbeitsverhältnis ruht, ist – entsprechend den Durchführungshinweisen zu § 9 ATV – § 9 Abs. 1 ATV auch dann nicht anzuwenden, wenn aufgrund des Teilzeitumfangs ein monatliches Einkommen von weniger als 500 Euro bezogen wird.

§ 9 Abs. 2 ATV beschäftigt sich mit „Zurechnungszeiten". Voraussetzung ist der *454* Eintritt des Versicherungsfalles wegen teilweiser oder voller Erwerbsminderung vor Vollendung des 60. Lebensjahres. Dem Versorgungskonto werden für jeweils 12 volle, bis zur Vollendung des 60. Lebensjahres fehlende Kalendermonate, Versorgungspunkte hinzugerechnet. Da lediglich eine Hinzurechnung für jeweils 12 volle Kalendermonate erfolgt, ergibt sich bei Eintritt des Versicherungsfalls nach Vollendung des 59. Lebensjahres (Beispiel: der Beschäftigte ist 59 Jahre und drei Monate alt) keine Hinzurechnung von Versorgungspunkten.

Maßgeblich für die Berechnung der Versorgungspunkte ist das durchschnittliche zu- *455* satzversorgungspflichtige Entgelt der letzten drei Kalenderjahre vor Eintritt des Versicherungsfalles. Dieses wird grundsätzlich von den Zusatzversorgungseinrichtungen ermittelt. Auf der Basis dieses Entgelts werden die hinzuzurechnenden Versorgungspunkte entsprechend § 8 Abs. 2 Satz 1 ATV berechnet. Lediglich für den Fall, dass in den letzten drei Kalenderjahren vor Eintritt des Versicherungsfalls überhaupt kein zusatzversorgungspflichtiges Entgelt angefallen ist, ist das durchschnittliche monatliche zusatzversorgungspflichtige Entgelt im Kalenderjahr vor Rentenbeginn durch den Arbeitgeber zu errechnen. Für die Errechnung dieses Entgelts ist zunächst für jeden einzelnen Kalendermonat des Vorjahres das zusatzversorgungspflichtige Entgelt in der Höhe zu ermitteln, wie es sich für die Beschäftigten voraussichtlich ergeben hätte (z.B. einschließlich der Sonderzuwendung des öffentlichen Dienstes). Von der sich daraufhin ergebenden Gesamtsumme für das Kalenderjahr vor Rentenbeginn muss ein Zwölftel an die Zusatzversorgungseinrichtung gemeldet werden.

456 § 9 Abs. 3 ATV beschäftigt sich mit der Mindeststartgutschrift für Beschäftigte, die am 1.1.2002 bereits 20 Jahre pflichtversichert waren (Langzeitversicherte). Über die Höhe der Startgutschrift unter Berücksichtung des § 9 Abs. 3 ATV sind die Beschäftigten im Rahmen der Umstellung vom Gesamtversorgungssystem zum Punktemodell durch die Zusatzversorgungseinrichtungen unterrichtet worden.

457 Die Versorgungspunkte für das zusatzversorgungspflichtige Entgelt und für soziale Komponenten werden jeweils zum Ende des Kalenderjahres bzw. zum Zeitpunkt der Beendigung des Arbeitsverhältnisses festgestellt und dem Versorgungskonto gutgeschrieben. Die Feststellung und Gutschrift von Bonuspunkten erfolgt zum Ende des folgenden Kalenderjahres. Versorgungspunkte werden jeweils auf zwei Nachkommastellen unter üblicher Rundung berechnet.

Mit den in § 8 ATV als Versorgungspunkten bezeichneten Bonuspunkten beschäftigt sich § 19 ATV. Nach dieser Vorschrift kommen Bonuspunkte für die am Ende des laufenden Geschäftsjahres Pflichtversicherte in Betracht sowie für die zum gleichen Zeitpunkt beitragsfrei Versicherten, die eine Wartezeit von 120 Umlage-/Beitragsmonaten erfüllt haben. In den Durchführungshinweisen zum ATV wird zu § 19 ATV hervorgehoben, dass die Vorschrift die Dynamik der bisher erworbenen Anwartschaften durch die Gutschrift so genannter Bonuspunkte regelt. Dazu wird vom Verantwortlichen Aktuar der Zusatzversorgungseinrichtung eine fiktive versicherungstechnische Bilanz erstellt. Diese Bilanz muss auf anerkannten versicherungsmathematischen Grundsätzen beruhen. Die versicherungsmathematischen Grundsätze sind in der Anlage 4 zum ATV dargestellt.

458 Ergibt die fiktive Bilanz einen Überschuss, wird dieser um den Aufwand für soziale Komponenten und um die Verwaltungskosten der Zusatzversorgungseinrichtung vermindert. Der verbleibende Überschuss steht für die Anwartschaftsdynamisierung zur Verfügung.

Die Wartezeit von 120 Monaten muss sich nicht aus dem Punktemodell selbst ergeben, sondern kann als Umlagemonate auch noch aus dem Gesamtversorgungssystem stammen.

459 Bei Beendigung des Arbeitsverhältnisses vor Eintritt des Versicherungsfalles ist aufgrund § 21 Abs. 1 Satz 5 ATV darauf hinzuweisen, dass bei nicht erfüllter Wartezeit von 120 Umlage-/Beitragsmonaten die Anwartschaft aus der Zusatzversorgung nicht an der Verteilung von Bonuspunkten teilnimmt. Dies gilt bis zum Eintritt des Versicherungsfalls bzw. bis zum Beginn einer erneuten Pflichtversicherung. Sollte eine erneute Pflichtversicherung bei einer anderen Zusatzversorgungseinrichtung erfolgen, nimmt die bisher erworbene Anwartschaft nur dann an der Verteilung der Bonuspunkte teil, wenn die Überleitung der Anwartschaft auf die neue Zusatzversorgungs-

Voraussetzungen und Höhe der Betriebsrente

einrichtung aufgrund einer Verpflichtung nach § 4 ATV erfolgt. In den Durchführungsweisen zum ATV heißt es zu § 19 ATV, dass die Beschäftigten zwar mit dem Versicherungsnachweis durch die Zusatzversorgungseinrichtung einen entsprechenden Hinweis erhalten, der Arbeitgeber sollte den Beschäftigten zur Vermeidung eines Restrisikos jedoch nach Möglichkeit bereits im Vorfeld einer Kündigung entsprechend informieren.

Die Anzahl der Versorgungspunkte für ein Kalenderjahr für zusatzversorgungspflichtiges Entgelt ergibt sich gem. § 8 Abs. 2 ATV aus dem Verhältnis eines Zwölftels des zusatzversorgungspflichtigen Jahresentgelts zum Referenzentgelt von 1000 Euro, multipliziert mit dem Altersfaktor (vgl. Rz. 461). Dies entspricht einer Beitragsleistung von 4 % des zusatzversorgungspflichtigen Entgelts. Bei einer vor dem 1.1. 2003 vereinbarten Altersteilzeit auf der Grundlage des ATG werden die Versorgungspunkte mit dem 1,8fachen berücksichtigt, soweit sie nicht auf Entgelten beruhen, die in voller Höhe zustehen (vgl. dazu auch Rz. 441). *460*

Der in § 8 Abs. 3 ATV geregelte Altersfaktor beinhaltet eine jährliche Verzinsung von 3,25 % während der Anwartschaftsphase und von 5,25 % während des Rentenbezuges. Er richtet sich nach einer Tabelle, die in § 8 Abs. 3 ATV enthalten ist. Dabei gilt als Alter die Differenz zwischen dem jeweiligen Kalenderjahr und dem Geburtsjahr: *461*

Alter	Alters-faktor	Alter	Alters-faktor	Alter	Alters-faktor
17	3,1	33	1,9	49	1,2
18	3,0	34	1,8	50	1,1
19	2,9	35	1,7	51	1,1
20	2,8	36	1,7	52	1,1
21	2,7	37	1,6	53	1,0
22	2,6	38	1,6	54	1,0
23	2,5	39	1,6	55	1,0
24	2,4	40	1,5	56	1,0
25	2,4	41	1,5	57	0,9
26	2,3	42	1,4	58	0,9
27	2,2	43	1,4	59	0,9
28	2,2	44	1,3	60	0,9
29	2,1	45	1,3	61	0,9
30	2,0	46	1,3	62	0,8
31	2,0	47	1,2	63	0,8
32	1,9	48	1,2	64 + älter	0,8

3.3 Betriebsrente für Hinterbliebene

Betriebsrenten für Hinterbliebene werden in § 10 ATV geregelt. Stirbt danach ein Versicherter, der die Wartezeit erfüllt hat (vgl. dazu Rz. 433 ff.), oder ein Betriebsrentenberechtigter, hat der hinterbliebene Ehegatte Anspruch auf eine Betriebsrente. Dabei wird zwischen der kleinen oder der großen Betriebsrente unterschieden. Dies gilt allerdings nur, wenn und solange ein Anspruch auf Witwen- bzw. Witwerrente aus der *462* gesetzlichen Rentenversicherung besteht (vgl. dazu Rz. 381 ff.). Der Anspruch auf Betriebsrente besteht auch, wenn der Anspruch aus der gesetzlichen Rentenversicherung bestehen würde, sofern kein Rentensplitting unter Ehegatten durchgeführt worden wäre.

463 Die Art (also kleine oder große Betriebsrente für die Witwe oder den Witwer) sowie Höhe (prozentualer Bemessungssatz) und die Dauer des Anspruchs richten sich – soweit keine abweichenden Regelungen getroffen sind – nach den entsprechenden Bestimmungen der gesetzlichen Rentenversicherung.

Bemessungsgrundlage der Betriebsrente für Hinterbliebene ist jeweils die Betriebsrente, die der Verstorbene bezogen hat oder hätte beanspruchen können, wenn er im Zeitpunkt seines Todes wegen voller Erwerbsminderung aus dem Beschäftigungsverhältnis ausgeschieden wäre.

Die ehelichen oder diesen gesetzlich gleichgestellten Kinder des Verstorbenen haben entsprechend den vorstehenden Ausführungen Anspruch auf Betriebsrente für Voll- oder Halbwaisen.

464 § 10 Abs. 1 ATV bestimmt ausdrücklich, dass der Anspruch durch den Bescheid des gesetzlichen Rentenversicherungsträgers nachzuweisen ist. Dies bedeutet, dass sich auch die Betriebsrente für Hinterbliebene nach der Rente der gesetzlichen Rentenversicherung richtet. Also: erst die BfA-Rente, dann die Hinterbliebenen-Betriebsrente. Auf die entsprechend anwendbaren Ausführungen unter Rz. 432 wird verwiesen.

§ 11 Abs. 2 ATV bestimmt, dass Anspruch auf Betriebsrente für den Witwer oder die Witwe nicht besteht, wenn die Ehe mit der bzw. dem Verstorbenen weniger als 12 Monate gedauert hat. Das gilt nur dann nicht, wenn es nach den besonderen Umständen des Falles nicht gerechtfertigt wäre, davon auszugehen, dass die Heirat allein oder überwiegend nur erfolgte, um dem Witwer bzw. der Witwe eine Betriebsrente zu verschaffen. Dies entspricht dem Recht der gesetzlichen Rentenversicherung (vgl. § 46 Abs. 2a SGB VI sowie die Ausführungen unter Rz. 382).

465 Eine wesentliche Einschränkung für den Anspruch auf Hinterbliebenen-Betriebsrente sieht § 10 Abs. 3 ATV vor. Danach dürfen die Betriebsrenten für Witwen bzw. Witwer und Waisen zusammen den Betrag der ihrer Berechnung zugrunde liegenden Betriebsrente nicht übersteigen. Ergeben die Hinterbliebenenrenten in der Summe einen höheren Betrag, werden sie gekürzt. Erlischt eine der anteilig gekürzten Hinterbliebenenrenten, erhöhen sich die verbleibenden Hinterbliebenenrenten vom Beginn des folgenden Monats entsprechend. Die Erhöhung reicht aber höchstens bis zum vollen Betrag der Betriebsrente des Verstorbenen.

466 Unter Rz. 463 wurde bereits ausgeführt, dass sich auch die Höhe der Hinterbliebenenbetriebsrenten nach dem Recht der gesetzlichen Rentenversicherung richtet. Das gilt auch bezüglich der Vollwaisen- und Halbwaisenrenten. § 10 Abs. 1 ATV verweist hier auf den prozentualen Bemessungssatz. Dabei geht es um den Rentenartfaktor des § 67 SGB VI. Dieser beträgt für eine „normale" Altersrente 1,0. Für kleine Witwen- und kleine Witwerrenten beläuft er sich auf 0,25, beträgt also lediglich 25 % der „normalen" Altersrente. Allerdings beläuft sich der Faktor bis zum Ende des dritten Kalendermonats nach Ende des Monats, in dem der Ehegatte verstorben ist (so genanntes Gnadenvierteljahr) auf 1,0, also auf 100 % einer Altersrente. Bei der großen Witwen-

Voraussetzungen und Höhe der Betriebsrente

rente gilt Vorstehendes für das Gnadenvierteljahr, im übrigen ist ein Rentenartfaktor von 0,55 maßgebend (55 % der Altersrente). Bei Halbwaisenrente beträgt der Rentenartfaktor 0,1 und bei Vollwaisenrente 0,2. Auch die Regelungen über die große und kleine Witwenrente entsprechen dem Recht der gesetzlichen Rentenversicherung. Danach (§ 46 SGB VI) haben Witwen oder Witwer, die nicht wieder geheiratet haben, nach dem Tod des versicherten Ehegatten Anspruch auf kleine Witwen- oder kleine Witwerrente, wenn der versicherte Ehegatte die allgemeine Wartezeit (vgl. Rz. 309 ff.) erfüllt hat. Angesprochen ist natürlich die Wartezeit der gesetzlichen Rentenversicherung. Da sich auch die Dauer des Anspruchs auf Hinterbliebenenbetriebsrente gem. § 10 Abs. 1 ATV nach dem Recht der gesetzlichen Rentenversicherung richtet, besteht der Anspruch auf die kleine Witwenrente für 24 Kalendermonate nach Ablauf des Monats, in dem der Versicherte verstorben ist.

Witwen oder Witwer, die nicht wieder geheiratet haben, haben nach dem Tod des versicherten Ehegatten, der die allgemeine Wartezeit erfüllt hat, Anspruch auf große Witwenrente oder große Witwerrente. Allerdings müssen bestimmte Voraussetzungen erfüllt werden. Allerdings erfolgt die Erfüllung alternativ. So besteht Anspruch auf eine große Witwen- oder Witwerrente, wenn der Betreffende ein eigenes Kind oder ein Kind des versicherten Ehegatten, das das 18. Lebensjahr noch nicht vollendet hat, erzieht. Alternativ besteht der Anspruch auch, wenn die Witwe oder der Witwer das 45. Lebensjahr vollendet hat oder erwerbsgemindert (teilweise oder voll) ist. Die Bezugsdauer der Waisenrente richtet sich ebenfalls nach dem Recht der Rentenversicherung (vgl. Rz. 386). *467*

3.4 Gemeinsame Vorschriften für alle Betriebsrenten

Nach § 11 Abs. 1 ATV werden die Betriebsrenten beginnend mit dem Jahr 2002 jeweils zum 1. 7. eines jeden Jahres um 1,0 % angepasst. Bei Nichtzahlung und Ruhen der Betriebsrente nach § 12 ATV (vgl. Rz. 470) wird der Betrag angepasst, der ohne diese Regelungen zustehen würde. Der Zahlbetrag wird danach unter Berücksichtigung des § 12 ATV neu festgestellt. *468*

§ 11 Abs. 2 ATV beschäftigt sich mit der Neuberechnung der Betriebsrente, wenn bei einem Berechtigten ein neuer Versicherungsfall eintritt. Außerdem ist Voraussetzung, dass seit der Festsetzung der Betriebsrente wegen des früheren Versicherungsfalles zusätzliche Versorgungspunkte zu berücksichtigen sind. Im Rahmen dieser Neuberechnung wird im übrigen auch der Abschlagsfaktor wegen vorzeitiger Inanspruchnahme gesondert festgestellt. Für die bisher bei der Betriebsrente berücksichtigten Versorgungspunkte bleibt der bisherige Abschlagsfaktor maßgebend. *469*

In Abschn. 11.2 der Durchführungshinweise zum ATV heißt es, dass Zahlbetragsveränderungen dann eintreten, wenn anstelle der vollen Erwerbsminderungsrente eine teilweise Erwerbsminderungsrente gewährt wird oder umgekehrt. Das gleiche gilt, wenn aus einer großen Witwenrente eine kleine Witwenrente oder umgekehrt wird, ohne dass zusätzliche Versorgungspunkte zu berücksichtigen sind.

Die Betriebsrente wird gem. § 12 Abs. 1 ATV von dem Zeitpunkt an nicht (mehr) gezahlt, von dem die Altersrente aus der Rentenversicherung nach § 100 Abs. 3 Satz 1 i.V. mit § 34 Abs. 2 SGB VI endet. Nach § 100 Abs. 3 Satz 1 SGB VI endet die Rentenzahlung dann, wenn aus tatsächlichen oder rechtlichen Gründen die Anspruchsvo- *470* raussetzungen für eine Rente wegfallen, mit dem Beginn des Kalendermonats, zu dessen Beginn der Wegfall wirksam ist. Nach § 34 Abs. 2 SGB VI besteht ein Anspruch auf Altersrente vor Vollendung des 65. Lebensjahres nur, wenn die Hinzuverdienstgrenze nicht überschritten wird. Der Verweis in § 12 Abs. 1 ATV auf § 34 Abs. 2 SGB VI bedeutet, dass die Hinzuverdienstgrenzen der gesetzlichen Rentenversicherung bei Altersrenten vor Vollendung des 65. Lebensjahres auch für die Betriebsrente des öffentlichen Dienstes gelten. Auf die Ausführungen bei Rz. 374 ff. wird verwiesen. Das gilt auch bei einer vollen oder teilweisen Erwerbsminderungsrente (§ 12 Abs. 2 ATV).

Nach § 12 Abs. 2 ATV ruht die Betriebsrente, solange die Rente aus der gesetzlichen Rentenversicherung ganz oder teilweise versagt wird. Hier sind die §§ 103 bis 105 SGB VI zu beachten. So besteht gem. § 103 SGB VI kein Anspruch auf eine Rente wegen verminderter Erwerbsfähigkeit, Altersrente für schwerbehinderte Personen oder große Witwen- bzw. große Witwerrente, wenn der Betreffende die notwendige gesundheitliche Beeinträchtigung absichtlich herbeigeführt hat.

471 Nach § 104 SGB VI werden bestimmte Renten ganz oder teilweise versagt, wenn die Berechtigten sich die für die Rentenleistungen erforderliche gesundheitliche Beeinträchtigung bei einer Handlung zugezogen haben, die nach strafgerichtlichem Urteil ein Verbrechen oder vorsätzliches Vergehen ist. Hier kann die Rente allerdings an unterhaltsberechtigte Ehegatten und Kinder geleistet werden, soweit sie versagt wird. Anspruch auf Rente wegen Todes besteht im übrigen nicht für Personen, die den Tod vorsätzlich herbeigeführt haben.

472 Nach § 12 Abs. 4 ATV ruht die Betriebsrente auch, solange der Berechtigte seinen Wohnsitz oder dauernden Aufenthalt außerhalb eines Mitgliedstaates der Europäischen Union hat und trotz Aufforderung der Zusatzversorgungseinrichtung keine Empfangsbevollmächtigten im Inland bestellt. Die Betriebsrente ruht auch in Höhe des Betrages des für die Zeit nach dem Beginn der Betriebsrente gezahlten Krankengeldes aus der gesetzlichen Krankenversicherung. Allerdings gilt dies nur, soweit das Krankengeld nicht nach § 96 a Abs. 3 SGB VI auf eine Rente wegen teilweiser Erwerbsminderung anzurechnen oder bei einer Rente wegen voller Erwerbsminderung von der Krankenkasse zu erstatten ist.

473 Gem. § 12 Abs. 6 ATV wird bei den Hinterbliebenenrenten Einkommen entsprechend den Vorschriften der gesetzlichen Rentenversicherung auf die Betriebsrente angerechnet. Das bedeutet, dass nicht nur Arbeitsentgelt bzw. Arbeitseinkommen (aus selbstständiger Tätigkeit) auf die Betriebsrente angerechnet wird, sondern beispielsweise auch sonstige Rentenbezüge wie die Rente der gesetzlichen Rentenversicherung oder Leistungen der betrieblichen Altersversorgung aus einer eigenen Versicherung. Allerdings erfolgt eine Einkommensanrechnung erst, wenn die Hinzuverdienstgrenzen des § 97 Abs. 2 SGB VI (vgl. dazu Rz. 388) überschritten sind. Von dem den Freibetrag übersteigenden Teil werden, wie in der gesetzlichen Rentenversicherung, 40 % auf die Betriebsrente angerechnet. Eine Doppelanrechnung ist dadurch ausgeschlossen, dass bereits auf die gesetzliche Rente angerechneten Beträge unberücksichtigt bleiben.

474 § 13 ATV beschäftigt sich mit dem Erlöschen des Anspruchs auf Betriebsrente:

Voraussetzungen und Höhe der Betriebsrente

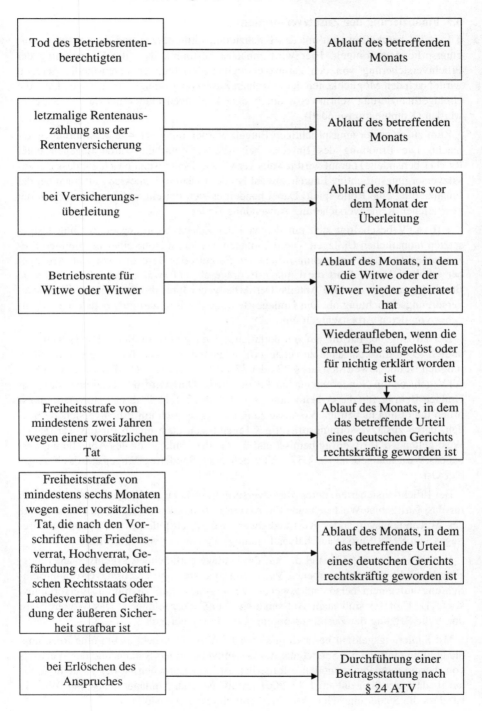

3.5 Finanzierung der Zusatzversorgung

475 § 15 ATV beschäftigt sich mit den Finanzierungsgrundsätzen und dem zusatzversorgungspflichtigen Entgelt. Hier wird zunächst bestimmt, dass die Finanzierung der Pflichtversicherung von den Zusatzversorgungseinrichtungen eigenständig geregelt wird. Nach den Möglichkeiten der einzelnen Zusatzversorgungseinrichtungen kann die Umlagefinanzierung schrittweise durch eine kapitalgedeckte Finanzierung abgelöst werden (Kombinationsmodell).

Zum zusatzversorgungspflichtigen Entgelt wurden unter Rz. 438 Ausführungen gemacht. Die Erhöhung des Entgelts bei Altersteilzeitarbeit wurde dagegen unter Rz. 441 behandelt. Hierauf wird jeweils verwiesen. Dabei ist zu beachten, dass das zusatzversorgungspflichtige Entgelt sowohl bei der Leistungsbemessung als auch bei der Finanzierung eine Rolle spielt. Dabei handelt es sich um ein System, das auch in der gesetzlichen Rentenversicherung Anwendung findet.

476 § 16 ATV beschäftigt sich mit den von der Zusatzversorgungseinrichtung festgesetzten monatlichen Umlagen. Diese Umlagen werden in Höhe eines bestimmten Prozentsatzes des zusatzversorgungspflichtigen Entgelts des Beschäftigten vom Arbeitgeber erhoben. Dieser führt die Umlage-Beiträge ab und zwar einschließlich des vom Beschäftigten zu tragenden Anteils. Der Arbeitgeber führt die Beiträge an die Zusatzversorgungseinrichtung ab. Die Umlage-Beiträge der Beschäftigten behält der Arbeitgeber von deren Arbeitsentgelt ein.

477 Der Arbeitgeber hat die auf ihn entfallende Umlage bis zu einem Betrag von monatlich 89,48 Euro pauschal zu versteuern, solange die Pauschalversteuerung rechtlich möglich ist und soweit sich aus § 37 oder 37 a ATV nicht etwas anderes ergibt. In § 37 ATV geht es um Sonderregelungen für die VBL. Dort wird u.a. bestimmt, dass der Umlage-Beitrag für die Arbeitnehmer seit 1.1.2002 1,41 % des zusatzversorgungspflichtigen Entgelts beträgt. Voraussetzung ist, dass es sich um Pflichtversicherte handelt, deren zusatzversorgungspflichtiges Entgelt sich nach einem für das Tarifgebiet West geltenden Tarifvertrag bemisst und für die der Umlagesatz des Abrechnungsverbandes West maßgebend ist. § 37 a ATV behandelt Sonderregelungen für das Tarifgebiet Ost.

Bei Pflichtversicherten, deren zusatzversorgungspflichtiges Entgelt sich nach einem für das Tarifgebiet West geltenden Tarifvertrag bemisst und für die der Umlagesatz des Abrechnungsverbandes West maßgebend ist, gilt anstelle des oben genannten Betrages von 89,48 Euro (Pauschalversteuerung) ein solcher von 92,03 Euro.

478 Nach § 16 Abs. 3 ATV sind die auf die Umlage entfallenden Pflichtversicherungszeiten und die daraus erworbenen Versorgungspunkte von der Zusatzversorgungseinrichtung auf einem personenbezogenen Versorgungskonto zu führen (Versorgungskonto I). Umfasst sind auch Aufwendungen und Auszahlungen. Das Weitere wird durch die Satzung der Zusatzversorgungseinrichtung geregelt.

Mit Sanierungsgeldern beschäftigt sich § 17 ATV. Hier geht es um eine Regelung, die lediglich infolge der Schließung des Gesamtversorgungssystems und des Wechsels von diesem zum Punktemodell erforderlich ist. Angesprochen ist der zusätzliche Finanzbedarf, der über die am 1.11.2001 jeweils geltende Umlage hinausging. Wichtig ist, dass die Sanierungsgelder kein steuerpflichtiger Arbeitslohn sind.

Voraussetzungen und Höhe der Betriebsrente

Soweit die Zusatzversorgungseinrichtung für die Pflichtversicherung Beiträge im Kapitaldeckungsverfahren von höchstens 4 % des zusatzversorgungspflichtigen Entgelts erhebt, trägt diese der Arbeitgeber (§ 18 Abs. 1 ATV). Die Beiträge im vorstehenden Sinne sind – einschließlich der darauf entfallenden Erträge – von der Zusatzversorgungseinrichtung auf einem gesonderten personenbezogenen Versorgungskonto getrennt von den sonstigen Einnahmen zu führen (Versorgungskonto II) – § 18 Abs. 2 ATV. Nach Absatz 3 des § 18 ATV sind die Einnahmen und Ausgaben einschließlich der Kapitalanlagen gesondert zu führen und zu verwalten.   *479*

Für Beschäftigte, die als Mitglieder einer berufsständischen Versicherung von der Versicherung in der gesetzlichen Rentenversicherung befreit sind, richtet sich gem. § 25 Abs. 1 ATV die Beteiligung des Arbeitgebers am Beitrag zur berufsständischen Versorgungseinrichtung nach § 172 Abs. 2 SGB VI. Nach § 172 Abs. 2 SGB VI tragen die Arbeitgeber in diesen Fällen die Hälfte des Beitrags zur einer berufsständischen Versorgungseinrichtung, höchstens aber die Hälfte des Beitrags, der zu zahlen wäre, wenn die Beschäftigten nicht von der Versicherungspflicht befreit worden wären.

§ 25 Abs. 1 ATV beschäftigt sich auch mit Pflichtversicherten, die nach § 231 Abs. 1 oder § 231a SGB VI von der Versicherungspflicht in der gesetzlichen Rentenversicherung befreit und freiwillig in der gesetzlichen Rentenversicherung versichert sind. Angesprochen sind auch solche Personen, die für sich und ihre Hinterbliebenen eine (befreiende) Lebensversicherung abgeschlossen haben oder die freiwillig im Versorgungswerk der Presse versichert sind.   *480*

All diese Personengruppen erhalten von ihrem Arbeitgeber einen Beitragszuschuss. Erforderlich ist ein schriftlicher Antrag. Der Zuschuss wird für jeden Kalendermonat gewährt, für den dem Betreffenden Vergütung, Urlaubsvergütung oder Krankenbezüge zustehen. Der Zuschuss wird in Höhe des Betrages gezahlt, der zu entrichten wäre, wenn sie in der gesetzlichen Rentenversicherung versichert wären. Höchstens ist allerdings de Hälfte des Beitrags zu entrichten.

Sonderregelungen gelten für Beschäftigte, die freiwilliges Mitglied des Versorgungswerkes der Presse sind.

§ 26 ATV eröffnet den Pflichtversicherten die Möglichkeit, durch Entrichtung eigener Beiträge bei der Zusatzversorgungseinrichtung eine zusätzliche kapitalgedeckte Altersvorsorge im Rahmen der betrieblichen Altersversorgung aufzubauen. Die Entrichtung eigener Beiträge erfolgt unter Inanspruchnahme der steuerlichen Förderung (Sonderausgabenabzug, Zulage). Nach Beendigung der Pflichtversicherung kann diese freiwillige Versicherung, und zwar unabhängig davon, ob eine steuerliche Förderung überhaupt möglich ist, längstens bis zum Eintritt des Versicherungsfalles (vgl. Rz. 432) fortgesetzt werden. Die Fortsetzung muss innerhalb einer Ausschlussfrist von drei Monaten nach Beendigung der Pflichtversicherung beantragt werden.   *481*

Der Arbeitgeber führt die Beiträge des Pflichtversicherten zur freiwilligen Versicherung an die Zusatzversorgungseinrichtung ab. Dabei ist eine schriftliche Ermächtigung des Versicherten erforderlich. Der Arbeitgeber schuldet keine eigenen Beiträge. Er kann allerdings (gem. § 26 Abs. 5 ATV) zu einer freiwilligen Versicherung der Beschäftigten eigene Beiträge außerhalb einer Entgeltumwandlung leisten. Zur Entgelt-   *482* umwandlung selbst ist der Tarifvertrag vom 18. 2. 2003 zu beachten, der im kommunalen Bereich gilt.

483 Nach § 26 Abs. 3 ATV kann die freiwillige Versicherung in Anlehnung an das Punktemodell als Höherversicherung erfolgen. Wahlweise kann sie auch durch fondsgebundene Rentenversicherung geschehen, sofern die Zusatzversorgungseinrichtung entsprechendes anbietet. Näheres regelt die Satzung der Zusatzversorgungseinrichtung.

Es geht in § 26 ATV um die so genannte Riester-Rente, d.h. eine freiwillige auf privater Basis durchgeführten Maßnahme, die staatlich gefördert wird. Die Riester-Rente wird im folgenden Abschn. 4 dieses Kapitels ausführlich behandelt. Hierauf wird verwiesen.

4. Die so genannte Riester-Rente
4.1 Grundsätze

484 An die Sicherheit der Renten der deutschen Rentenversicherung wurde lange Zeit geglaubt. Inzwischen hat sich aber die Einsicht durchgesetzt, dass weniger Geburten, also weniger Beitragszahler zu weniger Beiträgen führen und mehr ältere Menschen zu mehr Ausgaben. Dabei muss auch berücksichtigt werden, dass die durchschnittliche Lebenserwartung in den nächsten 30 Jahren um etwa 2 Jahre steigen wird. Das führt zu einer Verlängerung der durchschnittlichen Rentenbezugsdauer um mehr als 10 %.

In diesem Zusammenhang hat der Gesetzgeber insbesondere zwei Gesetze erlassen. Dabei handelt es sich um das Gesetz zur Ergänzung des Gesetzes zur Reform der gesetzlichen Rentenversicherung und zur Förderung eines kapitalgedeckten Altersvorsorgevermögens (Altersvermögensergänzungsgesetz – AVmEG) vom 31. 3. 2001 sowie das Altersvermögensgesetz (AVmG) vom 26. 6. 2001. Allgemein wird hier von der Rentenreform 2002 gesprochen, da die Regelungen im Wesentlichen am 1. 1. 2002 in Kraft getreten sind.

485 Durch das AVmG soll eine verstärkte private Altersvorsorge der Versicherten durch steuerliche Vergünstigungen oder Zulagen gefördert werden. Damit soll der Pflichtversicherte der gesetzlichen Rentenversicherung die Möglichkeit erhalten, seine Altersvorsorge seinen persönlichen Lebensverhältnissen sachgerecht anzupassen.

Kernelemente des AVmG sind
– der Aufbau einer privaten, zusätzlichen, steuergeförderten Altersvorsorge,
– ein verbessertes Auskunftsservice durch die Rentenversicherungsträger sowie
– die Sicherung des Lebensunterhalts im Alter und bei dauerhafter Erwerbsminderung über eine bedarfsorientierte Grundsicherung.

486 Im Allgemeinen wird hier von der Riester-Rente gesprochen. So neu ist das Ganze aber nicht. Als wesentliches Kernstück der Reform wird nämlich allgemein angesehen, dass sich die Rentenversicherten zusätzlich zu ihrer gesetzlichen Versicherung an privaten Versorgungsformen beteiligen und dafür Zuzahlungen erhalten. Praktisch gab es schon immer die Möglichkeit, die gesetzliche Rente durch private Versorgungsformen zu ergänzen. Allerdings ist neu, dass diese private Absicherung staatlich gefördert wird. Dabei handelt es sich um eine Förderung der „zusätzlichen kapitalgedeckten Altersvorsorge". Dabei wird zwischen der betrieblichen und der privaten Altersvorsorge unterschieden.

Die so genannte Riester-Rente

In die ATV ist die Möglichkeit übernommen worden, das Riester-Modell anzuwenden (vgl. § 26 ATV und die Ausführungen unter Rz. 484 ff.). Hier ist noch zu erwähnen, dass ursprünglich davon ausgegangen wurde, dass für Beamte sowie auch für sonstige Beschäftigte des öffentlichen Dienstes die Vorschriften über die so genannte Riester-Rente nicht gelten. Dies hat sich grundlegend geändert. Für die Beamten hat diese Rechtslage das Versorgungsänderungsgesetz 2001 gebracht, das die Anwendung der genannten Regelungen auch auf Beamte vorsieht. *487*

Angestellte des öffentlichen Dienstes werden, wenn sie von den Möglichkeiten der so genannten Riester-Rente Gebrauch machen wollen, oftmals nach § 26 ATV vorgehen. Selbst wenn dies der Fall ist, ist zum besseren Verständnis ein Überblick über die Förderungsmöglichkeiten der Riester-Rente erforderlich. Ein solcher Überblick wird nachfolgend gegeben.

4.2 Kreis der begünstigten Personen

Zu dem Kreis der begünstigten Personen gehören zunächst die Arbeitnehmer. Angesprochen sind aber auch Selbstständige, wenn sie in der gesetzlichen Rentenversicherung pflichtversichert sind. Ferner gehören Versicherte während einer anzurechnenden Kindererziehungszeit (Dauer: 3 Jahre – vgl. dazu Rz. 316 ff.) dazu. Außerdem werden Pflegepersonen, Wehr- und Zivildienstleistende angesprochen. *488*

Zu den begünstigten Personen gehören nicht geringfügig Beschäftigte, die sozialversicherungsfrei sind. Allerdings sind geringfügig beschäftigte Personen angesprochen, die auf die Versicherungsfreiheit in der gesetzlichen Rentenversicherung verzichtet heben, die also den pauschalen Arbeitgeberbeitrag zur Rentenversicherung durch eigene Beitragsleistung aufstocken.

Zu dem Kreis der Begünstigten gehören auch Arbeitslose, sowie Krankengeldbezieher. Freiwillig in der gesetzlichen Rentenversicherung Versicherte werden allerdings nicht begünstigt. Nicht begünstigt sind ferner die in einer berufsständischen Versorgungseinrichtung Pflichtversicherten.

Wenn nur ein Ehepartner zum förderungsfähigen Personenkreis gehört, kann abweichend von den vorstehenden Ausführungen auch der selbst nicht förderungsfähige Ehepartner die Zulagenförderung erhalten, wenn für ihn ein eigener Vertrag abgeschlossen wird.

4.3 Begünstigte Anlageformen: Zertifizierung vorgeschrieben

Das AVmG vermeidet eine einseitige Begünstigung bestimmter Anlageformen sowohl in der Anspar- als auch in der Auszahlungsphase. Begrifflich geht das AVmG von „Altersvorsorgebeiträgen, die zugunsten von Altersvorsorgeverträgen geleistet werden", aus und legt die Voraussetzungen fest, unter denen ein Produkt als „Altersvorsorgevertrag" zugelassen (zertifiziert) werden kann. In einem gesonderten Altersvorsorgeverträge-Zertifizierungsgesetz wird vorgeschrieben, dass das Bundesaufsichtsamt für das Versicherungswesen als Zertifizierungsbehörde vorab prüft, ob angebotene Altersvorsorgeprodukte die vorgeschriebenen Förderkriterien erfüllen. *489*

Es ist allerdings unbedingt zu beachten, dass ein Zertifikat kein staatliches Gütesiegel darstellt, das die Qualität des Produktes hinsichtlich Rentabilität und Sicherheit bestätigt. Die Finanzdienstleister bzw. deren Spitzenverbände können bei der Zertifizierungsstelle für Muster oder Einzelverträge ein Zertifikat erhalten. Dieses bescheinigt, dass ihr Produkt den staatlichen Förderkriterien entspricht und damit steuerlich gefördert werden kann.

Unter Rz. 486 ist bereits erwähnt worden, dass bei der Förderfähigkeit zwischen der betrieblichen Altersversorgung und der privaten kapitalgedeckten Altersvorsorge unterschieden wird.

490 Die betriebliche Altersversorgung wird in Form von Direktversicherung, Pensionskassen und Pensionsfonds (soweit die Voraussetzungen für geförderte Anlagen erfüllt sind und die Beiträge aus individuell versteuerten und verbeitragten Arbeitsentgelten erbracht werden) durchgeführt. Als private kapitalgedeckte Altersvorsorge sind Rentenversicherungen sowie Fonds- und Banksparpläne förderungsfähig.

491 Die Anlageformen müssen bis zur Vollendung des 60. Lebensjahres oder bis zum Beginn einer Altersrente des Anlegers aus der gesetzlichen Rentenversicherung gebunden sein. Sie können nicht beliehen und nicht anderweitig verwendet werden. Eine wichtige Ausnahme stellt allerdings die Verwendung für eigene Wohnzwecke dar. Hier kann der Zulageberechtigte das in einem Altersvorsorgevertrag gebildete Kapital auch für die Anschaffung einer Wohnung oder eines Hauses anlegen. Die Wohnung oder das Haus müssen allerdings eigengenutzt sein. Förderungsunschädlich kann ein Betrag zwischen 10.000 und 50.000 Euro entnommen werden.

Hier wird von dem so genannten modifizierten Entnahmemodell (Zwischenentnahmemodell) gesprochen. Der entnommene Betrag muss - ohne Zinsen - in monatlichen, gleich bleibenden Raten bis zur Vollendung des 65. Lebensjahres in einem zertifizierten Altersvorsorgevertrag zurückgezahlt werden. Die Rückzahlung löst natürlich keine erneute Förderung nach dem Altersvermögensgesetz aus. Beim Verkauf oder sonstiger Aufgabe der Selbstnutzung hat der Anleger die Möglichkeit, den Restbetrag innerhalb einer bestimmten Frist einzuzahlen. Geschieht dies nicht, liegt insoweit eine schädliche Verwendung vor. Das gilt auch dann, wenn der Geförderte mit seiner Rückzahlungsverpflichtung mit mehr als einem Jahresbetrag in Rückstand gerät. In diesen Fällen ist die auf den Restbetrag entfallende Förderung zurückzuzahlen. Zusätzlich ist der Restbetrag für Zwecke der Besteuerung ab dem Zeitpunkt der Entnahme mit 5 % zu verzinsen.

4.4 Steuerrechtliche Regelungen

492 Die staatliche Förderung wird im Wesentlichen im EStG geregelt. So wird in § 4a EStG bestimmt, dass Beiträge an einen Pensionsfonds von dem Unternehmen, das die Beiträge leistet (Trägerunternehmen) als Betriebsausgaben abgezogen werden. Allerdings ist Voraussetzung, dass die Leistungen des Arbeitgebers auf einer festgelegten Verpflichtung beruhen oder der Abdeckung von Fehlbeträgen bei dem Fonds dienen.

493 § 10a EStG trägt die Überschrift: „Zusätzliche Altersvorsorge". Hier wird zunächst bestimmt, dass in der gesetzlichen Rentenversicherung Pflichtversicherte Beiträge zu einer zusätzlichen Altersvorsorge in bestimmter Höhe einschließlich der für den jeweiligen Veranlagungszeitraum festgelegten Zulage erbringen können. Hinsichtlich der Höhe der steuerlich anzuerkennenden Leistungen wird zwischen den einzelnen Veran-

Die so genannte Riester-Rente

lagungszeiträumen unterschieden. Beiträge zu einer zusätzlichen Altersvorsorge werden gefördert:

– 2002 und 2003 bis zu 1,0 %
– 2004 und 2005 bis zu 2,0 %
– 2006 und 2007 bis zu 3,0 %;
– ab 2008 jährlich bis zu 4,0 %

der Beitragsbemessungsgrenze der Rentenversicherung.

Bis zu diesen Beträgen ist ein Abzug als Sonderausgaben möglich. Maßgebend ist im gesamten Bundesgebiet die für die alten Bundesländer maßgebende Beitragsbemessungsgrenze. Die jährliche Beitragsbemessungsgrenze der Rentenversicherung (West) beläuft sich 2003 auf 61.200 Euro.

Voraussetzung für den Anspruch auf steuerliche Förderung ist die Versicherungspflicht des Betreffenden zur Rentenversicherung. Dabei wird die Versicherungspflicht in der Alterssicherung der Landwirte ebenfalls anerkannt. *494*

Arbeitslose stehen den Versicherungspflichtigen gleich, auch wenn sie beispielsweise Arbeitslosenhilfe wegen der Anrechnung von Vermögen nicht erhalten.

Im vorstehenden Sinne liegen Beiträge lediglich dann vor, wenn sie zugunsten eines auf den Namen des Steuerpflichtigen laufenden Altersvorsorgevertrages geleistet werden, der zertifiziert ist (vgl. dazu Rz. 489). Dabei gilt die Zertifizierung als Grundlagenbescheid im Sinne der AO. Zu den begünstigten Beiträgen gehören auch die Beitragsanteile, die zur Absicherung der verminderten Erwerbsfähigkeit des Steuerpflichtigen und zur Hinterbliebenenversorgung verwendet werden. Voraussetzung ist, dass in der Leistungsphase die Auszahlung in Form einer Rente erfolgt. Nicht zu den Beiträgen in diesem Sinne zählen allerdings Aufwendungen, für die eine Arbeitnehmer-Sparzulage nach dem Fünften Vermögensbildungsgesetz gewährt wird oder die im Rahmen des seither geltenden Rechts als Sonderausgaben geltend gemacht werden. *495*

4.5 Alters-Vorsorge-Zulage

In Abhängigkeit von den geleisteten Eigenbeiträgen wird eine Zulage gezahlt. Diese setzt sich aus einer Grundzulage und einer Kinderzulage zusammen. In den Veranlagungszeiträumen 2002 und 2003 beträgt die Grundzulage jeweils 38 Euro und steigt im Zweijahresrhytmus. Ab dem Veranlagungszeitraum 2009 beträgt sie jährlich 154 Euro. Im Falle der Zusammenveranlagung von Ehegatten steht die Grundzulage jedem Ehegatten gesondert zu. Voraussetzung ist, dass beide Ehepartner eigenständige Altersversorgungsansprüche erwerben. Das gilt auch, wenn zwar nur ein Ehepartner steuer- und versicherungspflichtige Einnahmen hat, dieser aber seinen Mindesteigenbeitrag (vgl. dazu Rz. 497) leistet. *496*

Die Kinderzulage beträgt je Kind in den Veranlagungszeiträumen 2002 und 2003 bis zu 46 Euro. Sie steigt im Zwei-Jahres-Rhytmus und beläuft sich ab dem Veranlagungszeitraum 2008 jährlich auf bis zu 185 Euro. Die vorstehenden Zulagen vermindern sich entsprechend, wenn nicht ein bestimmter Altersvorsorgeaufwand (Eigenbeiträge plus alle zustehenden Zulagen) aufgebracht wird. In den Veranlagungszeiträumen 2002 und 2003 muss 1 % des in der Rentenversicherung beitragspflichtigen Vor- *497* jahreseinkommens aufgebracht werden (Mindesteigenbeitrag). Ab dem Veranlagungszeitraum 2008 handelt es sich jährlich um 4 %.

Die Zulage wird auf Antrag gewährt. Der Antrag ist beim Anbieter, an den die Altersvorsorgebeiträge gezahlt worden sind, zu stellen. Der Antragsteller muss sich also nicht an die hier bestehende Zentrale Stelle (BfA) wenden. Der Antrag ist auf einem „amtlichen" Vordruck zu stellen.

498   Die Zulage wird für jedes Beitragsjahr berechnet und geleistet. Der Antrag muss dann spätestens bis zum Ablauf des zweiten Kalenderjahres, das auf das Beitragsjahr folgt, eingereicht werden. Der Anbieter wird die Vertragsdaten, die Sozialversicherungsnummer des Zulageberechtigten und dessen Ehegatten, die Bemessungsgrundlage, die für die Gewährung der Kinderzulagen erforderlichen Daten und die Höhe der geleisteten Altersvorsorgebeiträge der zentralen Stelle, also der BfA, mitteilen. Diese errechnet die Zulage und überweist sie zugunsten des Zulageberechtigten an den Anbieter. Dieser schreibt die Zulage dem begünstigten Altersvorsorgevertrag gut.

499   Besteht mehr als ein Altersvorsorgevertrag, muss der Zulageberechtigte bestimmen, auf welchen der Verträge die Zulage gutgeschrieben werden soll. Der Zulageberechtigte erhält vom Anbieter jährlich eine Bescheinigung, die u.a. enthält:

– die Höhe der im abgelaufenen Beitragsjahr geleisteten Altersvorsorgebeiträge
– die Summe der dem Altersvorsorgevertrag gutgeschriebenen Zulagen
– die Summe der geleisteten Altersvorsorgebeiträge sowie
– den Stand des Altersvorsorgevermögens.

4.6 Betriebliche Förderung

4.6.1 Begriffsbestimmungen

500   Für die betriebliche Altersversorgung gilt das Altersvorsorge-Zertifizierungsgesetz nicht (vgl. Rz. 489). Die Verwendung von steuerlich gefördertem Kapital für Wohnzwecke scheidet hier aus. Mit der Einführung der Förderung sind die Rahmenbedingungen für die betriebliche Altersvorsorge erheblich verbessert worden.

Unter dem Begriff „betriebliche Altersvorsorge" subsumieren sich die Leistungen der Alters-, Invaliditäts- oder Hinterbliebenenversorgung, die einem Arbeitnehmer von seinem Arbeitgeber aus Anlass seines Arbeitsverhältnisses zugesagt werden. Die entsprechenden Leistungen müssen dem Arbeitnehmer verbindlich zugesagt werden. Der Zweck der Leistung muss immer die Versorgung des Arbeitnehmers beim Ausscheiden aus dem Arbeitsleben sein.

Die betriebliche Altersvorsorge kennt fünf Durchführungsformen:

Die so genannte Riester-Rente

Seit 1. 1. 2002 kann der Arbeitnehmer gem. § 1 a des Gesetzes zur Verbesserung der betrieblichen Altersversorgung (BetrAVG) vom Arbeitgeber verlangen, dass von seinen künftigen Entgeltansprüchen bis zu 4 % der jeweiligen Beitragsbemessungsgrenze in der Rentenversicherung der Arbeiter und Angestellten (vgl. Rz. 390) durch Entgeltumwandlung für seine betriebliche Altersversorgung verwendet werden. Maßgebend ist die im Westen geltende Beitragsbemessungsgrenze. 2003 betragen 4 % der Beitragsbemessungsgrenze 2.448 Euro. Es handelt sich hier jeweils um Jahresbeträge. Der Anspruch des Arbeitnehmers ist durch Vereinbarung zu regeln.

Ist der Arbeitgeber zur Entgeltumwandlung bereit, kann die betriebliche Altersversorgung über einen Pensionsfond oder eine Pensionskasse durchgeführt werden. Bei Ablehnung kann der Arbeitnehmer verlangen, dass der Arbeitgeber für ihn eine Direktversicherung abschließt. Soweit der Anspruch auf Entgeltumwandlung geltend gemacht wird, muss der Arbeitnehmer jährlich einen Betrag in Höhe von mindestens einem Hundertsechzigstel der Bezugsgröße für seine betriebliche Altersversorgung verwenden. Auch hier gelten die Westwerte in den neuen Bundesländern.

Zusatzversorgung für Angestellte

502 Die jährliche Bezugsgröße (West) beläuft sich 2003 auf 28.560 Euro. Ein Hundertsechzigstel hiervon beträgt 178,50 Euro. Bei monatlicher Entgeltumwandlung kann der Arbeitgeber verlangen, dass die Monatsbeträge während eines laufenden Kalenderjahres gleich bleiben. Soweit eine durch Entgeltumwandlung finanzierte betriebliche Altersversorgung besteht, ist der Anspruch des Arbeitnehmers auf Entgeltumwandlung ausgeschlossen.

Wird die betriebliche Altersversorgung über einen Pensionsfond, eine Pensionskasse oder eine Direktversicherung durchgeführt, kann der Arbeitnehmer verlangen, dass die Voraussetzungen für eine steuerliche Förderung (vgl. dazu Rz. 492 ff.) erfüllt werden. Eine Entgeltumwandlung aus Tariflohn ist nur dann zulässig, wenn dies durch Tarifvertrag vorgesehen oder durch Tarifvertrag zugelassen ist (§ 17 Abs. 5 BetrAVG).

4.6.2 Steuerrechtliche Auswirkungen der Entgeltumwandlung

503 Damit die Entgeltumwandlung nicht als reines Steuersparmodell benutzt wird, hat die Finanzverwaltung in mehreren Erlassen die Kriterien festgelegt, unter denen Entgeltumwandlungen als betriebliche Altersversorgung steuerlich anerkannt werden. Die wichtigsten hier bestehenden Regelungen hat das Bundesfinanzministerium in seinem Schreiben vom 4. 2. 2000 zusammengefasst. In diesem Schreiben wird zunächst darauf hingewiesen, dass Arbeitgeber und Arbeitnehmer Arbeitsentgeltansprüche, die dem Grunde nach rechtlich noch nicht entstanden sind (künftiger Arbeitslohn, zu Gunsten einer betrieblichen Altersversorgung im Sinne des BetrAVG herabsetzen können. Dies führt im Zeitpunkt der Vereinbarung über die Gehaltsänderung oder der Auszahlung des vereinbarungsgemäß geminderten Arbeitslohns nicht zum Zufluss des Teils des Arbeitsentgelts, das für eine betriebliche Altersversorgung verwandt werden soll.

Der Zeitpunkt des Zuflusses dieses Teils des Arbeitsentgelts richtet sich in derartigen Fällen vielmehr nach dem Durchführungsweg der zugesagten betrieblichen Altersversorgung. Dies bedeutet, dass bei der Versorgung über eine Direktversicherung oder Pensionskasse der Lohn im Zeitpunkt der Zahlung der Beiträge durch den Arbeitgeber an die entsprechende Versorgungseinrichtung zufließt.

504 Bei der Versorgung über eine Direktzusage oder Unterstützungskasse fließt das Entgelt hingegen erst im Zeitpunkt der Zahlung der Altersversorgungsleistungen an den Arbeitnehmer zu. Bei einer solchen Herabsetzung künftigen Arbeitsentgelts zu Gunsten einer betrieblichen Altersversorgung im Sinne des BetrAVG ist es unschädlich, wenn der bisherige ungekürzte Arbeitslohn weiterhin Bemessungsgrundlage für künftige Erhöhungen des Arbeitsentgelts oder anderer Arbeitgeberleistungen (wie z.B. Jubiläumszuwendungen) bleibt und die Gehaltsminderung zeitlich begrenzt oder so vereinbart wird, dass der Arbeitnehmer oder der Arbeitgeber sie für künftigen Arbeitslohn einseitig ändern können.

505 Im Schreiben des Bundesfinanzministeriums vom 4. 2. 2000 wird auch zum Begriff der betrieblichen Altersversorgung Stellung genommen. Hierzu wird ausgeführt, dass es sich dann nicht um eine betriebliche Altersversorgung nach dem BetrAVG handelt, wenn zwischen Arbeitnehmer und Arbeitgeber die Vererblichkeit von Anwartschaften vereinbart ist. Auch Vereinbarungen, bei denen künftig fällig werdender Arbeitslohn teilweise gutgeschrieben und ohne Abdeckung eines biometrischen Risikos (Alter, Tod, Invalidität) zu einem späteren Zeitpunkt (z.B. bei Ausscheiden aus dem Dienst-

Die so genannte Riester-Rente

verhältnis) ggf. mit Wertsteigerung ausgezahlt werden, beziehen sich nicht auf eine betriebliche Altersversorgung.

In einer solchen Vereinbarung kann eine Abrede über eine Lohnverwendung liegen, die im Zeitpunkt der ursprünglich vereinbarten Fälligkeit zum Zufluss von Arbeitsentgelt führt, wenn Arbeitgeber und Arbeitnehmer Rechtsgeschäfte wie zwischen fremden Dritten abschließen (z.B. Darlehen), zu deren Erfüllung Barlohn verwendet wird. Dagegen führt die vereinbarte Gutschrift künftigen Arbeitsentgelts auf Arbeitszeitkonten nicht zum Zufluss von Arbeitslohn im Zeitpunkt der Gutschrift. Eine Vereinbarung zwischen Arbeitnehmer und Arbeitgeber, die in der Vergangenheit auf Arbeitszeitkonten gutgeschriebenen Beträge zu Gunsten von Leistungen der betrieblichen Altersversorgung zu verwenden, führt im Zeitpunkt der Vereinbarung zum Zufluss von Arbeitslohn in Höhe der von dieser Vereinbarung erfassten Beträge. Begründet wird dies vom Bundesfinanzministerium damit, dass insoweit über Ansprüche verfügt wird, die dem Grunde nach bereits entstanden sind. *506*

4.6.3 Sozialversicherungsrechtliche Auswirkungen

Entgeltbegriff in der Sozialversicherung *507*

```
┌─────────────────┐      ┌──────────────────────────────────────┐
│ Arbeitsentgelt  │ ───▶ │ alle laufenden oder einmaligen       │
└─────────────────┘      │ Einnahmen aus einer Beschäftigung    │
                         └──────────────────────────────────────┘
                                         │
                                    gleichgültig
                                         │
                         ┌──────────────────────────────────────┐
                         │ - ob Rechtsanspruch besteht          │
                         │ - unter welcher Bezeichnung sie      │
                         │   gezahlt werden                     │
                         │ - in welcher Form sie anfallen und   │
                         │   ob sie                             │
                         │ - unmittelbar aus der Beschäftigung  │
                         │   oder in Zusammenhang mit ihr       │
                         │   gezahlt werden                     │
                         └──────────────────────────────────────┘
                                         │
                                        auch
                                         │
                         ┌──────────────────────────────────────┐
                         │ Entgeltteile, die durch              │
                         │ Entgeltumwandlung für betriebliche   │
                         │ Altersversorge verwendet werden      │
                         └──────────────────────────────────────┘
                                         │
                         ┌──────────────────────────────────────┐
                         │ in den Durchführungswegen            │
                         │ - Direktzusage oder                  │
                         │ - Unterstützungskasse                │
                         └──────────────────────────────────────┘
                                         │
                         ┌──────────────────────────────────────┐
                         │ Steuerfreie Einnahmen zählen in der  │
                         │ Regel nicht zum Entgelt              │
                         └──────────────────────────────────────┘
                                         │
                         ┌──────────────────────────────────────┐
                         │ Sonderregelungen bestehen bei        │
                         │ Vereinbarung eines                   │
                         │ Nettoarbeitsentgeltes                │
                         └──────────────────────────────────────┘
```

§ 14 Abs. 1 SGB IV bestimmt als Grundsatz, dass Arbeitsentgelt auch Entgeltteile sind, die durch Entgeltumwandlung für betriebliche Altersversorgung in den Durchführungswegen Direktzusage oder Unterstützungskasse verwendet werden. Allerdings schreibt § 115 SGB IV hier eine Übergangsregelung vor. Danach gelten die für eine Entgeltumwandlung verwendeten Entgeltbestandteile nicht als Arbeitsentgelt im Sinne der vorstehend zitierten Vorschrift, soweit der Anspruch auf die Entgeltbestandteile bis zum 31.12.2008 entsteht und soweit die Entgeltbestandteile 4 % der jährlichen Beitragsbemessungsgrenze der Rentenversicherung der Arbeiter und Angestellten nicht überschreiten (vgl. dazu Rz. 390).

508 Die Spitzenverbände der Sozialversicherungsträger haben in ihrem gemeinsamen Rundschreiben vom 18.12.2002 darauf hingewiesen, dass es sich bei dem Steuerfreibetrag von 4 % der Beitragsbemessungsgrenze (West) der Rentenversicherung der Arbeiter und Angestellten um einen echten Freibetrag handelt. Das bedeutet, dass dann, wenn ein höheres Arbeitsentgelt umgewandelt wird, nur der übersteigende Betrag sozialversicherungspflichtig ist.

Das Gemeinsame Rundschreiben der Spitzenverbände der Sozialversicherungsträger vom 18.12.2002 enthält in diesem Zusammenhang sechs Beispiele, die nachfolgend wiedergegeben werden:

Beispiel 1: *(monatlich gleich bleibende Berücksichtigung des Freibetrags)*

Beschäftigungsverhältnis am 1.1.2002 gegen ein Arbeitsentgelt von	*3.100 EUR*
Entgeltumwandlung (Pensionskasse) von mtl.	*200 EUR*

Lösung:

Laufendes Arbeitsentgelt nach Entgeltumwandlung	*2.900 EUR*
4 v.H. von 54.000 EUR = 2.160 EUR : 12 = 180 EUR	
Sozialversicherungspflichtiger Betrag der Entgeltumwandlung (200 EUR – 180 EUR)	*20 EUR*
Sozialversicherungspflichtiges Arbeitsentgelt	*2.920 EUR*

Beispiel 2: *(jeweils maximale Berücksichtigung des möglichen Freibetrags)*

Beschäftigungsverhältnis am 1.1.2002 gegen ein Arbeitsentgelt von	*3.100 EUR*
Entgeltumwandlung (Pensionskasse) von mtl.	*200 EUR*

Lösung:

maximaler Freibetrag: 4 v.H. von 54.000 EUR =	*2.160 EUR*
Arbeitsentgelt i.S. der Sozialversicherung in den Monaten:	
– Januar 2002 bis Oktober 2002	
mtl. 3.100 EUR - 200 EUR (Entgeltumwandlung = Freibetrag)	*2.900 EUR*
(verbrauchter Freibetrag insg.: 200 EUR × 10 Monate = 2.000 EUR, verbleibender Freibetrag 160 EUR)	

– November 2002
3.100 EUR - 200 EUR (Entgeltumwandlung), als Rest-Freibetrag stehen nur noch 160 EUR zur Verfügung, also 3.100 EUR – 160 EUR = 2.940 EUR

Die so genannte Riester-Rente

– Dezember 2002
3.100 EUR – 200 EUR (Entgeltumwandlung
es steht kein Freibetrag mehr zur Verfügung, also =   *3.100 EUR*

Wurde der Jahresfreibetrag nach § 3 Nr. 63 EStG monatlich nur mit 1/12 berücksichtigt und bestand die Beschäftigung nicht im ganzen Jahr, weil die Beschäftigung unterjährig aufgenommen oder beendet wurde, muss der Freibetrag dennoch in voller Höhe in Anspruch genommen werden. Stellt der Arbeitgeber vor dem Ausstellen der Lohnsteuerbescheinigung fest, dass die Steuerfreiheit durch die monatlichen Teilbeträge nicht in vollem Umfang ausgeschöpft worden ist, muss eine ggf. vorgenommene Besteuerung (pauschal oder individuell) der Beiträge rückgängig gemacht werden.

Beispiel 3 *(monatlich gleich bleibende Berücksichtigung des Freibetrags, unvorhergesehenes Beschäftigungsende am 30. 9. 2002)*

Beschäftigungsverhältnis am 1. 1. 2002 gegen ein Arbeitsentgelt von	*3.100 EUR*
Entgeltumwandlung (Pensionskasse) von mtl.	*200 EUR*

Lösung:

Laufendes Arbeitsentgelt nach Entgeltumwandlung	*2.900 EUR*
4 v.H. von 54.000 EUR = 2.160 EUR : 12 = 180 EUR	
Sozialversicherungspflichtiger Betrag der Entgeltumwandlung (200 EUR – 180 EUR)	*20 EUR*
Sozialversicherungspflichtiges Arbeitsentgelt	*2.920 EUR*

– Januar 2002 bis August 2002
Entgeltumwandlung 200 EUR – 180 EUR Freibetrag + 20 EUR
sozialversicherungspflichtig
(verbrauchter Freibetrag: 8 × 180 EUR = 1.440 EUR,
steuerpflichtige Entgeltumwandlung: 8 × 20 EUR = 160 EUR)

– September 2002
Da die Steuerfreiheit im Rahmen der monatlichen Freibeträge beim Ausscheiden nicht in vollem Umfang ausgeschöpft worden ist, muss die vorgenommene Besteuerung der Beiträge rückgängig gemacht werden. Aufgrund des in der Sozialversicherung bestehenden Grundsatzes, dass in abgewickelte Sozialversicherungsverhältnisse nicht eingegriffen werden darf, ist die steuerliche Rückabwicklung für die SV nicht maßgebend (s. auch Ziffer 6.5.3). Sozialversicherungspflichtiges Arbeitsentgelt
3.100 EUR – 200 EUR (Entgeltumwandlung)   *2.900 EUR*

Beispiel 4 *(monatlich gleich bleibende Berücksichtigung des Freibetrags)*

Beschäftigungsverhältnis vom 1. 3. 2002 gegen ein Arbeitsentgelt von	*5.000 EUR*
Zulässige Entgeltumwandlung (Pensionskasse) von mtl.	*500 EUR*
Beim Vorarbeitgeber kein Freibetrag nach § 3 Nr. 63 EStG	

Lösung:

maximaler Freibetrag: 4 v.H. von 54.000 EUR =	*2.160 EUR*

Zusatzversorgung für Angestellte

Kontinuierlich berücksichtigungsfähiger Freibetrag *(Jahresbetrag 2.160 EUR: 10 Beschäftigungsmonate im Kalenderjahr)*	*216 EUR*
Arbeitsentgelt nach Entgeltumwandlung (5.000 EUR - 500 EUR)	*4.500 EUR*
Sozialversicherungspflichtiger Betrag der Entgeltumwandlung *(500 EUR - 216 EUR)*	*284 EUR*
Arbeitsentgelt i.S. der Sozialversicherung	*4.784 EUR*
Für die Bemessung der Beiträge zur Rentenversicherung *und Arbeitslosenversicherung maßgebendes Arbeitsentgelt* *(begrenzt auf Beitragsbemessungsgrenze)*	*4.500 EUR*

Beispiel 5 *(jeweils maximale Berücksichtigung des möglichen Freibetrags)*

Beschäftigungsverhältnis vom 1.3.2002 gegen ein Arbeitsentgelt von	*5.000 EUR*
Zulässige Entgeltumwandlung (Pensionskasse) von mtl.	*500 EUR*
Beim Vorarbeitgeber kein Freibetrag nach § 3 Nr. 63 EStG	

Lösung:

maximaler Freibetrag: 4 v.H. von 54.000 EUR =	*2.160 EUR*

Arbeitsentgelt i.S. der Sozialversicherung in den Monaten:

– März 2002 bis Juni 2002

mtl. 5.000 EUR – 500 EUR (Entgeltumwandlung = Freibetrag) *(verbrauchter Freibetrag insgesamt: 500 EUR × 4 Monate = 2.000 EUR,* *verbleibender Freibetrag 160 EUR)*	*4.500 EUR*

– Juli 2002
5.000 EUR – 500 EUR (Entgeltumwandlung), als Rest-Freibetrag
stehen nur noch 160 EUR zur Verfügung, also 5.000 EUR – 160 EUR
= Arbeitsentgelt im Sinne der SV

Für die Bemessung der Beiträge zur Rentenversicherung *und Arbeitslosenversicherung maßgebendes Arbeitsentgelt* *(begrenzt auf Beitragsbemessungsgrenze)*	*4.500 EUR*

– August 2002 bis Dezember 2002

5.000 EUR – 500 EUR (Entgeltumwandlung) es steht kein Freibetrag mehr zur Verfügung, also *für die Bemessung der Beiträge zur Rentenversicherung und* *Arbeitslosenversicherung maßgebendes Arbeitsentgelt (begrenzt* *auf Beitragsbemessungsgrenze)*	*5.000 EUR*

Beispiel 6 *(jeweils maximale Berücksichtigung des möglichen Freibetrags)*

Beschäftigungsverhältnis vom 1.3.2002 gegen ein Arbeitsentgelt von	*5.000 EUR*
Zulässige Entgeltumwandlung (Pensionskasse) als Einmalbetrag *in einem beliebigen Monat (hier: Dezember 2002)*	*5.000 EUR*

Lösung:

maximaler Freibetrag: 4 v.H. von 54.000 EUR =	*2.160 EUR*

Arbeitsentgelt im Sinne der Sozialversicherung in den Monaten:

– März 2002 bis November 2002 mtl.	*5.000 EUR*

Die so genannte Riester-Rente

– Dezember 2002
5.000 EUR – 5.000 EUR (Entgeltumwandlung)
als Freibetrag stehen nur 2.160 EUR zur Verfügung,
also: 5.000 EUR – 2.160 EUR =   2.840 EUR
Die Beiträge zur Renten- und Arbeitslosenversicherung
werden berechnet aus 2.840 EUR, obwohl im Dezember 2002
kein Arbeitsentgelt fließt. Die Arbeitnehmeranteile am Gesamtsozialversicherungsbeitrag können mit der nächsten Entgeltabrechnung einbehalten werden.

Alle Beispiele gelten entsprechend für Entgeltumwandlungen zu Gunsten einer betrieblichen Altersversorgung im Wege einer Direktzusage, einer Unterstützungskassenversorgung oder eines Pensionsfonds.

Wird eine betriebliche Altersversorgung in mehreren Durchführungswegen durch Entgeltumwandlung finanziert, ist der Freibetrag, gegebenenfalls mehrfach berücksichtigungsfähig (vgl. dazu die Ausführungen unter Rz. 508).

In Zusammenhang mit dem Entgeltbegriff hat auch § 17 SGB IV eine besondere Bedeutung. Diese Vorschrift enthält eine Ermächtigung für die Bundesregierung durch Rechtsverordnung mit Zustimmung des Bundesrates Einzelheiten u.a. zur Vereinfachung des Beitragseinzugs zu bestimmen. Es wird aber auch vorgeschrieben, dass Einzelheiten zur Förderung der betrieblichen Altersversorgung geregelt werden können. So kann bestimmt werden, dass Beiträge an Direktversicherungen und Zuwendungen an Pensionskassen oder Pensionsfonds ganz oder teilweise nicht als Arbeitsentgelt gelten. Dabei ist eine möglichst weitgehende Übereinstimmung mit den Regelungen des Steuerrechts sicherzustellen. Auf Grund der Ermächtigung in § 17 SGB IV ist die Verordnung über die Bestimmung des Arbeitsentgelts in der Sozialversicherung (Arbeitsentgeltverordnung – ArEV) ergangen. Nach § 2 ArEV sind Arbeitsentgeltteile nicht dem beitragspflichtigen Arbeitsentgelt zuzurechnen, wenn sie pauschal versteuert werden.

509

§ 2 Abs. 1 Nr. 3 ArEV bestimmt in der bis 31. 12. 2008 geltenden Fassung, dass dem Arbeitsentgelt Beiträge und Zuwendungen nach § 40 b EStG nicht zuzurechnen sind.

510

§ 40 b EStG beschäftigt sich mit der Pauschalierung der Lohnsteuer bei bestimmten Zukunftssicherungsleistungen. Nach der genannten Vorschrift kann der Arbeitgeber die Lohnsteuer von den Beträgen für eine Direktversicherung des Arbeitnehmers und von den Zuwendungen an eine Pensionskasse mit einem Pauschalsteuersatz von 20 % der Beiträge und Zuwendungen erheben. Die pauschale Erhebung der Lohnsteuer von Beiträgen für eine Direktversicherung ist allerdings lediglich dann zulässig, wenn die Versicherung nicht auf den Erlebensfall eines früheren als des 60. Lebensjahres abgeschlossen und eine vorzeitige Kündigung des Versicherungsvertrages durch den Arbeitnehmer ausgeschlossen worden ist.

Nach § 40 b Abs. 2 EStG gilt dies jedoch nicht, soweit die zu besteuernden Beiträge und Zuwendungen des Arbeitgebers für den Arbeitnehmer 1.752 Euro im Kalenderjahr übersteigen (Höchstbetrag) oder nicht aus seinem ersten Dienstverhältnis bezogen werden.

Zusatzversorgung für Angestellte

511 Sind mehrere Arbeitnehmer gemeinsam in einem Direktversicherungsvertrag oder in einer Pensionskasse versichert, so gilt als Beitrag oder Zuwendung für den einzelnen Arbeitnehmer der Teilbetrag, der sich bei einer Aufteilung der gesamten Beiträge oder der gesamten Zuwendungen durch die Zahl der begünstigten Arbeitnehmer ergibt, wenn dieser Teilbetrag 1.752 Euro nicht übersteigt. Dabei sind Arbeitnehmer, für die Beiträge und Zuwendungen von mehr als 2.148 Euro im Kalenderjahr geleistet werden, nicht einzubeziehen.

512 Für Beiträge und Zuwendungen, die der Arbeitgeber für den Arbeitnehmer aus Anlass der Beendigung des Dienstverhältnisses erbringt, vervielfältigt sich der Betrag von 1.752 Euro mit der Anzahl der Kalenderjahre, in denen das Dienstverhältnis des Arbeitnehmers zu dem Arbeitgeber bestanden hat. In diesem Falle gilt die obige Aufteilungsregelung nicht. Der vervielfältigte Betrag vermindert sich um die nach § 40 b Abs. 1 EStG pauschal besteuerten Beiträge und Zuwendungen, die der Arbeitgeber in dem Kalenderjahr, in dem das Dienstverhältnis beendet wird und in vorangegangenen Kalenderjahren erbracht hat.

513 Im Übrigen bestimmt § 2 Abs. 1 Nr. 3 ArEV ausdrücklich, dass nur solche Beiträge und Zuwendungen nach § 40 b EStG nicht zum Arbeitsentgelt zählen, die zusätzlich zu Löhnen oder Gehältern erbracht werden. Außerdem ist nach § 2 Abs. 1 Satz 2 ArEV zu berücksichtigen, dass die in § 2 Abs. 1 Nr. 3 ArEV genannten Beiträge und Zuwendungen nur bis zur Höhe von 2,5 % des für ihre Bemessung maßgebenden Entgelts dem Arbeitsentgelt zuzurechnen sind. Dafür ist allerdings Voraussetzung, dass die Versorgungsregelung – vor der Anwendung etwaiger Nettobegrenzungsregelungen – eine allgemein erreichbare Gesamtversorgung von mindestens 75 % des gesamtversorgungsfähigen Entgelts vorsieht. Außerdem muss nach Eintritt des Versorgungsfalles eine Anpassung nach Maßgabe der Entwicklung der Arbeitsentgelte im Bereich der entsprechenden Versorgungsregelung oder der gesetzlichen Versorgungsbezüge vorgesehen sein. Die dem Arbeitsentgelt zuzurechnenden Beiträge und Zuwendungen vermindern sich um monatlich 13,30 Euro.

514 Nach der ab 1.1.2009 geltenden Fassung des § 2 Abs. 1 Nr. 3 ArEV zählen zum Arbeitsentgelt weiterhin Beiträge und Zuwendungen nach § 40 b EStG nicht, die zusätzlich zu Löhnen oder Gehältern gewährt werden. Zusätzlich wird ab 1.1.2009 aber gefordert, dass die Beiträge und Zuwendungen nicht aus einer Entgeltumwandlung stammen. Im Übrigen gelten die obigen Regelungen weiterhin. Mit Wirkung seit 1.1.2002 sind in § 2 Abs. 2 ArEV die Nummern 5 und 6 angefügt worden. Dabei geht es in § 2 Abs. 2 ArEV um Zuwendungen, die dem Arbeitsentgelt ebenfalls nicht zuzurechnen sind. Nach der neuen Nummer 5 des § 2 Abs. 2 ArEV sind Zuwendungen aus einem ersten Dienstverhältnis an Pensionskassen und Pensionsfonds auf Dauer dem Arbeitsentgelt nicht zuzurechnen, soweit sie steuerfrei nach § 3 Nr. 63 EStG sind. Dies bedeutet, dass die Zuwendungen 4 % der jährlichen Beitragsbemessungsgrenze (West) der Rentenversicherung der Arbeiter und Angestellten nicht übersteigen dürfen (vgl. dazu Rz. 390).

515 Die aus einer Entgeltumwandlung stammenden Zuwendungen an Pensionskassen und Pensionsfonds sind nur noch bis zum 31.12.2008 und nur bis zu 4 % der jährlichen Beitragsbemessungsgrenze (West) der Rentenversicherung beitragsfrei. Mit der Nr. 6 des § 2 Abs. 2 ArEV werden die Leistungen des Arbeitgebers bzw. von Unter-

Die so genannte Riester-Rente

stützungskassen an einen Pensionsfonds zur Übertragung bestehender Versorgungsverpflichtungen oder Versorgungsanwartschaften aus einer Direktzusage oder Unterstützungskasse analog der Steuerfreiheit nach § 3 Nr. 66 EStG beitragsfrei in der Sozialversicherung gestellt.

Die Pensionskasse ist als Durchführungsweg für die betriebliche Altersversorgung der einzige Durchführungsweg, der die Inanspruchnahme der gesamten steuerlichen Förderung ermöglicht. Das bedeutet, über die Pensionskasse kann die Steuerfreiheit nach § 3 Nr. 63 EStG, die Lohnsteuerpauschalierung nach § 40 b EStG und die Förderung der Privatvorsorge nach § 10 a EStG (vgl. dazu Rz. 493 ff.) mit entsprechenden sozialversicherungsrechtlichen Folgen in Anspruch genommen werden.

Bei Beiträgen, die durch Entgeltumwandlung finanziert werden, besteht gem. § 3 Nr. 63 Satz 2 EStG die Möglichkeit, in den Fällen des § 1 a BetrAVG auf Verlangen des Arbeitnehmers oder in den übrigen Fällen durch einvernehmliche Vereinbarung zwischen Arbeitgeber und Arbeitnehmer auf die Steuerfreiheit zugunsten der Förderung nach dem EStG zu verzichten. Diese Möglichkeit besteht jedoch nur zugunsten einer individuellen Versteuerung der Beiträge an eine Pensionskasse nach § 40 b EStG und ist somit seit 1. 1. 2002 nur noch möglich, soweit die 4 %-Grenze des § 3 Nr. 63 EStG betragsmäßig überschritten wird.

Werden mehrere Durchführungswege nebeneinander praktiziert (z. B. Direktzusage 516 bzw. Unterstützungskasse neben Pensionskasse bzw. Pensionsfonds und Direktversicherung), so gelten für jeden Durchführungsweg die im Gesetz genannten Grenzen. Werden jedoch mehrere in den maßgebenden Einzelvorschriften gemeinsam genannten Durchführungswege wie Direktzusage und Unterstützungskassenversorgung (§§ 14 Abs. 1 Satz 2, 115 SGB IV) oder Pensionskasse und Pensionsfonds (§ 2 Abs. 2 Nr. 5 ArEV, § 3 Nr. 63 EStG) nebeneinander praktiziert, kann der Freibetrag je Einzelvorschrift nur einmal berücksichtigt werden.

Zum besseren Überblick über die jeweils maßgebenden Vorschriften haben die Spitzenverbände der Sozialversicherungsträger in Abschn. 9 ihres Gemeinsamen Rundschreibens vom 18. 12. 2002 eine Übersicht aufgenommen, die zwischen der Zeit bis 31. 12. 2008 und der Zeit ab 1. 1. 2009 aufgeteilt ist. Die Übersicht wird nachfolgend wiedergegeben: 517

Durchführungsweg	Ausgestaltung	Arbeitsentgelt	
		Zeitraum 2002–2008	Zeitraum ab 2009
Direktzusage	Entgeltumwandlung bis 4 v.H. der BBG	nein	ja
	vom Arbeitgeber finanziert	nein	nein
Unterstützungskasse	Entgeltumwandlung bis 4 v.H. der BBG	nein	ja
	vom Arbeitgeber finanziert	nein	nein

Zusatzversorgung für Angestellte

Durchführungsweg	Ausgestaltung	Arbeitsentgelt	
		Zeitraum 2002–2008	Zeitraum ab 2009
Direktversicherung	Entgeltumwandlung aus laufendem oder einmaligem Arbeitsentgelt (Individualsteuer)	ja	ja
	Entgeltumwandlung aus laufendem Arbeitsentgelt im Rahmen von § 40 b EStG pauschal besteuert	ja	ja
	Entgeltumwandlung (Sonderzuwendungen) bis 1.752 EUR, im Rahmen von § 40 b EStG pauschal besteuert	nein	ja
	vom Arbeitgeber finanziert (Individualsteuer)	ja	ja
	vom Arbeitgeber finanziert bis 1.752 EUR, im Rahmen von § 40 b EStG pauschal besteuert	nein	nein
	Entgeltumwandlung bis 4 v.H. der Beitragsbemessungsgrenze im Rahmen von § 3 Nr. 63 EStG	nein	ja
	Entgeltumwandlung (Sonderzuwendungen) bis 1.752 EUR, im Rahmen von § 40 b EStG	nein	ja
	vom Arbeitgeber finanziert (Individualsteuer)	ja	ja
	vom Arbeitgeber finanziert bis 4 v.H. der Beitragsbemessungsgrenze im Rahmen von § 3 Nr. 63 EStG	nein	nein
	vom Arbeitgeber finanziert bis 1.752 EUR, im Rahmen von § 40 b EStG pauschal besteuert	nein	nein
Pensionskasse	Entgeltumwandlung aus laufendem oder einmaligem Arbeitsentgelt (Individualsteuer)	ja	ja
	Entgeltumwandlung aus laufendem Arbeitsentgelt im Rahmen von § 40 b EStG pauschal besteuert	ja	ja
	Entgeltumwandlung bis 4 v.H. der BBG im Rahmen von § 3 Nr. 63 EStG	nein	ja
	Entgeltumwandlung (Sonderzuwendungen) bis 1.752 EUR, im Rahmen von § 40 b EStG	nein	ja
	vom Arbeitgeber finanziert (Individualsteuer)	ja	ja

Zusatzversorgungseinrichtungen

Durchführungsweg	Ausgestaltung	Arbeitsentgelt	
		Zeitraum 2002–2008	Zeitraum ab 2009
Pensionskasse (Fortsetzung)	vom Arbeitgeber finanziert bis 4 v.H. der BBG im Rahmen von § 3 Nr. 63 EStG	nein	nein
	vom Arbeitgeber finanziert bis 1.752 EUR, im Rahmen von § 40b EStG pauschal besteuert	nein	nein
Pensionsfonds	Entgeltumwandlung bis 4 v.H. der BBG im Rahmen von § 3 Nr. 63 EStG	nein	ja
	vom Arbeitgeber finanziert bis 4 v.H. der BBG im Rahmen von § 3 Nr. 63 EStG	nein	nein

5. Zusatzversorgungseinrichtungen

5.1 Grundsätze

Der ATV spricht von Zusatzversorgungseinrichtungen, die die betriebliche Altersversorgung der Beschäftigten des öffentlichen Dienstes durchzuführen haben. Zu unterscheiden sind hier 518

– die Versorgungsanstalt des Bundes und der Länder (VBL) und
– die kommunalen Zusatzversorgungskassen (ZVKen).

Maßgebend für Beitragszahlungen zur VBL und für Leistungsansprüche hieraus ist die Satzung der VBL. Entsprechende Regelungen finden sich natürlich auch in den Satzungen der Zusatzversorgungskassen. Als Beispiel sei hier die Satzung des Kommunalen Versorgungsverbands Baden-Württemberg für die Zusatzversorgungskasse vom 2. 7. 2002 erwähnt. 519

Strukturen der Zusatzversorgungseinrichtungen

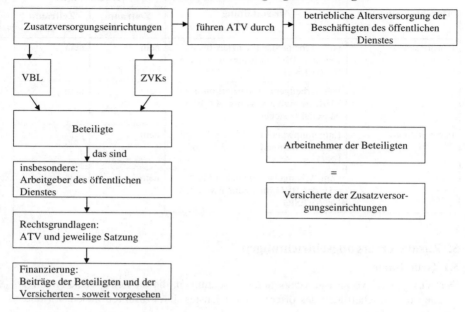

5.2 Die Satzung der VBL

520 Die Satzung der VBL ist zum 1. 1. 2001 neu gefasst worden und wurde zwischenzeitlich mehrfach geändert. Aus § 1 der Satzung ergibt sich, dass die VBL eine rechtsfähige Anstalt des öffentlichen Rechts ist, die ihren Sitz in Karlsruhe hat. § 2 der Satzung ist zu entnehmen, dass die VBL keine im Wettbewerb stehende Einrichtung ist. Zweck der VBL ist es vielmehr, den Beteiligten und ihren Arbeitnehmern im Wege privatrechtlicher Versicherung eine zusätzliche Alters-, Erwerbsminderungs- und Hinterbliebenenversorgung zu gewähren.

521 Bei den Beteiligten handelt es sich gem. § 19 der VBL-Satzung um bestimmte Arbeitgeber, die eine Beteiligungsvereinbarung mit der VBL abgeschlossen haben. Wer Beteiligter sein kann, ergibt sich aus § 19 Abs. 2 VBL-Satzung. Dies sind

a) die Bundesrepublik Deutschland,

b) die Bundesländer oder Mitglieder einer Landesgruppe, die Mitglied der Tarifgemeinschaft deutscher Länder ist,

c) Gemeinden, Gemeindeverbände und sonstige Mitglieder eines Mitgliederverbandes der Vereinigung der kommunalen Arbeitgeberverbände (VKA),

d) sonstige juristische Personen des öffentlichen Rechts und deren Verbände, wenn sie das für einen Beteiligten im Sinne der Buchstaben a) bis c) geltende Tarifrecht oder ein Tarifrecht wesentlich gleichen Inhalts anwenden,

e) sonstige juristische Personen des Privatrechts und sonstige Arbeitgeber, wenn sie das für einen Beteiligten im Sinne der Buchstaben a) bis c) geltende Tarifrecht oder ein Tarifrecht wesentlich gleichen Inhalts anwenden,

Zusatzversorgungseinrichtungen

f) die Fraktionen des Deutschen Bundestages, der Parlamente der Bundesländer und der kommunalen Vertretungskörperschaften, wenn sie das für einen Beteiligten im Sinne der Buchstaben a) bis c) geltende Tarifrecht oder ein Tarifrecht wesentlich gleichen Inhalts anwenden.

Als sonstige juristische Personen des öffentlichen Rechts im Sinne des vorstehen aufgeführten Buchstaben d) sind beispielsweise die Sozialversicherungsträger anzusehen. Sie sind gem. § 29 Abs. SGB IV rechtsfähige Körperschaften des öffentlichen Rechts mit Selbstverwaltung. Juristische Personen des öffentlichen Rechts sind außerdem z.B. bestimmte Kreditinstitute, wie etwa die Bundesbank sowie die öffentlichen Sparkassen. Ferner werden hier die Universitäten, die Industrie- und Handelskammern sowie insbesondere die Handwerkskammern, aber auch bestimmte Religionsgesellschaften angesprochen. Zu den Religionsgesellschaften in diesem Sinne gehören beispielsweise die evangelischen und katholischen Kirchengemeinden. Verbände der juristischen Personen sind Zusammenschlüsse derselben ohne Rücksicht auf ihre Rechtsform oder Bezeichnung. Beispielsweise werden hier die Spitzenverbände der Sozialversicherungsträger angesprochen. *522*

Eine Tarifrecht wesentlich gleichen Inhalts im Sinne der Buchstaben d) bis f) der obigen Aufzählung liegt vor, wenn die Arbeitsbedingungen im wesentlichen entsprechend geregelt sind, wie bei Beteiligten im Sinne der Buchstaben a) bis c). *523*

Nach § 20 VBL-Satzung wird die Beteiligung zwischen der Anstalt und dem Arbeitgeber schriftlich vereinbart. Sie darf nicht von der Satzung abweichen. In der Beteiligungsvereinbarung ist festzulegen, dass alle Arbeitnehmer zu versichern sind, die nach dem ATV sowie von Arbeitnehmern kommunaler Verwaltungen und Betriebe zu versichern wären. Ausnahmen bedürfen der Zustimmung des Vorstandes des VBL. *524*

Nach ausdrücklicher Vorschrift in § 20 Abs. 2 VBL ist die Anstalt nicht verpflichtet, mit einem Arbeitgeber eine Beteiligung zu vereinbaren. Sie kann die Beteiligung von Bedingungen abhängig machen, insbesondere davon, dass der Fortbestand des Arbeitgebers gesichert ist und eine Mindestzahl von Versicherten gewährleistet wird.

Die Beteiligungsvereinbarung ist ein privatrechtlicher Vertrag (vgl. Entscheidung des OLG Karlsruhe vom 10.6.1981; Az.: 12 U 134/80). Es wird hier auch von einem Gruppenversicherungsvertrag gesprochen (Gilbert-Hesse, Die Versorgung der Angestellten und Arbeiter im öffentlichen Dienst, Loseblatt-Kommentar, Anm. 1 zu § 20 VBL-Satzung).

Bei Streitigkeiten sind die ordentlichen Gerichte zuständig. Allerdings ist hier zu berücksichtigen, dass zwischen der VBL und dem Beteiligten (Arbeitnehmer) ein Schiedsvertrag abgeschlossen werden kann (§ 61 Abs. 3 VBL-Satzung). *525*

Die Anstalt entscheidet gem. § 46 Abs. 2 VBL-Satzung schriftlich über einen Antrag. Sie muss dem Antragsteller die Berechnung der Leistung oder die Gründe für eine Ablehnung mitteilen. Hiergegen ist - wenn eine Schiedsvereinbarung vorhanden ist – innerhalb einer Frist von sechs Monaten eine Klage möglich, Die Sechs-Monats-Frist gilt allerdings auch dann, wenn eine entsprechende Vereinbarung nicht abgeschlossen worden ist.

Wird innerhalb der genannten Frist keine Klage erhoben, wird die Anstalt von der Pflicht zur Zahlung anderer Leistungen oder zur Änderung ihrer Entscheidung frei. Dies gilt nicht für offenkundige Schreib- und Rechenfehler.

526 Für den bereits erwähnten Antrag ist nicht erforderlich, dass hierfür der von der VBL vorgesehene Vordruck verwendet wird. Dies ist allerdings zu empfehlen, damit Rückfragen und dergleichen vermieden werden. Bei Zweifelsfragen wird der Antragsteller sich zunächst an seinen Arbeitgeber wenden. Natürlich gibt es auch Zweifelsfragen, die über die VBL selbst geklärt werden müssen oder geklärt werden können. Wichtig ist in diesem Zusammenhang, dass durch die Arbeitgeber die Beschäftigten auf ihre Ansprüche gegen die Anstalt hingewiesen werden müssen.

In der Praxis werden die Anträge im allgemeinen erst gestellt, wenn der Rentenbescheid der BfA bereits vorliegt. Dieser wird in kopierter Form dem Antrag beigefügt. Der Antrag selbst wird (gegebenenfalls mit Anlagen) dem Arbeitgeber zugeleitet, der ihn an die VBL weiterleitet.

527 Ist der Antragsteller mit der Entscheidung über seinen Antrag nicht einverstanden kann er innerhalb der genannten Frist (vgl. Rz. 525) Klage erheben. Dabei ist – wie erwähnt - zu unterscheiden, ob eine Schiedsvereinbarung besteht oder nicht. Im ersteren Falle muss die Klage schriftlich bei der Anstalt eingereicht werden (§ 46 Abs. 4 VBL-Satzung). Diese gibt die Klageschrift unverzüglich an das Schiedsgericht weiter. Fehlt eine Schiedsvereinbarung ist eine Klage dem ordentlichen Gericht (Amtsgericht oder Landgericht, letzteres ist bei einem Streitwert über 5.000 Euro zuständig) zuzuleiten. Hier gelten die Vorschriften der ZPO.

Es ist übrigens nicht vorgeschrieben, dass der Antragsteller die Klage zum Schiedsgericht begründen muss. Allgemein wird dies allerdings empfohlen. In der Praxis überprüft die Anstalt vor der Weiterleitung an das Schiedsgericht die Angelegenheit nochmals und ändert gegebenenfalls ihre Entscheidung zugunsten des Antragstellers, ohne dass das Schiedsgerichtsverfahren durchgeführt wird. Hierfür ist natürlich eine Klagebegründung hilfreich und sehr wichtig.

528 Öffentlich-rechtliche Sozialversicherungsträger, wie etwa die BfA, schließen ihre Bescheide mit einer Rechtsmittelbelehrung ab. Dies gibt es bei der VBL nicht. Trotzdem muss ein Bescheid der VBL einen Hinweis auf die mögliche Klage enthalten. Auch wenn dieser Hinweis – wie erwähnt – keine Rechtsmittelbelehrung ist, so muss er doch klar und unmissverständlich sein.

529 Die Sechs-Monats-Frist (vgl. Rz. 525) beginnt mit dem Zugang der Entscheidung der VBL. Zwingend erforderlich ist – nach dem Wortlaut des § 46 Abs. 5 VBL-Satzung –, dass auf die Möglichkeit der Klagen und die Folgen der Fristversäumnis hingewiesen wird. Bei den Folgen geht es darum, dass die Anstalt bei Nichterheben der Klage von der Pflicht zur Zahlung anderer Leistungen oder zur Änderung ihrer Entscheidung frei ist (vgl. dazu Rz. 525).

Die Klagefrist beginnt nicht zu laufen, wenn der Hinweis fehlt, dass die Anstalt bei Nichterhebung, der Klage in der geschilderten Weise frei ist. Allerdings gilt dies dann nicht, wenn lediglich nicht darauf hingewiesen wird, dass offensichtlich Schreib- oder Rechenfehler von der Anstalt zu berücksichtigen sind, auch wenn eine Klageerhebung innerhalb der Ausschlussfrist nicht erfolgt.

Vom Antrag bis zur Klage

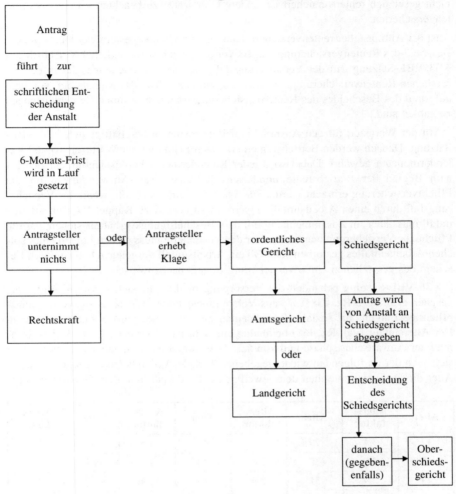

Der Antragsteller muss Beweis dafür erbringen, dass beispielsweise Entgelte in bestimmter Höhe gezahlt wurden. Hierfür können Bescheinigungen des Arbeitgebers vorgelegt werden. In der Praxis sind aber die Entscheidungen der BfA in aller Regel ausschlaggebend. Bestehen Unklarheiten darüber, ob Entgelte in bestimmter Höhe geleistet wurden oder bestimmte Versicherungszeiten vorliegen wird zunächst gegen die BfA vorgegangen. Berichtigt diese ihren Bescheid, gilt der neue Bescheid als Grundlage für die Anspruchsstellung an die BfA. Natürlich funktioniert dieses Verfahren nur, wenn die zu treffenden Feststellungen auch für den Anspruch gegen die BfA relevant sind. Werden die Versicherungs- und Beitragszeiten beispielsweise von der BfA anerkannt, ist aber zweifelhaft, ob es sich um Entgelte nach der ATV handelt, dann ist ein entsprechender Streit mit der VBL auszufechten. Überhaupt ist zu beach-

530

ten, dass dann, wenn der Betreffende zum Zeitpunkt der Antragstellung bei der VBL nicht gesetzlich rentenversichert ist, andere Grundsätze zu beachten sind, als bei rentenversicherten.

531 Ist der Antragsteller rentenversichert, kann der Antrag erst gestellt werden, wenn der Bescheid des Rentenversicherungsträgers vorliegt. Nach ausdrücklicher Vorschrift des § 33 VBL-Satzung tritt der Versicherungsfall bei einem Versicherten, der in der gesetzlichen Rentenversicherung versichert ist, am ersten Tag des Monats ein, von dem aufgrund des Bescheides des Rentenversicherungsträgers bestimmte Rentenleistungen zu zahlen sind.

532 Mit der Wartezeit für den Anspruch auf Betriebsrenten beschäftigt sich § 34 VBL-Satzung. Danach werden Betriebsrenten erst nach Erfüllung der Wartezeit von 60 Kalendermonaten gewährt. Dabei wird jeder Kalendermonat berücksichtigt, für den bis zum Beginn der Betriebsrente mindestens für einen Tag Aufwendungen für die Pflichtversicherung erbracht wurde. Die Wartezeit gilt als erfüllt, wenn der Versicherungsfall durch einen Arbeitsunfall eingetreten ist (vgl. dazu Kapitel V). Der Arbeitsunfall muss aber im Zusammenhang mit dem Beschäftigungsverhältnis stehen, das die Pflicht zur Versicherung begründet oder der Versicherte muss an den Folgen eines solchen Arbeitsunfalles gestorben sein. Ob ein Arbeitsunfall vorgelegen hat, ist durch Bescheid des gesetzlichen Unfallversicherungsträgers nachzuweisen.

533 § 36 VBL-Satzung behandelt die Versorgungspunkte, die sich – wie im ATV vorgesehen (vgl. dazu Rz. 438 ff.) – aus Versorgungspunkten für das zusatzversorgungspflichtige Entgelt, für soziale Komponenten und als Bonuspunkte zusammensetzen. Der Altersfaktor (vgl. Rz. 461) beinhaltet eine jährliche Verzinsung von 3,25 % während der Anwartschaftsphase und von 5,25 % während des Rentenbezuges und richtet sich nach der im folgenden wiedergegebenen Tabelle. Vorab ist zu erwähnen, dass als Alter die Differenz zwischen dem jeweiligen Kalenderjahr und dem Geburtsjahr gilt.

Alter	Altersfaktor	Alter	Altersfaktor	Alter	Altersfaktor	Alter	Altersfaktor
17	3,1	29	2,1	41	1,5	53	1,0
18	3,0	30	2,0	42	1,4	54	1,0
19	2,9	31	2,0	43	1,4	55	1,0
20	2,8	32	1,9	44	1,3	56	1,0
21	2,7	33	1,9	45	1,3	57	0,9
22	2,6	34	1,8	46	1,3	58	0,9
23	2,5	35	1,7	47	1,2	59	0,9
24	2,4	36	1,7	48	1,2	60	0,9
25	2,4	37	1,6	49	1,2	61	0,9
26	2,3	38	1,6	50	1,1	62	0,8
27	2,2	39	1,6	51	1,1	63	0,8
28	2,2	40	1,5	52	1,1	64 und älter	0,8

Zusatzversorgungseinrichtungen

Mit der sozialen Komponente beschäftigt sich § 37 VBL-Satzung. Danach werden 534
für jeden vollen Kalendermonat ohne Arbeitsentgelt, in dem das Arbeitsverhältnis wegen einer Elternzeit, für jedes Kind, für das ein Anspruch auf Elternzeit besteht, die Versorgungspunkte berücksichtigt, die sich bei einem zusatzversorgungspflichtigen Entgelt von 500 Euro in diesem Monat ergeben würden.

Weitere Versorgungspunkte für eine soziale Komponente sind für Versicherungsfälle wegen teilweiser oder voller Erwerbsminderung vorgesehen. Außerdem gibt es eine Regelung für Beschäftigte, die am 1.1.2002 bereits 20 Jahre pflichtversichert waren.

Mit sonstigen Leistungen, nämlich mit der Abfindung und der Beitragserstattung, beschäftigen sich die §§ 43, 44 VBL-Satzung.

5.3 Satzungen der Kommunalen Versorgungseinrichtungen

Da es sehr viele Kommunale Versorgungseinrichtungen gibt, ist es nicht möglich, auf 535
die Satzungen aller Einrichtungen näher einzugehen. Wie unter Rz. 519 bereits erwähnt, wird vielmehr beispielhaft die Satzung des Kommunalen Versorgungsverbandes Baden-Württemberg für die Zusatzversorgungskasse vom 2.7.2002 behandelt. Dabei ist es nicht erforderlich, besonders auf die Bestimmungen über die Versicherungspflicht und das Leistungswesen einzugehen. Hier gelten die Vorschriften des bereits behandelten ATV.

In § 1 Abs. 1 der Satzung wird bestimmt, dass die Zusatzversorgungskasse beim Kommunalen Versorgungsverband besteht. Die Kasse hat die Aufgabe, den Beschäftigten ihrer Mitglieder eine zusätzliche Alters-, Erwerbsminderungs- und Hinterbliebenenversorgung zu gewähren. Im Rahmen der betrieblichen Altersversorgung steht die Kasse den Beschäftigten auch für eine freiwillige Versicherung offen.

Nach § 2 Satzung ist die Kasse rechtlich unselbständig. Sie wird als Sonderkasse 536
des Kommunalen Versorgungsverbands Baden-Württemberg (Rechtsträger) geführt. Dabei wird das Kassenvermögen als Sondervermögen getrennt von dem sonstigen Vermögen des Rechtsträgers verwaltet. Das Vermögen haftet nicht für Verbindlichkeiten des Rechtsträgers.

Der Verwaltungsausschuss beschließt über alle Angelegenheiten der Zusatzversorgungskasse, soweit nicht ein beschließender Ausschuss oder der Direktor zuständig ist (§ 5 der Satzung). Nach § 6 der Satzung werden als beschließende Ausschüsse des Verwaltungsausschusses der Finanzausschuss und der Versicherungsausschuss gebildet. Der Finanzausschuss entscheidet beispielsweise über Anträge auf Mitgliederdarlehen (§ 6 a Satzung). Dagegen entscheidet der Versicherungsausschuss z.B. über die Aufnahme der Arbeitgeber, die nicht juristische Personen des öffentlichen Rechts sind, als Mitglieder der Kasse.

Im zweiten Teil der Satzung geht es um Versicherungsverhältnisse. Dabei wird zu- 537
nächst das Mitgliedsverhältnis geregelt. Wie in der VBL-Satzung (vgl. Rz. 524) wird hier bestimmt, dass das Mitgliedsverhältnis ein privatrechtliches Versicherungsverhältnis zwischen dem Arbeitgeber und der Kasse ist (§ 13 der Satzung). Die Mitgliedschaft wird durch Aufnahme begründet. Die Kasse entscheidet über den Aufnahmeantrag des Arbeitgebers schriftlich nach pflichtgemäßem Ermessen. Sie kann die Auf-

nahme von Bedingungen abhängig machen. In der Entscheidung ist der Zeitpunkt, in dem die Mitgliedschaft beginnt, festzusetzen. Nach § 13 Abs. 4 der Satzung ist das Mitglied verpflichtet, die für die Pflichtversicherung geschuldeten Beiträge, Umlagen und Sanierungsgelder fristgemäß zu entrichten. § 13 Abs. 5 der Satzung übernimmt eine Regelung der Sozialversicherung, indem auch hier wie in den Meldebestimmungen des Sozialversicherungsrechts von einer Jahresmeldung gesprochen wird. Eine solche Jahresmeldung ist für die einzelnen Pflichtversicherten für die Umlagen-, Sanierungsgeld- und Beitragsabrechnung zu übersenden. Dabei ist die Jahresmeldung nach Versicherungsabschnitten zu gliedern, die die Berechnung der Anwartschaften ermöglichen.

538 Die Vordrucke zur Abrechnung der Umlagen, Sanierungsgelder und Beiträge müssen der Kasse spätestens sechs Wochen nach ihrer Übersendung ausgefüllt zugehen (§ 13 Abs. 6 der Satzung). Im Einzelfall kann die Kasse diese Frist verlängern.

539 Bezüglich der Versicherten, also der Arbeitnehmer, kennt die Zusatzversorgungskasse die Pflichtversicherung und die freiwillige Versicherung. Auf die entsprechenden Vorschriften der ATV (vgl. ab Rz. 422) wird verwiesen. Die Pflichtversicherung entsteht, falls die Voraussetzungen der Versicherungspflicht gegeben sind, mit dem Eingang der Anmeldung (§ 17 der Satzung). Sie beginnt zu dem Zeitpunkt, in dem nach den Angaben in der Anmeldung die Voraussetzungen für die Versicherungspflicht eingetreten sind.

540 Unabhängig von dem Eingang der Anmeldung beginnt die Pflichtversicherung allerdings zu dem Zeitpunkt, in dem nach den Angaben in der Anmeldung die Voraussetzungen für die Versicherungspflicht eingetreten sind.

Von besonderer Bedeutung für die Ansprüche der Beschäftigten ist zweifellos § 27 der Satzung, der den Abschluss von Überleitungsabkommen zum Gegenstand hat. Hiernach (Abs. 1) kann die Kasse durch Überleitungsabkommen mit anderen Zusatzversorgungseinrichtungen vereinbaren, dass Versicherungszeiten bei diesen Einrichtungen für die Erfüllung von Wartezeiten als Versicherungszeiten bei der Kasse gelten. Es kann auch vereinbart werden, dass die bei diesen Einrichtungen erworbenen Versorgungspunkte aus der Pflichtversicherung und der freiwilligen Versicherung nach einem Arbeitgeberwechsel auf die neu zuständige Kasse übertragen werden. Die Übertragung von Versorgungspunkten kann bis zum Eintritt des Versorgungsfalles aufgeschoben werden. Versorgungspunkte nehmen an der Überschussverteilung bei der annehmenden Kasse erst ab dem Zeitpunkt teil, zu dem der versicherungsmathematische Barwert übertragen worden ist. Die weiteren Einzelheiten sind in Überleitungsabkommen zu regeln.

Mit bestimmten Einrichtungen kann gem. § 27 Abs. 2 Satzung vereinbart werden, dass der versicherungsmathematische Barwert der vor dem Arbeitgeberwechsel erworbenen Anwartschaften übertragen wird. Bei einer Übertragung an die Kasse wird der Barwert als freiwillige Versicherung entgegengenommen. Bei den betreffenden Einrichtungen handelt es sich um zwischenstaatliche und überstaatliche Einrichtungen, um die Versorgungsanstalt der Post, die Bahnversicherungsanstalt Abteilung B, die Versorgungsanstalt der Bühnen und die Versorgungsanstalt der deutschen Kulturorchester.

Zusatzversorgungseinrichtungen

Von sonstigen Einrichtungen der betrieblichen Altersversorgung kann der versicherungsmathematische Barwert bisher erworbener Anwartschaften als freiwillige Versicherung entgegengenommen werden.

541

Mit Einzelheiten der Überleitungen beschäftigt sich § 28 der Satzung. U. a. wird hier in Absatz 2 b bestimmt, dass Renten, die eine andere Zusatzversorgungseinrichtung gewährt hat oder gewährt, nach Durchführung der Überleitung als von der Kasse gewährt gelten. Insoweit gilt auch der Versicherungsfall, auf dem die Rentenzahlung beruht, als bei der Kasse eingetreten. Endet die Mitgliedschaft eines Arbeitgebers bei der Kasse und erwirbt der Arbeitgeber in unmittelbarem Anschluss an das Ausscheiden die Mitgliedschaft bei einer anderen Zusatzversorgungseinrichtung können die im Zeitpunkt des Ausscheidens auf der Kasse liegenden Ansprüche von der anderen Zusatzversorgungseinrichtung übernommen werden (§ 29 der Satzung). Entsprechendes gilt, wenn ein Arbeitgeber bei einer anderen Zusatzversorgungseinrichtung ausscheidet und in unmittelbarem Anschluss daran Mitglied der Kasse wird.

Die Rentenarten werden in § 30 der Satzung aufgezählt. Danach zahlt die Kasse als Betriebsrenten a) Altersrenten für Versicherte, b) Erwerbsminderungsrenten für Versicherte und c) Hinterbliebenenrenten für Witwen, Witwer und Waisen der Versicherten. Hier kann auf die Ausführungen zur ATV (ab Rz. 422) verwiesen werden. Das gilt auch hinsichtlich der Versorgungspunkte und des Altersfaktors.

542

Die Anpassung der Betriebsrenten wird in § 37 der Satzung geregelt. Jeweils zum 1. 7. werden die Betriebsrenten demnach um 1 % ihres Betrages erhöht. Mit Abfindungen beschäftigt sich § 41 der Satzung. Danach werden Betriebsrenten, die einen Monatsbetrag von 30 Euro nicht überschreiten, abgefunden. Werden Betriebsrentenanteile nach §§ 10a, 79ff. EStG gefördert, wird die Betriebsrente nur auf Antrag des Betriebsrentenberechtigten abgefunden. Betriebsrentenanteile aus der freiwilligen Versicherung können auf Antrag des Betriebsrentenberechtigten abgefunden werden, überschreiten dabei die Betriebsrentenanteile aus der Pflichtversicherung nicht den Monatsbetrag von 30 Euro, wird auch dieser Anteil mit abgefunden. Die Abfindung kann nur innerhalb einer Ausschlussfrist von sechs Monaten nach Zugang der Entscheidung über den Antrag auf Betriebsrente beantragt werden. Der Abfindungsbetrag wird berechnet, indem die Rente, die dem Berechtigten im Zeitpunkt des Entstehens des Anspruchs zustand, mit einem in den nachstehenden Tabellen genannten, dem Lebensalter entsprechenden Faktor vervielfacht wird. Nach Entstehen des Anspruchs auf Betriebsrente gezahlte Leistungen werden auf den Abfindungsbetrag angerechnet.

543

Die angesprochenen Tabellen werden nachfolgend wiedergegeben:

Zusatzversorgung für Angestellte

a) Betriebsrente für Versicherte:

Alter des Berechtigten beim Entstehen des Anspruchs	Faktor
30	192
31	192
32	193
33	193
34	194
35	194
36	194
37	194
38	194
39	193
40	193
41	193
42	193
43	192

Alter des Berechtigten beim Entstehen des Anspruchs	Faktor
44	192
45	192
46	191
47	191
48	190
49	190
50	189
51	189
52	188
53	187
54	186
55	185
56	184
57	182

Alter des Berechtigten beim Entstehen des Anspruchs	Faktor
58	181
59	179
60	176
61	174
62	171
63	168
64	165
65	161
66	157
67	153
68	149
69	145
70	141

b) Betriebsrente für Witwen und Witwer:

Alter des Berechtigten beim Entstehen des Anspruchs	Faktor
20	243
21	242
22	241
23	240
24	239
25	237
26	236
27	235
28	233
29	232
30	230
31	228
32	226
33	224
34	223
35	221
36	219
37	216
38	214
39	212
40	210
41	208
42	205
43	203
44	201
45	198
46	196

Alter des Berechtigten beim Entstehen des Anspruchs	Faktor
47	193
48	191
49	188
50	185
51	182
52	180
53	177
54	174
55	171
56	168
57	165
58	162
59	158
60	155
61	152
62	148
63	145
64	141
65	138
66	134
67	131
68	127
69	123
70	119
71	115
72	111
73	107

Alter des Berechtigten beim Entstehen des Anspruchs	Faktor
74	103
75	99
76	95
77	91
78	87
79	83
80	79
81	76
82	72
83	69
84	65
85	62
86	59
87	56
88	53
89	51
90	48
91	46
92	44
93	42
94	39
95	37
96	35
97	33
98	32
99	30
100	28

c) Betriebsrente für Waisen:

Alter des Berechtigten beim Entstehen des Anspruchs	Faktor		Alter des Berechtigten beim Entstehen des Anspruchs	Faktor
0	150		9	90
1	144		10	81
2	139		11	73
3	133		12	64
4	126		13	54
5	119		14	44
6	112		15	34
7	105		16	23
8	98		17 und älter	12

Sonderregelungen bestehen hier in Zusammenhang mit dem rentenrechtlichen Versorgungsausgleich bei Ehescheidung.

Mit der Abfindung erlöschen im übrigen alle Ansprüche und Anwartschaften. Geht es um die Ermittlung des Höchstbetrages für Hinterbliebenenrenten so gelten die abgefundenen Betriebsrenten für Hinterbliebene nicht als abgefunden. *544*

Mit der Rückzahlung und Beitragserstattung beschäftigt sich § 42 der Satzung. Danach werden ohne Rechtsgrund gezahlte Umlagen und Beiträge ohne Zinsen zurückgezahlt. Die beitragsfrei Pflichtversicherten, die die Wartezeit nicht erfüllt haben, können bis zur Vollendung ihres 67. Lebensjahres die Erstattung der von ihnen getragenen Beiträge beantragen. Der Antrag auf Beitragserstattung gilt für alle von den Versicherten selbst getragenen Beiträge und kann nicht widerrufen werden. Rechte aus der Versicherung für Zeiten, für die Beiträge erstattet werden, erlöschen mit der Antragstellung. Die Beiträge werden ohne Zinsen erstattet. Sterben Versicherte nach Antragstellung, aber vor Beitragserstattung, gehen die Ansprüche auf die Hinterbliebenen über, die betriebsrentenberechtigt wären, wenn die Wartezeit erfüllt wäre. Mit der Zahlung an einen der Hinterbliebenen erlischt der Anspruch der übrigen Berechtigten gegen die Kasse. *545*

Um Sonderregelungen für Beschäftigte, die in der gesetzlichen Rentenversicherung nicht versichert sind, geht es in § 43 der Satzung. Dabei ist die teilweise oder volle Erwerbsminderung durch einen von der Kasse zu bestimmenden Facharzt nachzuweisen. Die Kosten der Begutachtung trägt der Versicherte. Die Betriebsrente ruht, solange sich die Betriebsrentenberechtigten trotz Verlangens der Kasse innerhalb einer von dieser zu setzenden Frist nicht fachärztlich untersuchen lassen oder das Ergebnis der Untersuchung der Kasse nicht vorlegen. Der Anspruch auf Betriebsrente erlischt mit Ablauf des Monats, der auf den Monat folgt, in dem dem Berechtigten die Entscheidung der Kasse über das Erlöschen des Anspruchs wegen Wegfalls der Erwerbsminderung zugegangen ist. *546*

Mit der Auszahlung der Betriebsrenten beschäftigt sich § 47 der Satzung. Danach werden die Betriebsrenten monatlich im Voraus auf ein Girokonto des Betriebsrentenberechtigten innerhalb eines Mitgliedsstaates der Europäischen Union überwiesen. Die Kosten der Überweisung auf ein Konto im Inland, mit Ausnahme der Kosten für die *547*

Gutschrift, trägt die Kasse. Besteht der Betriebsrentenanspruch nicht für einen vollen Kalendermonat, wird der Teil gezahlt, der auf den Anspruchszeitraum entfällt. Hat der Betriebsrentenberechtigte seinen Wohnsitz oder dauernden Aufenthalt außerhalb eines Mitgliedsstaates der Europäischen Union, kann die Kasse die Zahlung der Betriebsrente davon abhängig machen, dass der Betriebsrentenberechtigte einen Empfangsbevollmächtigten im Inland benennt oder der Betriebsrentenberechtigte die Auszahlung der Betriebsrente auf ein auf seinen Namen lautendes Konto im Inland ermöglicht. Ferner ist die Kasse berechtigt, die Leistungen für das laufende Kalenderjahr in einem Betrag im Dezember auszuzahlen. Rentenzahlungen in das Ausland erfolgen auf Kosten und Gefahr des Betriebsrentenberechtigten.

548   Um Pflichten der Versicherten und Betriebsrentenberechtigten geht es in § 48 der Satzung. Danach sind die genannten Personen verpflichtet, der Kasse eine Verlegung ihres Wohnsitzes oder dauernden Aufenthalts sowie jede Änderung von Verhältnissen, die ihren Anspruch dem Grunde oder der Höhe nach berühren können, unverzüglich schriftlich mitzuteilen. Versicherte und Betriebsrentenberechtigte sind ferner verpflichtet, innerhalb einer von der Kasse zu setzenden Frist auf Anforderung Auskünfte zu erteilen sowie die erforderlichen Nachweise und Lebensbescheinigungen vorzulegen.

Darüber hinaus haben freiwillig Versicherte jede Änderung der Verhältnisse mitzuteilen, die zu einer Minderung oder zum Wegfall des Zulagenanspruchs nach dem Einkommensteuergesetz führt. Im übrigen kann die Kasse die Betriebsrente zurückbehalten, solange der Betriebsrentenberechtigte seinen Verpflichtungen nicht nachkommt.

549   Mit der Abtretung von Ersatzansprüchen gegenüber einem Dritten beschäftigt sich § 49 der Satzung.

Es geht hier um Schadensersatzansprüche des Versicherten aus Anlass eines Ereignisses, das die Kasse zur Leistungsgewährung verpflichtet. Diesen Anspruch haben die anspruchsberechtigten Personen bis zur Höhe des Brutto-Betrages der Betriebsrente an die Kasse abzutreten. Allerdings kann der Übergang nicht zum Nachteil der anspruchsberechtigten Personen geltend gemacht werden. Verweigern die anspruchsberechtigten Personen die Abtretung oder die Beibringung der notwendigen Unterlagen, so ist die Kasse ihnen gegenüber nicht zur Leistung verpflichtet.

KAPITEL V
Versorgung durch die gesetzliche Unfallversicherung

1. Grundsätze

Angestellte im öffentlichen Dienst unterliegen jedenfalls während ihrer Beschäftigung und auf dem Weg von und zu ihrer Dienststelle der gesetzlichen Unfallversicherung. Erleiden sie einen Arbeitsunfall, so werden ihnen von den Unfallversicherungsträgern Leistungen gewährt. Sie erhalten – bei dauernder Erwerbsminderung – dadurch auch eine Versorgung, die in der Regel zusammen mit der Versorgung durch die gesetzliche Rentenversicherung zu sehen ist. Es gibt hier im übrigen auch Anrechnungsvorschriften. Im Rahmen des in diesem Buch behandelten Themas ist die Unfallversicherung deshalb zu berücksichtigen. Dies wird aber in der gebotenen Kürze geschehen. *550*

Rechtsgrundlage für die gesetzliche Unfallversicherung ist das siebte Buch des Sozialgesetzbuches (SGB VII). Durchgeführt wird die Unfallversicherung von den Unfallversicherungsträgern, die allerdings verschiedenartige Bezeichnungen tragen. Insgesamt gibt es 35 gewerbliche Berufsgenossenschaften, die nach Branchen gegliedert sind. Als Beispiele seien die Berufsgenossenschaft (BG) Nahrungsmittel und Gaststätten, die Fleischerei-BG und die Großhandels- und Lagerei-BG erwähnt. In einzelnen Bereichen (insbesondere Baugewerbe sowie in der Metallbranche) wird nach territorialen Aspekten untergliedert. Für die Landwirtschaft sind 20 Berufsgenossenschaften zuständig. *551*

Für die Angestellten des öffentlichen Dienstes sind natürlich die Unfallversicherungsträger der öffentlichen Hand von Bedeutung. Es ist hier zwischen den Versicherungsträgern des Bundes, der Länder und der Kommunen zu unterscheiden. Der Bund als Träger ist insbesondere für seine Unternehmen, aber beispielsweise auch für Personen, die im Zivilschutz tätig sind, zuständig. Zuständig ist er auch für Entwicklungshelfer. Die Unfallversicherungsträger im Landesbereich sind ebenfalls für ihre Unternehmen, darüber hinaus aber für zahlreiche andere Versicherte zuständig. Dabei handelt es sich um Personen, die nicht Arbeitnehmer sind, wie beispielsweise Kinder in Tageseinrichtungen, Schüler usw. Die Unfallversicherungsträger im kommunalen Bereich sind für die Unternehmen der Gemeinden und Gemeindeverbände zuständig. Außerdem sind sie beispielsweise für Personen zuständig, die Eigenarbeiten beim Eigenheimbau verrichten. *552*

Versorgung durch die gesetzliche Unfallversicherung

Unfallversicherungsträger

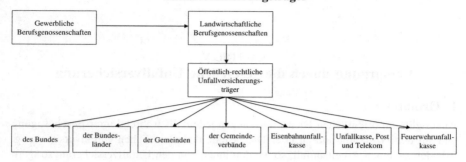

2. Versicherter Personenkreis

553 Die gesetzliche Unfallversicherung unterscheidet zwischen Pflicht- und freiwillig Versicherten. Die freiwillige Versicherung erfasst insbesondere Unternehmer. Auf diesen Personenkreis muss hier also nicht näher eingegangen werden. Das gilt auch für die Versicherung kraft Satzung, die insbesondere für Unternehmer und ihre im Unternehmen mitarbeitenden Ehegatten von Bedeutung ist.

Die zweifellos größte Gruppe der Versicherten wird von den Arbeitnehmern gestellt. Das Gesetz spricht hier von Beschäftigten sowie von Lernenden während der beruflichen Aus- und Fortbildung in Betriebsstätten, Lehrwerkstätten, Schulungskursen und ähnlichen Einrichtungen.

Die Versicherung beginnt mit Aufnahme der Beschäftigung. Der Versicherungsschutz besteht bereits auf dem Weg zur Arbeit (vgl. Rz. 569). Die Voraussetzungen für das Bestehen eines Versicherungspflichtverhältnisses in der gesetzlichen Unfallversicherung sind die gleichen wie in der sonstigen Sozialversicherung. Gefordert wird hier insbesondere die persönliche Abhängigkeit des Arbeitnehmers (abhängig von dem vom Arbeitgeber zu zahlenden Arbeitsentgelt). Ferner muss der Arbeitnehmer weisungsgebunden sein. Demgegenüber muss der Arbeitgeber weisungsberechtigt hinsichtlich Art, Ort und Zeit der Arbeit sein.

554 Die Versicherungspflicht in der gesetzlichen Unfallversicherung ist unabhängig von einer Anmeldung des Betreffenden. In der Praxis wird eine solche Anmeldung natürlich vorgenommen. Fehlt sie im Einzelfall, hat dies keine Auswirkungen auf die Versicherungspflicht. Die Versicherungspflicht ist auch unabhängig vom Alter des Betreffenden sowie vom Geschlecht des Arbeitnehmers. Sie hängt auch nicht von der Höhe des gezahlten Entgelts ab. Es ist demnach auch gleichgültig, ob die Beschäftigung im Sinne der übrigen Sozialversicherungsträger geringfügig und damit in der Kranken-, Pflege-, Renten- und Arbeitslosenversicherung versicherungsfrei ist. Im übrigen gibt es auch keine Entgeltobergrenze, deren Überschreiten wie in der Kranken- und Pflegeversicherung zur Versicherungsfreiheit führen würde. Der Versicherungspflicht als Beschäftigte unterliegen auch solche Personen, die sich beispielsweise einer Einstellungsprüfung unterziehen. Das gleiche gilt bei einer ärztlichen Maßnahme, soweit diese vom Unternehmen oder einer Behörde veranlaßt worden sind.

Versicherter Personenkreis

Der Schutzbereich der gesetzlichen Unfallversicherung ist sehr weitgehend. Neben den bereits erwähnten Arbeitnehmern und bestimmten Selbstständigen unterliegen beispielsweise Schüler und Studenten der Versicherungspflicht. 555

Wichtig: Arbeitsunfälle, die Kinder, Schüler oder Studierende erleiden, können oft bis ins Erwachsenenalter hinein Beschwerden verursachen. Der Anspruch gegen den für den ursprünglichen Unfall zuständigen Versicherungsträger besteht weiter. Das gilt selbst in der Zeit, in der der Betreffende als Arbeitnehmer unfallversichert ist. Versichert ist im übrigen auch, wer als Umschüler an einer Rehabilitationsmaßnahme teilnimmt.

Ein besonderer Personenkreis, der dem Unfallversicherungsschutz unterliegt, stellen die ehrenamtlich Tätigen dar. Ehrenämter sind in der Bundesrepublik Deutschland weit verbreitet. Wer beispielsweise für eine Gemeinde ehrenamtlich tätig ist, unterliegt dem Versicherungsschutz. Das gilt auch für ehrenamtlich im Gesundsheitswesen oder in der Wohlfahrtspflege tätige Personen. Wer bei Unglücksfällen oder gemeiner Gefahr oder Not Hilfe leistet, untersteht dem Versicherungsschutz. Voraussetzung ist allerdings, dass die Rettungshandlung wesentlich dem Zweck dient, eine drohende Gefahr von anderen Personen abzuwenden. 556

Eine Hilfeleistung bei gemeiner Gefahr setzt voraus, dass der Eingreifende nach den gegebenen Umständen annehmen darf, es bestehe die naheliegende Möglichkeit eines Schadens für andere Personen. Werden Rettungsmaßnahmen allerdings im wesentlichen deshalb unternommen, um eigenes Leben zu retten, besteht kein Unfallversicherungsschutz. Hilft jemand einem anderen, der widerrechtlich angegriffen wurde und wird der Helfer dabei verletzt, so steht er unter Unfallversicherungsschutz. Das gleiche gilt, wenn jemand eine Person verfolgt, die verdächtig ist, eine Straftat begangen zu haben. Verfolgt beispielsweise ein Passant einen Bankräuber und wird er von diesem angeschossen, besteht ein Entschädigungsanspruch gegen die Unfallversicherung.

Sind Personen ehrenamtlich in einem Unternehmen tätig, das Hilfe bei Unglücksfällen leistet, z.B. Deutsches Rotes Kreuz, dann besteht Unfallversicherungsschutz. Das gilt auch bei einer Beschäftigung im Zivilschutz. Eine ehrenamtliche Tätigkeit muss nicht für längere Zeit ausgeübt werden. Versicherungsschutz besteht auch bei einer vorübergehenden ehrenamtlichen Tätigkeit. Mitglieder von Gewerkschaften stehen bei der Ausübung gewerkschaftlicher Ehrenämter nicht unter Versicherungsschutz. Dagegen unterliegen zur Beweiserhebung herangezogene Zeugen dem Versicherungsschutz. 557

Wer auf Kosten einer Krankenkasse oder eines Rentenversicherungsträgers stationär oder teilstationär behandelt wird, steht unter Unfallversicherungsschutz. So ist beispielsweise der Sturz auf einer schadhaften Krankenhaustreppe unfallversichert. Versicherungsschutz besteht auch bei stationärer oder teilstationärer medizinischer Rehabilitation und bei Umschulungsmaßnahmen. 558

Die Einführung der Pflegeversicherung hat nicht nur Rechte für Pflegebedürftige, sondern auch für die Personen geschaffen, die sie pflegen. So stehen Pflegepersonen bei der Pflege eines Pflegebedürftigen unter Unfallversicherungsschutz. Personen, die Blut oder körpereigenes Gewebe spenden, stehen ebenfalls unter Unfallversicherungsschutz.

Als Beschäftigter ist auch versichert, wer im Ausland bei einer amtlichen Vertretung des Bundes oder der Länder oder bei deren Leitern, deutschen Mitgliedern oder Be- 559

Versorgung durch die gesetzliche Unfallversicherung

diensteten tätig ist. Wird ein Deutscher im Ausland beim Versuch, jemanden aus Lebensgefahr zu retten, verletzt oder getötet, bestehen Ansprüche gegen den deutschen Unfallversicherungsträger.

560 Rechtsgrundlage für den Unfallversicherungsschutz ist insbesondere § 2 Abs. 1 SGB VII. Nach § 2 Abs. 2 SGB VII sind auch Personen versichert, die wie ein nach § 2 Abs. 1 SGB VII Versicherter tätig sind. Das gilt im übrigen auch für Personen, die während einer aufgrund eines Gesetzes angeordneten Freiheitsentziehung oder aufgrund einer strafrichterlichen, staatanwaltlichen oder jugendbehördlichen Anordnung wie Beschäftigte tätig werden.

3. Versicherungsfreiheit

561 Von der Versicherungspflicht gibt es zahlreiche Ausnahmen. So hat der Gesetzgeber bestimmte Personengruppen von der Versicherungspflicht zur gesetzlichen Unfallversicherung befreit. Dabei handelt es sich in der Regel um solche Personen, die anderweitig einen Schutz gegen die Folgen eines Arbeitsunfalles haben. Rechtsgrundlage ist hier § 4 SGB VII. Die Vorschrift ist besonders auch für Beschäftigte im öffentlichen Dienst von Bedeutung:

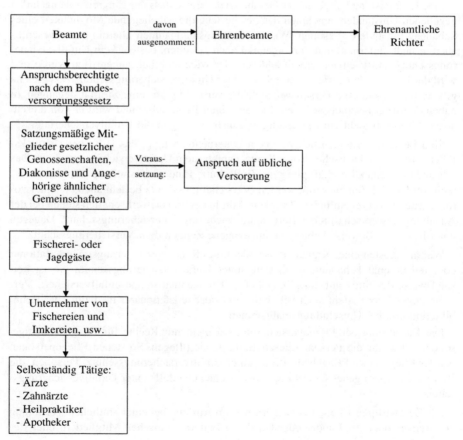

4. Arbeitsunfall und Berufskrankheit

Nach § 7 SGB VII sind Versicherungsfälle Arbeitsunfälle und Berufskrankheit (vgl. bezüglich einer Berufskrankheit unter Rz. 571). Der Begriff des Arbeitsunfalles wird in § 8 SGB VII geregelt. Danach sind Arbeitsunfälle Unfälle von Versicherten infolge einer versicherten Tätigkeit. 562

Definition: Arbeitsunfall

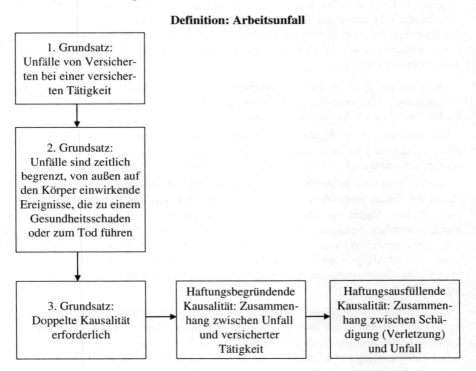

Mit der im vorstehenden Schaubild (Rz. 562) dargestellten Erläuterung des Arbeitsunfalles gibt das Gesetz einen weitgespannten Rahmen vor. Deshalb ist es kein Wunder, dass sich die Sozialgerichtsbarkeit immer wieder mit dem Begriff des Arbeitsunfalles beschäftigen muß. Bei Klärung der Frage, ob ein Arbeitsunfall vorliegt oder nicht, muss zunächst überprüft werden, ob sich der Unfall bei einer versicherten Tätigkeit ereignet hat. Einfach zu beurteilen ist die Frage, ob ein Arbeitsunfall vorliegt, wenn sich ein Arbeitnehmer direkt bei der betrieblichen Tätigkeit verletzt. Das gilt beispielsweise dann, wenn eine Schreibkraft ihre Schreibmaschine auf einen anderen Tisch stellen will und sich dabei verletzt. 563

Eine der Fragen, die in Zusammenhang mit dem Unfallversicherungsschutz entstehen, ist die, ob die Einnahme einer Mahlzeit unfallversichert ist. Hier liegt eine umfangreiche Rechtsprechung vor, von der nachfolgend lediglich die Grundsätze aufgezeigt werden sollen. Zunächst gilt, dass der Versicherungsschutz während der Einnahme einer Mahlzeit in der Arbeitspause nur dann besteht, wenn besondere Umstände vorliegen. Diese Umstände müssen einen rechtlich wesentlichen Zusammen- 564

Versorgung durch die gesetzliche Unfallversicherung

hang mit der versicherten Tätigkeit begründen. Allgemein wird das Vorliegen eines solchen Umstandes aber bejaht, wenn die Mahlzeit an der Arbeitsstelle oder innerhalb des Betriebes eingenommen wird. In früherer Zeit hat die Rechtsprechung es abgelehnt, Wege zur Betriebskantine oder an sonst einen Ort, an dem das Essen eingenommen werden soll, dem versicherten Bereich zuzuordnen. Hier ist allerdings ein Wandel eingetreten. Heute wird der Weg zur Betriebskantine zur Einnahme einer Mahlzeit als versicherter Weg anerkannt. Wird in der Mittagspause die Firma verlassen, um in einer Gaststätte das Mittagessen einzunehmen, steht auch der Weg zur Gaststätte unter Unfallversicherungsschutz. Dies gilt aber nur, wenn der Weg zur Gaststätte nicht unverhältnismäßig lang ist.

565 Nicht nur der Weg zur Essenseinnahme ist versichert. Benutzt der Versicherte die Mittagspause, um Lebensmittel, die zum alsbaldigen Verzehr bestimmt sind, einzukaufen, besteht auch Versicherungsschutz.

Der Aufenthalt in der Kantine oder in einer Gaststätte selbst ist nicht versichert. Das gilt auch für die Essenseinnahme. Sowohl die Sozialgerichte als auch die Versicherungsträger sprechen hier von einer eigenwirtschaftlichen Tätigkeit.

Betriebssport steht unter Unfallversicherungsschutz, wenn er vorwiegend dem Ausgleich, der Entspannung, dem Streßabbau und der Förderung der Betriebsgemeinschaft dient. Es muss jedem Betriebsangehörigen freigestellt sein, der Betriebssportgemeinschaft beizutreten. Spiele mit Wettkampfcharakter (z.B. Betriebsfußballspiel) sind nur dann unfallversichert, wenn sie gelegentlich stattfinden. Kein Unfallversicherungsschutz besteht dagegen bei Wettkampfspielen, die innerhalb einer Gruppe nach einem planmäßigen Austragungsmodus durchgeführt werden (z.B. Fußball-Liga verschiedener Betriebe).

566 Die Teilnahme an Betriebsversammlungen ist der versicherten Tätigkeit gleichgestellt und unterliegt somit dem gesetzlichen Unfallversicherungsschutz. Das gilt für betriebliche Gemeinschaftsveranstaltungen, wie z.B. einer Weihnachtsfeier oder einem Betriebsausflug nur dann, wenn die Veranstaltung der Pflege und Verbundenheit zwischen Betriebsleitung und Belegschaft dient. Die Unternehmensleitung muss die Veranstaltung durchführen, fördern und billigen. Alle Betriebsangehörigen, nicht etwa nur einzelne Bereiche des Betriebes, müssen Gelegenheit haben, an der Veranstaltung teilzunehmen.

567 Tätliche Auseinandersetzungen zwischen Arbeitnehmern während der Arbeitszeit können unter Versicherungsschutz stehen. Das ist dann der Fall, wenn betriebliche Angelegenheiten die wesentliche Ursache für den Streit und das Handeln des Schädigers gewesen sind. Das gilt auch, wenn sich der Streit während einer betrieblichen Gemeinschaftsveranstaltung (z.B. einem Betriebsausflug) ereignet. Geht es bei der Auseinandersetzung im Betrieb beispielsweise darum, welcher Arbeitnehmer ein bestimmtes Werkzeug für die betriebliche Tätigkeit benutzen darf; dann besteht der innere Zusammenhang mit der versicherten Tätigkeit. In einem solchen Falle besteht Unfallversicherungsschutz.

568 Begeht ein Arbeitnehmer am Arbeitsplatz Selbstmord, so bedeutet dies nicht, dass auch ein Arbeitsunfall vorliegt. Allerdings kann der Selbstmord die Folge eines früheren Arbeitsunfalles sein. In diesem Zusammenhang hat das Bundessozialgericht fest-

Arbeitsunfall und Berufskrankheit

gestellt, dass eine Selbsttötung schon dann rechtlich wesentlich durch einen Arbeitsunfall verursacht sein kann, wenn die Fähigkeit zur Willensbildung durch den Unfall beeinträchtigt war. Es ist übrigens nicht notwendig, dass die Selbsttötung in einem unfallbedingten Zustand der Unzurechnungsfähigkeit ausgeübt wurde. Vielmehr reicht es vollständig, wenn die Willensfähigkeit beeinträchtigt ist.

Ist nicht nachweisbar, ob der Tod durch betriebsbezogene Umstände verursacht oder aber vorsätzlich herbeigeführt worden ist (Selbstmord), so besteht kein Unfallversicherungsschutz. Die Ungewißheit darüber, ob der ursächliche Zusammenhang zwischen der versicherten Tätigkeit und dem schadenstiftenden Ereignis noch besteht, geht zu Lasten desjenigen, der die Leistung begehrt, hier also eines Hinterbliebenen.

Nach § 8 Abs. 2 SGB VII sind versicherte Tätigkeiten auch das Zurücklegen des mit der versicherten Tätigkeit zusammenhängenden unmittelbaren Weges nach und von dem Ort der Tätigkeit. Es wird in diesem Zusammenhang von Wegeunfall gesprochen. Versicherungsschutz besteht auch dann, wenn von dem unmittelbaren Weg nach bzw. von dem Ort der Tätigkeit abgewichen wird, um entweder *569*

– Kinder von Versicherten, die mit ihnen im gemeinsamen Haushalt leben, wegen ihrer, ihrer Ehegatten oder ihrer Lebenspartner beruflichen Tätigkeit fremder Obhut anvertrauen oder
– mit anderen Berufstätigen oder Versicherten gemeinsam ein Fahrzeug benutzen.

Eine Fahrgemeinschaft muss nicht ausschließlich aus Mitarbeitern des gleichen Arbeitgebers bestehen.

Auch der Weg von und zur ständigen Familienwohnung ist geschützt, wenn der Versicherte wegen der Entfernung der Familienwohnung von dem Ort der Tätigkeit an diesem oder in dessen Nähe eine Unterkunft haben.

Versichert ist auch die mit einer versicherten Tätigkeit zusammenhängende Verwahrung, Beförderung, Instandhaltung und Erneuerung eines Arbeitsgeräts oder einer Schutzausrüstung, sowie deren Erstbeschaffung, wenn dies auf Veranlassung des Arbeitgebers erfolgt. *570*

Einen Versicherungsfall besonderer Art stellt die Berufskrankheit dar (§ 9 SGB VII). Dabei handelt es sich um Krankheiten, die die Bundesregierung durch eine Rechtsverordnung (BKV) mit Zustimmung des Bundesrates als Berufskrankheiten bezeichnet und die Versicherte infolge einer versicherten Tätigkeit erleiden. Nach § 9 Abs. 2 SGB VII haben die Unfallversicherungsträger eine Krankheit, die nicht in der Rechtsverordnung bezeichnet ist oder bei der die dort bestimmten Voraussetzungen nicht vorliegen, wie eine Berufskrankheit als Versicherungsfall anzuerkennen, sofern im Zeitpunkt der Entscheidung nach neuen Erkenntnissen der medizinischen Wissenschaft die Voraussetzungen für eine Anerkennung erfüllt sind. *571*

§ 9 Abs. 3 SGB VII enthält eine Vermutungsregelung. Es geht hier um Versicherte, die in erhöhtem Maße der Gefahr der Erkrankung an einer in der BKV genannten Berufskrankheit ausgesetzt waren. Erkranken Versicherte an einer solchen Krankheit und können Anhaltspunkte für eine Verursachung außerhalb der versicherten Tätigkeit nicht festgestellt werden, wird vermutet, dass diese infolge der versicherten Tätigkeit verursacht worden ist.

Versorgung durch die gesetzliche Unfallversicherung

572 Folgen eines Versicherungsfalles können auch mittelbare Folgen sein (§ 11 SGB VII). Hier geht es beispielsweise um Durchführung einer Heilbehandlung wegen eines Versicherungsfalls. Bei dieser Heilbehandlung wird der Betreffende verletzt oder getötet. Das gleiche gilt, wenn die Wiederherstellung oder Erneuerung eines Hilfsmittels vorgenommen wird und dabei eine Verletzung oder Tötung des Betreffenden eintritt.

5. Leistungen des Unfallversicherungsträgers
5.1 Grundsätze

573 § 1 SGB VII schreibt folgende Aufgaben der gesetzlichen Unfallversicherung vor:
- mit allen geeigneten Mitteln Arbeitsunfälle und Berufskrankheiten sowie arbeitsbedingte Gesundheitsgefahren zu verhüten
- nach Eintritt von Arbeitsunfällen oder Berufskrankheiten die Gesundheit und die Leistungsfähigkeit des Versicherten mit allen geeigneten Mitteln wiederherzustellen und sie oder ihre Hinterbliebenen durch Geldleistungen zu entschädigen.

Damit Arbeitsunfälle gar nicht erst eintreten, erlassen die Unfallversicherungsträger als autonomes Recht Unfallverhütungsvorschriften . In Unternehmen mit regelmäßig mehr als 20 Beschäftigten hat der Unternehmer Sicherheitsbeauftragte zu benennen. Dabei ist der Personalrat zu beteiligen. Im übrigen kann der Unfallversicherungsträger überbetriebliche arbeitsmedizinische und sicherheitstechnische Dienste einrichten.

Ein seit Dezember 1974 geltendes Gesetz regelt die Pflicht des Arbeitgebers, Betriebsärzte und Fachkräfte für Arbeitssicherheit zu bestellen. Diese sollen ihn beim Arbeitsschutz und bei der Unfallverhütung unterstützen.

574 Nach § 21 SGB VII ist der Unternehmer für die Durchführung der Maßnahmen zur Verhütung von Arbeitsunfällen und Berufskrankheiten, für die Verhütung von arbeitsbedingten Gesundheitsgefahren, sowie für eine wirksame erste Hilfe verantwortlich. Die Versicherten haben dagegen nach ihren Möglichkeiten alle Maßnahmen zur Verhütung von Arbeitsunfällen, Berufskrankheiten und arbeitsbedingten Gesundheitsgefahren sowie für eine wirksame Erste Hilfe zu unterstützen und die entsprechenden Anweisungen des Arbeitgebers zu befolgen.

5.2 Leistungen nach Arbeitsunfall oder Berufskrankheit an Versicherte

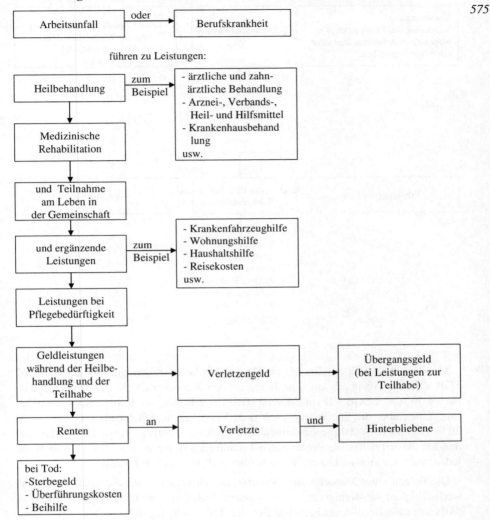

Versorgung durch die gesetzliche Unfallversicherung

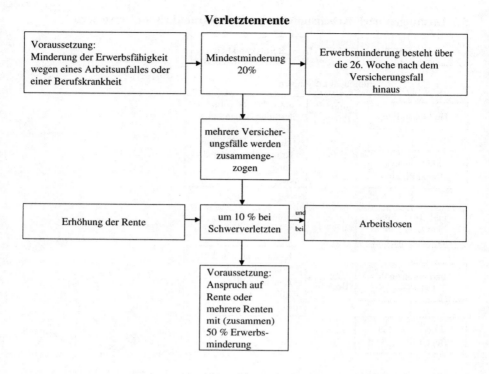

576 Mit dem Anspruch auf Renten an Versicherte beschäftigen sich die §§ 56 bis 62 SGB VII. Der Anspruch auf eine Rente an den Versicherten (Verletztenrente) setzt nach § 56 Abs. 1 SGB VII voraus, dass seine Erwerbsfähigkeit infolge eines Versicherungsfalles über die 26. Woche nach dem Versicherungsfall hinaus um wenigstens 20 % gemindert ist. Ist die Erwerbsfähigkeit infolge mehrerer Versicherungsfälle gemindert und erreichen die Prozentsätze zusammen wenigstens die Zahl 20, besteht für jeden, auch für einen früheren Versicherungsfall Anspruch auf Rente.

Die Folgen eines Versicherungsfalls sind nur zu berücksichtigen, wenn sie die Erwerbsfähigkeit um wenigstens 10 % mindern. Dabei stehen den Versicherungsfällen (Arbeitsunfall, Berufskrankheit) Unfälle oder Entschädigungsfälle nach den Beamtengesetzen (vgl. Rz. 67 ff.), dem Bundesversorgungsgesetz (BVG), dem Soldatenversorgungsgesetz (SVG) gleich.

Dies bedeutet, dass beispielsweise Unfälle nach den Beamtengesetzen wie Arbeitsunfälle nach dem SGB VII zu berücksichtigen sind. Natürlich gilt dies nur, wenn es um den Anspruch auf eine Verletztenrente, also um den Grad der Erwerbsminderung geht.

577 Gem. § 56 Abs. 2 SGB VII richtet sich die Minderung der Erwerbsfähigkeit nach dem Umfang der sich aus der Beeinträchtigung des körperlichen und geistigen Leistungsvermögens ergebenden verminderten Arbeitsmöglichkeiten auf dem gesamten Gebiet des Erwerbslebens.

Leistungen des Unfallversicherungsträgers

Bei jugendlichen Versicherten wird die Minderung der Erwerbsfähigkeit nach den Auswirkungen bemessen, die sich bei Erwachsenen mit gleichem Gesundheitsschaden ergeben würden. Bei der Bemessung der Minderung der Erwerbsfähigkeit werden Nachteile berücksichtigt, die die Versicherten dadurch erleiden, dass sie bestimmte von ihnen erworbene besondere berufliche Kenntnisse und Erfahrungen infolge des Versicherungsfalls nicht mehr oder nur noch in vermindertem Umfang nutzen können. Das gilt aber nur, soweit solche Nachteile nicht durch sonstige Fähigkeiten, deren Nutzung ihnen zugemutet werden kann, ausgeglichen werden.

Nach ausdrücklicher Vorschrift in § 56 Abs. 3 SGB VII wird bei Verlust der Erwerbsfähigkeit Vollrente geleistet. Diese beträgt zwei Drittel des Jahresarbeitsverdienstes. Bei einer Minderung der Erwerbsfähigkeit wird keine Teilrente geleistet. Diese wird in der Höhe des Satzes der Vollrente festgesetzt, der dem Grad der Minderung der Erwerbsfähigkeit entspricht.

Mit der Erhöhung der Rente bei Schwerverletzten beschäftigt sich § 57 SGB VII.

Danach erhöht sich die Rente um 10 % für Versicherte mit einer Erwerbsminderung von mindestens 50 %. Der genannte Prozentsatz kann auch durch den Anspruch auf mehrere Renten entstehen, wenn diese Renten zusammen eine Minderung der Erwerbsfähigkeit von 50 % oder mehr ergeben. Das Gesetz spricht hier von Schwerverletzten. Weitere Voraussetzung für die Rentenerhöhung ist, dass kein Anspruch auf Rente aus der gesetzlichen Rentenversicherung besteht.

Auch § 58 SGB VII sieht eine erhöhte Rente vor. Eine solche erhalten Versicherte, *578* solange sie infolge des Versicherungsfalles ohne Anspruch auf Arbeitsentgelt oder Arbeitseinkommen sind. Rente und Arbeitslosengeld bzw. Arbeitslosenhilfe dürfen allerdings zusammen einen bestimmten Höchstbetrag nicht übersteigen. Die Rente wird um den Unterschiedsbetrag erhöht. Dies gilt für längstens zwei Jahre nach ihrem Beginn.

Beziehen Versicherte mehrere Renten, so dürfen diese zusammen zwei Drittel des höchsten der Jahresarbeitsverdienste nicht übersteigen, die diesen Renten zugrunde liegen (§ 59 SGB VII). Dabei wird eine etwaige Erhöhung für Schwerverletzte nicht berücksichtigt. Soweit die Renten den Höchstbetrag übersteigen, werden sie verhältnismäßig gekürzt. Haben Versicherte eine Rentenabfindung erhalten (vgl. Rz. 598) wird bei der Feststellung des Höchstbetrages die der Abfindung zugrunde gelegte Rente so berücksichtigt, wie sie ohne die Abfindung noch zu zahlen wäre.

Der Unfallversicherungsträger kann für die Dauer einer Heimpflege die Rente min- *579* dern. Dies darf allerdings höchstens um die Hälfte geschehen und ist auch nur dann möglich, wenn es sich um eine Heimpflegedauer von mehr als einem Kalendermonat handelt. Die Rentenkürzung – die in § 60 SGB VII vorgesehen ist – darf im übrigen nur erfolgen, soweit dies nach den persönlichen Bedürfnissen und Verhältnissen des Versicherten angemessen ist.

Um eine Besonderheit in Zusammenhang mit dem öffentlichen Dienst geht es in *580* § 61 SGB VII. Hier werden Personen angesprochen, denen sonst Unfallfürsorge nach beamtenrechtlichen Vorschriften oder Grundsätzen gewährleistet ist und die einen Versicherungsfall erleiden, für den Unfallfürsorge nicht zusteht. Für Berufssoldaten gilt dies entsprechend. Solche Renten werden nur insoweit gezahlt, als sie die Dienst-

Versorgung durch die gesetzliche Unfallversicherung

oder Versorgungsbezüge übersteigen. Den Beamten bzw. Berufssoldaten verbleibt die Rente jedoch mindestens in Höhe des Betrages, der bei Vorliegen eines Dienstunfalls als Unfallausgleich bzw. als Ausgleich nach § 85 SVG zu gewähren wäre. Endet das Dienstverhältnis wegen Dienstunfähigkeit infolge des Versicherungsfalls, wird Vollrente insoweit gezahlt, als sie zusammen mit den Versorgungsbezügen aus dem Dienstverhältnis die Versorgungsbezüge, auf die der Beamte bei Vorliegen eines Dienstunfalls Anspruch hätte, nicht übersteigt. Die Höhe dieser Versorgungsbezüge stellt die Dienstbehörde fest. Für die Hinterbliebenen (vgl. dazu ab Rz. 583) gilt dies entsprechend.

Bezüglich der Berechnung der Unfallrente wird auf Rz. 576 ff. verwiesen.

581 Mit der Zahlung der Rente als vorläufige Entschädigung beschäftigt sich § 62 SGB VII. Es geht hier um die Rente für die ersten drei Jahre nach dem Versicherungsfall, also dem Arbeitsunfall oder der Berufskrankheit. Während dieser drei Jahre soll der Unfallversicherungsträger die Rente als vorläufige Entschädigung festsetzen, wenn der Umfang der Minderung der Erwerbsfähigkeit noch nicht abschließend festgestellt werden kann.

Wichtig: Innerhalb des Zeitraumes von drei Jahren kann der Prozentsatz der Minderung der Erwerbsfähigkeit jederzeit und zwar ohne Rücksicht auf die Dauer der Veränderung neu festgestellt werden.

582 Spätestens mit Ablauf von drei Jahren nach dem Versicherungsfall wird die vorläufige Entschädigung als Rente auf unbestimmte Zeit geleistet. Bei der erstmaligen Feststellung der Rente nach der vorläufigen Entschädigung kann der Prozentsatz der Minderung der Erwerbsfähigkeit abweichend von der vorläufigen Entschädigung festgestellt werden. Das gilt auch dann, wenn sich die Verhältnisse nicht geändert haben.

5.3 Leistungen an Hinterbliebene

583 Hinterbliebene haben Anspruch auf
- Sterbegeld
- Erstattung der Kosten der Überführung an den Ort der Bestattung
- Hinterbliebenenrenten,
- Beihilfe

584 Der Anspruch auf die vorstehenden Leistungen besteht nur, wenn der Tod wegen eines Arbeitsunfalles oder einer Berufskrankheit eingetreten ist. Ist ein Versicherter getötet worden, so kann der Unfallversicherungsträger die Entnahme einer Blutprobe zur Feststellung von Tatsachen anordnen, die für die Entschädigungspflicht von Bedeutung sind. Sind Versicherte im Zusammenhang mit der versicherten Tätigkeit verschollen, gelten sie als infolge eines Arbeitsunfalls verstorben, wenn die Umstände ihren Tod wahrscheinlich machen und seit einem Jahr Nachrichten über ihr Leben nicht eingegangen sind. Der Unfallversicherungsträger ist allerdings berechtigt, für die Leistungen den nach den Umständen mutmaßlichen Todestag festzustellen.

585 Witwen oder Witwer von Versicherten erhalten eine Witwen- oder Witwerrente, solange sie nicht wieder geheiratet haben (§ 65 SGB VII). Die Witwen- oder Witwerrente beträgt

Leistungen des Unfallversicherungsträgers

- zwei Drittel des Jahresarbeitsverdienstes (vgl. dazu ab Rz. 592) bis zum Ablauf des dritten Kalendermonats nach Ende des Monats, in dem der Ehegatte verstorben ist,
- 30 % des Jahresarbeitsverdienstes nach Ablauf des dritten Kalendermonats (der Anspruch besteht längstens für 24 Kalendermonate)
- 40 % des Jahresarbeitsverdienstes nach Ablauf des dritten Kalendermonats,

1. solange ein waisenrentenberechtigtes Kind erzogen oder für ein behindertes Kind gesorgt wird
2. wenn die Witwe oder der Witwer das 45. Lebensjahr vollendet hat oder
3. solange die Witwe oder der Witwer erwerbsgemindert im Sinne der gesetzlichen Rentenversicherung ist.

Eigenes Einkommen von Witwer oder Witwe wird angerechnet, soweit es einen bestimmten Höchstbetrag übersteigt. Die Anrechnung des übersteigenden Betrages auf die Rente erfolgt allerdings lediglich zu 40 %.

Witwenrente oder Witwerrente wird auf Antrag auch an überlebende Ehegatten gezahlt, die wieder geheiratet haben, wenn die erneute Ehe aufgelöst oder für nichtig erklärt ist und sie im Zeitpunkt der Wiederheirat Anspruch auf eine solche Rente hatten. Witwen oder Witwer haben keinen Anspruch, wenn die Ehe erst nach dem Versicherungsfall (Arbeitsunfall, Berufskrankheit) geschlossen worden ist und der Tod innerhalb des erstens Jahres dieser Ehe eingetreten ist. Das gilt nur dann nicht, wenn nach den besonderen Umständen des Einzelfalls die Annahme nicht gerechtfertigt ist, dass es der alleinige oder überwiegende Zweck der Heirat war, einen Anspruch auf Hinterbliebenenversorgung zu begründen. *586*

Frühere Ehegatten von Versicherten, deren Ehe mit ihnen geschieden, für nichtig erklärt oder aufgehoben ist, erhalten auf Antrag eine Rente, wenn die Versicherten ihnen während des letzten Jahres vor ihrem Tod Unterhalt geleistet haben oder den früheren Ehegatten im letzten wirtschaftlichen Dauerzustand vor dem Tod der Versicherten ein Anspruch auf Unterhalt zustand (§ 66 SGB VII). *587*

Kinder von verstorbenen Versicherten erhalten a) eine Halbwaisenrente, wenn sie noch einen Elternteil haben, b) eine Vollwaisenrente, wenn sie keine Eltern mehr haben (§ 67 SGB VII). Als Kinder werden auch Stiefkinder und Pflegekinder berücksichtigt, die in den Haushalt des Versicherten aufgenommen waren. Das gleiche gilt für Enkel und Geschwister, die in den Haushalt des Versicherten aufgenommen waren oder von ihnen überwiegend unterhalten wurden. *588*

Halb- oder Vollwaisenrente wird gezahlt

- bis zur Vollendung des 18. Lebensjahres,
- bis zur Vollendung des 27. Lebensjahres, wenn sie
   a) sich in Schulausbildung oder Berufsausbildung befindet,
   b) ein freiwilliges soziales oder ökologisches Jahr leistet
   oder
   c) wegen körperlicher, geistiger oder seelischer Behinderung außerstande ist, sich selbst zu unterhalten.

Beim Anspruch wegen Schul- oder Berufsausbildung erhöht sich die Altersgrenze bei Unterbrechung oder Verzögerung der Schul- oder Berufsausbildung durch den ge- *589* setzlichen Wehrdienst, Zivildienst oder einen gleichgestellten Dienst um die Zeit, die dem Zeitraum dieser Dienstleistung entspricht.

Die Rente beträgt

- 20 % des Jahresarbeitsverdienstes für eine Halbwaise
- 30 % des Jahresarbeitsverdienstes für eine Vollwaise (§ 68 SGB VII).

Einkommen einer über 18 Jahre alten Waise, das mit der Waisenrente zusammentrifft, wird auf diese angerechnet, soweit ein bestimmter Grenzwert überschritten wird. Vom Überschreitungsbetrag werden 40 % angerechnet.

590 Auch an Verwandte der aufsteigenden Linie (Eltern, Großeltern, auch Stief- oder Pflegeeltern des Versicherten) werden Renten gezahlt (§ 69 SGB VII). Voraussetzung ist, dass sie von dem Verstorbenen zur Zeit seines Todes aus dessen Arbeitsentgelt oder Arbeitseinkommen wesentlich unterhalten worden sind oder ohne den Versicherungsfall wesentlich unterhalten worden wären. Sie erhalten die Rente so lange, als sie ohne den Versicherungsfall gegen den Verstorbenen einen Anspruch auf Unterhalt wegen Unterhaltsbedürftigkeit hätten geltend machen können.

Die Renten der Hinterbliebenen dürfen zusammen 80 % des Jahresarbeitsverdienstes nicht übersteigen, ansonsten werden sie nach näherer Vorschrift des § 70 SGB VII gekürzt.

591 Witwen oder Witwer von Versicherten erhalten eine einmalige Beihilfe von 40 % des Jahresarbeitsverdienstes (vgl. ab Rz. 592), wenn

– ein Anspruch auf Hinterbliebenenrente deshalb nicht besteht, weil der Tod des Versicherten nicht Folge eines Versicherungsfalls war, und
– die Versicherten zur Zeit ihres Todes Anspruch auf eine Rente nach einer Minderung der Erwerbsfähigkeit von 50 % oder mehr oder auf mehrere Renten mit zusammen mindestens 50 % hatten (§ 71 SGB VII). Für Vollwaisen gilt vorstehendes entsprechend.

Haben Versicherte länger als zehn Jahre eine Rente nach einer Minderung der Erwerbsfähigkeit von 80 % oder mehr bezogen und sind sie nicht an den Folgen eines Versicherungsfalls gestorben, kann anstelle der (einmaligen) Beihilfe eine laufende Beihilfe bis zur Höhe einer Hinterbliebenenrente gezahlt werden. Voraussetzung ist, dass die Versicherten infolge des Arbeitsunfalls oder der Berufskrankheit gehindert waren, eine entsprechende Erwerbstätigkeit auszuüben und wenn dadurch die Versorgung der Hinterbliebenen um mindestens 10 % gemindert ist.

5.4 Berechnung des Jahresarbeitsverdienstes

592 Die Rentenleistungen der gesetzlichen Unfallversicherung werden aus dem Jahresarbeitsverdienst berechnet. Hiermit beschäftigen sich die §§ 81 bis 93 SGB VII. Als Grundsatz bestimmt hier § 82 SGB VII, dass der Jahresarbeitsverdienst der Gesamtbetrag der Arbeitsentgelte und Arbeitseinkommen des Versicherten in den 12 Kalendermonaten vor dem Monat ist, in dem der Versicherungsfall eingetreten ist. Zum Arbeitsentgelt im vorstehenden Sinne gehört auch das Arbeitsentgelt, auf das ein nach den 12 Kalendermonaten abgeschlossener Tarifvertrag dem Versicherten rückwirkend einen Anspruch einräumt.

593 Für Zeiten, in denen der Versicherte in den oben erwähnten 12 Kalendermonaten Arbeitsentgelt oder Arbeitseinkommen bezogen hat, wird das Arbeitsentgelt oder Arbeitseinkommen zugrunde gelegt, das seinem durchschnittlichen Arbeitsentgelt oder Arbeitseinkommen in den mit Arbeitsentgelt oder Arbeitseinkommen belegten Zeiten dieses Zeitraumes entspricht.

Sonderregelungen gelten für Soldaten auf Zeit, Wehr- oder Zivildienstleistende, Entwicklungshelfer, sowie für Personen, die beim besonderen Einsatz des Zivilschutzes oder beim Ableisten eines freiwilligen sozialen oder ökologischen Jahres tätig werden. Erleiden solche Personen einen Versicherungsfall, wird als Jahresarbeitsverdienst das Arbeitsentgelt oder Arbeitseinkommen zugrunde gelegt, das er durch eine Tätigkeit erzielt hätte, die der letzten Tätigkeit vor den genannten Zeiten entspricht. Das gilt aber nur, wenn die fiktive Berechnung für ihn günstiger ist.

594 Ereignet sich der Versicherungsfall innerhalb eines Jahres seit Beendigung einer Berufsausbildung, bleibt das während der Berufsausbildung erzielte Arbeitsentgelt außer Betracht, wenn es für den Versicherten günstiger ist.

Erleidet jemand, dem sonst Unfallfürsorge nach beamtenrechtlichen Vorschriften oder Grundsätzen gewährleistet ist, einen Versicherungsfall, für den ihm Unfallfürsorge nicht zusteht (vgl. dazu Rz. 67 ff.), gilt für die Ermittlung des Jahresarbeitsverdienstes eine Sonderregelung (§ 82 SGB VII). Hier gilt als Jahresarbeitsverdienst nämlich der Jahresbetrag der ruhegehaltsfähigen Dienstbezüge, die der Berechnung eines Unfallruhegehalts zugrunde zu legen wären. Für Berufssoldaten gilt dies entsprechend.

595 Bei Berufskrankheit gilt gem. § 84 SGB VII für die Berechnung des Jahresarbeitsverdienstes als Zeitpunkt des Versicherungsfalls der letzte Tag, an dem die Versicherten versicherte Tätigkeiten verrichtet haben, die ihrer Art nach geeignet waren, die Berufskrankheit zu verursachen. Dies gilt aber nur, wenn diese Berechnung für die Versicherten günstiger ist als eine Berechnung auf der Grundlage des in § 9 Abs. 5 SGB VII genannten Zeitpunktes. Dies gilt ohne Rücksicht darauf, aus welchen Gründen die schädigende versicherte Tätigkeit aufgegeben worden ist. Nach der Vorschrift des § 9 Abs. 5 SGB VII ist bei Berufskrankheiten als Zeitpunkt des Versicherungsfalls auf den Beginn der Arbeitsunfähigkeit oder der Behandlungsbedürftigkeit abzustellen. Es ist allerdings auf den Beginn der rentenberechtigenden Minderung der Erwerbsfähigkeit abzustellen, wenn dies für den Versicherten günstiger ist.

596 Mit dem Mindest- und dem Höchstjahresarbeitsverdienst beschäftigt sich § 85 SGB VI. Danach beträgt der Jahresarbeitsverdienst mindestens

1. für Versicherte, die im Zeitpunkt des Versicherungsfalls das 15., aber noch nicht das 18. Lebensjahr vollendet haben, 40 %,
2. für Versicherte, die im Zeitpunkt des Versicherungsfalls das 18. Lebensjahr vollendet haben, 60 %

der im Zeitpunkt des Versicherungsfalls maßgebenden Bezugsgröße (vgl. § 18 SGB IV). Der Jahresarbeitsverdienst beträgt im übrigen höchstens das zweifache der im Zeitpunkt des Versicherungsfalls maßgebenden Bezugsgröße. Die Satzung kann eine höhere Obergrenze bestimmen. Im allgemeinen ist dies auch geschehen.

597 Sonderregelungen gelten bezüglich des Jahresarbeitsverdienstes für Kinder (§ 86 SGB VII). § 87 SGB VII beschäftigt sich mit Fällen, in denen der festgesetzte Jahresarbeitsverdienst in erheblichem Maße unbillig ist. Hier wird er nach billigem Ermessen im Rahmen von Mindest- und Höchstjahresarbeitsverdienst festgesetzt. Dabei werden insbesondere die Fähigkeiten, die Ausbildung, die Lebensstellung und die Tätigkeit der Versicherten im Zeitpunkt des Versicherungsfalles berücksichtigt.

Nach näherer Vorschrift des § 88 SGB VI kommt eine Erhöhung des Jahresarbeitsverdienstes für Hinterbliebene in Frage. Mit der Berücksichtigung von Anpassungen der Geldleistungen beschäftigt sich § 89 SGB VII. Beginnt nämlich eine Rente nach dem 30.6. eines Jahres und ist der Versicherungsfall im vergangenen Kalenderjahr oder früher eingetreten, wird der Jahresarbeitsverdienst entsprechend der für die Renten geltenden Regelungen angepaßt. Hier kommt es in der Regel zum 1. 7. eines Jahres zu Anpassungen.

5.5 Abfindungen

598 Bei nur kurze Zeit dauernder Erwerbsminderung kann der Unfallversicherungsträger den Verletzten mit einer Gesamtvergütung abfinden (§ 75 SGB VII). Versicherte mit Renten wegen einer Erwerbsminderung unter 40 % können auf ihren Antrag mit einem dem Kapitalwert der Rente entsprechenden Betrag abgefunden werden (§ 76 SGB VII). Tritt nach der Abfindung eine wesentliche Verschlimmerung der Folgen des Arbeitsunfalls bzw. der Berufskrankheit ein, wird insoweit Rente gezahlt. Auf ihren Antrag können Versicherte mit einer Erwerbsminderung von 40 % oder mehr durch einen Geldbetrag abgefunden werden (§ 78 SGB VII). Die Abfindung erfolgt bis zur Hälfte der Rente für einen Zeitraum von 10 Jahren (§ 79 SGB VII).

Eine Witwen- oder Witwerrente wird bei der ersten Wiederheirat der Berechtigten mit dem 24fachen Monatsbetrag abgefunden (§ 80 SGB VII).

5.6 Ausschluss oder Minderung von Leistungen

599 Personen, die den Tod von Versicherten vorsätzlich herbeigeführt haben, haben keinen Anspruch auf Leistungen (§ 101 Abs. 1 SGB VII).

Im übrigen können Leistungen vom Unfallversicherungsträger ganz oder teilweise versagt oder entzogen werden, wenn der Versicherungsfall bei einer vom Versicherten begangenen Handlung eingetreten ist, die nach rechtskräftigem strafgerichtlichen Urteil ein Verbrechen oder vorsätzliches Vergehen ist (§ 101 Abs. 2 SGB VII). Soweit die Leistung an den Versicherten versagt wird, kann sie an unterhaltsberechtigte Ehegatten und Kinder geleistet werden.

5.7 Zusammentreffen von Renten der Unfallversicherung mit denen der Rentenversicherung

600 Mit dem Zusammentreffen von Renten der Unfallversicherung mit denen der Rentenversicherung beschäftigt sich insbesondere § 93 SGB VI. Besteht nämlich hiernach für denselben Zeitraum Anspruch

– auf eine Rente aus eigener Versicherung und auf eine Verletztenrente aus der Unfallversicherung oder
– auf eine Hinterbliebenenrente aus der Rentenversicherung und eine entsprechende Hinterbliebenenrente aus der Unfallversicherung

Leistungen des Unfallversicherungsträgers

wird die Rente insoweit nicht geleistet, als die Summe der zusammentreffenden Rentenbeträge vor Einkommensanrechnung den jeweiligen Grundbetrag übersteigt.

Bestimmte Rentenbeträge bleiben bei der Ermittlung der Summe der zusammentreffenden Rentenbeträge unberücksichtigt. Zunächst gilt dies in bestimmten Umfange für Monatsteilbeträge der Rente, die auf persönlichen Entgeltpunkten (vgl. zu diesem Begriff Rz. 406 ff.) der knappschaftlichen Rentenversicherung beruht. Bei der Verletztenrente aus der Unfallversicherung bleibt der Betrag unberücksichtigt, der bei gleichem Grad der Minderung der Erwerbsfähigkeit als Grundrente nach dem BVG geleistet werden würde. Unberücksichtigt bleiben: a) bei einer Minderung der Erwerbsfähigkeit um 20 % zwei Drittel der Mindestgrundrente, b) bei einer Minderung der Erwerbsfähigkeit um 10 % ein Drittel der Mindestgrundrente. Sonderregelungen gelten in Zusammenhang mit Verletztenrenten, die aufgrund einer Berufskrankheit erbracht werden.

Eine Rentenkürzung kommt nicht in Frage, wenn die Verletztenrente abgefunden worden ist (vgl. dazu Rz. 598). Sie kommt insbesondere auch dann nicht in Frage, wenn die Verletztenrente für einen Versicherungsfall geleistet wird, der sich nach Rentenbeginn oder nach Eintritt der für die Rente maßgebenden Minderung der Erwerbsfähigkeit ereignet hat. Dies gilt allerdings nicht für Hinterbliebenenrenten.

Zu erwähnen ist in diesem Zusammenhang noch, dass die Unfallversicherungsträger verpflichtet sind, die Rentenversicherungsträger beim Zusammentreffen von Renten zu benachrichtigen hat. Bezüglich näherer Einzelheiten wird auf § 190 SGB VII verwiesen.

Literaturverzeichnis

Ertl/Marburger: Früher in Rente. Walhalla-Fachverlag, Regensburg. 8. Auflage. 2002

Gilbert-Hesse: Die Versorgung der Angestellten und Arbeiter des öffentlichen Dienstes, Verlag C.H. Beck, Loseblatt-Kommentar. Stand: 2002

Marburger, Horst: Sozialrechtliche Absicherung flexibler Arbeitszeitregelungen. In: Die Personalvertretung 6/1999 S. 249

Marburger, Horst: Sozialversicherung Öffentlicher Dienst, Walhalla Fachverlag, Regensburg. 1999

Marburger, Horst: Arbeitsunfall – Berufskrankheit. Walhalla Fachverlag, Regensburg. 1999

Marburger, Horst: Die Gesetzliche Rentenversicherung, Richard Boorberg-Verlag, Stuttgart. 2003

Obenaus, Walter: Altersteilzeit im öffentlichen Dienst: Zur Auslegung von § 2 TV ATZ

Petin/Effertz: BAT-Taschenbuch für den öffentlichen Dienst. Loseblatt-Kommentar in 3 Bänden. Walhalla-Fachverlag, Regensburg. Stand: 1.1.2003

Stichwortverzeichnis
(Die Zahlen bezeichnen die Randziffern)

A

Abfindung 27, 58, 194, 287 ff., 543 ff., 578, 598, 600
Abfindungsrente 287
Abgeordnete 318
Abhängigkeit 259
Abrechnungsmonat 226
Abrechnungszeitraum 218, 244
Abschlagsfaktor 469
Abtretung 549
Ärztliche Behandlung 73
Aktueller Rentenwert 336 ff., 379, 390, 396, 405
Alimentationsprinzip 1
Alter 282
Altersfaktor 461, 533, 542
Altersgrenze 274
Altersrente 123, 155, 201, 307 ff., 350, 353 ff., 429
Altersgrenze 103
Altersteilzeit 101 ff., 369 ff.
Altersteilzeitzuschlag 116
Altersversorgung 59, 485
Altersvorsorgebeiträge 5
Altersvorsorgeplan 423
Altersvorsorgevermögen 484
Alters-Vorsorge-Zulage 10, 496
Amtsarzt 347, 350
Amtshandlung 299
Amtszulagen 117
Anpassung 597
Anpassungsfaktor 5
Anpassungsgeld 368 ff.
Anrechnung 97
Anrechnungszeiten 315, 321, 328, 412
Anspruchszeitraum 547
Anstalt 282
Antrag 103, 154, 432, 529 ff., 542

Antragsaltersgrenze 103
Antragsmonat 46
Antragsversicherung 256
Anwärterbezüge 53
Anwartschaft 95 ff., 393, 428, 457 ff., 533
Apotheke 418
Apotheker 280
Arbeitgeber 293
Arbeitgeberanteil 374
Arbeitgeberbeitrag 488
Arbeitgeberwechsel 540
Arbeitgeberzuschuss 206 ff.
Arbeitseinkommen 473, 592
Arbeitsentgelt 133, 222, 254 ff., 257 ff., 275, 389 ff., 473, 553, 592 ff.
Arbeitsfreistellung 213 ff.
Arbeitsgemeinschaft 6
Arbeitsgerät 570
Arbeitslohn 440
Arbeitslose 494
Arbeitslosengeld 127, 211, 368 ff.
Arbeitslosenhilfe 127, 211, 368 ff., 578
Arbeitslosigkeit 143, 308, 321 ff., 415
Arbeitsmarkt 327
Arbeitsmarktlage 331
Arbeitsmarktpolitik 102
Arbeitsphase 109, 131, 152, 228
Arbeitsplatz 143, 343
Arbeitsschutz 573
Arbeitsstunden 232 ff.
Arbeitsumfang 453
Arbeitsunfähigkeit 195 ff.
Arbeitsunfähigkeitszeit 321, 397
Arbeitsunfall 311, 435, 562
Arbeitsvertrag 345, 428
Arbeitszeit 105, 125 ff., 174
Architekt 280

243

Stichwortverzeichnis

Arzt 82
Aufenthalt 19, 474, 548
Aufnahmeantrag 537
Aufruhr 71
Aufschlag 176, 187
Aufschub 286, 292 ff.
Aufstockungsbetrag 133, 161, 185, 196 ff.
Aufstockungsleistungen 180 ff., 195
Aufwandsentschädigungen 22, 52, 258, 448
Ausbildung 330, 553, 597
Ausbildungszeiten 32, 38, 114 ff.
Ausbleibezulage 448
Ausgleichskasse 131
Auskunft 548
Auskunftsservice 485
Ausland 66, 72, 80, 254, 290, 303, 305, 317, 352, 448, 547, 559, 589
Auslandsverwendungszuschlag 72
Aussenwirtschaftsverkehr 20
Ausschlussfrist 86, 543
Auszubildende 143, 166, 258

B

Bahnsozialwerk 418
Banksparkassenpläne 490
Bausparbeitrag 119
Beamtenanwärter 294
Beendigungstatbestände 200
Beeinträchtigung 76
Befristung 347
Begutachtung 546
Behinderung 326, 588
Beihilfe 121, 206, 583, 591
Beitragsbemessungsgrenze 133, 137 ff., 181, 184, 231 ff., 294, 390, 407 ff., 449, 493, 501, 508
Beitragsbemessungsgrundlage 300 ff., 407
Beitragserhöhung 135
Beitragserstattung 474
Beitragsfreiheit 133
Beitragsjahr 11
Beitragspflicht 222 ff.
Beitragszeit 406 ff.

Beitragszuschuss 206 ff., 480
Bekanntgabe 87
Bemessungsprivileg 211
Bemessungssatz 463, 466
Benachrichtigung 600
Bereitschaftsdienst 181, 190
Bergleute 140, 252, 307 ff., 311
Berücksichtigungszeit 315, 321, 410
Berufsausbildung 315, 386, 411, 588 ff., 594
Berufsfeuerwehr 80
Berufsgenossenschaft 551
Berufskrankheit 69, 311, 436, 562, 570, 595
Berufssoldat 254, 262, 285, 301, 580, 594
Berufstätigkeit 330
Berufsunfähigkeit 307
Berufsunfähigkeitsrente 329 ff., 338
Berufsvorbereitung 322
Beschäftigung 553
Beschäftigungsverhältnis 217
Bescheinigung 499
Besoldung 22
Bestattung 54
Beteiligter 426
Beteiligungsvereinbarung 521, 524
Betriebsausflug 567
Betriebsausgabe 492
Betriebsrente 429, 432 ff.
Betriebssport 565
Betriebsstätte 553
Betriebsvereinbarung 129, 220
Betriebsversammlung 566
Beurlaubung 6, 26, 78, 89, 273, 290, 447
Bewilligungszeitraum 106
Bildungseinrichtung 39
Bildungsmaßnahme 322
Binnenschiffer 418
Blockmodell 107, 114, 128, 131, 153, 174, 187, 203, 205, 215, 225
Blutprobe 584
Blutspender 558
Bonuspunkte 447, 457, 533
Bordpersonal 418

Bruttodienstbezug 117
Brutto-Teilzeitarbeits-Entgelt 135
Buchungsgebühr 20
Bühnenmitglieder 418
Bundesknappschaft 252
Bundestag 437
Bundeszuschuss 251

D

Datenstelle 420
Datenträger 164
DDR 40
Decksdienst 418
Deutsche Bahn 418
Diakonisse 265
Dienstaltersstufe 41
Dienstbereitschaft 260
Dienstbeschädigung 56
Dienstbezogenheit 70
Dienstbezüge 24, 41 ff., 88, 113, 580
Diensthandlung 80
Dienstherr 295
Dienststelle 68
Dienstunfähigkeit 64, 80, 114, 274, 580
Dienstunfall 68 ff., 580
Dienstvorgesetzter 87
Dienstzeit 16, 18, 22, 24 ff., 295
Direktversicherung 490
Direktzusage 258, 504
Disziplinarurteil 34
Disziplinarverfahren 99, 271
DO-Angestellte 3, 263
Doppelausrechnung 473
Durchführungsformen 500 ff.
Durchführungsweg 258
Durchschnittsentgelt 301, 400, 413
Dynamisierung 375, 405, 408

E

Ehedauer 58
Ehegatte 208, 488, 498
Eheschließung 56
Ehezeit 393
Ehrenamt 556
Eingangsbesoldungsgruppe 41
Eingliederung 257

Einkommen 585
Einkommensteuererklärung 185
Einkünfte 388
Einverständniserklärung 9
Einmalzahlung 176, 181, 222, 235, 295
Einsatzdienst 80
Einstellungsprüfung 554
Einzelanordnung 259
Einstweiliger Ruhestand 43
Einzugsstelle 248, 277, 391
Eltern 588, 590
Elternteil 385
Elternzeit 9, 70, 261, 452
Empfangsberechtigter 21
Empfangsbevollmächtigter 19, 547
Enkel 83, 381, 588
Entbindung 272
Entgelt 405 ff., 448, 475, 507 ff.
Entgeltabrechnung 247
Entgeltbestandteile 141
Entgeltfortzahlung 195, 345
Entgeltmeldung 391
Entgeltpunkte 312, 417, 439 ff.
Entgeltumwandlung 258, 482, 501 ff.
Entlassung 34, 114
Entnahmemodell 490
Entsendungsrichtlinien 27
Entwicklungshelfer 256, 552, 593
Erfindervergügung 448
Erlöschen 99, 155 ff.
Ermessen 597
Ersatzanspruch 549
Ersatzzeit 315, 370, 410
Erschwerniszuschlag 187
Erwerbseinkommen 29, 47, 58 ff.
Erwerbsersatzeinkommen 29, 48, 58 ff.
Erwerbsleben 76, 398
Erwerbsminderung 244, 246, 249, 263, 281 ff., 311, 324 ff., 404, 535, 576, 591, 598
Erwerbsminderungsrente 307, 432 ff., 433, 470, 542
Erwerbstätigkeit 48
Erwerbsunfähigkeit 67, 200, 307
Erwerbsunfähigkeitsrente 329, 331, 338

Erzieher 282, 418
Erziehungsgeld 261
Erziehungsrente 308, 381, 383 ff.
Erziehungszeit 316 ff.
Essenseinnahme 565
Europäische Gemeinschaften 270

F
Facharzt 546
Fachkenntnisse 38
Fachschulausbildung 38
Fachschule 322
Fälligkeit 18, 247, 250
Fahrbereitschaft 151
Fahrgemeinschaft 569
Fahrlässigkeit 72, 277
Familienversicherung 208
Familienwohnung 569
Familienzuschlag 54, 117
Fehlbetrag 492
Finanzdienstleister 489
Finanzierung 475
Finanzierungsaufwand 441
Finanzierungsverfahren 450
Flexible Arbeitszeitregelungen 219, 406, 408
Flucht 314, 410
Fondsparpläne 490
Flugverkehrskontrolldienst 91
Forschung 147
Forschungseinrichtung 427
Fortbildung 553
Fortbildungsveranstaltung 70
Frauenaltersrente 308, 364
Freiberufler 131
Freibetrag 117 ff.
Freiheitsstrafe 472
Freistellung 32, 53, 105
Freistellungsphase 108, 183, 205, 223, 226
Freiwillige Versicherung 303 ff., 548
Freizeitphase 128
Friedensverrat 100
Fürsorge 418
Fürsorgepflicht 198
Funkoffizier 418

Fußball 565

G
Gebietskörperschaft 264
Gefahr 56
Gefangenschaft 71
Gehaltsänderung 503
Gehilfe 418
Geistliche 264, 287
Geldbuße 160, 164
Geldleistung 573
Gemeinde 552
Gemeindeverband 552
Gemeinschaft 293
Genormtheit 260
Genossenschaft 293
Genossenschaftsveranstaltung 566 ff.
Geringfügige Beschäftigung 126, 275, 278 ff., 334, 406
Gesamtlaufzeit 173
Gesamtleistungsbewertung 415
Gesamtversorgungssystem 289, 456 ff., 458
Geschäftsjahr 457
Geschlecht 554
Geschwister 54, 588
Gesundheitsgefahr 574
Gesundheitsschädigung 33
Gewährleistungsbescheid 264 ff.
Gewahrsam 311
Gewebespender 558
Gewerkschaft 557
Gleitzeitvereinbarung 235
Gliedkirche 264
Gnadenvierteljahr 466
Großeltern 590
Grundbetrag 93 ff., 600
Grundbewertung 415
Grundgehalt 117
Grundsicherung 485
Grundvergütung 177
Grundwehrdienst 301, 386
Grundzulage 10, 496
Gruppenversicherungsvertrag 524
Gütesiegel 489
Gutschriften 226, 457, 547

Stichwortverzeichnis

H
Halbtagsbeschäftigung 128
Halbwaise 64, 463
Halbwaisenrente 385 ff., 588
Handlungsgehilfe 418
Hauptbeschäftigung 275
Heilanstaltspflege 74
Heilmittel 73
Heilverfahren 67, 72
Heimpflege 579
Heirat 56, 382
Helfer 556
Hilfeleistung 556
Hilflosigkeit 75
Hilfsmittel 74, 572
Hinterbliebene 462 ff., 573, 583
Hinterbliebenenrente 542 ff., 600
Hinterbliebenenversorgung 428, 535
Hinweis 85
Hinzurechnungsbetrag 228 ff.
Hinzuverdienst 355
Hinzuverdienstgrenzen 334 ff., 374 ff., 473
Hochschulausbildung 38
Hochschule 322, 427
Hochverrat 100
Höchstjahresarbeitsverdienst 596
Höherversicherung 305 ff., 483

I
Integrationsamt 346
Invalidität 505

J
Jahresarbeitsverdienst 592 ff.
Jahresarbeitsentgeltgrenze 207
Jahresbeitragsbemessungsgrenze 142
Jahressondervergütung 137
Jahresurlaub 199
Jubiläumszuwendung 37, 176, 448, 504

K
Kapitalanlage 479
Kapitalbetrag 30, 98
Kapitaldeckung 486
Kapitaldeckungsverfahren 433, 445

Kapitalwert 598
Kennzahl 20
Kindererziehungszeit 32, 316 ff., 397, 412, 488
Kindererziehungszuschlag 4, 92
Kindergeld 10
Kinderzulage 10 ff., 497
Kindschaftsverhältnis 64
Kirchenrecht 263, 274
Klage 529 ff.
Kleiderverschleiß 74
Kleinunternehmensregelung 149 ff.
Knappschaftsausgleichsleistung 203
Körperersatzstück 73
Körperschaden 71
Kombinationsmodell 475
Kommunale Versorgungseinrichtungen 535
Kontoeinrichtungsgebühr 20
Kontoführungsgebühr 20
Kostenerstattung 75
Krankenbezüge 195, 348
Krankengeld 261, 472
Krankengeldzuschuss 345, 348, 448
Krankenhausbehandlung 74, 558
Krankenpflege 418
Krankenversicherungsbeitrag 206
Krankheit 22, 321, 323, 326, 415
Krankheitstag 187
Kriegshandlung 71
Kündigung 200, 244, 368, 459
Kündigungsschutz 165, 354
Kürzung 95 ff.
Kurzzeitige Beschäftigung 275

L
Landeszentralbank 20
Landwirtschaftliche Alterssicherung 252
Langzeitkonten 131, 235
Laufbahnbewerber 38
Laufbahngruppe 80
Lebenserwartung 484
Lebensbescheinigung 548
Lebensgefahr 80
Lebenspartner 569

Lebensstellung 597
Lebensunterhalt 485
Lebensversicherung 480
Lebenszeit 262
Lehrer 282
Lehrwerkstatt 553
Leistungsbemessung 475
Leistungszulage 448, 450
Lohnsteuerkarte 186
Lohnsteuerklasse 186
Lohnsteuertabelle 118
Lohnunterlagen 225 ff.

M
Märzklausel 237
Mahlzeit 564
Maschinendienst 418
Mehrarbeit 121, 151, 187 ff.
Mehrarbeitsstunden 180
Mehrarbeitsvergütung 222
Meldedaten 391
Meldung 391 ff.
Mindestaufstockungsbetrag 186
Mindestbeitrag 443
Mindestbeitragsbemessungsgrundlage 279, 301
Mindesteigenbeitrag 12, 496
Mindestjahresarbeitsverdienst 596
Mindestnettobetrag 135, 184
Mindestnettobetrags-Verordnung 182
Mindestprozentsatz 76
Mindestunfallwaisengeld 67
Mindestversicherungszeit 309, 398
Mindestversorgung 43 ff.
Minister 318
Mitgliedsbeiträge 119
Mittagspause 564
Mitwirkungspflichten 160, 164 ff., 205
Monats-Steuertabelle 184
Musiker 418
Mutter 64
Mutterschaft 321, 323
Mutterschaftsgeld 261
Mutterschutzfrist 272

N
Nachversicherung 288
Nachzahlung 113 ff.
Nebenbeschäftigung 262
Nebenleistungen 448
Nebentätigkeit 106, 197
Nettoarbeitsentgelt 136, 258, 507
Nettobetrag 182
Nettodienstbezüge 117, 119
Notar 36

O
Öffnungsklausel 130
Ökologisches Jahr 588, 593
Operation 74
Ordnungswidrigkeit 160, 164
Ortszuschlag 177

P
Parlament 437
Parlamentarische Staatssekretäre 318
Pauschalbeitrag 278
Pauschalversteuerung 228, 477
Pensionsfonds 490, 501
Pensionskasse 490, 501
Pfändung 119
Pflege 73, 75
Pflegebedürftiger 50
Pflegeeltern 590
Pflegekind 381, 385
Pflegekosten 67
Pflegeperson 558
Pflegezeiten 320
Pflichtbeitragszeit 328
Pflichtversicherte 426
Post 540
Praktikant 418
Privatversicherung 211
Produktion 147
Progressionsvorbehalt 185
Prüfungszeit 38
Punktemodell 422, 442, 446

R
Rahmenzeitraum 328
Rechenfehler 525

Stichwortverzeichnis

Rechtsabteilung 151
Rechtsanspruch 507
Rechtsanwalt 36, 280
Rechtsgeschäft 506
Rechtskreise 231
Rechtspflegeanwärter 294
Regelaltersrente 155, 201, 308, 355, 433
Rehabilitation 253, 332, 558
Rehabilitationsmaßnahme 556
Religionsgesellschaft 522
Rentabilität 489
Rente 60, 249
Rentenabschläge 357 ff.
Rentenabzug 204, 402
Rentenalter 202
Rentenanpassung 399, 405
Rentenantrag 432
Rentenartfaktor 401 ff.
Rentenauskunft 392, 417
Rentenberechnung 256, 432
Rentenbescheid 347 ff., 417, 432 ff., 526
Rentenbezug 321
Renteninformation 395
Rentenkonto 396
Rentenkürzung 579
Rentenversicherung 194, 251 ff.
Rentensplitting 312, 406
Rentenversicherung 95 ff.
Rentenversicherungsbeiträge 192
Rentenzuschüsse 253
Rettungshandlung 556
Richter 89, 268
Riester-Rente 4, 425, 483 ff.
Rückerstattungspflicht 160
Rufbereitschaft 181, 190 ff.
Ruhelohn 428
Ruhen 61, 342
Ruhenszeiträume 197

S
Sabbatjahr 215
Sachschäden 66, 72
Sanierungsgeld 445, 478, 537
Satzung 281, 519, 553

Schadensausgleich 66, 84
Schätzung 396
Scheidung 63, 95
Schichtzulage 178
Schiedsvereinbarung 527
Schiffsarzt 418
Schiffsbesatzung 418
Schiffsführer 418
Schreibfehler 525
Schreibkanzlei 151
Schüler 555
Schulausbildung 386, 588 ff.
Schule 282, 322
Schulungskurs 553
Schulzeit 321, 328
Schutzausrüstung 570
Schutzfrist 272, 321
Schwangerschaft 6, 321, 323
Schwerbehinderung 308, 346 ff., 360
Schwerverletzte 478, 577
Seemannskasse 368 ff.
Selbstmord 568
Selbstständige 158, 256, 555
Selbstversicherung 305
Sicherheitsbeauftragte 573
Sicherheitszulage 177
Sockelbetrag 13
Soldat 255
Solidaritätszuschlag 118
Sonderausgaben 4, 481
Sonderbetrag 93
Sonderversorgungssystem 59
Sonderzuwendung 93, 119, 348, 449, 455
Soziale Komponente 451, 533 ff.
Soziales Jahr 588, 593
Sozialversicherungsabkommen 338
Sozialversicherungspflicht 214 ff.
Sozialzuschlag 177
Staatssekretär 31
Staatssicherheit 39
Stellenzulage 117
Sterbegeld 52 ff., 583
Sterbemonat 52 ff.
Steuerfreiheit 133, 189, 223
Steuernachforderung 185

Steuerrecht 503 ff.
Stiefeltern 590
Stiefkind 54, 381, 385
Störfall 230 ff.
Strafurteil 599
Streit 567
Student 555
Studienrätin 290
Studienreferendarin 290
Summenfelder-Modell 230
SV-Luft 227

T
Tageseinrichtung 552
Tarifrecht 523
Tarifvertrag 129, 132, 167 ff., 219, 428, 592
Teilhabe 253, 330, 332
Teilrente 355 ff., 577
Teilzeit 453
Teilzeitarbeit 124
Teilzeitbeschäftigung 53, 103, 114, 126, 301
Teilzeitbezüge 209, 442
Teilzeitmodell 174, 187
Tod 114, 311, 324, 381 ff., 402, 436, 465 ff., 505, 568
Todestag 387
Trägerunternehmen 492
Transfer 19 ff., 423

U
Überbrückungsgeld 368 ff.
Überführungskosten 583
Übergangsgeld 88 ff., 261, 307
Überleitung 541
Überschussverteilung 540
Überstunden 131, 180, 188
Überstundenvergütung 222
Umlage 181, 443, 537
Umlagefinanzierung 433
Umorganisation 343
Umschüler 555
Umschulung 558
Umsetzungskette 146 ff.
Unfallausgleich 66, 76 ff., 580

Unfallentschädigung 448
Unfallfolge 73, 86
Unfallfürsorge 1, 66 ff., 580, 594
Unfall-Hinterbliebenenversorgung 83
Unfallrente 575 ff.
Unfallruhegehalt 66
Unfallverhütung 573 ff.
Unfallversicherung 1, 66, 68 ff., 435, 550 ff.
Unglücksfall 556
Unkündbarkeit 347
Unterbrechungen 215
Unterhalt 60, 590
Unterhaltsbeitrag 4 ff., 55, 62, 66 ff., 84
Unterhaltsberechtigung 599
Unterhaltsgeld 211
Unterhaltszahlung 587
Unterhaltszuschuss 294
Unternehmer 553
Unterricht 418
Unterstützungskasse 258, 508
Urlaub 26, 200, 447
Urlaubsabgeltung 448
Urlaubsanspruch 201
Urlaubsentgelt 348
Urlaubsgeld 176, 348
Urlaubstage 187
Urlaubsvergütung 176, 187 ff.

V
Veranlagungszeitraum 493, 497
Veranstaltung 566
Verband Deutscher Rentenversicherungsträger 419 ff.
Vergleichsbewertung 415
Verletztengeld 261
Verletztenrente 575
Vermögenswirksame Leistung 137, 349
Verschlimmerung 598
Verschollenheit 387, 584
Verschulden 350
Versichertenrente 60
Versicherungseinrichtung 155, 203, 280 ff., 297

Stichwortverzeichnis

Versicherungsfall 429, 432, 455, 469, 481
Versicherungsfreiheit 126, 262 ff., 273, 561 ff.
Versicherungskonto 395
Versicherungspflicht 193, 203, 215, 254 ff., 494
Versicherungsüberleitung 474
Versicherungsvertrag 210
Versicherungszeit 530
Versorgungsanstalt des Bundes und der Länder 424, 520 ff.
Versorgungsausgleich 312
Versorgungsbezüge 580
Versorgungseinrichtung 155, 193, 203, 280 ff., 297, 340
Versorgungsfall 18
Versorgungsheirat 56
Versorgungskonto 454, 457
Versorgungskrankengeld 261
Versorgungspunkte 440, 533, 542
Versorgungsrente 204
Versorgungswerk (Presse) 480
Verteilzeitraum 129, 131
Vertreibung 314
Verwalter 418
Verwaltung 147
Verwaltungsakt 160, 295
Verwaltungsassistent 418, 536
Verwaltungsrechtsnotar 36
Verwandte 54, 84, 590
Verwendung 23
Verzicht 17, 351
Vollrente 304, 354 ff., 429, 432, 577
Vollwaise 64, 463, 591
Vollwaisenrente 385 ff., 588
Vollzeitbeschäftigung 117
Vollzeitmitarbeiter 127
Vollzeitnettoarbeitsentgelt 183
Vollzugsdienst 91
Vorausberechnung 409, 432
Vorausbescheinigung 409
Vorbereitungsdienst 38, 256
Vorläufige Entschädigung 581
Vorsatz 277, 599
Vorstand 523

W
Wäscheverschleiß 74
Wahlbeamter 23
Wahlrecht 298
Waisengeld 64, 67, 83
Waisenrente 308, 324, 381, 385 ff., 402, 532, 542 ff., 585 ff.
Wartezeit 303, 309 ff., 326, 355 ff., 404, 426, 433 ff., 545
Wechselschichtzulage 178
Wegeunfall 569
Wehrdienst 35, 255, 261, 311, 386, 593
Wehrdienstbeschädigung 311
Weihnachtsfeier 506
Weisungsberechtigung 553
Weisungsgeber 257, 259
Weiterbeschäftigung 343 ff., 354
Weiterversicherung 305
Werkstattschreiber 418
Wertguthaben 217, 224, 227, 406
Wertzuwachs 233
Wettkampfcharakter 566
Widerruf 9, 262, 294
Widerspruch 351
Wiederaufleben 61
Wiederbesetzer 147
Wiederbesetzung 133
Wiedereinstellung 244, 352
Wiederheirat 383, 467, 586, 598
Witwe 55
Witwenabfindung 58
Witwengeld 56 ff.
Witwenrente 308, 324, 381 ff., 462 ff., 542 ff., 585 ff.
Witwerrente 308, 324, 381 ff., 406, 462 ff., 542 ff., 585 ff., 598
Wohlfahrtspflege 556
Wohnsitz 19, 472, 548
Wohnung 68
Wohnzwecke 490, 500

Z
Zahlbetrag 468
Zahlmeister 418
Zahlungsauftrag 20
Zahlungsunfähigkeit 244

Zeitguthaben 128, 131, 218, 224, 226
Zeitrente 333
Zeitsoldat 255, 262, 285, 301, 311, 593
Zertifizierung 7, 489
Zivildienst 255, 261, 311, 386
Zivildienstbeschädigung 311
Zivildienstleistender 593
Zivilluftfahrt 418
Zivilschutz 552, 593, 595
Zugangsfaktor 402 ff., 439
Zulage 497
Zulageberechtigung 490

Zulagenförderung 485
Zulagennummer 9
Zurechnungszeit 33, 115, 315, 410, 454
Zusatzversorgung 1, 59, 204, 339, 421
Zusatzversorgungseinrichtung 181, 518 ff.
Zuschlag 75, 92 ff., 312 ff., 406, 415
Zuschuss 206
Zuwendung 176, 181
Zweckverband 264
Zwischenentnahmemodell 490